SOUTHEAST LAW REVIEW

入选中文社会科学引文索引（CSSCI）　　总第 22 辑

东南法学 第六辑
—— 学术前沿与专题研究

主　编　欧阳本祺
副主编　汪进元　熊樟林

东南大学出版社
·南京·

图书在版编目（CIP）数据

东南法学：学术前沿与专题研究. 第六辑 / 欧阳本祺主编. —南京：东南大学出版社，2022.12
　ISBN 978-7-5766-0542-6

　Ⅰ.①东… Ⅱ.①欧阳… Ⅲ.①法学 – 文集 Ⅳ.
①D90-53

中国版本图书馆 CIP 数据核字（2022）第 246473 号

东南法学（第六辑）：学术前沿与专题研究
Dongnan Faxue (Di-liu Ji)：Xueshu Qianyan yu Zhuanti Yanjiu

主　　编	欧阳本祺
出版发行	东南大学出版社
地　　址	南京市四牌楼 2 号　邮编：210096
网　　址	http：//www.seupress.com
经　　销	全国各地新华书店
印　　刷	兴化印刷有限责任公司
开　　本	787 mm×1092 mm　1/16
印　　张	18.25
字　　数	467 千字
版　　次	2022 年 12 月第 1 版
印　　次	2022 年 12 月第 1 次印刷
书　　号	ISBN 978-7-5766-0542-6
定　　价	75.00 元

本社图书若有印装质量问题，请直接与营销部联系。电话：025-83791830
责任编辑：刘庆楚　　责任印制：周荣虎　　封面设计：毕　真

《东南法学》编辑委员会

学术顾问（以姓氏笔画为序）

　　　　　　　王利明　李步云　吴汉东　应松年
　　　　　　　张卫平　张文显　陈兴良　韩大元

编委会主任　刘艳红

委　　员（以姓氏笔画为序）

　　　　　　　叶金强　李　浩　杨登峰　何海波
　　　　　　　沈　岿　陈柏峰　陈瑞华　赵　骏
　　　　　　　桑本谦　彭诚信

主　　编　欧阳本祺

副 主 编　汪进元　熊樟林

目 录

·名家论坛·

1 农村集体产权制度改革的实践问题与法律建议——以山东省部分地区为例
……………………………………… / 房绍坤 袁晓燕

·理论前沿·

21 论物理暴力在法律中的功能与限度
……………………………………………………… / 伍德志

44 "人大代表密切联系群众"：分析框架、制度逻辑与实践机制
……………………………………………………… / 金晓伟

58 《立法法》中监察立法权条款之创设研究
……………………………………………… / 罗 英 张晨宇

76 论日本行政复议中的"不当"审查
……………………………………………………… / 李成玲

93 应急背景下行政组织一体性的重塑
……………………………………………………… / 白云锋

113 个人信息刑事调取行为的法律规制
……………………………………………………… / 李延舜

130　医助死亡行为刑事归责的类型界分
　　…………………………………………………／王海军

142　刑事诉讼案外人诉权保护的理论阐释与现实反思
　　…………………………………………………／李　胥

170　性犯罪网络传播行为刑罚裁量的功能主义诠释
　　…………………………………………………／吴进娥

186　"以受害人为中心"的侵权归责之检讨
　　…………………………………………………／张　超

206　《民法典》第一千零九条的规范逻辑与适用规则
　　…………………………………………………／石　晶

· 青年法苑 ·

225　殊堪矜式："狱贵初情"的传统司法经验及其传承意义
　　…………………………………………………／邱玉强

241　孟德斯鸠"宽和"的自由主义法律思想——以《论法的精神》为中心的阐释
　　…………………………………………………／杨昆鹏

· 域外译介 ·

256　论承继的共同正犯
　　……………………………／［日］高桥则夫　王昭武译

273　承继共同正犯的判例研究
　　……………………………／［日］今井康介　王昭武译

· 名家论坛 ·

农村集体产权制度改革的实践问题与法律建议[*]

——以山东省部分地区为例

房绍坤　袁晓燕[**]

摘　要：山东省的农村集体产权制度改革积累了众多实践智慧，但在法人治理机制、成员身份认定、集体资产股份合作等方面也显现出诸多现实困境。通过省域内各市县间的差异分析与共性发掘，可提出切实可行的改革建议：一是兼顾农村集体经济组织法人动静结合的治理机制，解读"政经分离"的实质追求并以分离方式、程序、信息化手段促成；二是细化成员身份认定的一般与特殊标准，区分成员身份认定一般规则的肯定与否定面向，并以有限制的民主决策方式明晰成员身份认定的特殊情形；三是深化股份合作，折股量化的目标资产应具备可集体经营、可市场评估、可获取收益的特征，股权类型设置应收紧地方权限，股权管理应兼顾动静优势，股份权能应以继承与有偿退出为重点，审慎探索股权流转模式。

关键词：农村集体产权制度改革　农村集体经济组织　成员身份认定　股份合作

2016年12月，中共中央、国务院发布了《中共中央 国务院关于稳步推进农村集体产权制度改革的意见》（以下简称《产权改革意见》），明确提出了农村集体产权制度改革的指导思想、基本原则、改革目标，在全国范围内开展了农村集体产权制度改革的试点工作。在全国第一、二批改革试点中，山东省均有地区入选。2018年6月，按照"扩面、提速、集成"的

---

[*] 基金项目：国家社科基金重大项目"农村集体产权制度改革的法治保障研究"（项目号：19ZDA156）。

[**] 作者简介：房绍坤，吉林大学理论法学研究中心/法学院教授、吉林大学财产法研究中心主任、博士生导师；袁晓燕，吉林大学法学院博士研究生。

改革总体要求,山东开展整省试点,围绕农村集体资产清产核资、农村集体经济组织成员身份认定、股份合作制改革、农民集体资产股份权能探索等诸多方面开展明确农村集体产权、完善农村治理、保障农民权益的有益尝试。为总结山东省农村集体产权制度改革的经验及不足,国家社科基金重大项目"农村集体产权制度改革的法治保障研究"课题组分赴山东省9个市县①开展调研,通过实地观察、访谈笔录、问卷调查、典型选取等方法,对农村集体经济组织治理体系、农村集体经济组织成员身份确认、股份合作制改革等环节的改革经验以及尚存不足进行归纳总结、对比分析,以求为农村集体产权制度改革的深入推行与立法实践提供有益思路。

一、农村集体经济组织治理机制的构建

农村集体经济组织治理机制的构建并非平面化的组织设置,而是动静兼顾的整体性工程②。在考察山东省各地改革状况时,可以发现在静态结构搭建以及动态机制的运行中,既存在着共性,又因各地实践而萌生差异。

（一）农村集体经济组织的静态治理结构

从实践情况看,山东省各地的农村集体经济组织静态治理结构的改革措施与尚存问题具有一致性。

首先,各地重视农村集体经济组织内部治理机构的设置,体现分权制衡原则。根据各地关于改革的指导性意见、农村集体经济组织的示范章程等文件与实地情况,注册成立的农村集体经济组织一般设成员（股东）大会③、成员（股东）代表会议、理事会、监事会。当然,也有个别地区允许根据需要设置其他经营管理机构,如临沂市沂水县在《农村集体产权制度改革参考》中提供了村股份经济合作社章程参考样式,并于"组织机构"一章中说明可根据需要加设其他经营管理机构,但调研地区未出现增设经营管理机构的情况。从治理结构的基本框架来看,调研地区均采取了现代法人的"决策机构—执行机构—监督机构"分权制衡的治理结构。从治理机构的职责分工来看,成员（股东）大会是农村集体经济组织的最高权力机构,成员（股东）代表会议多根据实际情况设立,以一定基数的村庄人口与分散程度为设立前提,经成员（股东）大会授权代行各项职权,理事会是常务决策和管理机构,监事会则是由成员（股东）代表会议选举产生的内部监督机构。同时,各地的内部机构名称基本相同。从治理机构的运行情况来看,各地的治理机构内部权责关系较为明晰,这为完善法人治

---

① 调研地区分别为：德州市平原县、日照市莒县、淄博市桓台县、临沂市沂水县、肥城市（县级市,泰安市代管）、邹城市（县级市,济宁市代管）、济宁市兖州区、聊城市莘县、滨州市阳信县。

② 参见管洪彦：《农村集体经济组织法人治理机制立法建构的基本思路》,载《苏州大学学报（哲学社会科学版）》2019年第1期。

③ 本文在使用"成员大会"时均指"股东大会"。

理机制提供了可靠基础。

其次，各地内部治理机构的人员构成具有相似性。（1）成员（股东）大会的人员构成。成员（股东）大会强调民主决策，力求全面体现民意，因此，成员（股东）大会的成员涵盖了村内所有年满十八周岁、具有选举权的集体成员。（2）理事会的人员构成。调研地区普遍采取基层党组织负责人与农村集体经济组织负责人交叉任职的方式。一般而言，理事会成员候选人的选举方式包括等额选举和差额选举两种，但是根据调研情况，各地选举方式实际均为等额选举。同时，候选人的选任以原村党支部、村民委员会成员为主，理事长从理事会成员候选人中推选。（3）监事会的人员构成。监事会选任成员一般具有村庄内部权威性、思想先进性等特点，根据调研结果，监事会多由老党员、老干部组成。同时，理事会成员、财务人员及其直系亲属不得参加同级监事会，以保证公正及监督职能的有效发挥。

综上所述，山东省各地的农村集体经济组织普遍存在交叉任职情况，且集中体现为村党支部成员、村委会成员与理事会成员、监事会成员的交叉任职。显然，这不完全符合"政经分离"的改革要求。不可否认，人员的交叉任职可能会造成村内少部分人权利的不当扩张，造成民意的被迫沉默，无法实现静态结构设置追求的分权制衡的目标，最终不利于农村集体资产公开透明化运作与基层治理体系完善。但必须承认，现阶段在经济相对欠发达的农村地区，村党支部、村委会和集体经济组织之间的交叉任职是必要的。通过实地调研，经过与村干部、村民的访谈，交叉任职现象普遍存在的原因可以总结为如下四个方面：其一，历史因素的影响。随着兼具经济功能与行政管理功能的人民公社的瓦解，农村经济职能实际基本落入具有基层管理职能的村民委员会之手。在农村语境下，农村经济事务"由谁管、怎么管"已经有几十年的实际运转而自成体系①。其二，改革快速、顺畅铺开的要求。一方面，快速消除村民抵触心理，推进改革快速铺开，需要借助本就获得村民认可、已有管理经验的村干部的现有权威，故在农村集体产权制度改革的开展前期，改革具体实施主体多为村党支部、村委会成员；另一方面，两套班子、两套人马可能会导致互相争权、互相扯皮、推诿不配合等现象，不利于改革的顺畅开展。其三，农村地区经济实力的限制。目前，调研地区各村"两委"成员的工资薪酬主要依赖于财政转移支付，而村会计和其他管理人员工资酬劳则由村集体自己负责。独立的农村集体经济组织人员配置，意味着增加人员任命，同时也会造成村集体经费支出增加，对经济不太发达的部分县区级单位，新增经费开支也会使财政承受较大压力。简言之，从实践来看，现阶段各村的收入来源有限，地方政府也并未明确农村集体经济组织管理人员薪酬的单独支付问题，各村难以负担独立人员配置的工资待遇。其四，农

---

① 参见李永军、张艺璐：《论特别法人制度的立法价值及特殊功能——以农村集体经济组织法人为视角》，载《新疆大学学报（哲学·人文社会科学版）》2021年第1期。

村人才流失的困境。农村集体经济组织最理想的运营状态是由具备经济管理才能的专业人才掌舵,然而城乡发展不平衡的现实情况导致农村剩余劳动力大量流入城市,使得农村人才流失成为制约农村发展的瓶颈。原有农村干部队伍已经包括大部分有心力、尚有能力为建设农村增砖加瓦的人才,原有干部存在群众基础,新的人才选拔存在困境。而从问卷统计结果[①]来看,受访村民在"集体经济组织管理人员和村干部交叉任职"这一问题上的认可度高达81%,"应视具体情况而定"的比例占7%,仅有12%的村民持否定态度(见图1)。有鉴于此,交叉任职情况不能一概否定,而应根据具体情况具体判断。

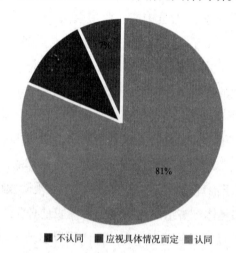

图1　对集体经济组织管理人员和村干部交叉任职的认可情况

(二)农村集体经济组织的动态治理机制

科学有效的农村集体经济组织动态治理机制的运行不仅检验着内部机构静态结构设置的合理性,也决定着农村集体经济组织作用发挥的实际效果,故在考察动态治理机制建设情况时,则应兼具内外视角。

从内部治理角度看,追求民主、经营得当、有效监督成为各地改革努力的方向。首先,充分调动村民能动性,追求民主主要体现在民主决策机制的落实。各地政策文件普遍存在成员(股东)大会参与人员的广泛性、重大事项由成员(股东)大会或成员(股东)代表会议决定等规定。从实践情况看,有接近85.88%的受访村民表示所在村集体经济组织的重大事项确实是通过成员(股东)大会或者成员(股东)代表会议表决的方式决定,"由村集体经济组织理事会决定""由村集体经济组织理事长决定""由村党支部或村委会决定"的比例分别为3.15%、4.02%、6.95%,且此比例分布在山东省调研各地区并未出现明显波动,这显示着民主决策的基本落实(见表1)。同时,内部治理的民主性还体现在成员选举权利的落实,不

---

① 课题组共发放调查问卷945份,收回有效调查问卷921份。下文所有调研统计结果均以此数据为基数。

仅因为成员广泛选举本身所体现的民主意味,更重要的是体现成员对自身利益的托付,所谓"自己人"管自己事。民心所向的成员代表、理事会和监事会成员是民主决策机制得以运行并最终落实的保障。在受访村民中,对"集体经济组织的负责人是否应当由党委或政府确定"的回答中,仅有16.72%的村民表示赞同,认为应当由村民自己选举产生的比例达到78.39%,4.89%的村民对此并不在意(见表1)。经访谈了解到,村民对党委或政府是信任的,但更偏向于自己拥有选择权,以便有力维护自身权益,调研地区实际情况亦基本符合村民设想。

表1 集体经济组织内部治理情况

重大事项的决定方式	数量/份	比例/%	负责人的确定方式	数量/份	比例/%
召开大会或成员代表会议决定	791	85.88	自己选	722	78.39
由村集体经济组织理事会决定	29	3.15	党委或政府确定	154	16.72
由村集体经济组织理事长决定	37	4.02	没什么看法	45	4.89
由村党支部或村委会决定	64	6.95			

其次,农村集体经济组织的经营管理能力是决定效益产出的关键,但调研地区的实际情况存在较大差异。究其原因,一是不同的村镇因地理位置产生的各资源类型的差异化,二是农村集体经济组织管理层个人能力的差异化。一般而言,各调研地区普遍重视土地利用与规模经营,具体经营可分为三类:第一,明确土地资源的权属,有条件的地方开展集中整合整治,采取公开发包经营、集体统一经营、用于发展重点产业和项目等方式,增加集体收入;集体闲置土地不多的地方,则推动村民土地经营权流转,吸引农民合作社、家庭农场、种养大户和农业龙头企业等新型经营主体到本村流转农户承包地。第二,依据村庄现有地理位置,靠近城区的村庄多开展物流经济,或者建设房屋、商铺与农贸市场,通过出租、投资入股、自主经营等形式增加集体收入,实行此种经营模式的农村集体经济组织收入颇丰。第三,部分地区还存在村党支部领办创办合作社或者村企合作等经营管理模式,如邹城市与济宁市兖州区就存在"支部+合作社+农户""支部+公司+农户""合作社+村集体+农户"等模式,发展特色种植、农产品深加工、储藏保鲜、物流运输等经营性项目,增加集体收入。但调研地区的农村集体经济组织没有创办企业,大多数村庄经济欠发达、无资源可利用,农村集体经济组织也没有实资产可以运营。

最后,农村集体经济组织的有效监督是完善法人治理机制的可靠保障,各调研地区均进行了有益探索。第一,在农村集体经济组织财产基础问题上,调研各地区在清产核资中坚持公开透明的工作方法,并将清产核资结果进行广泛公示;同时,各地区要求农村集体经济组织实现日常运营中的财务信息披露常态化。从问卷调查结果看,根据受访村民"所在的村集体经济组织是否定期公示财务收入和支出情况"的统计,定期公示财务状况的比例已达

95.33%，不定期公示的比例仅占4.02%，基本不存在不公示财务的情况。第二，在成员身份认定标准的制定、执行过程中充分接受村民质疑与监督方面，农村集体经济组织章程普遍规定成员享有对农村集体经济组织经营管理事项的监督权与对理事会提出质询、批评和建议的权利。第三，应当明确的是，财务信息公示制度的落实并不能真正发挥内部监督机制的作用，有效监督的实现还需要成员撤销权、成员派生诉讼等成员权益救济方式。在改革实践中，《中华人民共和国民法典》第二百六十五条规定的成员撤销权、侵权责任承担以及部分学者提到的成员派生诉讼制度均未得到体现[1]。调研地区未出现较为激烈的纷争，其主要原因在于，大多数村民不知道自己享有什么权利、如何行使权利。例如，在作为权利基础的成员股权类型的认知上，通过问卷调查可以发现对本村是否设置了劳龄股、贡献股以及福利股的认识率仅达1.01%、0.43%与4.34%。如此状况，在权利享有、权利获得以及权利受侵害保护的链条上，村民个体权利保障的自我实现更是任重道远。

从外部治理角度看，主要包括资产管理、外部监督等方面。值得肯定的是，在资产管理方面，山东省广泛搭建农村产权交易平台，强化市场力量对资源配置的作用，通过拍卖、竞价、招标投标、协议和其他法律、法规、规章规定的方式进行交易，提升交易过程及结果的透明度并使农村集体资产的价值得到显现，让农村集体资产交易实现公平、公正、公开，并且通过不断健全制度化、规范化的监管体系解决集体资源资产"怎么管"的问题[2]。例如，日照市莒县建立了县、乡、村"三级联动"的农村"三资"监管平台和农村股权管理平台，将所有村的"三资"运行轨迹、股权管理纳入实时、动态、全面监控，实现了农村集体"三资"监管、农村会计核算和集体股权管理信息化。但是，在现阶段改革推进以及农村集体经济组织的运营中，普遍存在政府指导行为，这突出表现在农村集体经济组织的收益分配方面。当农村集体经济组织的经营收益较多时，县级农业农村局相关部门会建议将大部分资金用于集体公益事业以及集体经济发展的再投资，故而对集体成员进行直接分红的比例较小。实际上，2020年3月31日中共山东省委组织部、农业农村厅、财政厅、民政厅四部门发布《关于引导农村集体经济组织进一步规范收益分配的通知》，明确提出农村集体经济组织的收益分配原则应坚持分配与积累并重，同时，为实现效益优先，分配额度和比例应依据当年村集体经济组织取得的净收入确定，可分配收益不足10万元或户均可分配收益不足200元的，经集体经济组织成员同意，可以不向成员进行收益分配。而从收益分配的顺序看，同样坚持先公益

---

[1] 参见杨立新：《民法典对侵权责任保护范围的准确界定——对〈民法典〉第1164条含义理解的进一步厘清》，载《兰州大学学报（社会科学版）》2021年第1期；管洪彦：《关于农民集体成员撤销权的几点思考》，载《法学论坛》2013年第2期；杨仕兵、方颖：《论农村集体经济组织特别法人成员撤销权》，载《东北农业大学学报（社会科学版）》2019年第1期；房绍坤、袁晓燕：《农村集体经济组织特别法人制度建构》，载《上海政法学院学报（法治论丛）》2021年第3期；赵新龙：《农村集体成员代表诉讼的法理逻辑与制度构造》，载《南京农业大学学报（社会科学版）》2018年第6期。

[2] 参见李树超、丁慧媛：《农村土地产权交易平台建设的必要性、问题及对策分析》，载《江苏农业科学》2016年第2期。

福利、后分配到人的顺序。总体而言,政策倾向与实践做法基本吻合,不可否认政府指导可以在一定程度上防止因村民短视引起的集体经济发展后继乏力问题,有助于公共积累与集体经济的发展,对现阶段农村集体经济组织的规范发展、农民收益保障有重要意义,但长远看来,农村集体经济组织法人地位的确认意味着其应是独立的参与市场活动的主体,故而仅应承认政府指导的阶段性意义。在外部监督方面,一般多通过农业农村主管部门或者乡镇人民政府检查监督的方式予以实现,但在各调研地区并未形成完整有效的外部监督体系,制约着农村集体经济组织的长久发展。

二、农村集体经济组织成员身份认定的探索

农村集体经济组织成员身份认定是成员享有各项权利的前置性条件,也是农村集体产权制度改革的重要环节。从实践来看,各地区基本遵循《产权改革意见》提到的"尊重历史、兼顾现实、程序规范、群众认可"的原则,但是由于成员身份认定的复杂性和特殊性,各地方仍然存在一定差异。

(一)农村集体经济组织成员身份认定的标准

从相关指导性文件来看,为保持改革措施规范化与行为示范性,调研地区均通过成立领导小组、领会改革指导意见并在广泛民意调查、访谈后,出台本地区成员身份认定指导意见并进行深入阐释。例如,临沂市沂水县先后出台的4个指导性文件[1],均涉及规范和指导成员身份确认工作,涵盖成员身份认定的标准、程序等诸多方面;济宁市、邹城市在《农村集体产权制度改革相关政策问题解答》中又进一步总结回应成员身份如何认定、认定程序等问题[2]。但是,山东省内农村集体经济组织成员身份确认并未形成统一做法。从成员身份确认基准日来看,在综合考虑改革进程、土地承包情况、人口变迁等因素后予以确定,故其规定在县域范围内可以基本保持一致,但在不同市县之间往往存在差异。而当具体涉及农村集体经济组织成员身份认定考量因素时,调研地区会根据农村经济发展情况、成员年龄构成、村民意见等进行调整,因此,各村之间也会出现差异。总体而言,成员身份认定统一标准的达成存在诸多障碍,因村制宜是现实可行的选择。

从实践来看,各地区的成员身份认定标准普遍采取多因素认定方法。在具体判断因素方面,除户籍、农村土地承包关系、对集体积累的贡献外,在村内实际生产生活、婚姻家庭关

---

[1] 临沂市沂水县相关文件为《沂水县农村集体产权制度改革工作实施方案》《沂水县农村集体产权制度改革工作流程及节点明细》《沂水县农村集体经济组织成员身份确认工作指导意见》《沂水县农村集体产权制度改革参考》。

[2] 济宁市、邹城市成员身份认定工作要求各县(市、区)制定农村集体经济组织成员身份确认指导性意见,对成员身份确认的时点、程序等有关事项作出规定,重点建立健全农村集体经济组织成员登记备案机制,同时,应以村为单位制定成员身份确认具体程序、标准和管理办法,经乡镇(街道)审核,由村集体经济组织成员大会民主讨论决定后施行,具体程序可总结为召开成员会议、入户摸底调查、民主讨论、结果公示、逐户签字确认以及存档备案。

系、最低生活保障等因素也是重要判断因素。问卷调查显示,在受访村民对成员身份认定因素的认同度统计中,户口、本村生产生活、土地承包为生活来源、对集体积累有贡献所占比例分别为83.39%、42.24%、22.37%、13.03%(见图2)。显然,政策文件的标准基本与村民意愿吻合。然而,针对外嫁女的成员身份问题,各地存在复杂的观念冲突,在"嫁到外村但户口还在本村的妇女是否具有本村集体经济组织成员身份"这一问题上,50.92%的村民认为应当具有,49.08%的村民则认为不应当具有。在"嫁到本村但户口没有迁到本村的妇女是否具有本村集体经济组织成员身份"的回答中,受访村民支持赋予其成员身份的比例仅为28.45%,有71.55%的村民对此明确反对(见表2)。总体而言,受访村对外嫁女的成员身份问题存在较大的分歧,外嫁女群体的保护问题应当更为慎重。目前,较为成熟的做法是在考量户口、婚姻因素外,再进行实际生活地与经济关联性考察,同时通过一定的程序进行保障。例如,外嫁女不确认为原村集体经济组织成员时需要本人签署知情同意文件,或者进行村集体经济组织间协商,保障外嫁女成员身份确认不能"两头落空"。外嫁女问题之所以产生如此之大的分歧,是因为牵扯了个人情感与利益划分,因此,单纯的民主决策不能实现公平,特殊群体利益的保护往往需要外部力量的介入。

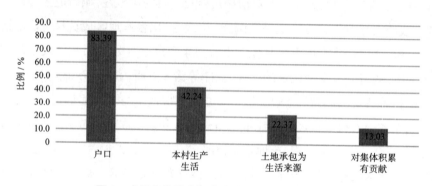

图2 成员身份认定标准应该考虑的因素(多选)

表2 妇女嫁入与嫁出本集体经济组织的成员身份认定对比

项目	嫁到本村但户口没有迁到本村的妇女是否具有成员身份/%	嫁到外村但户口还在本村的妇女是否具有成员身份/%
具有	28.45	50.92
不具有	71.55	49.08

(二)农村集体经济组织成员的认定程序

在成员身份认定问题上,刚性指导与柔性治理应呈相辅相成之势。刚性指导试图全面列举成员身份认定的复杂情况,柔性治理试图通过灵活的认定机制处理特殊情况,二者的配合之道在于确定成员身份认定的基本原则与规则,并允许通过民主决策的方式决定特殊情况。日照市莒县依据相关文件规定了成员身份应予认定的11种情形、"空挂户"等不予认定的4种情形和户籍迁出等丧失资格的7种情形,试图对享有股权的对象进行清晰界定,但其同样承认民主决策兜底的重要性;而临沂市沂水县为破解特殊情形人员成员身份确认的难题,以问题为导向,创设了5个机制,为进行有限度的民主决策提供了可行的思路。这5个机制是:一是"研判建议"机制,由村集体产权制度改革工作小组搜集本村特殊情形人员情况,并提报乡镇农村集体产权制度改革工作小组进行分析研判,之后反馈研判意见并召开村民(代表)会议,通过为村民提供一定引导的方式,力求合理解决"多数人侵犯少数人权益"问题;二是"沟通反馈"机制,主要解决户籍存在迁移的情况,在待认定身份的人员、原户籍村与现户籍村之间形成沟通交流渠道,有效防止出现重复确认和两头落空现象;三是"实名票决"机制,避免无序投票与恶意操纵,做实民主确认工作;四是"落空追认"机制,为弥补成员身份认定工作中的遗漏与过失提供渠道,做到应确尽确;五是"多占退出"机制,主要是强调农民只能成为一个集体经济组织的成员,确保公平公正。

在改革推进的过程中,应当明确农村社会自有运行规则与衡量准则,在不违反法律、公序良俗的情况下理应尊重,但不得因落后观念的影响而损害诸如外嫁女等特殊农民群体的权利。成员权利享有、行使、保障都离不开成员身份,因此,民主与正义的兼顾、传统与公正的协调将成为成员身份认定的恒重之处。

三、农村集体资产股份合作制改革

(一)农村集体经济组织折股量化的范围

农村集体产权制度改革是一个复杂而成体系的改革,集体资产的折股量化问题具有承上启下的意义,其不仅是清产核资的成果体现,同样也是农村集体资产股份合作的重要开端。

《产权改革意见》明确指出,农村集体产权制度改革在农村集体经济组织成员的主要财产问题上,应实行分类推进、分类管理,并将农村集体资产划分为资源型资产、经营性资产以及非经营性资产三类,对非经营性资产侧重运行管护,对经营性资产则强调股份合作制改革的有序推进。显然,文件意旨在于通过集体经营性资产的折股量化,激活城中村、城郊村和经济发达村的集体经济活力。但是,调研结果显示,实际情况多有不同。首先,改革对象呈现扩大化趋势,所有村镇均成为改革对象。山东省在全省范围内开展股份合作制改革,并进行折股量化工作,本次调研的9个市县的相关村镇均完成折股量化工作。其次,折股量化的资产范围不同,各村镇除将经营性资产纳入折股量化范围外,基本都将部分资源性资产纳入改革范围。虽然实际情况与改革意见有所出入,但当前的方式方法实际体现着尊重实际情况,从实际出发,因地制宜的思想。

就改革范围看,调研地区各村镇不论经济发达程度,均完成折股量化工作,主要原因有三:一是各村经济发展水平不高且相差不大。在区县一级单位中经济发达的城中村、城郊村等村数量极少,更多的是经济欠发达的村。同时,经济发展水平的衡量标准难以统一,故难以确定不同地域的某一村镇是否进行折股量化。二是考量农村集体产权制度改革的重大意义。折股量化是农村集体经济组织建立的基础性工作,事关成员利益分享等最重要的改革追求。如果仅因当前村庄的经济状况而将其排除在改革之外,则无法达成全面、协同、利民的目的。三是正确认识当前基层改革工作者对改革的理解与信心,以及折股量化的程序性价值。在实际访谈中,部分农业农村部门的工作人员以及村干部表示,农村集体产权制度改革是参考其他地区成功经验而开展的,在山东省各农村地区要有自己的适应过程,而通过折股量化实现村民对自己持有的权利的明确,有助于激发其主人翁意识。同时,对目前经济不发达的村镇应保有信心,随着国家政策的相继助力,已有贫困村通过发展旅游、光伏产业积累农村集体资产,故而折股量化工作作为农村集体经济组织建立的重要一环,应当从长远角度看其利益分享的意义。

就折股量化资产范围的现有状况,则应从两个方面进行理解:一方面,其成因仍应落脚于经济发展程度,整体经济欠发达的实际情况决定着农村改革的目光会投向资源性资产,以尽可能扩大股权的价值。另一方面,经济欠发达地区农民受传统观念的影响会更加显著。在没有太多经营性资产的情况下,土地作为农村最重要的资产,也是农民权利的最终彰显,农民对集体土地权属的界定与利用最为关心。此外,现有改革实践是体察群众意见的选择。根据问卷调查的情况,对多选问题"您认为股份合作制改革应该涉及哪些集体资产"的回答上,受访村民认为应当涉及经营性资产与公益性资产的比例分别为77.63%与54.61%,认为股份合作制改革应当涉及资源性资产的比例则高达86.75%(见图3)。因此,在折股量化工作开展的初期,针对经营性资产普遍较少的情况,各村就是否应把资源性资产作为折股量化

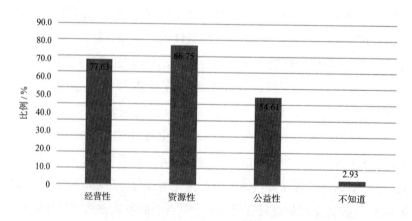

图3 股份合作制改革涉及的集体资产类型(多选)

的目标曾多次公开征集村民意见,并获得绝大部分村民的支持,部分村庄更是聘请专业的会计事务所等进行折股量化,尽量做到民主、科学。

改革应当尊重地方实践,但在进行改革经验汇总、梳理,试图形成指导性立法的过程中,更应该深入理论、摸清逻辑,实现折股量化问题明晰与标准完善,具体建议后文进行详述。

(二)农村集体经济组织的股权类型设置

按照《产权改革意见》,股权类型设置主要为成员股、集体股,同时集体股的设置允许本集体成员进行民主讨论后决定,除此之外,并未对股权类型设置提出更多指导意见及限制性规定。通过对实践情况的观察,山东省各地股权类型设置呈现出自主性强而导致多样化、强调民主性但村民对股权类型理解程度仍有待加强等特点。

自主性强而呈现多样化,是指山东省内各地改革试点因为鼓励思维开放,在审慎的基础上进行大胆尝试,故而容纳了一些突破性措施,直接表现为不同地方设置不同的股权类型。从山东省9个市县的情况来看,很难以单一的标准对其股权类型设置进行衡量与评价。目前看来,山东省地方实践均是以成员股作为股权的主要类型,集体股问题上则做法不一。虽然一般区县级意见倾向于不设立集体股以方便管理,但是并没有强制性规定,各村镇自由度较高,是否设立集体股主要与村民意愿有关,亦没有显露绝对的经济关联性。总体看来,大多数村镇未设置集体股,但在上述两种股权类型之外,部分村镇进行了创新。例如,某经济状况较好的城中村,将贡献股纳入考量范围,但限制在特定人群,即对年龄较高的、生活条件欠佳的出嫁女,因其年轻时对村庄同样做出贡献而被认定具有股份;部分村庄根据村民意愿设置农龄股,同时在坚持探索创新的路径上,结合村情创新设置孝德股、新增股、扶贫股等股权类型。此外,有个别村对个人持有股份进行再细分,即个人股分为土地承包经营权入股股份与集体净资产股两部分:土地承包经营权入股股份是将土地流转户作为土地承包经营权入股户,按照土地流转的面积计算股数,具体多少面积的土地可以换算为一股,不同村镇有不同的规定,红利则从土地流转收益中分配;集体净资产股则是将集体净资产金额的全部量化到每个股民,每人一股。这种方式与一般的将土地交由农村集体经济组织统一经营不同,其合理性还应审慎考量。

在股权类型设置问题上,可以发现各村对村民意见的重视,通过问卷调查"本村股权设置有哪些类型"可知,在村民观念中,成员股、集体股、人口股、劳龄股、贡献股、福利股出现的比例分别为85.67%、16.29%、22.69%、1.01%、0.43%、4.34%(见图4)。从数据分析及访谈情况看,在成员股的设置上,实际情况与改革精神基本一致,此种类型设置与所占比例也得到广大村民的认可,但村民对股权类型仍然具有一定的误解,主要集中于集体股与人口股的理解与设置上。通过各地政策文件与实地调研可知,大多数地区并未设置集体股或人口股,但仍有小部分村民认为本村有此种类型的设置。究其原因,一是村民在集体股问题上容易将其与村留存公积金、公益金部分混淆,认为只要是村集体经济组织留存的,可以用于发展集体经济、发展村集体公益事业的资金都是出于集体股所得分红,二是未能理解人口股的真正含义,易将其与成员股混淆。根据受访村民对集体资产股份配置方式的倾向,有89.06%的村民认为应当按人配置,仅有10.94%的村民支持按户配置,在实践中也多是对具有成员身份的村民实行每人一股分配方式。故在目前看来,农户内部可能因为成员数量的不同而出现分配股份数量的不均,有些村民便认为存在人口股类别,其实是将人口与成员数量混淆的结果。针对目前股权类型设置的实际情况,增进村民理解、吸取实践经验,实现股权类型规范化发展,将是下一步工作开展的要求。

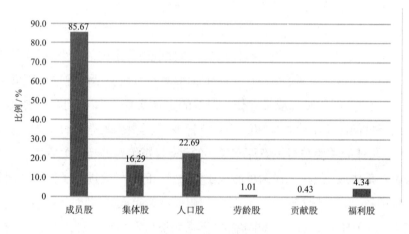

图 4　股权设置类型(多选)

(三)农村集体经济组织的股权管理模式

农村集体经济组织股权管理模式存在动静之分。静态管理模式是指股权管理不随人口增减变动而调整的方式,可描述为"生不增,死不减"以及"确权到户,户内共享,社内流转,长久不变"。目前山东省内大部分地区普遍实行股权的静态管理,即在集体资产量化为股权后,由集体经济组织向股东出具股权证书,作为其参与管理决策、享有收益分配的凭证。对农村集体经济组织成员家庭今后的新增人口,提倡通过分享家庭内拥有的集体资产权益的办法,按集体经济组织章程获得集体资产份额和集体成员身份。动态管理模式的主要意义在于,能够在一定时期内随着人口的增减而调整股权或者份额,对出生、迁入、死亡、迁出等情况进行股权的相应调整,此种模式往往涉及调整的时间跨度与基准日。在调研地区,有以每年12月31日为基准日,确定出生、迁入、死亡、迁出人口,分别配给股权和减少股权的;也有以农村集体经济组织任职届满后换届选举的开展为时间节点,对变化的人员实行股权增减。

从问卷结果来看,支持静态股权管理模式的村民占比为72.73%,而倾向动态股权管理模式的比例为27.27%（见图5）。但在个别地区会出现相反的情况，如德州市平原县与淄博市桓台县，支持动态股权管理模式的比例分别为66.67%与65.38%（见图6），均超受访村民半数。同时，经访谈了解到，在已经采取静态股权管理模式的村庄中仍有相当的村干部与村民不认同现行做法，其认为静态管理模式虽然短期内不会出现问题，但随着时间的变化必然会在农村激起矛盾。因为股权不随人口增减变动而调整，且只在农村集体经济组织家庭成员内部通过继承、转让等方式流转，随着农村人口的增减变化，各户家庭成员数量会逐渐出现差异，各家拥有的股份不变，这便将会出现人多股少、人少股多的情况，导致村民心理不平衡，从而容易激起矛盾。由此可见，股权管理模式的选取尚未形成地域内统一意见。

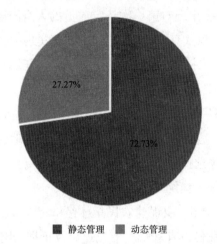

图5 股权管理模式支持率对比（总体）

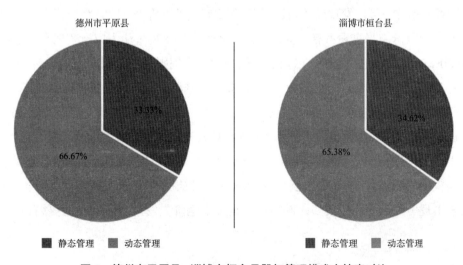

图6 德州市平原县、淄博市桓台县股权管理模式支持率对比

其实，应当客观中立地看待两种股权管理模式。静态股权管理模式的优势在稳定，劣势在不变；动态股权管理模式的优劣评价要点也纠结于其可变性。从静态股权管理模式看，稳定对现阶段农村极其重要，其可有效避免在股权调整过程中产生的诸多纠纷，同时防止农村集体经济组织承担过重的股权调整压力，体现农村集体经济组织作为特别法人的社区性。从更广阔的试点实践看，广东省南海区的产权改革已实行二十多年，29 个试点县中有 24 个县选择静态管理的模式，具有现实可行性与群众基础①。而动态管理的模式则因其灵活可调性，在一些村民的观念中更显公平。目前，折股量化工作的开展在成员间可以实现公平，基本为每人一股的状态，但农村集体经济组织成员并非稳定不变的，农户之间的利益分配随时间推移确实会出现争端，似乎出现对第一次认定成员的人身附随性优待，并未实现代际公平，在此意义上，动态管理的模式具有优势。但是，如何实现以合适的频率平稳进行股权份额调整仍旧是动态管理模式应探究的问题。目前实践中出现的"相对静态"或动静结合的股权管理模式都是一些渐进尝试，并未完全解决上述问题。

任何脱离实际的选择都只是理想主义，股权管理的动静优劣之辨短期内更是难以清晰，因此，现阶段应以小步渐进、适时尝试的改革心态，在考察各地经济发展状况与人口增减趋势的基础上，尊重村民的自主选择。

（四）农村集体资产股份的权能

自党的十八届三中全会提出"要保障农民集体经济组织成员权利，积极发展农民股份合作，赋予农民对集体资产股份占有、收益、有偿退出及抵押、担保、继承权"，农村集体资产股份权能的完善方向基本确定，之后开展的农村集体产权制度改革则在延续的基础上不断深化。

在问卷调查中，可以发现受访村民对各项权能的期待基本与政策路线符合。村民认为农村集体资产股份应当实现占有、收益权能的比例为 78.83%；认为应当实现有偿退出的比例为 54.70%；对实现抵押、担保，以及继承权的期待比例则分别有 67.91% 及 63.19%；相对而言，对实现转让事项的占比最低，仅有 53.85%，但同样超过半数（见图 7）。从改革实践看，目前占有权能已经通过成员身份认定及折股量化工作的开展实现，各地已出台相关文件保障其他权能的落实，如临沂市沂水县出台《沂水县农村集体资产股份继承实施办法》《沂水县农村集体资产股份有偿退出实施办法》以及《沂水县农村集体资产股份收益分配指导意见》，明确权能实现条件、流程及限制。分情形看，股权继承情形已经普遍发生于各村镇，调研地区未出现争议纠纷。股权的内部转让仅在个别经济欠发达村庄出现，这些村集体资产

---

① 参见邵海鹏：《农业部：集体资产股权管理有两种模式，最终由群众决定》，https://www.yicai.com/news/5196253.html，最后访问日期：2021 年 9 月 4 日。

股权价值较低且往年未有分红；与此相反，在经济收益展望较好的村镇中，股权价值相对较高，村集体可能更倾向于开展收益性活动，集体经济发展潜力较大，村民个人增收意愿也较为强烈，尽管目前没有分红或分红较少，但大多数村民对转让股权的态度更为保守。由此可见，股权价值、村镇发展情况、村民自我意识等均会影响村民对自己权利的把握程度。股权的担保则多为地方银行提供农村集体资产股权质押贷款相关服务，以推进农村赋权活权改革，但有严格的程序要求。例如，有区县要求，股权的质押应及时向集体经济组织提出申请，集体经济组织初审同意并公示后，报乡镇（街道）经管站登记备案核准，同时股权信息应及时录入管理系统。目前，以区县为单位，各区县已发放的农村集体资产股权质押贷款笔数基本为个位，并未呈现大规模抵押贷款的态势。

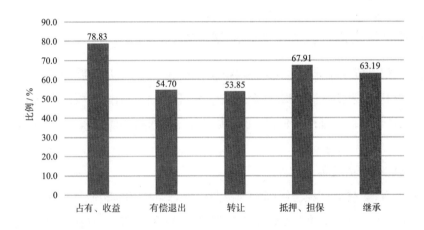

图 7 村民对农村集体资产股份权能的期待

虽然当前改革已经取得较大进展，但要建立健全归属清晰、权责明确、保护严格、流转顺畅的现代产权制度在农村领域仍然需要寻找契合之路。从调研实践看，农村集体资产股份的有偿退出成为探索重点。在大部分情况下，限于农村集体经济组织的社区性，有偿退出仅仅包含集体赎回及内部转让，但随着改革的不断深化，山东省有试点县在经上级授权后开始探索股权县域内流转的可行性，即在有偿退出中增加公开交易的类型，且已有个别交易尝试。但经与县级相关负责人访谈可知，县域内流转尚未全面铺开，且是在非常谨慎的情况下进行，几乎每一例都需县级部门的把控。从程序看，进行公开交易不但要具有集体经济组织章程允许等前置性条件要求，还要经过个人申请、理事会初审、乡镇（街道）人民政府（办事处）或县农业农村局审核同意、产权交易中心平台交易、签订协议、公证、变更登记、档案管理等诸多环节①。从后果看，集体资产股份转让后，受让人仅享有转让股份份额对应的财产

---

① 参见临沂市沂水县《沂水县农村集体资产股份有偿退出实施办法》（沂农委办发〔2021〕号）。

性权利,股东失去全部股权后其股东身份随即解除。同时,为了防止外部资本的过度介入,每个集体经济组织可转让股份有比例限制,个人或其他单位持股比例也有限制。总体而言,应当客观看待股权流转的开放与限制边界。从开放的益处看,实现顺畅的流转有助于市场配置资源,从而实现保值增值,在现阶段更多起到改革破题之功效。但股权县域内流转的做法也尚有疑虑:一是跨乡镇的股权流转打破了历史上人民公社的范围,突破了以农民土地集体所有权为基础的社区性,故而还需理论加以支撑[①];二是政府的指导与控制在现阶段不可或缺,大规模、流程化的股权流转不能实现,其追求的市场增值效果欠佳;三是股权流转后果应再加考虑,这涉及农村集体经济组织的本质属性、成员申请转让的权利平等以及受让人权利保护等问题。因此,从公开交易转让股份的做法看,农村集体经济组织的权能觉醒之路任重道远。

四、完善农村集体产权制度改革的法律建议

农村集体产权制度改革是涉及地域影响、主体权利、农村发展进路的综合性改革,涉及亿万农民的切身利益,更深刻影响着社会进步的空间。从实践出发,可以得到最前沿、紧迫的真问题,从而进行有针对性的回应,尽可能提出对完善农村集体产权制度改革有益的法律建议。

(一)治理机制重在运转,"政经分离"由形入神

从各地实践看,农村集体经济组织治理机制中静态结构基本相似且稳固,也为其功能发挥提供相适应的空间,因此,动态运转则成为重中之重,但在实践中也多有疏忽之处。面对人员交叉任职的现实状况,如何理解并实现"政经分离"的改革目标,成为法人治理的关键。

首先,应以前瞻性眼光坚定改革信念。在村党支部、村民委员会以及集体经济组织之间存在的人员交叉任职现状,并不能动摇"政经分离"的改革方向。在承认人员交叉任职的现实必要性的同时,更应该看到农村现代化治理模式之下公共管理职能和经济职能分离的发展趋势[②]。赋予农村集体经济组织特别法人地位是实现机构分离的一步,而人员分离的趋势同样不容忽视:一是从各地人员选任趋向看,基本都强调高素质人才的引进、重视专业人才领导作用的发挥,市场配置资源作用的强调指示着集体经济组织法人发展方向,现阶段的人员交叉任职不能成为最终选择;二是从监督与制衡角度出发,基层治理体制的改进要求合理界定村民委员会与农村集体经济组织的关系,明确两者间存在一定的监督管理关系,故而

---

① 参见管洪彦:《农村集体经济组织的概念界定与立法表达》,载《中国不动产法研究》2021年第1期。
② 参见于明明:《集体经济组织的特别法人构造及职能界定——从集体经济组织与村民委员会的关系展开》,载《中国不动产法研究》2021年第1期。

两个组织之间的人员构成应有所差别,实现分权制衡之效①。

其次,必须以合法性程序保障组织独立。针对目前的人员交叉任职状况,履行程序对实现农村集体经济组织的组织独立具有重要意义。一是农村集体经济组织负责人等必须通过单独的选举程序实现,即使现阶段有些地方存在三个基层组织负责人由一人担任,领导与管理人员大体相同等情况,仍然不能将其作为默示的常规操作,而应保证农村集体经济组织独立选举的程序,这不仅可以作为履职正当性的证明,而且是村民权利与意愿表达的又一保障;二是拥有独立表决机制,农村集体经济组织对集体资产的管理运营决策应具有成员大会、理事会表决等程序性要求,应当明确经济职能范围内的事项表决与村民委员会会议层面,在召开制度、决议表决机制、决议通过比例等方面均应有独特设置。

最后,以信息化手段促进公开。因公开而知情,只有知情才能实现有效监督,最终以监督机制反促管理人员形成严于律己、公平公正的行事风格。在人员尚未分离的情况下,组织之间的监督无法发挥最大效用,信息技术手段的应用则提供现阶段"政经分离"的保障可能。逐步铺开的区域统一农村产权交易平台,使得农村集体资产的交易决策可查询、可溯源;建立媒体、专项热线等途径,疏通民意反应渠道,使得上下沟通不闭塞、不单薄。

(二)成员认定统一标准,民主决策保留特色

农村集体经济组织成员身份认定规则的制定应侧重两方面:一是尽可能提供较为具体、统一、切实可行的认定标准,这不仅是保证实践中工作开展的要求,而且是成员身份认定重要性高于一般村规民约规定事项的体现;二是兼顾成员身份认定情形的例外可能性,预留灵活、可调、可控的规则空间,体现对完全法定化的取舍②。

从实践现状看,在农村集体经济组织成员身份认定工作中进行标准提炼是相当困难的,可行的方式为进行核心要素的提取并进一步进行规则细化,类似于2020年11月农业农村部印发的《农村集体经济组织示范章程(试行)》第九条③的内容,但是现有规定过于简略,对地方实践的指导性较弱。在成员身份认定框架的建构上应该包括一般确认规则与特殊人群特殊情况确认规则。一般确认规则应包含肯定与否定两个面向。否定成员身份的群体多为非由土地提供社会保障的人员、无实际生产生活联系的"空挂户"、其他集体经济组织成员、自愿放弃成员身份的人员以及其他法律、法规规定不予确认成员身份的情形。肯定面向中,确认成员身份的条件经前文分析可归纳为户籍、农村土地承包关系、对集体积累的贡献、村

---

① 参见于国萍:《分治视角下村委会与村集体经济组织关系探究》,载《山西高等学校社会科学学报》2021年第1期。
② 参见高飞:《农村集体经济组织成员资格认定的立法抉择》,载《苏州大学学报(哲学社会科学版)》2019年第2期。
③ 《农村集体经济组织示范章程(试行)》第九条:"户籍在本社所在地且长期在本社所在地生产生活,履行法律、法规和本章程规定义务,符合下列条件之一的公民,经书面申请,由本社成员(代表)大会表决通过的,取得本社成员身份:(一)父母双方或一方为本社成员的;(二)与本社成员有合法婚姻关系的;(三)本社成员依法收养;(四)……"

内实际生产生活、婚姻家庭关系、最低生活保障等要素。以户籍作为判断要件,是最为清晰、简便的方法,但考察实践做法并参考村民认可度,户籍仅应作为形式要件加以确认,可被其他要素证"无"或证"有",也即在成员身份认定问题上应当重视实质要素判断而减轻形式要素影响。

成员身份的特殊确认规则,应区分为可列明与无法列明两种情况。可列明情形包括已经类型化的特殊群体,如外嫁女、双女户等情形,为防止特殊人群利益被忽视,在规则制定过程中应当给予指导性意见并设置程序性保障措施,尽可能实现特殊人群对自身权益的知情与同意。无法列明情形的规制要点在于构建可行的确认流程,实现特殊情况的囊括,村民意见在繁多复杂的实践情形中起到最为重要的作用,具体到各个村庄,体现在事前的章程自定与事后的成员会议召开。农村集体经济组织的章程应当作为各村独特智慧的体现,尽可能规定本村出现的各种特殊情形,章程中所规定的成员认定标准应是各村村民群智群策的体现。此外,即使在章程未规定的特殊情形出现时,仍然可以由成员大会民主决策的方式决定某一人员是否具有成员身份,因为成员身份认定后所分享的利益实际上与本村村民关系最为密切,出于权益自我处分的正当性,民主决策可以在成员身份认定上起到兜底作用。但是,为了防止村民只重视自己的利益导致侵害少数特殊人群的利益,必要的外部干预是必要的,可以借鉴上文提到的"研判机制"进行把控,同时,人民法院也可在必要时对当事人是否为集体经济组织成员予以裁决,司法途径将以其自身的确定性与权威性弥补民主自治下的群体局限[①]。

(三)股份合作持续深化,民主科学协同并进

农村集体产权制度改革稳健推进,股份合作制改革持续进行并不断深化。在此过程中,民主与科学要素均应得到强调:一是通过民主发挥群众智慧,实现改革平稳落地;二是以科学标准或方法指导改革开展,防止措施的混乱与不适,改进建议主要针对折股量化、股权设置与管理以及股份权能部分提出。

首先,折股量化工作应当尽可能按照科学的标准进行,以防止农村集体资产不当流失,影响农村集体经济的未来发展。折股量化所针对的主体、客体以及最终追求的目的,应得到释明。在受益主体方面,折股量化的对象为本集体经济组织成员,蕴含利益分享与所有权变相享有的意味;在针对客体方面,虽然在本源意义上折股量化的客体均为农村集体资产,但《产权改革意见》将集体资产划分为资源性资产、经营性资产和非经营性资产,为分类管理提供了可能,方便将适当资产通过转化变为农村集体经济组织的运营基础。故而,折股量化

[①] 参见房绍坤、任怡多:《"嫁出去的女儿,泼出去的水?"——从"外嫁女"现象看特殊农民群体成员资格认定》,载《探索与争鸣》2021年第7期;何宝玉:《我国农村集体经济组织的历史沿革、基本内涵与成员确认》,载《法律适用》2021年第10期;刘高勇、高圣平:《论基于司法途径的农村集体经济组织成员资格认定》,载《南京社会科学》2020年第6期。

是建立农村集体经济组织并实现其市场化经营的基本要求。因此,折股量化所涉及的资产应当是农村集体资产中可以用于经营的部分。在当前实践中,山东各地多将资源性资产、经营性资产纳入折股量化范围,极个别地区存在将非经营性资产纳入的做法,应当进行区分与规整。对尚未由个人承包的集体土地等资源,如果可以由集体经济组织经营以促进本集体经济发展的,将其进行量化并无不可。但对于非经营性资产,其与本村公益事业发展更为紧密,更多体现集体保障功能,不但不能产生收益,甚至还需集体支付管护资金,应排除在量化范围之外。有学者将可量化资产标准归纳为可以由集体统一经营的可评估其市场价值的收益性集体资产,是值得借鉴的[①]。

其次,在股权类型、股权管理等方面,民主要素在现有实践中被各地广泛采纳与应用,但仅为改革初期寻找突破的要求与证明。一时性措施不能也不应当保持并延续至立法文件中,而应继续发挥攻坚克难的精神,克服惰性思维以尽量获取普适规则。各地特色化群众意见则应作为具体落地的变通措施。故而,需要统一股权的类型划分,尽量以成员股为主,不提倡设置集体股。应当明确集体股与集体所有制并无实质关联,公共物品的供给与成员福利的分配并不只能依托于集体股而存在,实践中广泛采取的公积金、公益金提取的办法,可以有效规避农村集体经济组织自己持有股份导致的产权不明、表决权失灵、内部人控制以及因此导致的寻租腐败问题[②]。其他股份类型的设置应当严格把控,类似于扶贫股、福利股等非常规类型则应通过民主决策得到最广泛村民的支持,确实存在设立需求并且不存在替代性措施的情况下才应允许设置。股权管理方面,静态管理模式与动态管理模式并无高下优劣之分,而是根据各村实际情况进行的判断与选择,实践中出现的定期调整的动静结合模式不失为一种折中的智慧,通过选择不同的调整时长实现对动静管理模式中优点的吸收与弊端的排除,以尽可能获得最优解。但在进行时间段选择时,应考虑成员间的代际公平、新增人口的内源与外来性、管理成本下的现实可行性,从而寻求付出与效益的合适比例。

最后,针对农村集体资产股份的权能,占有、收益作为最基础权能自不再提,担保目前尚限制在银行等机构,故继承与有偿退出应当成为下一步工作的重点。首先,继承应坚持保障成员合法权益与重视集体利益。非集体经济组织成员的继承权应当得到保障,这是对农村集体资产股权财产属性的尊重,但亦应参考大多数地区的现有做法,相应设置对非集体经济组织的继承人的股权权利内容的限制,如其仅获取股权财产收益方面的权利,而不当然拥有对集体经济组织内部事务的管理权。同时,农村集体资产股权的继承程序,应当考虑各村实际情况而赋予一定的民主色彩。在有偿退出中,则应把握股份所有成员的特殊性和受让主

---

① 参见林广会:《农村集体资产折股量化范围的确定及其法律效果》,载《中国不动产法研究》2021年第1期。
② 参见房绍坤、任怡多:《论农村集体产权制度改革中的集体股:存废之争与现实路径》,载《苏州大学学报(哲学社会科学版)》2021年第2期。

体限制性的关系,集体赎回以及集体经济组织内部转让并不会引发过大的冲突,但公开交易模式却是较为大胆的尝试。就是否设置公开交易类型或者股权能在多大范围内进行公开交易等问题,应重点考察各村镇现实经济状况、股东转让意愿、民主决策结果、交易平台建设、交易程序设置以及政府现实把控等要素,同时,把握公开交易的尺度,从地域、身份、比例等方面对受让主体进行限制,特别在当前阶段仍应以试点试错心态在个别地区开展,坚定农村集体资产股权平稳渐进市场化的道路。

· 理论前沿 ·

论物理暴力在法律中的功能与限度

伍德志[*]

摘　要：物理暴力几乎在任何语境中以及对任何对象都能达到相同或类似的生理与心理效果。物理暴力是法律在生理上的共生机制，是对极端违法行为的底线预防，其能够为人们提供一种普遍化的基础安全保障，但物理暴力对于法律的意义主要不在于对身体与行为的直接强制，而在于其显著的符号与象征功能。物理暴力也是很多法制改革的催化剂，因为物理暴力上的成败能够极为简明、直观地展示制度上的优劣，而且物理暴力被认为是社会冲突的"顶峰"，其不论是针对何种对象，在消除意见分歧、促进社会共识的达成方面往往有着意想不到的正当化效果。但法律不会退化为纯粹的物理暴力，而是包含了更复杂的结构建设。物理暴力如果在行动层面上被普遍使用，将会对执法机构产生难以承受的决策负担与信息负担。物理暴力显著的符号效果在于其自身的稀有与罕见，其泛滥往往被认为是法律功能失败的标志。

关键词：物理暴力　隐喻暴力　共生机制　有组织暴力

物理暴力向来在政治学理论、社会学理论与法学理论中作为一种反道德因素被置于一

---

[*] **作者简介**：伍德志，武汉大学法学院副教授。

种边缘性的地位①。中外的各种法学理论与法学教科书都会简单地提到法律是由国家强制力保障实施的,尽管这种表述都隐约指向物理暴力对于法律实施的意义,但对于这种强制力的特征与功能的分析与探讨仍然不够充分与深入。各种法学理论研究的更多的是法律的道德特征、社会意义与程序基础,理论的潜在道德取向与合法性追求使得学者不自觉地忽视了物理暴力这样一种显而易见的因素在法律领域中的功能,从而使得对物理暴力功能的研究在法学领域显得极为贫乏。鉴于这一现状,本文将参照相关的社会学理论,并适当联系现实,对物理暴力在法律领域中的功能与限度进行专门的论述。需要强调的是,本文并非提倡甚至美化物理暴力,而是对物理暴力的功能进行客观的社会学分析。本文也不倡导扩大对物理暴力的使用,而是认为物理暴力的使用将随着社会结构的完善而会减少,而且物理暴力也需要通过规范与程序进行严格的制约与限制。物理暴力对于法律制度的正常运转固然必不可少,但在任何社会,如果出现大规模的物理暴力,都已经是社会问题的症状了。但物理暴力在人类社会以及法律制度中是如此的普遍,我们不能忽视对于物理暴力的研究。

一、物理暴力与隐喻暴力

物理暴力是一种纯粹的行动机制与有形的物理现象,其通过对身体或物体的强制、侵犯、伤害或消灭,从而实现对人与行为的直接控制。按照卢曼的观点,物理暴力(physical violence)是以"行动消灭行动"②。物理暴力是一种机械力学,其相对于社会结构有着高度的独立性。物理暴力能够仅仅依赖于力量优势,并不受各种特殊结构如等级、角色、语境、身份、价值等的约束③。在法律领域,我们能很容易发现物理暴力的这种特征,例如法律有很多制裁机制,如人身强制、剥夺人身自由、死刑、公开赔礼道歉、剥夺政治权利、罚款、开除公职等等。在这些制裁机制中,只有人身强制、剥夺人身自由与死刑这一类暴力制裁机制才能对不同的人实现相同或类似的生理与心理效果。其他制裁机制都会存在各种结构上的限制,如剥夺政治权利对于大字不识几个的文盲没有任何威慑价值,开除公职对于那些在市场自由择业的打工者也没有意义,而富人对于罚款则可能根本不在乎。只有暴力性的制裁机制

---

① 在当下中国学界,对于法律与政治中的暴力的谴责几乎是一种普遍现象,暴力被认为是一种不合法、不文明现象,这导致很少有人认真研究过暴力的功能与限度。这特别体现在对维稳执法的研究当中。如孙立平、沈原、郭于华、晋军、应星、毕向阳:《以社会表达实现长治久安》,载《领导者》2010年第33期;金太军、赵军锋:《基层政府"维稳怪圈":现状、成因与对策》,载《政治学研究》2012年第4期;于建嵘:《压力维稳的政治学分析——中国社会刚性稳定的运行机制》,载《战略与管理》2010年第7/8期合编本;魏治勋、白利寅:《从"维稳政治"到"法治中国"》,载《新视野》2014年第4期;姚尚建:《社会暴力的边界控制》,载《犯罪研究》2012年第4期;姜明安:《法治平衡矫正拆迁异化》,载《人民论坛》2011年第3期;冯仕政:《社会冲突、国家治理与"群体性事件"概念的演生》,载《社会学研究》2015年第5期;杨伟东:《维稳的转型及转型安排》,载《行政法学研究》2015年第4期。

② See Niklas Luhmann. Trust and Power. translated by Howard Davis, John Raffan and Kathryn Rooney. John Willey & Sons Ltd., 1979, p.149.

③ 参见[德]尼克拉斯·卢曼:《法社会学》,宾凯、赵春燕译,上海人民出版社2013年版,第144-145页。

才能在生理与心理上达到高度同一性的普遍效果。根据人的生物本性，任何人都会抗拒身体强制或打击，都会害怕失去人身自由，都会恐惧死亡。因此，物理暴力几乎在任何情境中以及在针对任何人时都能够达到相同或类似的震慑性效果，因此几乎可以被普遍使用①。这虽然现实当中也存在以死抗争等物理暴力无效的情况，但总体上来看，物理暴力相比于特殊的社会结构机制具有"高度可预见的成功确定性"②，在真正具有优势的力量面前，没有人能够抵挡暴力。物理暴力作为一种建立在生理与心理反应基础上的机制，对于文化、道德、权威、声誉或身份等社会结构的依赖程度非常低③，基于这些社会结构的惩罚高度依赖于具体的语境，实施效果也往往很难保证实质性的统一。如一个社会声望很高的人可以将他人的辱骂视作低素质的表现而可以不屑一顾，但难以无视他人对其身体的暴力攻击以及由此引发的疼痛与恐惧。特别是在蒙昧的古代社会，酷刑的公开展示能够让所有人心惊胆战，这种恐惧效果是超越多元化的社会身份与文化背景的，能够为所有人所深切感受到。正如十九世纪的西方传教士来到中国看到"凌迟处死"所产生的心理反应和中国人是类似的④，这种极端的物理暴力不论在基督教背景的西方传教士看来还是在受儒家文化熏陶的中国人来看都是令人震惊的。

由于物理暴力的强迫性，很多社会学理论在隐喻意义上将一切结构约束都视为暴力，如布迪厄的"符号暴力"⑤，或齐泽克的"客观暴力"⑥，本文将这些隐喻意义上的暴力都称为"隐喻暴力"。但通过隐喻暴力对暴力的"扩展性定义"，不仅会使得暴力这个概念变得毫无意义⑦，也遮蔽了真正意义上的暴力与隐喻意义上的暴力之间的显著差异。最终物理暴力作为任何社会秩序的潜在基础反而被普遍无意地忽视了。隐喻暴力是无形与潜移默化的，其甚至以被压迫者的不自觉认同作为基础。隐喻暴力是一种非常复杂也非常精巧的社会结构，其依赖于文化、道德与知识的演化与建构，有着细致入微的操作技术与深入灵魂的渗透力，而非朝夕之间就能实现其效果。人们对隐喻暴力的学习与接受会是一个非常长期的过程，例如，学校的道德教育以及监狱的各种改造，要使得人们认同某种规范模式，自我归类为善与恶或合法与非法，并以此作为行为的内在标准，都非朝夕之功。因此，与物力暴力不同，隐

---

① 参见［德］尼克拉斯·卢曼：《法社会学》，宾凯、赵春燕译，上海人民出版社2013年版，第145页。
② 参见［德］尼克拉斯·卢曼：《法社会学》，宾凯、赵春燕译，上海人民出版社2013年版，第312页。
③ 当然，不是说物理暴力对于社会结构完全没有依赖性，而是这种依赖性是比较低的，正如中国历史上的游牧民族，其文明结构远没有中原农耕文明复杂，但在军事上的效率却远胜于农耕文明。
④ 参见［加］卜正民、［法］巩涛、［加］格力高利·布鲁：《杀千刀：中西视野下的凌迟处死》，张光润、东凌、伍洁译，商务印书馆2013年版，第33-40、167-224页。
⑤ 参见［法］布迪厄、［美］华康德：《反思社会学导引》，李猛、李康译，中央编译出版社2004年版，第186页；［法］皮埃尔·布尔迪厄：《帕斯卡尔式沉思》，刘晖译，生活·读书·新知三联书店2009年版，第200-201页。
⑥ 参见［斯洛文尼亚］斯拉沃热·齐泽克：《暴力：六个侧面的反思》，唐健、张嘉荣译，中国法制出版社2012年版，第1-2页。齐泽克在这里又将客观暴力区分为"符号暴力"与"系统暴力"。
⑦ 参见［英］约翰·基恩：《暴力与民主》，易承志等译，中央编译出版社2014年版，第23页。

喻暴力会受到社会结构的严格限制，其效果是高度语境化的。福柯认为，现代社会的控制方式已经从粗暴、血腥、短暂并带有公开羞辱特征的针对肉体的惩罚技术演变为更规范、更精巧、更具有普遍性的改造灵魂的知识－权力①，这种观点在现代学者中深入人心，使很多学者误认为现代社会变成了一个无形暴力更多而有形暴力更少的社会。现代社会的文明化实际上与其暴力化是同步发展的，因为文明化所创造的制度条件使得更大规模的有组织暴力成为可能②。现代国家对于物理暴力的完全垄断使得对私人化暴力的控制更为有效，增加了人际间的和平，但其前提是现代国家也建立了史无前例的暴力系统。

尽管隐喻暴力看似更加文明化，但物理暴力在现代社会仍然有其难以忽视的存在与功能。物理暴力对于社会结构的高度独立性使得物理暴力对于社会秩序有着特殊的价值，但也产生了特殊的危险。物理暴力能够为社会规范的实施提供一种一般性与普遍性的担保，因为我们能够假定任何人都会恐惧并服从暴力。因此，物理暴力是一种底线担保，能够杜绝任何极端的个人或情况对规范的破坏。在任何社会当中，总会有一些人由于其偏执性格、成长背景、意志之外的行动压力等难以克服的因素而容易偏离正统规范，或者秩序由于价值、信息、利益等难以平衡与协调的原因而陷入紊乱，这时都需要物理暴力来提供一种能够同等有效地施行于所有人、清晰而又明辨的约束机制，从而实现秩序的统一与稳定。中东地区之所以国无宁日，不是因为民主和自由不够，而是由于国家对暴力的垄断性不够，从而导致对私人暴力的控制不够，只有暴力才能制服暴力。基于物理暴力的法律制裁不仅具有普遍性的行为控制意义，也具有普遍性的符号价值。物理暴力在生理与心理上所激发的恐惧与痛苦是任何人都能够认知与理解的，因此也构成了判断法律制裁风险的普遍信息基础。暴力实际是充分利用了人的肉体特征，通过对肉体的实际控制与心理威胁来实现对人的行为的控制③。肉体是任何一个人所拥有的，与肉体相关的恐惧与痛苦也是无需任何文化教养就能够凭借直觉能感受到的。因此，物理暴力具有普遍性的生理与心理效果。很多情况下，物理暴力无须实施，凭借想象就足以震慑所有人。即便是破坏死去的肉体也能够实现恐怖的效果，如中国古代社会的"戮尸"④。为了避免产生恐惧感，现代法律制度也是禁止随意伤害与破坏死去的肉体的。

但物理暴力也因此产生了特殊的危险。正由于物理暴力对于社会结构的高度独立性以及其对于人类心理与生理的普遍效果，物理暴力也具有摧毁一切社会结构的能力，正如法国

---

① 参见［法］米歇尔·福柯：《规训与惩罚》，刘北成、杨远婴译，生活·读书·新知三联书店1999年版，第81-114页。
② See Siniša Malešević. The Sociology of War and Violence. Cambridge University Press, 2010, p.332.
③ 参见［德］扬·菲利普·雷姆茨玛：《信任与暴力：试论现代一种特殊的局面》，赵蕾莲译，商务印书馆2016年版，第131、137页。
④ 例如，《后汉书·孝灵帝纪第八》；《晋书·列传第六十八》，王敦、桓温。

大革命、苏俄革命等暴力革命有着将一切推倒重来的激进特征。物理暴力本质上具有工具性特征①，其在目标上是高度自由的。由于几乎不受结构性束缚，物理暴力可以被人们用于任何目标②，哪怕是不正当的目标，如纳粹德国对犹太人的大屠杀。在现代高度发达的工业潜能与技术知识支持下的有组织暴力，即便在号称文明社会的今天，也能够对文明本身暴发出极大的破坏能量③。因此，物理暴力并没有随着社会的现代化而减少，而是随着现代化的进程而表现出更大的威力。尽管隐喻暴力在国民能够接受普遍教育、社会知识高度发达的现代社会是非常有效的，但这不意味着物理暴力就完全失去了其功能。只要人还是一种生物，那么物理暴力所产生的生理效果与心理效果就对于人类行为仍然具有普遍的控制意义。

二、物理暴力作为法律的共生机制：法律效力的生理保障条件

任何一种社会制度或社会系统都有一个无法分割的外在环境，那就是作为生物物种之一并有着共同生理特征的人类，具体说来就是人类的肉体④。任何社会制度都无法忽视这些生理特征。这构成了卢曼所谓的"共生机制"（symbiotic mechanism）⑤。人作为生物有机体有着一系列的生理特征，这些特征虽是任何社会制度正常发挥功能的前提条件，但也构成对其功能运作难以摆脱的限制。例如，在科学领域，真理的共生机制是人的知觉，真理如要具备普遍说服力，就必须能够解释得了人的知觉现象，如爱因斯坦的相对论极为抽象，但最终必须归结为知觉上的可视化验证，例如科学家在经验上可以直接观察到卫星上的时间与地球上的时间的速度不一样。在经济领域，货币的共生机制是对人类需求的满足，如货币价值能够坚挺的基本前提是，一国经济系统能够生产出满足人类需求的产品。在情感领域，爱情和性密切相关，在一个自由恋爱的时代，性能够为爱情提供一锤定音的证明，没有性的爱情是不可持久的⑥。在政治领域，权力的共生机制是物理暴力，对于任何政治权力，我们都难以忽

---

① 参见［美］汉娜·阿伦特等：《暴力与文明》，王晓娜译，新世界出版社2013年版，第19页。
② 参见［德］尼克拉斯·卢曼：《法社会学》，宾凯、赵春燕译，上海人民出版社2013年版，第145页。
③ 参见［英］齐格蒙·鲍曼：《现代性与大屠杀》，杨渝东、史建华译，译林出版社2011年版，第8-16页。
④ 这一观点来自卢曼，卢曼认为，人不是社会系统的一部分，人只是社会系统的环境的一部分，人身上的心理系统、神经系统、生命系统都构成了社会系统的环境。参见See Niklas Luhmann. Social Systems. translated by John Bednarz and Dirk Baecker. Stanford University Press, 1995, pp.103-138、255; Georg Kneer, Armin Nassehi:《卢曼社会系统理论导引》，鲁贵显译，台湾巨流图书公司1998年版，第85-94页；Niklas Luhmann. Theory of Society (Volume 2). translated by Rhodes Barrett. Stanford University Press, 2013, pp.87-88.
⑤ See Niklas Luhmann. Trust and Power. translated by Howard Davis, John Raffan and Kathryn Rooney. John Willey & Sons Ltd., 1979, p.147; Niklas Luhmann. Theory of Society (Volume 1). translated by Rhodes Barrett. Stanford University Press, 2012, pp.227-229.
⑥ See Niklas Luhmann. Trust and Power. translated by Howard Davis, John Raffan and Kathryn Rooney. John Willey & Sons Ltd., 1979, pp.147-148; Niklas Luhmann. Love as Passion: The Codification of Intimacy. translated by Jeremy Gainess and Doris L. Jones. Stanford University Press, 1986, pp.26-28、109-120. 关于货币与需求之间的关系，还请参见［德］N.卢曼：《社会的经济》，余瑞先、郑伊倩译，人民出版社2008年版，第124-157页。

视掌权者施加暴力惩罚的能力①，在失去了这种能力的地方，如在政府还难以控制军队的国家，我们很容易看到权力的不稳定性。但社会制度与共生机制并不能相互等同，科学并不仅仅是知觉上的观察而且还包含复杂的理论构造。货币价值也并不仅仅是需求的直观反映，即使需求未发生变化，货币价值也可能剧烈变动。在情感领域，爱情并不会退化为纯粹的性，而是还包含了道德上的承诺。在政治领域，权力也不会退化成为赤裸裸的暴力，而是还包含了合法性建设。

本文认为，与政治领域类似，在法律领域，物理暴力也构成了无法回避的共生机制。对于大部分法律制度，我们都会期待物理暴力作为"最后一招"的可能性。在这里我们也可以根据卢曼的系统论认为，物理暴力构成了法律系统与政治系统的结构性耦合机制②，暴力效率的提升会同时带来权力与法律的效力的扩展。由于物理暴力大多情况下是由政治系统的权力媒介组织起来的，法律在这方面对政治系统有着特别的依赖。物理暴力构成了法律的普遍基础，即便我们可以通过信用体系、社会教育、道德舆论、身份、组织等结构化的机制来保障法律的实施，但如果没有物理暴力的威胁，这些结构化的机制都会变得极为不可靠，因为物理暴力对于任何制度都提供了一种底线式担保。正由于此，物理暴力通过其普遍的生理效果也为法律提供了极大的可信性。尽管物理暴力并不会在任何情况下都被付诸实施，但任何人在面对法律时，都无法忽视国家有组织暴力的潜在威胁。在多数情况下，没有物理暴力作为共生机制的存在，任何大型国家的法律秩序都是不可想象的，中东国家的乱象就足以说明这一点，民主、自由、共识保证不了任何秩序。有很多学者认为，不依赖于国家强制力的民间规范也是能够维持社会秩序的。但其忽视了非常重要的一点：这些民间规范与秩序都是非常碎片化的，不足以维护现代大型国家的整体性社会秩序。很多学者也试图挖掘民间规范当中的合理性资源，从而为国家法秩序提供借鉴，但这些民间法研究都陷入了无可救药的多元化困境当中③，现代司法在面对众多的民间法规范时只会变得更加无所适从。而国家法基于有组织的物理暴力能够实现对于人作为肉体的普遍控制，相比于高度依赖于具体语境的结构化机制，只有物理暴力才能超越行动语境的极度复杂性，实现普遍化的效果。

不论是在古代还是现代的大型国家，由于个体及其动机的数量极为巨大与复杂，以及很难绝对禁止结构性角色的自由流动，大多数人的行为语境都是高度多元化的，心理学意义上的共识实际上是不可能的，我们不可能期望多数人都会对自己根本不了解或者没有参与的

---

① See Niklas Luhmann. Trust and Power. translated by Howard Davis, John Raffan and Kathryn Rooney. John Willey & Sons Ltd., 1979, p.147.
② 关于结构性耦合较为详细的解释，See Niklas Luhmann. Theory of Society (Volume 1). translated by Rhodes Barrett. Stanford University Press, 2012, pp.54-55.
③ 参见伍德志：《论民间法研究的犬儒主义色彩》，载《法律科学》2014年第6期。

法律决定有着普遍的认同。因此，我们多数情况下不可能和多数他人实现"一条心"。就此而言，大型国家法律的正当性基础不在于心理层面的普遍共识而在于"对接受的假定"：当人们可以认为，其他人都会认知性地接受可能不符合其期望的规范性决定时，那么决定就是正当的①。作为一种社会现象，正当性就是指我们能够普遍信任他人都会去接受可能违背自己意愿的规范性决定。正当性在此处只涉及纯粹期望的保证而不是实质性共识。这种正当性也体现于守法行为的集体行动逻辑当中，在集体行动中，人们是否合作很大程度上取决于对于别人是否合作的信任与期待，而不论这种合作对个人是有利还是有害②。为了维护这种对彼此守法的相互信任，对于"搭便车者"的强制与惩罚机制是必要的，其目的在于传达他人都愿意合作的印象，向合作者保证他们不会被置于"傻瓜"的境地，并能够使合作者假定他人都会服从强制③。在缺乏共识的情境下，法律的有组织暴力制裁在维护相互信任上有着无可替代的功能。有组织暴力的特殊能力能够让我们"假定"不仅自己会服从法律施加的暴力制裁，其他人也会服从法律所施加的暴力制裁。有组织暴力能够超越特殊的性格特征、身体体力、身份关系、社会地位与组织关系，为多样化的人类个体提供一种高度一般化并能够普遍适用的机制，并作为一种底线担保，使人类树立对于法律以及对于多样化他人的普遍信心。大多数人对于法律的直觉期待都会很自然地联想到警察、监狱等物理暴力形式，这就是一种不可分割的"共生机制"。如果得到平等适用，物理暴力能够使得每一个人都会很自然地假定他人都会恐惧并服从法律施加的暴力惩罚，不论他人的身体有多强壮，具体动机是什么，性格是什么，成长与生活的环境是什么，社会地位是什么。

　　同时，物理暴力作为共生机制也构成了法律效力的普遍生理限制，凡在物理暴力无效的地方，法律的效力就会受到限制，例如，各种"老赖"现象。我国对于"老赖"有着各种"围追堵截"的手段，如禁止贷款，禁止乘坐高铁飞机，禁止出任企业高管，禁止购买不动产，等等。但其问题在于：对于那种已经退休、无须出远门、人生已经确定的"老赖"，这些制裁机制就会束手无策，因为其严重依赖于特定的社会结构条件，而并不是每一个人都有机会进入这样一种社会结构。这时，如果没有物理暴力这种具有普遍生理效果的制裁机制的出场，我们对于法律的效力就会失去信心。尽管我国刑法也规定了拒不履行判决裁定罪，但其力度明显太弱，要重拾人们对于司法判决效力的信心，就必须加大刑事制裁，如对于隐瞒财产、转移财

---

① 参见[德]尼克拉斯·卢曼：《法社会学》，宾凯、赵春燕译，上海人民出版社2013年版，第311-314页。
② See Kim Mannemar Sonderskov. Different Goods, Different Effects: Exploring the Effects of Generalized Social Trust in Large-N Collective Action. Public Choice, Vol. 140, No.1/2(2009), pp.145-160;[美]罗德里克·M.克雷默等：《集体信任与集体行动——作为一种社会决策的信任决定》，刘穗琴译，载[美]罗德里克·M.克雷默、[美]汤姆·R.泰勒编：《组织中的信任》，管兵等译，中国城市出版社2003年版，第482页；[美]查尔斯·蒂利：《信任与统治》，胡位钧译，上海人民出版社2010年版，第21-26页。
③ See Dan M. Kahan. The Logic of Reciprocity: Trust, Collective Action, and Law. Michigan Law Review, Vol. 102, No.1 (2003), p.77, 79, 99.

产、拒绝或抗拒执行判决的行为一律给予定罪与刑事处罚,即使情节较轻也是如此。由此,才能使得物理暴力这个共生机制成为法律的普遍效力基础。本文并不提倡盲目地加大刑事制裁,但很显然,没有有效性得到公众认可的刑事制裁,法律的效力就会受到质疑,进而导致更多的人因违法受到伤害与损失。尽管法律也需要道德的正当性支持,但如果没有物理暴力这个共生机制,人们对道德与法律都会失去信心。

物理暴力为法律效力提供了一种普遍性的底线保障,由此我们也能够得出一个已经为实践所证明的推论:现代法治以国家对有组织暴力的垄断为前提。国家所垄断的有组织暴力使得任何人都失去了抵抗能力。没有这种垄断,就无法杜绝私人暴力的泛滥,我们也就难建立大规模的社会秩序。埃利亚斯认为,国家对体力暴力的垄断,能够通过总体性的社会强制促进个人的自我强制,从而使我们超越眼前的暴力冲动,放眼长远的未来,最终扩展了社会行动链条,增加了对他人职能性的相互依赖[①]。这意味着,国家对暴力的垄断使得复杂的社会结构演化成为可能。国家的有组织暴力对个人的本能性暴力的抑制,能使得社会冲突被引导到理性化与文明化的社会控制方式当中,由此才会出现稳定的市场经济、官僚体制、法治、民间组织等等。国家对有组织暴力的垄断使得任何个人或群体都无法在力量上与国家进行对抗,这就为国家法获得了独一无二的优势,因为其提供了能够影响与震慑所有人的一种普遍化机制[②]。今天我们在西方国家所看到的那种规范严密、执法严谨、司法有效的现代法治,都是以国家所垄断的强大的有组织暴力为潜在基础的。国家对物理暴力的垄断能够将人类的交往从对物理暴力的恐惧当中解脱出来,由此更广泛的交往才会发生,从而为更复杂的制度演化提供社会条件。因此,那些战乱频繁的国家,是很难建立复杂、稳定的政治制度与法律制度的。中国民国时期的社会问题也是如此,如果不能首先消灭军阀、统一中国,任何美妙的社会构想都是不切实际的。

因此,任何国家如果还没有实现对于有组织暴力的垄断,那么就很难在地域广阔的国土范围内建立普遍的法律秩序。根据吉登斯的观点,传统国家只有"边陲"而没有"国界"的概念[③],因为传统国家由于落后的交通与信息传播技术以及经济基础的薄弱,还无法实现对暴力的完全垄断,也无法对边界进行精确的控制。虽然很多传统帝国地域广阔,但很多地域只是范围不精确、控制非常薄弱的势力范围,传统国家因此很难将法律落实到乡村与基层。尽管中国古代王朝也可能通过连坐制度、保甲制度与特务制度来加强国家有组织暴力的有

[①] 参见[德]诺贝特·埃利亚斯:《文明的进程:文明的社会发生和心理发生的研究》,王佩莉、袁志英译,上海译文出版社2013年版,第448-451页。
[②] 参见[德]尼克拉斯·卢曼:《法社会学》,宾凯、赵春燕译,上海人民出版社2013年版,第148页。
[③] 参见[英]安东尼·吉登斯:《民族-国家与暴力》,胡宗泽等译,生活·读书·新知三联书店1998年版,第59-72页。

效性①,但在当时那种非常落后的交通与信息传播技术之下,这些制度很难达到现代国家对于社会的全方位控制水平。这在中国不仅导致了以费孝通的差序格局为特征的乡土自治以及因横暴权力有限而不得已为之的无为政治②,也导致了山匪恶霸与绿林好汉的横行③。我们熟悉的《水浒传》固然是小说,但通过其反映出的社会背景,我们也能够看到古代国家的社会控制力非常有限,从而难以禁绝落草为寇、占山为王等体制外暴力。这就决定了古代社会难以建立以严明、精确、安全而著称的现代法治体系。这一点在民国时期同样也有体现,当时的司法信任危机很大程度就源于国家尚未实现军事上的统一,民国政府对内既无法消灭军阀割据,对外也无法废除治外法权,中央政府的法律很难落实到基层与租界,这导致人们难以信任司法的普遍效力④。

只有现代国家借助交通与通信技术、组织技术与军事技术的发展才实现了对暴力工具的完全垄断、对国家领土的精确控制与管理⑤,并有能力将全国的法律统一起来并落实到乡村与基层。任何人或组织,特别是古代社会有能力颠覆中央王权的世家大族或民间会道门组织,在国家强大的有组织暴力面前都变得不堪一击,由此杜绝了私人暴力的滥用,保障了法律在国家内部的普遍效力。现代国家的有组织暴力已经确立了对于人类个体与组织的绝对优势。尽管现代社会已经不允许暴力惩罚的公开性展示,但国家对于暴力的完全垄断弥补了这一不足。现代国家强大的警察机构与军事机构,使得任何人即使看不到古代社会血淋淋的砍头场面,也无法忽视国家有组织暴力几乎无所不在的威胁。在今天,体制外暴力已经不可能推翻一个政权,现代政权的非正常更迭更多地源于体制内暴力的反叛。当然,现代国家对于有组织暴力的完全垄断也为极权主义的产生提供了可能,但也正由于这种垄断杜绝了私人暴力的泛滥,人与人之间才能建立基本的安全与信任。今天的"驴友"到深山老林去探险,完全不用担心民国时期才有的匪患。法律通过物理暴力能够实现这样一种"普泛化"的效果:其能够迫使嵌身于任何社会结构或具有任何特征的个体都遵守法律,从而让我们不必顾虑极端的违法行为,因此能够使社会互动稳定下来⑥。因此,与现代法治形影不离的是物理暴力这种古老控制机制的普遍可能性。

---

① 参见伍德志:《权力媒介普遍化的结构条件及其信息不对称问题》,载《北方法学》2013年第6期。
② 参见费孝通:《乡土中国·生育制度》,北京大学出版社1998年版,第24-30、62-63页。
③ 关于传统社会的匪患,可参见鹤年编著:《旧中国土匪揭秘》,中国戏剧出版社1998年版;赵清:《袍哥与土匪》,天津人民出版社1990年版;袁文伟:《反叛与复仇——民国时期的西北土匪问题》,人民出版社2011年版。
④ 参见江照信:《中国法律"看不见的中国":居正司法时期(1932—1948)研究》,清华大学出版社2010年版,第66-67页。
⑤ 参见[英]约翰·基恩:《暴力与民主》,易承志等译,中央编译出版社2014年版,第49-50页;[英]安东尼·吉登斯:《历史唯物主义的当代批判》,郭忠华译,上海译文出版社2010年版,第192-196页;[英]安东尼·吉登斯:《民族-国家与暴力》,胡宗泽等译,生活·读书·新知三联书店1998年版,第127-147页。
⑥ See Niklas Luhmann. Trust and Power. translated by Howard Davis, John Raffan and Kathryn Rooney. John Willey & Sons Ltd., 1979, p.37.

三、物理暴力作为传达法律效力的普遍符号：表演性与象征性

尽管物理暴力与法律之间存在共生关系，但物理暴力对于法律的功能主要不在于对身体的控制与伤害、对生命的剥夺、对行为的强制与引导等物理效果，而在于对法律规范的"宣示性表达"与"象征性执行"①。物理暴力在法律系统中主要是一种表演或象征，是对法律规范的效力与可靠性的一种非常强有力的证明与展示手段，而不仅仅是规范的实现手段②。由于物理暴力在行动与事实上不可能落实到每一个人，其更多的是通过显著的符号效果发挥这方面的功能。物理暴力能够将行为选择的信息简化到这样一种地步："你不听话，我就打你！"这是一个非常简单易懂的信号。法律如果将物理暴力的使用严格化，就能够提供一种极为直观的安全保证。

在中西方的古代社会，法律制度中的酷刑几乎是一种普遍现象。不仅如此，中西方的酷刑都普遍带有强烈的公开羞辱特征③，如中国古代刑罚体系中的斩首示众、凌迟、戴枷示众、刺配等等，西方中世纪宗教法庭所实施的烙刑、火刑、车裂、断头、耻辱刑等等④。在中国古代社会，酷刑以辽宋以来的"凌迟"最具代表性。有些学者对凌迟的研究更多是从文化学的角度着眼，如卜正民等人认为，凌迟的功能既不在于"担惊受怕的短刀剜剐之时，也不在于犯人毙命的那一瞬"，而在于犯人毙命之后的尸首散落、尊严扫地与家族蒙羞⑤。也就是说，凌迟从礼法上破坏了受之父母的身体发肤的完整性以及整个家族的声誉。但这种文化学的解读忽视了凌迟在生理与心理上的效果。凌迟不论对于中国人，还是西方人，都能够营造出类似的心理恐怖效果。如果我们从更广阔的视野来看待酷刑，那么这种文化学的解读是不能令人满意的，因为在西方也存在着大量的肢解犯人身体的酷刑。尽管不同的社会对于暴力的意义会有着不同的文化理解，也有可能出现老子所说的"民不畏死，奈何以死惧之"的极端情况，但这并不能改变暴力和人的肉体反应密切相关这一普遍的共性。

从社会学的角度来看，酷刑与社会结构的不完善密切相关，这也给在结构上高度独立的物理暴力赋予了特殊功能。社会结构能够为人们提供沟通、认同与约束机制，使得国家层面

---

① 参见［德］尼克拉斯·卢曼：《法社会学》，宾凯、赵春燕译，上海人民出版社2013年版，第142页。
② 参见［德］尼克拉斯·卢曼：《法社会学》，宾凯、赵春燕译，上海人民出版社2013年版，第143页。
③ 参见［德］尼克拉斯·卢曼：《法社会学》，宾凯、赵春燕译，上海人民出版社2013年版，第142页；［法］米歇尔·福柯：《规训与惩罚》，刘北成、杨远婴译，生活·读书·新知三联书店1999年版，第35-80页；［加］卜正民、［法］巩涛、［加］格力高利·布鲁：《杀千刀：中西视野下的凌迟处死》，张光润、东凌、伍洁静译，商务印书馆2013年版，第22-23页；［美］查尔斯·蒂利：《集体暴力的政治》，谢岳译，上海人民出版社2006年版，第80-84页。
④ 关于西方的酷刑历史，请参见［美］马克·P.唐纳利、丹尼尔·迪尔：《人类酷刑史：解密文明面具下的可怖人性》，张恒杰译，经济科学出版社2012年版；关于中国的酷刑历史，请参见吴晓：《图解中国历代酷刑史：原始野蛮的文化形态》，内蒙古文化出版社2012年版。
⑤ 参见［加］卜正民、［法］巩涛、［加］格力高利·布鲁：《杀千刀：中西视野下的凌迟处死》，张光润、东凌、伍洁静译，商务印书馆2013年版，第12、107页。

的集体行为成为可能。众所周知,现代社会对于规范的灌输与执行可以依赖很多结构化的机制,如学校教育、媒体宣传、信用体系、身份登记制度、档案系统、民间组织等等。但在古代社会,由于没有普及基础教育,民众文盲比例非常高,接受普法宣传的渠道非常有限,也缺乏纸质媒体与电视媒体,这使得法律规范很难通过文字符号或图像符号展示给公众。同时,由于书写技术与技能尚未普及以及缺乏发达的信息储存、分类与传播技术[1],政府不仅很难对违法行为进行准确的标记与识别,民众也很难根据法律规范对自己进行自我识别与归类,从而将自己纳入复杂的法律系统当中。在缺乏较高级的社会结构的支持的情况下,民众与法律之间的沟通能力非常有限,而暴力与沟通是相互排斥的[2],社会结构越不完善,沟通越难以成功,对物理暴力的需求就越大。在蒙昧的古代社会,人们很难通过在今天看来文明化的复杂结构机制进行沟通,那么物理暴力就成了一种不得已的替代选择。物理暴力在古代社会很大程度上就是法律的代表与展示[3]。众所周知,在我国古代社会,刑与法就是通用的。古人虽然没有机会接受礼法教育,但仍然是一种生物,对物理暴力的恐惧感是与生俱来的。

尽管如此,古代国家还无法实现对于暴力的完全垄断,暴力技术的效率远不及现代的军队与警察。但物理暴力对于法律秩序的功能主要不在于对身体与行为的实际控制,而在于其象征价值与表演价值。古代国家很接近于吉尔兹所谓的"剧场国家":国家在实际控制能力非常弱的情况下,通过华美、壮观或残酷的象征性仪式来放大自己的力量[4]。古代国家都极为重视暴力制裁的展示效果,因为暴力制裁有着极大的视觉冲击力和心理冲击力。例如中国古代刑罚中的斩首与绞刑被放在菜市口进行,而辽宋以来将凌迟作为法定刑,更是强化了暴力制裁的心理震慑力。古代社会对犯人的很多惩罚都不仅仅是对肉体的单纯伤害,而是有着强烈的当众羞辱意味,如西周与春秋战国时期的墨、劓、剕、宫、大辟、车裂,汉代的斩脚趾,宋代的刺配、折杖法,元代的刺臂、刺项,明清的枷号。尽管汉唐时期有减少肉刑的一些改革,但总体上来看,暴力惩罚在古代社会基本都要求以仪式化与戏剧化的方式展示出来。当然,我们今天从人权与文明的角度来看,这些暴力制裁的展示都是一种类似于雷姆茨玛所说的"毫无意义的残忍"[5]。如果我们不带道德色彩地看待这种现象,古代社会对暴力惩罚的公开展示与表演就是一种极为强烈的符号机制,其在教育、学习、沟通都非常困难的古代社会,通过一种简明直观但又触目惊心的方式展示了法律的存在与强大。按照福柯对欧

---

[1] 参见[英]安东尼·吉登斯:《历史唯物主义的当代批判:权力、财产与国家》,郭忠华译,上海译文出版社2010年版,第95-96页。
[2] 参见[美]罗洛·梅:《权力与无知:寻找暴力的根源》,郭本禹、方红译,中国人民大学出版社2013年版,第49页。
[3] 参见[德]尼克拉斯·卢曼:《法社会学》,宾凯、赵春燕译,上海人民出版社2013年版,第143页。
[4] 参见[美]克利福德·格尔兹:《尼加拉:十九世纪巴厘剧场国家》,赵丙祥译,上海人民出版社1999年版,第116-165页。
[5] 参见[德]扬·菲利普·雷姆茨玛:《信任与暴力:试论现代一种特殊的局面》,赵蕾莲译,商务印书馆2016年版,第142页。

洲酷刑的描述：在刑罚的执行仪式当中，观众是主要角色，观众在恐怖、残暴的仪式中会感到自己比任何时候都接近于那些受惩罚的人，也感到比任何时候都严重地受到不受限制的暴力的威胁①。酷刑提供了一种认知成本较低的媒介，其对于惩罚的夸张化表达使得任何人都能深刻地体会到国家法律与个人在力量上的巨大悬殊以及违反法律后果的严重性。在这里我们还需要认识到一点：古代社会的物理暴力即使只是在符号层面发挥其功能，也会有一定程度的结构依赖性，依赖于关于暴力的信息与形象的口头传播或文字传播，但这种传播相比于其他复杂的社会控制知识，仍然属于极为简明的信息。正如在鲁迅小说中，即使是作为文盲的阿Q也都知道："造反是杀头的罪名呵，我总要告一状，看你抓进县里去杀头，——满门抄斩，——嚓！嚓！"②小说虽为虚构，但其背后的社会意识大致是没错的。

物理暴力本身的符号功能在很多情况下也不依赖于其前提的正当性。例如，在清代因"叫魂"引发的恐慌中，政府为了平息恐慌，往往不问事实与证据，直接处死嫌犯，从而以儆效尤与稳定民心③。物理暴力在这里似乎提供了一个可以战胜任何不可知妖术的强大保证。物理暴力作为符号的心理效果相比于多元化的社会结构具有弥散性（diffuse）与普泛性（generalized）的特征④，其对于社会结构的高度独立性与自由性以及对目的的盲目性，使得物理暴力的实施不论是指向自己还是他人，是指向同道还是指向敌人，其效果都是"普泛性"的。一个敢于自残的人，也是一个让他人感到害怕的人。一个内部整肃非常残酷的政权，同样也会让普通百姓感到恐惧。

在我国的二十世纪八九十年代，轰轰烈烈的"严打"也是对物理暴力符号功能的应用。"严打"放松了证据要求与权利保障，定罪执刑要求从重从快，基层法院可以适用死刑，将已生效案件改判死刑，服刑到期者暂不释放，不仅如此，很多地方对犯罪分子进行游街示众，甚至有些地方实施公开枪决⑤。"严打"无疑不符合现代法治精神，今天学界也多持有批判态度。但我们也需要理解"严打"背后的制度逻辑。对物理暴力的这种公开性展示，从某种意义来说也是源于社会转型时期制度的不完善。当时中国刚开始推行改革开放，西方文化与生活模式对中国社会产生了极大的冲击，而新兴的城市化、工业化与市场化也使得民众措手不及，再加上大量知青回城形成了情绪躁动的待业青年群体⑥，在这样一个有效的法律制度

---

① 参见[法]米歇尔·福柯：《规训与惩罚》，刘北成、杨远婴译，生活·读书·新知三联书店1999年版，第63-69页。
② 鲁迅：《鲁迅全集（第一卷）》，人民文学出版社2005年版，第547页。
③ 参见[美]孔飞力：《叫魂：1768年的中国妖术大恐慌》，陈兼、刘昶译，生活·读书·新知三联书店2012年版，第185页。
④ 此处借用了卢曼的术语，See Niklas Luhmann. Trust and Power. translated by Howard Davis, John Raffan and Kathryn Rooney. John Willey & Sons Ltd., 1979, pp.27, 50-51.
⑤ 参见陶莹：《1983"严打"：非常时期的非常手段》，载《国家人文历史》2010年第20期；崔敏：《反思八十年代"严打"》，载《炎黄春秋》2012年第5期。
⑥ 参见陶莹：《1983"严打"：非常时期的非常手段》，载《国家人文历史》2010年第20期。

以及能够适应新环境的规范意识远未成型的情况下,严打过程的从重从快、公审公判、游街示众甚至公开枪决,就提供了一种易于识别的符号,使得民众能够深切感受到法律的强大力量与国家惩治犯罪的强烈决心。当时民众也迫切需要这样一种能够震慑所有潜在犯罪分子并能够给予所有人以安全感的普遍化符号机制①。古人常说的"乱世用重典",正是利用了物理暴力的符号价值。尽管严打在程序与权利保障上存在巨大争议,但"严打"在短期内也确实肃清了风气,大大改善了社会治安②。在执法者可支配资源极为薄弱的情况下,"严打"的目的在于集中有限的资源,通过刑罚的赤裸裸展示,将国家的执法力量与决心以最为触目惊心的象征化方式放大化,从而既给犯罪分子以极大的心理震慑,也给普通百姓以强大的心理安全保证。毫无疑问,今天政府的执法力量已经足够强大,各种非暴力的社会控制机制已经相当健全,不应再采取这种极具争议性的执法手段。

在今天,由于社会结构的完善以及国家对有组织暴力的绝对垄断,政府与社会不再感到有必要通过血淋淋的行刑场面这种极为夸张的形式来展示法律与权力的强大了。刑罚及其公开展示变成了道德上不可接受的现象。在今天,谦抑性也成为学界公认的刑法原则,刑罚的使用被认为应该受到严格限制,死刑的存废也变成了一个极具争议的问题。人们开始逐渐难以接受刑罚与肉刑的滥用,更勿论各种酷刑了。但其背后不仅仅是人权价值的胜利,也是因为社会结构的变化。物理暴力并没有从法律当中完全消失,而是退居幕后③,而且变得更加节制与温和,更加"文明化"。这一方面是因为现代社会的各种控制机制已经变得多样、可用,每一个人都有条件与机会去深入阅读、接受以文字、图像为形式的各种普法宣传,人们的生活也内嵌于各种社会组织、社会信誉与身份系统当中,这使得其他形式的社会控制变得简易可行。另一方面,由于国家对于有组织暴力的完全垄断,国家相对于个人的显而易见的力量优势使得惨烈酷刑的象征价值变得不必要,即使没有酷刑,人们也能够知道暴力革命已经不可能取得胜利。暴力的效率与暴力展示的必要性成反比关系,现代国家所掌握的强大暴力机器使得其不再有必要通过一种触目惊心的方式来使人们感受到暴力的存在与法律的威严。即使在现代极为残暴的极权主义国家,惩罚都不再依赖于酷刑的公开展示,相反,正如阿伦特所说,极权主义被称为"光天化日之下的秘密会社"④,无处不在的秘密警察就足以让所有人感到恐怖,对物理暴力的肉体想象就足以造成普遍的心理震慑效果。

尽管刑罚本身的符号价值变得不再重要,但物理暴力仍然通过其他符号机制被再符号

---

① 参见唐皇凤:《常态社会与运动式治理:中国社会治安治理中的"严打"政策研究》,载《开放时代》2007年第3期。
② 参见陈兴良:《严打利弊之议》,载《河南省政法管理干部学院学报》2004年第5期;毕惜茜、陈娟:《"严打"整治斗争的回顾与展望》,载《中国人民公安大学学报(社会科学版)》2003年第2期;何立波:《1983:党中央决策"严打"始末》,载《检察风云》2008年第17期。
③ 参见[德]尼克拉斯·卢曼:《法社会学》,宾凯、赵春燕译,上海人民出版社2013年版,第147页。
④ [美]汉娜·阿伦特:《极权主义的起源》,林骧华译,生活·读书·新知三联书店2008年版,第480-481、526-547页。

化①。由于影像、文字、教育的普及以及各种普法宣传,物理暴力在今天能够在符号层面被更加广泛地传播,再加上国家对于物理暴力的绝对垄断,物理暴力在现代社会相比于过去为人们提供了一种更大程度的安全保证。虽然物理暴力在外表上变得更加文明化,但在这些外在形象的背后,如身着标准服装的警察与军队、法庭上严肃的程序与仪式,都体现了物理暴力的潜在可能性。在强大的国家暴力机器面前,没有人敢于忽视这种可能性。物理暴力仍然是现代法治秩序的潜在基础之一,如果我们现在解散国家的所有暴力机构,社会秩序就会立刻陷入混乱。现代法治是一种保障跨时空交往安全的制度体系,其特别需要一种高度普遍化的机制能够保证人们在任何非在场的语境中得到同等的安全保障。而物理暴力就是这样一种高度普遍化的机制,因为物理暴力能够利用每一个人都具备的生物本能,从而实现一种能够被所有人直观理解的效力。

四、物理暴力作为法制改革的催化剂:展示制度成败的直观性与对诉求的正当化效果

由于物理暴力对于社会结构与实质性目标的高度独立性与自由性,物理暴力虽有可能维护法律制度的效力,但也完全有可能破坏这种效力。特别是在法律的规范性期待难以为人们普遍接受的情况下,就可能导致人们对法律的暴力反抗。当暴力被反抗者使用或掌权者通过暴力来大规模镇压反抗者时,物理暴力就会成为法律制度效力的破坏者。物理暴力触目惊心的符号效果,不仅可以被国家用来展示法律的强大与违法后果的严重性,也可能以一种激烈的方式颠覆法律所保障的规范性期待的正当性,进而推动法制的变革。就此而言,物理暴力很难在制度变迁中成为一种建设性力量,但在很多情况下却是引发制度变革的契机。就历史上大规模的法制改革而言,物理暴力往往是某种新制度的发端,这种发端导致对各种规则的选择②,物理暴力的强烈符号效果以及其在传达行动选择信息上的直观性与简明性,有利于促进改革共识的达成,从而成为法制改革的催化剂与系统出发点。物理暴力作为社会冲突的"顶峰",可以非常直观地表明既有法律制度的彻底失败,这非常有利于激发改革共识。物理暴力由于不依赖于最初的合理性与合法性,因此其结构负担比较轻。在一个急需变革但原有的结构机制仍然保持强大韧性的年代,物理暴力不论是针对何种对象,在消除对各种意见的反对、达成社会共识方面往往有出其不意的普泛化效果。这主要不是指物理暴力对抗拒改革者的强制与消灭,而是其高度的象征意义。但也需要强调的是,物理暴力仅仅是触发法制改革的契机之一,而不是全部。任何形式的社会冲突与矛盾,都可能引发

---

① 参见伍德志:《论破窗效应及其在犯罪治理中的应用》,载《安徽大学学报(哲学社会科学版)》2015年第2期。
② See Niklas Luhmann. Trust and Power. translated by Howard Davis, John Raffan and Kathryn Rooney. John Willey & Sons Ltd., 1979, p.150.

法制变革。但社会矛盾与冲突的极端表现形式就是暴力,物理暴力一旦发生,就开始凸现其独立于一般性社会冲突的特殊性。物理暴力作为社会冲突的"顶峰"往往是引发大规模变革的重要刺激因素。但由于物理暴力本身对于实质性目标是独立与自由的,其所带来的不一定是"进步",而可能仅仅是一种激烈的"改变"。因此,这一部分的主旨既不在于探讨物理暴力背后的社会冲突与矛盾是什么及其原因,也不在于探讨物理暴力引发的法制变革是进步还是落后,而仅仅探讨物理暴力本身作为一种特殊的社会现象在触发法制变革上的客观功能。

中国近代社会中的各种改良与改革,很多时候都是在物理暴力的刺激下引发的,例如甲午战争之后的戊戌变法,日俄战争之后的《钦定宪法大纲》,武昌起义与滦州兵谏之后的《宪法重大信条十九条》。近代中国的几乎每一次宪政变革背后都一场重大物理暴力的强烈刺激。特别是甲午战争成为近代国人的奇耻大辱,可以说是清朝崩溃的最后关键所在,这场战争的强烈象征意义大大激发了国人救亡图存的决心,并最终引发了戊戌变法。我们如何理解这场战争的象征性意义?物理暴力的成败是非常直观的,用经济学术语来说,物理暴力成败的认知成本是比较低的,而具体社会制度上的优劣比较往往比较复杂。物理暴力上的成败在很多人看来却能够高度象征性地指示出社会制度上的优劣,人们由此相信军事上胜利的一方必然是制度更为优秀的一方。1904年的日俄战争,虽然和中国并无太大关系,但日本对俄国在军事上的胜利被国人解读成了立宪国对专制国的胜利,并产生了意想不到的效果,使得立宪成了受普遍关注、不可遏制的全国性思潮,《钦定宪法大纲》正是在此背景下仿照日本明治宪法而来的[①]。近代国人对于中西制度优劣的比较很大程度就来自军事暴力上的比较。在近代中国的各种制度变革中,在军事暴力上的失败尚未明显之际,无论是保守派还是维新派对中体西用之类模棱两可、犹犹豫豫的说辞尚存幻想,对中国走君主立宪的道路还是走民主共和的道路还存在争议[②],但当物理暴力血淋淋地展现在人们的面前,人们出奇一致地达成了共识:在器物层面之外,还须进行制度层面的改革,君主立宪梦碎之后,也只有通过暴力革命来谋求民主共和的道路[③]。

除了以上外,物理暴力作为社会冲突的符号象征还能够传达出另外一层意义:物理暴力的实施往往被人们认为是社会冲突的"顶峰",这意味着既有的规范沟通机制已经完全失

[①] 参见韩大元:《论日本明治宪法对〈钦定宪法大纲〉的影响——为《钦定宪法大纲》颁布100周年而作》,载《政法论坛》2009年第3期;宋宇文:《相似宪法文本的不同命运——〈钦定宪法大纲〉与〈明治维新宪法〉的不同结局探析》,载《法律科学(西北政法大学学报)》2013年第2期。

[②] 参见张剑:《钦定宪法大纲与清末政治博弈》,载《史学月刊》2007年第6期。

[③] 关于这一点,请参见君主立宪在戊戌变法的主要参与者之一的梁启超思想中的演变,梁启超在1899年声称:"故今日议保全中国,惟一策,曰尊皇而已。"后又在1912年声称:"然问国家之敌,极于前清时代,不行政治革命,庸有幸乎?""夫今日我国以时势所播荡,共和之局,则既定矣,虽有俊杰,又安能于共和制之外而别得活国之途?"请参见梁启超:《梁启超文集》,陈书良编,北京燕山出版社1997年版,第62-63,368-370页。

败,从而到了不得不变革的地步。物理暴力对此往往有着一种不证自明的正当化效果。暴力冲突由于其对人们注意力的巨大吸引力、认知上的简单性与直觉性以及作为社会冲突严重性的公认表现形式,往往在促进社会共识的达成与诉求的正当化上有着意想不到的普遍功效,而不论这种共识与诉求本身是否正确。物理暴力构成了一种天然的信号,能够向人们指明制度到了不得不改的严重地步了。物理暴力的强大视觉冲击力以任何人都能理解的方式将复杂的制度选择简单化,将可能并没有得到充分论证的诉求正当化。物理暴力本身不是共识,却能够激发共识,物理暴力也不能保证制度改革的成功,却往往是成功的起点。无论是战场上的物理暴力还是法场上的物理暴力,都以一种非常直观、生动而又醒目的方式表明了原有制度的优劣与成败。谭嗣同关于"各国变法无不从流血而成"的感慨,从某种意义上来说也是对物理暴力在历史与制度变迁中的功能的最好概括。人之死亡,不论是因为他杀,还是因为自杀,其在制度变革中往往有一种催化剂的功能。谭嗣同以死明志,以能够打动所有仁人志士的悲壮方式,表明原有的制度已经穷途末路,只能依赖于菜市口斩首这种物理暴力的夸张形式来表明制度改革的必要性了。有人化用谭嗣同的狱中绝笔在其湖南故居撰写的对联,就颇能准确道出谭嗣同之死的意义:"壮矣,维新欲杀贼而未回天,终成国恨;快哉!喋血屹昆仑以昭肝胆,长醒吾民。"鲜血在生理上以令人震惊的方式将原本公众不甚关心的重大问题聚焦成舆论热点,将原本可能不甚严重的社会冲突与问题在直观上严重化,从而激起国人对于现有制度问题的深入思考,并重新考虑制度改革的方向与手段。物理暴力由于关涉人皆有之的生理与心理感受,往往有一种天然的正当化效果。无论是仁人志士的横尸法场,还是当权者的暴力镇压,往往能在没有论证的情况下就使反抗者的诉求获得正当性,另一面也使得当权者失去正当性。当有人以死明志时,不论其主张是否合理,都能增加说服力。即便在今天,我们仍然能够发现物理暴力这种强烈的符号意义,如社会运动当中的自杀、自焚与绝食现象,甚至示威者为博取正当性而有意"激怒"统治者使用暴力的倾向①。在香港的"占中"事件与"反送中"游行中,很多示威者在诉求难以得到满足时,恐怕也在"渴望"政府的暴力镇压。而在暴力镇压并未发生的情况下,他们也会极力夸大政府执法的暴力性或通过绝食方式来自我施加暴力。当然,物理暴力的正当化效果也可能是盲目的,其带来的后果未必都是正面的,正如历史上的农民起义和暴力革命未必总能实现人们所期望的结果。

即使物理暴力背后没有任何诉求,物理暴力也有其独一无二的象征性效果。正如英法美等曾发生的大规模骚乱,尽管我们作为外在的观察者可以赋予这些骚乱以各种经济与社

---

① 参见[德]尼克拉斯·卢曼:《法社会学》,宾凯、赵春燕译,上海人民出版社2013年版,第147页。

会上的原因①,但就这些骚乱者自身而言,他们非常盲目,其所针对与破坏的也不是我们在社会运动中所一贯假定的权贵与富人,他们没有明确的目标,也没有崇高的意识形态追求,而只有难以表达、朦胧的愤慨②。暴乱者只是不满,但不知问题所在。如果说这些骚乱有任何意义的话,那么这些骚乱是"争取自身的可见度的直接努力"③。这时暴力变成了一种没有任何意义外观的纯粹暴力,一种纯粹吸引社会注意力的符号表达方式。正如阿伦特所说,"暴力虽然不能促进事业的发展,也不能推动历史的进步和革命的进展,但它的确能把不幸形象生动地表现出来,并使他们引起公众的注意"④。只有通过暴力的直观展示,示威者才能足够有力地吸引公众的广泛注意,并能够引起所有人的同情心或愤慨心。物理暴力是认知成本非常低的一种信号,即使暴乱者自身没有任何明确的诉求,也足以引发震惊性效果,并促进整个社会对于背后问题的反思与重视。

在西方世界,法国大革命对整个欧洲的撼动,一方面对此我们固然可以说是因为其所传达的自由、平等、博爱等现代理念的颠覆性影响,但另一方面也和这些现代理念所据以表达的方式有关,也即横扫一切的大恐怖⑤。法国大革命中的恐怖政策不仅仅意味着一种独裁统治手段,也不仅仅是对革命敌人的极大恐吓,而是通过主权暴力的"制造死亡"来防止革命欲望的弱化与萎缩。在革命领袖看来,恐怖政策的目的在于"使人民免于麻木"⑥,暴力恐怖在法国大革命中的象征性可以被解释成行使主权的场景,其展示了"人民主权",证明了"人民在行动",并让人民牢记人民主权事业⑦。而暴力性恐怖作为一种有着巨大心理震撼作用的特殊符号,具有强烈的刺激作用,其展示出来的政治张力与道德张力,大大放大了问题的严重性,并强化了改革在主观上的必要性,并最终将"人民主权"以极为夸张、离奇、摄人心魂的方式表现出来。这种盲目的暴力毫无疑问有滥杀无辜的嫌疑,但客观上却通过对情感

---

① 参见李文云、孙天仁:《骚乱之火蔓延至英国多个城市 居民跳楼逃生》,载《人民日报》,2011年8月10日;齐紫剑、张崇防:《英国骚乱的背后是经济社会困局》,载《新华每日电讯》,2011年8月11日;严明:《巴黎骚乱与"法国在燃烧"》,载《中国记者》,2005年第12期;吴铭:《透视法国骚乱四大根源》,载《第一财经日报》,2005年11月8日;杨婷婷:《一个燃油税何以引发法国大骚乱》,载《北京日报》2018年12月7日;王潭:《底特律骚乱毁了美国汽车之都》,载《环球时报》2020年6月9日。
② 参见[斯洛文尼亚]斯拉沃热·齐泽克:《暴力:六个侧面的反思》,唐健、张嘉荣译,中国法制出版社2012年版,第68页。
③ 参见[斯洛文尼亚]斯拉沃热·齐泽克:《暴力:六个侧面的反思》,唐健、张嘉荣译,中国法制出版社2012年版,第69页。
④ [美]汉娜·阿伦特等:《暴力与文明》,王晓娜译,新世界出版社2013年版,第28页。
⑤ 参见[法]阿尔贝·索布尔:《法国大革命史》,马胜利等译,中国社会科学出版社1989年版,第265-268、302-306页;[英]柏克:《法国革命论》,何兆武等译,商务印书馆1998年版,第94-97、218、237页。
⑥ See Sophie Wahnich. In Defence of the Terror: Liberty or Death in the French Revolution. translated by David Fernbach. Verso Books, 2012, pp.63、97.
⑦ See Sophie Wahnich. In Defence of the Terror: Liberty or Death in the French Revolution. translated by David Fernbach. Verso Books, 2012, pp.44-48.

的持续"刺激"使得革命主张更加深入人心。物理暴力的刺激作用也使得改革变得不假思索。法国大革命中的恐怖政策使得人们不再能够忍受费时费力的政治考虑，所有的改革因此变得雷厉风行[1]。尽管法国大革命中的政变与恐怖不断，但大革命也不完全是彻头彻尾的以暴易暴，持续进行的改革与整顿并没有中断，并最终从根本上改变了法国的基本现实[2]。法国大革命也撼动了整个欧洲，法国大革命如同"魔鬼在世间的显灵"，以其可怖的面孔，很快跨越了国界，以其闻所未闻的手段、战术、准则，冲决诸帝国的阻碍，"打碎一顶顶王冠，蹂躏一个个民族"[3]。当然，我们可以说这是因为法国大革命的理念赢得了人们的普遍认同，但任何理念本身都不会自动显示出其重要价值，而需要某种极为直观并能够震撼所有人的外在符号将其展示出来，而暴力性的恐怖就是这样一种符号。需要强调的是，本文并非提倡通过物理暴力来推动法制改革，而只是对于物理暴力影响的客观描述。而且在历史的大潮面前，人只是被这个大潮所推动，人也只是被这个大潮赋予意义，而绝无可能通过主观性的"提倡"来改变历史进程。物理暴力即使大规模的发生，也是匿名的集体意志的结果，而且这种结果很可能也是人类意料之外的，也很难为人类所控制。

在今天，世界各地主要针对西方国家的恐怖主义活动也采取了类似的策略。尽管恐怖主义组织不可能颠覆西方社会，但这种指向一切人的恐怖活动获得了西方社会的普遍关注，从而刺激西方社会不得不给予某类"世界"或"组织"以足够的重视。这是一种类似于米歇尔·艾迪森所说的"暴力政治"，这里重要的不是暴力，而是政治[4]。暴力与恐怖往往是某种政治价值的外在象征，暴力上的失败并不意味着在政治上的失败，反而可能意味着政治上的成功。无论是自杀性爆炸袭击，还是西方政府对恐怖分子的暴力惩罚，都会使恐怖分子成为自己及其教众心目中神圣教义的祭品，这反而是政治上成功的标志。因此，对于现代的恐怖分子，暴力威慑不会有太大效果，反而可能会强化其固有目标追求的正当性。

尽管在今天我们认为革命已不再可能，但物理暴力体现出来的符号与象征意义仍然足以振聋发聩。如北非国家突尼斯在2010年到2011年间的"茉莉花革命"，突尼斯、埃及、苏丹等国家一系列的自焚事件，尽管是自我施加暴力，但同样也有一种"正当化"的效果。烈焰燃烧生命的悲剧震慑了所有人的心，自焚者以自己的生命作为赌注，在现代媒体的广泛传播下，产生了强大的视觉冲击力与心理冲击力，对于当权者也产生了巨大的震撼。当权者也会感到"害怕"，即使烈火还没有延烧到自己身上。自焚事件产生了一种弥散性与普泛性的

---

[1] See Sophie Wahnich. In Defence of the Terror: Liberty or Death in the French Revolution. translated by David Fernbach. Verso Books, 2012, p.66.

[2] 参见[法]阿尔贝·索布尔：《法国大革命史》，马胜利等译，中国社会科学出版社1989年版，第491-492页。

[3] 参见[法]托克维尔：《旧制度与大革命》，冯棠译，商务印书馆1997年版，第42-43页。

[4] See Michael Addison. Violent Politics: Strategies of Internal Conflict. Palgrave, 2002, pp.170-174.

效果,能够让所有相关或不相关的人开始认真考虑物理暴力所暗示的严重问题。物理暴力的发生表明既有的制度沟通已经失效,而必须采用最原始的生理机制了,这会激发整个社会包括当权者开始思考制度变革的必要性与迫切性,最终使得制度改革以雷霆万钧的方式被推进,结果就是中东各国当权者纷纷下台。

五、物理暴力的功能局限性:物理暴力作为行动与符号的限度

由于学界从未重视过物理暴力在法律系统中的功能,自然对其功能局限性也就很少探讨。物理暴力对于法律秩序的功能主要是指其作为威胁的符号功能与象征意义。当物理暴力作为一种符号发挥其功能,其扩展相对来说更容易,因为符号是"反事实的普遍化"[1],其能够使人们在不同的语境中面对不同的人时坚持相同的意义。符号在时空上能够让我们感受遥远的环境与未定的将来[2],物理暴力作为符号是一种"反事实"的存在,甚至能够通过各种更加简化的符号机制,如文字、画面、传言、程序、决定,向不特定的多数人传递威胁。而当物理暴力作为符号发挥功能时,即使没有实际实施,也能显示出自己的威力。但一旦物理暴力从符号兑现为行动,成本就会大大增加。

物理暴力作为行动与物理暴力作为符号在性质上是不同的,物理暴力是以行动消灭行动的,其作为行动具有强迫性、直接性与迅速性[3],是"在场"的存在,其现在就要对具体的个人与事件采取具体的措施。当物理暴力从普遍性的潜在威胁变成针对具体个体的实际行动时,从偶尔为之的仪式变成频繁实施的常规惩罚时,就会变得成本高昂。尽管物理暴力的符号效果不依赖于复杂的社会结构,但物理暴力一旦实际实施,就意味着决策者放弃了通过普遍化的符号指导他人行为选择的便利,这时就必须自主承当选择和决策的压力[4]。物理暴力的实施除了表明"反事实"的威慑失效外,还会要求配备专门的人员,对暴力工具进行有效组织,掌握充分的行动信息以及对行动做出及时与合理的安排,因此物理暴力在事实层面的成本会非常高昂。卢曼曾指出,如果法律的功能被限定于通过强制与制裁来执行规范,那么法律多数情况下将无法正常运转[5]。即便是通过军事政变上台的独裁者在上台之后也都会谋取道德上的合法性。任何人都不可能天天过着刀口舔血的日子,哪怕其垄断了所有的武器也是如此。在没有任何正当性与合法性支持的情况下,物理暴力的掌握者必须依赖于行

---

[1] See Niklas Luhmann. Trust and Power. translated by Howard Davis, John Raffan and Kathryn Rooney. John Willey & Sons Ltd., 1979, p.128.
[2] 参见[英]A. N. 怀海特:《宗教的形成 符号的意义及效果》,周邦宪译,贵州人民出版社2007年版,第101页。
[3] 参见[德]埃利亚斯·卡内提:《群众与权力》,冯文光等译,中央编译出版社2003年版,第199页;[美]汉娜·阿伦特等:《暴力与文明》,王晓娜译,新世界出版社2013年版,第22页。
[4] See Niklas Luhmann. Trust and Power. translated by Howard Davis, John Raffan and Kathryn Rooney. John Willey & Sons Ltd., 1979, p.112.
[5] See Niklas Luhmann. Law as a Social System. translated by Klaus A. Ziegert. Oxford University Press, 2004, p.164.

动上对具体他人的具体强制来达到自己的目的,而这会给任何统治者造成无法承当的决策负担与信息负担。而且物理暴力对于目的是独立与自由的,效果是普遍性的,物理暴力的掌控者也会害怕物理暴力对自己的伤害,完全通过物理暴力夺取或维持政权,也给了反对者以物理暴力来推翻政权的启发,只要机会合适,曾经显赫一时的军事独裁者在集体性的暴力反抗面前也会变得不堪一击。正如唐太宗李世民的玄武门之变所创下的先例,不仅使得李世民本人极为忌惮太子夺权,后世唐朝皇帝也因此极不信任自己的子女。在暴力面前,任何个体都是脆弱的。

在我国,政府很多情况下无法通过法律、道德、权力等结构化的机制来平息民众的不满,法律、道德与权力能够借助书面化的符号机制来指导行动的选择,但在法律、道德与权力非常低效的情况下,政府在很大程度上就必须依赖于物理暴力的直接强制,这就体现为政府对于上访者与异议者的各种暴力打压、劫访、拘禁,甚至劳教等。物理暴力所要求的行动上的实际控制对地方政府施加了沉重的经济负担①。虽然当今世界各国政府建立了任何个体与组织都不可能战胜的强大暴力机关,都能够实现对军队与警察的完全垄断,但要想对管辖范围广泛的地域内的所有违法行为一一采取强制措施,也几乎是不可能完成的任务。借用今天我国反腐领域中的修辞来说就是:打"老虎"易,拍"苍蝇"难。政府即便每年投入巨大的资源进行"压力维稳",并试图将各种社会矛盾消灭在萌芽状态②,也难以完全杜绝此起彼伏的上访、暴力抗法或群体性事件。如果任何政府试图在事实与行动的层面普遍使用暴力,那么政府将会变得不堪重负,也很难维持正常的法律秩序。物理暴力主要作为符号才能正常发挥功能,其过度泛滥很容易暴露其成本上的局限性。

虽然物理暴力主要在符号层面发挥功能,但同样也有一定的局限性。这种局限性存在于与物理暴力的行动控制功能相悖的关系当中:物理暴力显著的符号效果恰恰在于对行动层面的物理暴力的极力回避。过于频繁的物理暴力的展示会使人们变得麻木,物理暴力就会失去表达其背后的法律与政治张力的能力,从而变得平庸,也因此就很难作为法律执行力的展示。用经济学的术语来说,物理暴力实施的增加使其在符号表达上的边际效益递减。在某一临界点,暴力斗争中胜利的增长不再扩大法律的效力范围,而变成了一种负担与限制。因为当暴力不再作为有着生理与心理效果的符号,而是作为一种行为期待时,这时掌权者就会发现自己"骑虎难下"。因为一旦放松暴力的管控,就会被人们认为掌权者的决策能力与承受能力出了问题,人们不再相信暴力的普遍有效性,从而人心思动,谋求根本性体制变革。因此很多集权国家在某一强势独裁者去世之后都会出现社会结构大规模松动的现象。

---

① 参见谢岳、党东升:《"维稳"的绩效困境:公共安全开支视角》,载《同济大学学报(社会科学版)》2013年第6期。
② 参见清华大学社会学系社会发展研究课题组:《利益表达制度化,实现长治久安——维稳新思路》,载《理论参考》2011年第3期。

人们之所以关注物理暴力,也恰恰是因为物理暴力的奇特与不寻常[①]。物理暴力超过一定程度频率的展示,将不会再提升其符号价值,正如历史上的乱世,当暴力惩罚成为一种长时间的普遍现象时,暴力惩罚的震慑效果会大大减弱。在这种情况下,暴力惩罚的大幅度增加仍然抵挡不了暴力抵抗的增加。物理暴力在其最为频繁使用的时期也是其效果最为薄弱的时期。

对于已经基本实现有组织暴力垄断的国家来说,如果一种法律秩序仍频繁地将行动层面的强制与惩罚作为法律效力的保障,那么往往就成了法律功能失败的标志。类似于政治领域中的情况,一个掌握绝对权力的领导如果还通过公开性表达惩罚的威胁来督促下属执行命令的话,那么多数情况下会被人们认为这个领导实际没有威望。对于拥有强大暴力机器的现代政府来说,不怒自威是公众的正常期待,如果政府仍大量使用暴力,就变成了无能的标志。法律本质上也是一种指引行为的符号体系,包括法条、程序、仪式、标志性案例,也包括"偶尔"实施的物理暴力,法律很少完全是以暴力的面目示人,与纯粹的军队和警察组织相比毕竟存在功能上的不同,其要能够正常发挥效力,必须依赖于符号来塑造人们的心理与行为,而无法直接进行全盘的暴力强制。物理暴力一旦频繁实施就会使得法律符号的效果大打折扣。暴力只有在引而不发的情况下才能给人们留有足够的想象空间,从而达到普遍的心理威慑效果。

同时,反面的说法也成立:法律的无能就会导致对暴力的依赖。如果法律不能通过一系列非暴力的符号机制来传达法律的效力,物理暴力的具体实施就变得极为重要。根据柏克的说法,"智慧不够,就用充裕的暴力来补充"[②]。而根据阿伦特的说法,无能滋生暴力[③]。例如,就个体层面而言,当反抗者难以找到问题的根结时,物理暴力往往就是发泄不满的渠道,前文提到的英法等国曾发生的无目的性的大规模骚乱,也可以归因为反抗者缺乏表达自己声音的话语能力,以及在意义整体中定位自身处境之经验的无能[④],骚乱者因此需要通过暴力来彰显自己不可忽视的存在感。又如,中东极端组织"伊斯兰国"之所以频频展示最原始的暴力,很大程度上也是因为其已经不可能战胜西方。在制度层面上,如果某种社会结构吸纳诉求的能力比较弱,那么就会更加依赖于暴力的展示与实施。当社会处于暴力的高发期时,这往往就意味着这个社会的制度沟通出现了严重的问题。正如法律与医疗系统的高度专业化使得外行的患者很难通过法律程序与医疗机构实现有效沟通[⑤],这时暴力就成了患

---

① See Siniša Malešević. The Sociology of War and Violence. Cambridge University Press, 2010, p.4.
② [英]柏克:《法国革命论》,何兆武等译,商务印书馆1998年版,第217-218页。
③ 参见[美]汉娜·阿伦特等:《暴力与文明》,王晓娜译,新世界出版社2013年版,第21页。
④ 参见[斯洛文尼亚]斯拉沃热·齐泽克:《暴力:六个侧面的反思》,唐健、张嘉荣译,中国法制出版社2012年版,第69页。
⑤ 参见伍德志:《论医患纠纷中的法律与信任》,载《法学家》2013年第4期。

者表达不满的重要方式,而法律对于医闹的治理很大程度上也必须依赖于暴力制裁。就更广泛的制度层面而言,查尔斯·蒂利认为,在低能力非民主制度中,暴力仪式出现的形式最多、频率最高,而在高能力民主制度中,暴力仪式出现的形式最少、频率最低①。在现代社会,我们能够看到暴力制裁的公开展示越来越少,很大程度也是因为现代社会的控制能力远远高于古代社会。但在当代中国,我们仍然能够看到物理暴力作为个人无能与制度无能的一种社会表征,不论是生活重压之下的青壮年自杀,还是政府征地拆迁中的暴力执法与大规模的群体性事件,很大程度上都是源于社会的急剧转型导致原有的制度装置对于新问题以及个人在面对高度市场化的经济时的无能为力②。在此过程中,不仅公权力特别依赖于暴力来实施法律,个人也特别依赖于暴力来缓解自身的压力或向公权力与社会发出自己的声音。对法律而言,频繁的暴力一方面使得法律的正当性丧失殆尽,另一方面也使得暴力抗法获得了正当性。这种现状对于普遍守法无疑是极为不利的。

最后,尽管物理暴力是很多法律制度的系统出发点,但很难完全构成法律秩序本身。法律并不会退化成纯粹的物理暴力,而是包含了复杂的结构建设。法律还可能通过对道德的吸收、对规范的成文化,以及设立严谨的程序来扩展其效力,而物理暴力主要是对极端情况的一种底线预防,有助于形成对法律系统的总体信任。尽管如此,地基固然重要,但大厦的高度并不完全取决于地基,而是包含着更为复杂的结构性建设。早期的不少学者如奥斯丁、韦伯都曾将专门化的强制与制裁作为法律的根本性标志之一③,甚至凯尔森也有这方面的类似倾向④。这是对法律结构的一种高度简化。哈特实际已经指出,这种简化的观点不能解释法律的持续性特征⑤。虽然某种法律秩序能够以物理暴力为起点得以建立,如"枪杆子出政权",但法律秩序的继续扩展与深入就无法再完全依赖于暴力了。这也意味着法律系统与政治系统即使都以物理暴力作为共生机制与系统出发点,后续在演化脉络上也必然会产生分叉。我们基于彻底的军事胜利成立了新中国,在政治上实现了统一,但要将人们引导到通过司法而非上访解决纠纷的轨道上,治理隐藏在隐蔽角落的大量腐败,打击市场上的假冒伪劣产品,有效打击拒不执行判决的"老赖",政治上的统一与军事力量上的强大都无法完全解决问题,而是需要更为复杂精巧的结构装置,如通过普遍化的基础教育来强化对于法律与司法的信赖,通过严密的法律监督机制以及复杂的财务账簿系统来减少腐败的漏洞,通过建立以网络信息系统为基础的防伪标志来识别假冒伪劣产品,以及通过关联到银行、就业、消

---

① 参见[美]查尔斯·蒂利:《集体暴力的政治》,谢岳译,上海人民出版社2006年版,第85页。
② 参见郑永年、黄彦杰:《暴力的蔓延及其社会根源》,载《文化纵横》2010年第4期。
③ 参见[英]约翰·奥斯丁:《法理学的范围》,刘星译,北京大学出版社2013年版,第20-27页;[德]马克斯·韦伯:《经济与社会》(上),阎克文译,上海人民出版社2005年版,第125页。
④ 参见[奥]汉斯·凯尔森:《纯粹法理论》,雷磊译,法律出版社2021年版,第43-48页。
⑤ 参见[英]H.L.A.哈特:《法律的概念》,许家馨、李冠宜译,法律出版社2006年版,第23、78-86页。

费、交通的信用系统来从根本上打击"老赖"现象。

六、结语

物理暴力在法律系统中有着特殊的功能,其由于在结构上的高度独立性而成为法律效力的一种普遍化符号。物理暴力作为法律的共生机制与底线担保能够提供一种一般性与基础性的安全保障。但物理暴力主要作为符号机制而非行动机制发挥其功能,物理暴力的显著符号效果恰恰在于对物理暴力实际实施的极力回避。只有当物理暴力是稀有与罕见的,其符号与象征价值才能凸显出来。一旦我们试图将法律的实施完全建立在暴力强制的基础上,那么物理暴力的符号功能将会大大弱化,人们对物理暴力的感官印象就会变得麻木,物理暴力也会暴露其成本上的局限性。当下我国既存在物理暴力被滥用的问题,在某些领域也存在物理暴力严格性与平等性不足的问题。对此,我们需要对物理暴力的前提、权限与责任进行严格规定,一方面可以限制暴力的滥用,另一方面也会让物理暴力的实施变得更加严谨与公平。这时物理暴力才能最大化地发挥其符号功能与象征效果,使人们建立对法律的普遍信心,同时也不会过分地引起人们的恐惧。而由于物理暴力的高度象征意义,如果物理暴力被不恰当地适用,那么对其普泛化效果就可能会产生极为严重的负面影响,最终我们将不得不用行动层面的物理暴力替代符号层面的物理暴力,从而使执法机构不堪重负。

"人大代表密切联系群众"：分析框架、制度逻辑与实践机制[*]

金晓伟[**]

摘　要： 人民代表大会制度是实现我国全过程人民民主的重要制度载体，"人大代表密切联系群众"是全过程人民民主的重要内容和生动实践。党的十八大以来，以习近平同志为核心的党中央高度重视人大制度和人大工作，对"人大代表密切联系群众"的认识不断深化。然而，相关研究总体呈现实践性有余而理论性不足的状况。透过代表与人民的关系这一本质问题，以往关于代议民主制度功能——"代表性"的探讨提供了研究基础。再结合人民代表大会制度理论和实践的多重逻辑，可以构建"一元二维"的分析框架来阐释中国语境下的"代表性"，而制度规范的原则性和"民意"事项的宽泛性进一步拓展了"人大代表密切联系群众"的实践可能，也带来了边界设计的现实需求。借助国家权力配置的分工和效能思维，"人大代表密切联系群众"的实践机制设计上可以解决何种"民意"为基本思路，遵循"职权性→公共性→二次性→非诉性"的流程判断标准，以提升国家治理意义上的整体回应效能。

关键词： 人大代表　密切联系　群众　代表性　民意

一、问题的提出："人大代表密切联系群众"

"人民代表大会制度是我国的根本政治制度，也是我国人民当家作主的重要途径和最高

---

[*] 基金项目：2021年度浙江省哲学社会科学规划课题"深化人大代表密切联系群众工作专题研究"（项目号：21NDYD012YB）。

[**] 作者简介：金晓伟，宁波大学法学院副教授、华东政法大学博士后研究人员。

实现形式。"①自人民代表大会制度创建以来，党和国家就十分注重发挥"人大代表密切联系群众"的优势。随着人民代表大会制度的完善与发展，"人大代表密切联系群众"工作的制度化和规范化不断加强。党的十八大以来，以习近平同志为核心的党中央高度重视人大制度和人大工作，对"人大代表密切联系群众"的认识也不断深化。党的十八大报告提出，在人大设立代表联络机构，完善代表联系群众制度。在庆祝全国人民代表大会成立六十周年大会上，习近平总书记指出"各级人大代表要忠实代表人民利益和意志履行代表职责，密切联系人民群众，自觉接受监督"②。站在新的历史起点上，党的十九届四中全会重申了人民代表大会制度作为根本政治制度的地位，提出密切人大代表同人民群众的联系，健全代表联络机制，以更好发挥人大代表作用。值得注意的是，2020年9月17日，习近平总书记在湖南基层代表座谈会上提出"人大代表要更加密切联系群众"，对人大代表密切联系群众工作提出了更高要求③。2021年10月13日至14日，习近平总书记在中央人大工作会议上强调人民代表大会制度是实现我国全过程人民民主的重要制度载体，特别就"发挥人大代表作用""丰富人大代表联系人民群众的内容和形式""加强代表工作能力建设""密切同人民群众的联系"等多个方面提出了一系列要求④。党的二十大报告指出，全过程人民民主是社会主义民主政治的本质属性，是最广泛、最真实、最管用的民主。面对发展、践行全过程人民民主的新的时代要求，"支持人大代表更加密切联系群众，更好发挥代表作用"业已成为当前和今后一段时期的人大工作要点⑤。相应地，围绕"人大代表密切联系群众"这一时代性议题展开系统性研究，思索如何予以理论上的深度阐释，厘清制度上的规范逻辑，探索实践中的合理机制，也就有了迫切的现实意义。

目前，论及"人大代表密切联系群众"的学术研究大致可以划分为宏观、中观、微观三种进路。宏观进路是从人大制度或其他较为宏大的视野切入研究"人大代表密切联系群众"⑥。

---

① 许安标：《人民代表大会制度是支撑国家治理体系和治理能力的根本政治制度》，载《行政管理改革》2019年第11期。

② 习近平：《在庆祝全国人民代表大会成立六十周年大会上的讲话》，载《求是》2019年第18期。

③ 参见李小健：《"人大代表要更加密切联系群众"——栗战书与列席十三届全国人大常委会第二十二次会议的全国人大代表座谈侧记》，载《中国人大》2020年第21期。

④ 参见佚名：《习近平在中央人大工作会议上发表重要讲话》，http://www.npc.gov.cn/npc/kgfb/202110/4edb8e9ea1f240b9bfaf26f97bcb2c27.shtml，最后访问日期：2022年11月29日。

⑤ 例如，"支持人大代表更加密切联系群众，更好发挥代表作用"已经写入《全国人大常委会2021年度工作要点》，包括支持和保障代表依法履职，提高代表议案建议工作质量，加强常委会、专门委员会、工作委员会同人大代表的联系，密切人大代表与人民群众的联系，加强代表服务保障工作，加强代表履职管理监督等具体工作要点，参见佚名：《全国人大常委会2021年度工作要点》，http://www.npc.gov.cn/npc/c30834/202105/100099157f694e2ebd5c9fe96513ed0f.shtml，最后访问日期：2022年11月29日。

⑥ 参见肖金明：《人民代表大会制度的政治效应》，载《法学论坛》2014年第3期；盛林：《"两会"与中国特色利益表达机制建设》，载《理论学刊》2017年第5期；张翔：《城市基层制度变迁：一个"动力-路径"的分析框架——以深圳市月亮湾片区人大代表联络工作站的发展历程为例》，载《公共管理学报》2018年第4期。

中观进路是进一步分析人大工作中的代表工作，特别是代表联络工作，其中"代表密切联系人民群众"是代表"双联"（人大常委会密切联系代表和代表密切联系人民群众）工作的重要组成部分①。微观进路是精确聚焦"人大代表密切联系群众"，结合理论和实践等不同维度展开专门性研究，通常采取"价值—问题—对策"的研究思路②。遗憾的是，既有研究总体呈现实践性有余而理论性不足的状况。其中，至少有两个关联性的理论探讨值得进一步梳理。其一，代表（议员）与人民（选民）的关系。"人民代表大会制度之所以具有强大生命力和显著优越性，关键在于它深深植根于人民之中。"③因此，"人大代表密切联系群众"的议题，本质上是要回应代表与人民的关系问题。回顾代议民主制度的发展变迁，国内外研究者围绕代表（议员）与人民（选民）的关系有过不同的论述④。其二，透过代表（议员）与人民（选民）的关系，中西学界还特别关注这组关系背后蕴含的代议民主制度功能——"代表性"。囿于词源复杂且充满分歧的"代表"概念，"代表性"一直是一个需要细致澄清的问题⑤。特别是晚近以来，西方代议民主制度的"代表性"受到了诸多质疑⑥。从完善人大代表的"代表性"到人大代表"代表性"的缺失分析，许多学者从不同角度探讨了人大代表"代表性"的改进和完善思路⑦。

总体来说，围绕"人大代表密切联系群众"这一重要议题，既有研究在理论和实践两方面都留有文章可做。在理论方面，透过"人大代表密切联系群众"的宏观论述，代表与人民

---

① 参见李伯钧：《健全人大代表联络机制的若干思考》，载《人大研究》2020年第7期。

② 参见湖南省完善人大代表联系群众制度研究课题组、李勇：《完善人大代表联系群众制度的对策》，载《人大研究》2014第3期；郑勇：《制度建设是密切人大代表与群众联系的根本之策》，载《人大研究》2014年第4期；严标登：《推进人大代表联系群众机构建设的几点建议——基于对新加坡国会议员接见民众制度的考察与借鉴》，载《人大研究》2015年1期；王宏旭：《增强人民获得感视域下提升人大代表联络站效能的路径》，载《观察与思考》2019年第2期；郎友兴、余恺齐：《为什么要联系？如何联系？联系后怎么办？——人大代表密切联系人民群众的三个议题》，载《人大研究》2020年第5期。

③ 习近平：《在庆祝全国人民代表大会成立六十周年大会上的讲话》，载《求是》2019年第18期。

④ "代表者可以自由地做他所乐意的一切事""必须使用他自己的判断和智慧去做他所认为的最有利的事""准确地反映他所代表的人的愿望和观点"，皮特金将代表与选民之间的恰当关系描写为一个"令人头疼的无尽的争执"，进而列举了以上三种不同的论述，参见［美］汉娜·费尼切尔·皮特金：《代表的概念》，唐海华译，吉林出版集团有限责任公司2014年版，第6页；另外，在代议民主制度框架下，西方学者针对代表（议员）与人民（选民）的关系逐渐形成了"强制委托说""代表责任说""代表授权说"和"调和的意见"四种理论学说，其中以密尔的代表责任观点最为主流，而马克思、恩格斯、列宁等人坚决反对代表（议员）责任制，强调代表与人民（选民）之间的"委托关系"，国内宪法理论界在代表与人民（或选举单位）的关系方面则形成了"强制委托论""非强制委托论"和"集中代表论"三种理论，参见蔡定剑：《中国人民代表大会制度（第四版）》，法律出版社2003年版，第181-186页。

⑤ 参见［美］汉娜·费尼切尔·皮特金：《代表的概念》，唐海华译，吉林出版集团有限责任公司2014年版，第2-6页。

⑥ 参见杨雪冬、闫健：《"治理"替代"代表"？——对中国人大制度功能不均衡的一种解释》，载《学术月刊》2020年第3期。

⑦ 参见杨小虎：《人大代表的代表性研究》，载《海南大学学报（人文社会科学版）》2008年第3期；赵晓力：《论全国人大代表的构成》，载《中外法学》2012年第5期；魏姝：《我国基层人大代表的代表性分析》，载《江苏行政学院学报》2014年第6期；彭龙：《中国人民代表大会制度的代表性问题及对策研究》，载《党政研究》2015年第1期。

(选民)的关系及其背后的"代表性"问题仍然需要进一步阐释,特别是许多研究者将过多的注意力放在了人大代表的"代表性",而较少深入我国人民代表大会制度功能意义上的"代表性"问题,或者说对于人大制度本身是否/如何实质发挥"代表性"功能缺乏足够的思考。至于实践方面,在发展、践行全过程人民民主的过程中,"人大代表密切联系群众"的具体事项内容及其范围标准如何(合理地)划定,人大代表如何(更好地)联系人民群众等问题都亟待理论和实践研究的系统性展开。

二、分析框架:"代表性"的"一元二维"结构

面对理论方面的遗留问题,如何运用中国话语阐释我国人民代表大会制度功能意义上的"代表性"问题,反思人大制度本身是否/如何实质发挥"代表性"功能,进而充分回应和指导"人大代表密切联系群众"的工作和实践创新,无疑需要构建一套合适的分析框架。

(一)从"单一代表"到"二维功能"

"人民代表大会的主体是代表、作用靠代表、水平看代表、活力在代表"[①]"代表工作是人大工作的基础和依托,只有做好代表工作,人大工作才能充满生机和活力"[②]……这些关于人大代表工作的论述共同指向了代表工作在人大工作中的重要地位,凸显出代表职能之于我国人民代表大会制度的首要和基础意义。尽管过去国内外研究普遍反映了"代表"争议乃至"代表性"质疑,但是基于"代表"逻辑的"代表性"无疑是我国人大制度功能的核心内容,也是考虑"人大代表密切联系群众"制度机制的首要和基础逻辑。

问题在于,"改革开放以来四十年地方人大制度的研究经历了从规范研究为主到实证研究为主,从民主化视角到治理视角的转化"[③]。透过这一概括性判断,可以看到对代议民主制度功能的晚近认知有了历史性的新发展。如同一位学者所说,改革开放以来人大制度的改革举措集中在将人大及其常务委员会置于国家治理体系的合适位置,发挥其综合性的治理职能,而不是强化其单一的代表职能[④]。面对"'治理'替代'代表'"的担忧,在我国人民代表大会制度的理论意义和实然运行之间,"代表"逻辑实际上逐渐演变为"代表"与"治理"的双重逻辑。这一现象被理解为我国人大制度"均衡"发展的双重逻辑,即一个是宪法最初设计的,以代表为主体的人民代表大会制度的发展,另一个是实践中衍生的,以委员长

---

① 李伯钧:《健全人大代表联络机制的若干思考》,载《人大研究》2020年第7期。
② 张宝山、张钰钗:《会议侧记:推动新时代人大代表工作提质增效》,http://www.npc.gov.cn/npc/c30834/201912/b653db3e73844c48ab6cf5623377897f.shtml,最后访问日期:2022年11月29日。
③ 王龙飞:《议事结构视角下的地方人大常委会行政化问题研究——基于S省市县两级人大的实证考察》,载《上海大学学报(社会科学版)》2020年第5期。
④ 参见杨雪冬、闫健:《"治理"替代"代表"?——对中国人大制度功能不均衡的一种解释》,载《学术月刊》2020年第3期。

会议、主任会议为中心的人大常委会制度的发展①。"把作为专职化的人大常委会组成人员与非专职化人大代表两个方面结合起来,是我国人大制度的一个特点和优势。"②当然,也有学者认为这是一种"非均衡性",但其回到"执政党调控——人大调适"的互动模式分析,认为"非均衡性"并没有引发政治参与危机,因为人大制度运行遵从了国家治理的总体要求,提升了治理效能,从而对冲了"代表赤字"的可能影响③。可以说,无论是"均衡"还是"非均衡性","治理"逻辑的兴起并未动摇我国人民代表大会制度的合法性基础,反而拓展了"代表性"的内容维度。随着"代表"与"治理"的双重逻辑在实践中不断调适,关于"代表性"的"二维功能"结构理解逐渐形成。

（二）"二维功能"抑或"一元二维"

"'治理'替代'代表'"的担忧缘何没有演变为制度性的危机？前述提到有学者分析了"执政党调控——人大调适"的互动模式,这种认识体现了将党的领导体制机制与人民代表大会制度相结合的系统性思考,深刻回应了中国的政治体制和民主法治实践。有学者则更进了一步,其在"代表"与"治理"的双重逻辑之外,提出"政党与国家立法机关的二元代表论",认为在转型法治的宪制结构中,引领型的政治代表（政党）在代议政府体系之中发挥着引领、认知和勇于担当的重要作用④。尽管这一论断并非专门针对我国的人民代表大会制度,但其意在于说明政党的代表性嵌入是代议制的"代表性"功能发挥的重要前提,对接了我国的政治体制和民主法治实践。

事实上,中国共产党的"代表性"深刻影响着我国人民代表大会制度的"代表性"功能实现。我国宪法表明,中国共产党与人民代表大会的关系包含了"党要实施对人民代表大会的领导"面向,实践中主要通过以下几种途径实现：第一,党提出人大工作的方针政策,人民代表大会贯彻执行；第二,党就国家的重大问题,直接向全国人大提出建议案；第三,党对人民代表大会实行立法、选举、会议、日常工作等具体工作领导；第四,党的组织领导⑤。同时,在人大代表结构当中,中共党员代表一直保持相对较高的比例,也保证了党的方针、路线和重大决策的落实⑥。实践观察显示,"在每次人大开会前,人大代表中的共产党员都被要求参加'组织生活',听取党组织传达的中央精神,领会中央立法意图"⑦,从而确保了党的意图

---

① 参见孙莹：《全国人大组织法与议事规则的制度空间——兼论"一法一规则"修正草案的完善》,载《法学评论》2020年第6期。

② 陈斯喜：《广泛代表性是人大制度的重要特点》,载《人民之友》2010年第11期。

③ 参见杨雪冬、闫健：《"治理"替代"代表"?——对中国人大制度功能不均衡的一种解释》,载《学术月刊》2020年第3期。

④ 参见张龑：《改革时代的转型法治与政治代表》,载《中外法学》2019年第4期。

⑤ 参见蔡定剑：《中国人民代表大会制度（第四版）》,法律出版社2003年版,第32-34页。

⑥ 参见孙龙：《关于代表结构比例安排的历史考察与思考》,载《人大研究》2020年第10期。

⑦ 秦前红：《执政党领导立法的方式和途径》,载《中国法律评论》2014年第3期。

在全国人大或其常委会的通过。窥一斑可知全豹，"人大代表密切联系群众"既可以说是我国人民代表大会制度的重要原则和制度设计的基本要求，又是贯彻党的群众路线的重要内容。"新形势新任务对人大工作提出新的更高要求。地方人大及其常委会要按照党中央关于人大工作的要求，围绕地方党委贯彻落实党中央大政方针的决策部署，结合地方实际，创造性地做好立法、监督等工作，更好助力经济社会发展和改革攻坚任务。要自觉接受同级党委领导，密切同人民群众的联系，更好发挥人大代表作用，接地气、察民情、聚民智，用法治保障人民权益、增进民生福祉。要加强自身建设，提高依法履职能力和水平，增强工作整体实效。"① 习近平总书记的指示精神强调了党对人大工作的全面领导，而其中有关"密切同人民群众的联系"要求即表达了通过党的代表性引领来完善人大制度功能——"代表性"——的具体意图。

行文至此，一个分析框架已经呼之欲出，即在我国的政治体制和民主法治实践背景下，关于"代表性"的"二维功能"结构理解实际上并不周延，可以采取"一元二维"的结构来进一步阐释人民代表大会制度功能意义上的"代表性"及其实现形式。"一元"，对应的是党的代表性，此系我国人民代表大会制度功能实现的前提逻辑和根本动力。需要注意，不同于前述学者所提的"政党与国家立法机关的二元代表论"，"一元"意在强调党对人大工作的领导，突出中国共产党的"代表性"在我国人民代表大会制度的"代表性"功能发挥方面起着基础性、决定性、引领性作用，充分回应现实制度安排——"中国的人民代表大会是按中国共产党的领导逻辑进行运作的，其实际功能是由中国共产党的领导逻辑所直接支配的"②。客观来说，除了前述提及的宪法规范要义以及党领导人大工作的几种实现途径，党的"代表性"相关理论创新也在不断提醒学人关注两者之间的互动关系。恰如"全过程人民民主"这一重大理论命题和实践课题，其形成与发展在根本上取决于党的领导的根本政治保证和实践推动作用，而为了实现这一中国特色社会主义民主政治形态，很大程度需要通过人民代表大会制度的丰富实践及其功能发挥③。实证观察发现，有的地方（如浙江省）正在推动人大立法监督决定等法定职能下沉、各级人大常委会核心业务贯通到代表联络站，开展领导干部人大代表、人大常委会组成人员、人大机关工作人员进站活动，探索"一府一委两院"等国家机关及其工作人员进站听取意见建议，培育打造人大践行全过程人民民主的"基层单元"，生动诠释了党的"代表性"理念对于人大制度的"代表性"功能发挥的基础性、决定性、引领性

---

① 佚名：《习近平对地方人大及其常委会工作作出重要指示》，http://www.npc.gov.cn/npc/c30834/201907/a988ac79fd5847e597609116a7ed1104.shtml，最后访问日期：2022年11月29日。
② 李海青：《两种不同代表逻辑的混同：对人民代表大会问题根源的一种检视》，载《观察与思考》2020年第12期。
③ 参见程竹汝：《论全过程人民民主的制度之基》，载《中共中央党校（国家行政学院）学报》2021年第6期；程竹汝：《人大制度内涵的充分展现构成全过程民主的实践基础》，载《探索与争鸣》2020年第12期。

作用。无独有偶,在国家治理体系和治理能力现代化的语境下,我国的法治政府建设也经历了从政府主导向中国共产党全面领导之下党政合力推动的历史变迁①。因此,"二维"是"一元"前提之下的"二维",指的是我国人民代表大会制度的"代表性"具体表现于应然和实然两个维度,分别对应了"代表"和"治理"的双重逻辑。当然,应然与实然的划分并不绝对,二者相辅相成、并行不悖,也可以在相互之间渗透。相应地,"人大代表密切联系群众"的系统性研究可以依托于"代表性"的"一元二维"结构理解。

三、制度逻辑:规范解读与"民意"探究

"'全过程人民民主'必须制度化、法律化。"②"人大代表密切联系群众"作为践行和发展"全过程人民民主"的主要方式之一,其制度化、法律化的历程具有重要的研究和参考意义。考虑到我国人民代表大会制度功能意义上的"代表性"蕴含丰富多重的内容维度——"一元二维"结构,系统梳理、分析"人大代表密切联系群众"的相关规范性内容,进一步厘清其内在的制度逻辑(规范内容和制度定位),回应和澄清实践方面遇到的现实问题,将有助于形成规范化的"代表性"功能实现路径及具体机制。

(一)规范解读:"人大代表密切联系群众"的制度演进

纵观我国宪法,全国人大组织法、地方组织法、代表法等法律,中央有关文件,地方性法规以及其他规范性文件,都直接或间接涉及人大代表密切联系群众工作的规范性内容③。其中,我国宪法的相关原则性规定一马当先。根据宪法第二十七条第二款,"一切国家机关和国家工作人员必须依靠人民的支持,经常保持同人民的密切联系,倾听人民的意见和建议,接受人民的监督,努力为人民服务"。客观地说,虽然人大代表来自各行各业,不都是国家工作人员,但有研究统计显示,自六届全国人大以来,在中国政治体系中起着最为重要的稳定作用的各级党政干部,占全国人大代表的比例一直维持在40%以上④。因此,该宪法条款的要求至少对于相当一部分人大代表来说都具有规范意义。除此之外,宪法第七十六条第二款关于"全国人民代表大会代表应当同原选举单位和人民保持密切的联系,听取和反映人民的意见和要求,努力为人民服务"的规定则更为具体,可以视为我国人大代表密切联系群众工作的直接宪法依据。

简要回溯历史,在"人大代表密切联系群众"的制度演进历程中,至少还有以下几个关

---

① 参见罗利丹:《新时代法治政府建设的转型升级——以浙江为例》,载《观察与思考》2020年第12期。
② 莫纪宏:《在法治轨道上有序推进"全过程人民民主"》,载《中国法学》2021年第6期。
③ 其中,宪法、全国人大组织法、地方组织法、代表法的完整写法是《中华人民共和国宪法》《中华人民共和国全国人民代表大会组织法》《中华人民共和国地方各级人民代表大会和地方各级人民政府组织法》《中华人民共和国全国人民代表大会和地方各级人民代表大会代表法》,本文从写作便利性的角度考虑,采取文中的简写形式,下同。
④ 参见何俊志、黄伟棋:《吸纳与优化:全国人大代表政治录用的模式变迁》,载《经济社会体制比较》2021年第5期。

键性节点事件：第一个是1979年通过的地方组织法，规定县级以上地方人大设立常委会，常委会根据工作需要设立办事机构。根据这一规定，1984年全国人大常委会办公厅设立联络局，负责全国人大代表与地方人大代表联络机构的联络，为各地相应建立代表联络机构提供了示范。第二个是1987年6月全国人大常委会办公厅向各省级人大常委会印发的《关于全国人大常委会加强同代表联系的几点意见》，明确对全国人大代表同选举单位和人民群众的联系提出要求。根据该意见，全国和省级人大代表小组相继设立，并定期开展活动。第三个是1992年4月公布施行的代表法，规定代表应当与原选区选民或者原选举单位和人民群众保持密切联系，听取和反映他们的意见和要求，努力为人民服务。2010年代表法修改，明确规定县级以上各级人大常委会的办事机构和工作机构是代表执行职务的集体服务机构，为建立完善代表联络机构提供了法律支撑。第四个是2016年7月全国人大常委会办公厅印发的《关于完善人大代表联系人民群众制度的实施意见》，其中指出的一个重要指导思想就是畅通社情民意反映和表达渠道，努力做到民有所呼、我有所应，进一步发挥代表的作用。

　　值得一书的是，代表法的出台在制度层面具有里程碑式的意义。"代表法是我国保障和规范各级人大代表工作的专门的、基本的、重要的法律。这部法律，细化了宪法和有关法律的有关规定，总结了此前多年开展代表工作积累的大量成熟经验和做法，根据实践的需要系统地从法律上规定了保障和规范代表执行职务的问题，使代表工作走上了有法可依的轨道。这对于保证全国和地方各级人大代表依法行使代表的职权，履行代表的义务，发挥代表的作用，坚持和完善人民代表大会制度，具有重要意义。"[①] 具体来说，代表法中多处直接规定了代表联系群众的内容。例如，代表法第四条第（五）项中明确将密切联系群众确定为人大代表应当履行的义务，即"与原选区选民或者原选举单位和人民群众保持密切联系，听取和反映他们的意见和要求，努力为人民服务"。同时，该法第七条第二款规定，"代表在出席本级人民代表大会会议前，应当听取人民群众的意见和建议，为会议期间执行代表职务做好准备"；第二十三条规定，"代表根据安排，围绕经济社会发展和关系人民群众切身利益、社会普遍关注的重大问题，开展专题调研"；第三十条规定，"乡、民族乡、镇的人民代表大会代表在本级人民代表大会闭会期间，根据统一安排，开展调研等活动；组成代表小组，分工联系选民，反映人民群众的意见和要求"；第四十五条第一款规定，"代表应当采取多种方式经常听取人民群众对代表履职的意见，回答原选区选民或者原选举单位对代表工作和代表活动的询问，接受监督"；等等。除此之外，该法第四十条规定（2010年代表法修改时增加），"县

---

① 李伯钧：《谈谈代表法》，http://www.npc.gov.cn/npc/c220/201010/68612dc3c61d4fac879b2ec15856bfaf.shtml，最后访问日期：2022年11月29日。

级以上的各级人民代表大会常务委员会的办事机构和工作机构是代表执行代表职务的集体服务机构，为代表执行代表职务提供服务保障"，明确了人大代表密切联系群众工作的组织机构保障。

根据上述一系列规范要求，"人大代表密切联系群众"的制度实践主要表现在政策法规宣传（包括党的路线方针政策、宪法法律法规、人大及其常委会决议决定以及有关会议精神等）、为履职（围绕人大及其常委会工作安排，听取群众意见建议，审议和提出议案或者建议，参与有关活动）做准备、帮助人民群众排忧解难等三个方面。① 代表联系群众的方式方法，一般包括公示代表信息、固定地点和时间联系选民或者代表、组织代表开展视察和专题调研活动、开展代表小组活动、做履职报告等。

（二）"民意"探究："人大代表密切联系群众"的制度定位

"人大代表密切联系群众"的制度定位，就是要透过既有的规范体系（包含宪法法律、中央文件和其他规范性文件），回答人大代表为什么要密切联系群众，怎样密切联系群众，特别是回应、解决群众的哪些事项问题。

"坚持以人民为中心是习近平新时代中国特色社会主义思想的精髓要义，是以习近平同志为核心的党中央的鲜明执政理念，是党中央谋划和推进工作的出发点、落脚点。习近平总书记多次强调人大代表要密切联系人民群众，努力做到民有所呼、我有所应。这是人大代表的法定职责和光荣使命，也是常委会支持和保障代表依法履职的重要内容。"② 这段来自栗战书的交流讲话将中国共产党"以人民为中心"的执政理念与"人大代表密切联系群众"紧密联系起来，回应了习近平总书记关于"民有所呼、我有所应"要求，可以说旗帜鲜明地阐述了人大代表为什么要密切联系群众。

"民有所呼、我有所应"，简单来说就是回应民意，这是"人大代表密切联系群众"的逻辑起点和制度初衷。问题在于，人民代表大会制度在实践中需要回应何种民意，将决定"人大代表密切联系群众"的具体制度能否在确保逻辑自洽的同时落地落实落细。遗憾的是，既有的规范体系尚未具体化这一问题，譬如代表法虽然在代表应当履行的义务中明确规定代表应当"与原选区选民或者原选举单位和人民群众保持密切联系，听取和反映他们的意见和要求，努力为人民服务"，但除了第二十三条关于人大代表开展专题调研的事项规定（经济社会发展和关系人民群众切身利益、社会普遍关注的重大问题），其余皆未交代清楚联系什么，也即"回应何种民意"。因此，制度层面的缺憾引出了一个理论和实践难题——何谓

---

① 参见肖永明、杨佩欣、贾鹏：《加强和改进新时代人大代表工作的研究与思考——以平凉市及7县（市、区）人大代表工作为例》，载《人大研究》2022年第2期。

② 李小健：《"人大代表要更加密切联系群众"——栗战书与列席十三届全国人大常委会第二十二次会议的全国人大代表座谈侧记》，载《中国人大》2020年第21期。

"民意"。事实上,"民意"本就是一个十分难以琢磨的不确定概念,可以在不同场景或者语境下进行扩大或限缩解释。对此,在各方理解和认知不可避免存在差异性的情况下,要基于"回应民意"的理念设计更具效能的"人大代表密切联系群众"实践机制,仍然有待在我国的政治体制和民主法治实践背景下澄清其制度定位问题。

难点在于,在合理分工的国家权力配置逻辑影响下,人民代表大会制度虽因"回应民意"而生成,但"回应民意"的工作在现实中却并非人大的专利。恰如前述提到的宪法第二十七条第二款,一切国家机关和国家工作人员必须依靠人民的支持,经常保持同人民的密切联系。此外,宪法还规定国家行政机关、监察机关、审判机关、检察机关都由人民代表大会产生,对它负责,受它监督,"人民政府""人民法院""人民检察院"等称谓和话语亦可以说明问题。"所谓人民政府,就是指政权来自人民,由人民选举产生,人民利益至上,权力为人民服务,保障人民各项民主权利的国家政权机构。人民政府的称谓直接表明了政权的人民性,突出人民的主体地位。"[①] 可见,"人民政府"(意指大政府)自始带有"回应民意"的根本立场,而晚近以来的一系列体制机制创新也大多聚焦于"政府回应性"(意指小政府)问题,试图不断加强其"回应民意"的效能。例如,北京市于2018年开始推行"街乡吹哨、部门报到"的基层政府体制改革,不仅有助于"重塑科层条块关系",而且形成了"以人民为中心"的社会治理和民意回应新机制,显著缩短了政府回应时长[②]。总体来看,意在提升"政府回应性"的基层治理创新如今在全国范围内普遍铺开,大多取得了阶段性的积极成效。无独有偶,我国的司法同样需要"回应民意"。正如习近平总书记提出"努力让人民群众在每一个司法案件中感受到公平正义"这一科学论断,系统阐明了司法为了谁、服务谁和依靠谁的根本问题,"回应型司法"也早已成为法学研究(特别是司法制度研究)的热点话题。无论是"司法必须贯彻党的根本宗旨、群众路线和优良传统,坚持司法为民,保障人民权益,公正司法,不断提升司法效率"[③] 等宏观政治效果论述,还是"一系列全民高度关切的个案而引发的法院审判与民意诉求之间的角逐和较量"[④] 背后的法律效果和社会效果分析,归根结底都是司法如何更好"回应民意"的问题。

理性地说,在权力运作的现实格局之下,尽管"人大代表密切联系群众"的制度机制在理论上的确可以回应、解决全部"民意",但是如果不加区分地将"民意"全部纳入,势必走向国家权力配置权能和效率的反面。时任全国人大常委会委员长彭真就曾形象地指出,"我

---

① 贺永泰:《"人民政府"称谓的由来》,载《上海党史与党建》2009年第4期。
② 参见孟天广、赵金旭、郑兆祐:《重塑科层"条块"关系会提升政府回应性么?——一项基于北京市"吹哨报到"改革的政策实验》,载《中国行政管理》2021年第4期。
③ 崔亚东:《论司法的人民性》,载《东方法学》2021年第5期。
④ 涂云新、秦前红:《司法与民意关系的现实困境及法理破解》,载《探索与争鸣》2013年第7期。

们讲(人大)监督,不要把应由国务院、法院、检察院管的事也拿过来。如果这样,就侵犯了国务院、法院、检察院的职权。而且第一我们管不了,第二也管不好。"① 事实上,人民代表大会制度在国家治理体系之中本就发挥着协同参与国家治理的作用,不仅为政府治理、司法治理等提供明确的治理规则而且实现立法权、行政权与司法权的相互配合与合理分工,避免越俎代庖,公权力之间相互内耗②。

因此,在我国人民代表大会制度框架下,"人大代表密切联系群众"的制度定位也即回应、解决何种"民意",需要嵌入国家权力配置的分工和效能思维。既不能忽视"政府回应性"和"回应型司法"等多重诉求下业已形成的制度机制,也不能不加区分的同质化建设,相互之间需要形成互补和错位的关系。

四、"人大代表密切联系群众"的实践可能与机制边界

在我国人民代表大会制度功能视域下,得益于中国共产党的"代表性"引领和兜底,"代表性"的"一元二维"结构分析框架可以阐释"人大代表密切联系群众"实践的无限可能。然而,在发展和践行全过程人民民主的人大制度实践中,随着大量"民意"事项不断涌入基层代表联络机构,实践中也出现代表联络站工作负担过重、功能定位不清的问题。例如,一些乡镇将代表联系群众工作站与乡镇信访室合在一起,合署办公、共同接访,这种做法据称较好地解决了代表进站"遇冷"的现实困境③;还有地方在推进人大工作数字化转型的过程中探索"代表联系群众意见收集处理子场景"建设,形成了综合具体事项部门"马上办"和普遍复杂事项人大"依法督"的"民意解决机制"④;等等。往返于"人大代表联系群众"的规范和现实之间,足以察觉为之实践活动设计合理边界的必要性。因此,出于提升国家治理意义上整体回应效能的系统性思考,"人大代表密切联系群众"的实践机制设计上可以解决何种"民意"为基本思路,遵循"职权性→公共性→二次性→非诉性"的流程判断标准,从而更好地回应前述提出的实践方面问题。实践机制的具体标准参考如下:

(一) 第一道判断标准:职权性

密切同人民群众的联系,是人大(代表)依法履职、有效履职的前提逻辑。因此,纳入实践机制的"民意"事件,首先必须属于人大(代表)的职权范围。具体来说,我国宪法和有关

---

① 全国人大常委会办公厅、中共中央文献研究室:《人民代表大会制度重要文献选编(二)》,中国民主法制出版社2015年版,第680页。
② 参见秦前红、张演锋:《新时代人民代表大会制度发展的演进逻辑》,载《甘肃行政学院学报》2021年第3期。
③ 参见卢鸿福:《别把代表联络站当成信访室》,载《人大研究》2020年第9期。
④ 这一素材来自笔者在地方的调研发现,具体事项部门"马上办"是指系统对接"基层治理四平台",或者通过平台提供的"群众意见督办单"机制,保证"民生琐事、小事"通过多跨协同得到便捷高效的办理反馈;普遍复杂事项人大"依法督"是要求代表联络站及乡镇人大、各级人大之间要加强协同,对群众反映的普遍性、共性或者复杂事项,加强开展研判分析,通过提出群众意见督办单、闭会期间代表建议和启动人大视察调研、专题询问等方式推动问题的处理解决。

法律赋予人大及其常委会"四权",即立法权、决定权、任免权和监督权;相应地,人大代表主要享有审议权、表决权、提名权、选举权、提议权、言论表决免究权、人身特别保护权、质询权、提出议案权、提出罢免案权、提出建议、批评意见权、执行代表职务保障权等。显然,人大(代表)的职权范围对应了"人大代表密切联系群众"的法律边界。另外需要注意的是,"人大代表密切联系群众"既可以说是我国人民代表大会制度的基本要求,又是贯彻党的群众路线的重要内容。特别是近年来在加强党对人大工作全面领导的背景下,以习近平同志为核心的党中央对人大(代表)依法履职、密切同人民群众的联系工作提出了"新的更高要求"[①]。对此,"代表性"的"一元二维"结构分析框架(特别是党的"代表性"引领和兜底)充分回应了这一点,加之"人大代表密切联系群众"制度层面的诸多原则性规定,职权性标准实际上提供了一个"弹性空间",可以"兜底式"地满足"回应民意"的内外诉求,灵活采取多种方式形成全覆盖、无死角的"民意解决机制",进一步强化人民代表大会制度的"代表性"功能。

(二)第二道判断标准:公共性

在实践机制设计层面"兜底式"地满足"回应民意"的内外诉求,适合当下"民意"需求增多而总体回应不足的现实状况。然而,考虑到"民意解决机制"的运行成本,假使不加甄别的"民意"全部进入基于职权性标准的"弹性空间",则很可能导致"人大代表密切联系群众"制度实践的高负荷和低效能。事实上,人民代表大会制度的有效运行需要符合特定的规律。例如,监督法规定专项工作报告议题的确定要求具有"问题"意识,符合突出性(各种问题中的重要问题)、集中性(共同反映的问题)和普遍性(广泛存在的问题)的特点[②]。一般来说,符合突出性、集中性和普遍性特点的"民意"问题当属"公意"。对于纳入"人大代表密切联系群众"实践机制的"民意"事件而言,即便达不到"公意"的高度,也至少须是"众意"(具有公共性)而非"私意"(个案性)。相应地,"民意解决机制"应当主要针对公共性问题。

(三)第三道判断标准:二次性

如前所述,近年来面向政府的体制机制创新大多聚焦于"政府回应性"问题,以提升"回应民意"的效能。因此,在各地政府普遍依托12345平台建立"民意解决机制"的背景下,假使大量原本属于政府职责范围内的公共性"民意"事件越过政府而直接进入人大的"民意解决机制",则很可能导致局部的"政府回应性"空转。事实上,人大代表基于授权通过履职实

[①] 2019年7月,习近平总书记对地方人大及其常委会工作作出的重要指示,"新形势新任务对人大工作提出新的更高要求。地方人大及其常委会要按照党中央关于人大工作的要求,围绕地方党委贯彻落实党中央大政方针的决策部署,结合地方实际,创造性地做好立法、监督等工作,更好助力经济社会发展和改革攻坚任务。要自觉接受同级党委领导,密切同人民群众的联系,更好发挥人大代表作用,接地气、察民情、聚民智,用法治保障人民权益、增进民生福祉。要加强自身建设,提高依法履职能力和水平,增强工作整体实效",参见佚名:《习近平对地方人大及其常委会工作作出重要指示》,http://www.npc.gov.cn/npc/c30834/201907/a988ca79fd5847e597609116a7ed1104.shtml,最后访问日期:2022年11月29日。

[②] 参见许安标:《坚持正确监督、有效监督——新时代加强改进人大监督工作的实践与探索》,载《中国法律评论》2021年第5期。

现人民意志的环节具有"二次性"。具体来说,人民(选民)通过选举产生代表的环节属于民意展示的"初次表达",代议机关产生并随着代表履职活动的开展而逐渐成为民意"二次表达"的重要场所①。相应地,人大的"民意解决机制"——"人大代表密切联系群众"天然地具有二次性。为了避免出现资源浪费和重复建设的情况,有必要在公共性标准之中嵌入二次性的标准,即在政府端的"民意解决机制"无法或者难以有效解决问题时,可以再行接入"人大代表密切联系群众"的实践机制。

(四)第四道判断标准:非诉性

在政府之外,"回应型"司法还为社会公众提供了一套完整的权利救济制度机制。因此,在政府端的"民意解决机制"无法或者难以解决问题时,还需要考虑这类公共性"民意"事件是否涉诉(是否可以或者已经进入司法程序),如果涉诉(可以或者已经进入司法程序),则理应交由司法机关优先处理。在司法端的"民意解决机制"无法或者难以有效解决问题时,可以再行接入"人大代表密切联系群众"的实践机制。

需要注意的是,以上流程判断标准对应了理论层面或者理想状态下的机制设计。客观地说,面对实践中大量"民意"事项不断汇聚于代表联络站的现实趋势,采取"职权性→公共性→二次性→非诉性"的流程判断标准有助于进一步厘清"人大代表密切联系群众"制度的功能定位,但也有可能挫伤一部分"民意"的积极性,并不适应当下"民意"回应不足的现实。循此逻辑,应当在实践机制设计层面预留一定的弹性。在实践机制运行的前期,可先以职权性标准为依托,重"民意"问题的实质性解决而轻权力分工;待到实践机制运行的中后期,随着人大、政府、司法各个系统的"民意解决机制"相互间通过不断磨合逐渐衔接起来,再细致考虑理想状态下的"合理分工"格局,综合运用公共性、二次性、非诉性等标准,以提升国家治理意义上的整体回应效能。

五、结语

党的二十大报告把发展全过程人民民主确定为中国式现代化本质要求的一项重要内容,强调全过程人民民主是社会主义民主政治的本质属性,对"发展全过程人民民主,保障人民当家作主"作出全面部署、提出明确要求②。事实上,在中国共产党的"代表性"引领和兜底之下,依托于人民代表大会制度这一重要制度载体,"人大代表密切联系群众"的总体要求业已转化为"发展全过程人民民主,保障人民当家作主"的生动实践。随着"一元二维"分析框架的阐释、制度规范的梳理和"民意"概念的厘清,加之实践机制的合理设计,"人大

---

① 参见孙诗丹:《代表何以代表人民:我国人大代表的代表性逻辑证成》,载《中南财经政法大学研究生论丛》2021年第4期。

② 王晨:《全过程人民民主是社会主义民主政治的本质属性》,载《人民日报》2022年11月3日第6版。

代表密切联系群众"之于治理体系和治理能力现代化的实际效能有待进行阶段性的实证评估。结合当前数字化改革的时代背景,未来有关"人大代表密切联系群众"的学术讨论亦需要回应数字赋能全过程人民民主、数字人大建设等崭新议题。

《立法法》中监察立法权条款之创设研究*

罗　英　张晨宇**

摘　要： 2019年10月，全国人大常委会以决定形式赋予国家监察委员会立法权属于宪法建造行为，存在效力层级和权限主体上的阙漏，有待后续完整立法作出规范化调适。监察立法权规范化的诸多方案中，修改《立法法》是最理想方案。2022年10月，《立法法（修正草案）》首次提请十三届全国人大常委会第三十七次会议审议，此次修正草案将监察立法纳入修改范围，但条文表达存在诸多疏漏，与我国监察体制改革实际相悖。《立法法》中监察立法权条款的创制需要在功能最适当原则的指导下生成，以"权力配置的有效性"作为支点，遵循历史发展的脉络，易得监察立法权条款的创设须遵从边界限制。建议在《立法法》原第三章"行政法规"之后单设"监察法规"一章，在原第四章第二节"规章"中增添监察规章相关内容。其后从宏观视角进行系统修法工作，注重国家权力间的分工合作与监督制约，避免监察立法权盲目膨胀和无序化衍伸。

关键词： 监察立法权　监察法规　《立法法》

一、问题的提出

自监察体制改革以来，法治反腐已成为中国反腐新常态，反腐败的规范化表述、清晰化构建决定了有法可依是前提。当前，各级监察委员会运行过程中虽然有全国人大及其常委会制定的监察法律作为指引，但长期存在的"宜粗不宜细""先制定后修改"等惯性思维指导下的监察立法存在条文设置和具体操作性的疏漏，难以满足反腐实践中日益旺盛的监察规范需求。2019年10月，全国人大常委会以发布《全国人民代表大会常务委员会关于国家监察委员会制定监察法规的决定》（以下简称《决定》）的形式赋予国家监察委员会以监察立法权，在阙如宪法规则作为直接依据的情形下，全国人大常委会积极行权，借助宪法精神、原则

---

* 基金项目：湖南省社科基金一般委托项目"监察法规工作体系研究"（项目号：22WTC01）。
** 作者简介：罗英，湖南大学法学院副教授、纪检监察学院研究员，湖南大学法学院党委副书记、纪委书记；张晨宇，湖南大学纪检监察学院研究助理。

和制度进行创制的过程,属于宪法建造行为①,有待在后续的立法中予以补充修改。《决定》赋权效力层级低,主体范围有限,有违实践中地方纪律检查机关与监察委员会联合发文的现实状况②,亟待更高层级的法律规范尤其是《中华人民共和国宪法》(简称《宪法》)、《中华人民共和国立法法》(简称《立法法》)对监察机关立法权合理配置。

对此,立法工作者并非全无考量之策,全国人大常委会法工委主任沈春耀在《决定》草案说明中即提到,"对监察法规作出明确规定,较为理想的解决方式是修改立法法",但碍于时间紧迫暂未将修法计划列入议程。随着法治环境成熟和监察实践经验的累积,2022年5月6日,全国人大常委会在宣布2022年度立法工作计划时,将《立法法》列为初次审议的法律案③。2022年12月,《中华人民共和国立法法(修正草案二次审议稿)》(简称《立法法(修正草案二次审议稿)》)予以公布,其中关于监察立法权条款的设置成为本次修法的关注点。本文拟立足于全国人大常委会发布的《决定》文本和监察立法实践,对《立法法》中监察立法权相关条款的创设进行探赜索隐,以期规范监察制度之运行。

二、修改《立法法》是监察立法权规范化的最优解

鉴于我国立法中一直存在"实践先行,授权后置"的惯例④,无论是中央层级监察委员会发布监察法规的事实,还是地方纪监联合发文折射出监察立法先行的表象,最终都要基于规范化需要在法律层面赋权。在更深层次上,以往相对较为简略粗糙的《决定》,在这次改革浪潮中亦须重新检视,如何对监察立法权进行规范化设置成为中国法治化进程中需要认真对待的议题。

(一)监察立法权规范化的若干方案

全国人大及其常委会难以对实践中所有监察事项及时有效回应,而"《决定》是缓解监察规范供求矛盾的一个临时方案"⑤,由监察机关自行立法更具操作性和可行性,应当于法规范层面赋予监察机关以监察立法权,学界提出以下不同解决方案。

第一种方案以根本规范优位原则作为原点,提出应由《宪法》和党章共同规定监察立法

---

① 参见李少文:《全国人大常委会在宪法实施中的创制行为及其界限:以"辽宁贿选案"为例》,载《政治与法律》2021年第5期。

② 如,自2018年8月24日中央纪委、国家监委印发《国家监察委员会特约监察员工作办法》后,各省、市甚至区县一级的纪委、监委都陆续联合印发了特约监察员工作办法。具体表现为,2018年10月湖北省纪委、监委印发《湖北省监察委员会特约监察员工作办法(试行)》后,武汉市纪委、监委也于2018年11月印发《武汉市监察委员会特约监察员工作办法(试行)》。

③ 《全国人大常委会2022年度立法工作计划》,中国人大网http://www.npc.gov.cn/npc/c30834/202205/40310d18f30042d98e004c7a1916c16f.shtml,最后访问日期:2022年11月30日。

④ 聂辛东:《监察立法权的理论逻辑及其规定性》,载《四川师范大学学报(社会科学版)》2022年第1期。

⑤ 王建学:《监察机关立法权纵向配置研究——基于地方试点的视角》,载《四川师范大学学报(社会科学版)》2020年第5期。

权事项。根本规范优位原则具体包含宪法优位与党章优位两项内容①，监察立法权的规范化设置必须实现《宪法》和党章二者引领下的两套制度体系的融会贯通，不能有所偏废。还有论者以监察法规的上位法构造为视阈，提出监察法规上位法依据呈现出"双元"并立的格局，根本制度依据是党章和宪法，直接的上位法依据则为党规党纪和监察、刑事等国家法律②，故而监察法规的上位法条款应当同时在党规与国法中作出相应阐释。这一方案将监察法规置于国家法律体系和党规体系二元共治的格局之下，拓宽了理论研究的视野和想象，但缺陷在于混淆了监察法规是具有普遍约束力的国家法律的本质。虽然监察法规中有部分内容涉及纪监衔接问题，但其功能面向更集中于规制国家监察职能运行事项，宜着力在国家法律层面对监察立法权予以实质性规定。

第二种方案把聚焦点从根本规范转移至监察规范自身，主张应当由全国人大常委会宪法和法律委员会修改《中华人民共和国监察法》（简称《监察法》），以消弭法律修改的合宪性质疑，维护法治整体统一性。其主要论据围绕《监察法》的基本法律属性布局，提出《监察法》是监察领域具有统领和指引作用的基本规范，本就应当对国家监察委员会制定监察法规的职权作出规定。并认为2019年全国人大常委会没有直接修改《监察法》不符合我国法律修改惯例③。然而，这一说法有违我国法律修改事实。实际考察我国法律修改情况，普遍呈现出修法间隔长、频次低、稳定性强的特点，如《中华人民共和国人民法院组织法》前后修改时间长达12年之久；即便是宪法性法律《中华人民共和国全国人民代表大会和地方各级人民代表大会选举法》（简称《选举法》）在经济社会快速发展中随之变动，也大致稳定在五年一次修改的频率④。《监察法》颁布施行的时间较短，尚未足五年之久，仅凭少量问题而启动整个法律修改程序是对立法资源的浪费。基于投入成本和立法产出的考虑，修改《监察法》并非最恰当的方案。

第三种方案从更为实质的立法权赋予层面出发，结合我国当前监察立法实践，提出监察立法权规范化的最优方案是修改《立法法》，这一观点也为理论界大多数学者所赞同。支撑论据主要如下：其一，《决定》本身的规范不健全决定着修法势在必行，而《立法法》的法律定位和规范设置最能够弥补效力缺陷，"问题的最终解决要依仗于修改《立法法》完成"⑤。其二，立法基本问题的解决已经为法律修改奠定了法治基础，完善了法治环境。鉴于当前的监察法规制定权限已经基本厘清，在此基础之上《立法法》必须对此作全方位规范⑥。其三，从

---

① 祝捷、杜晞瑜：《论监察法规与中国规范体系的融贯》，载《上海政法学院学报（法治论丛）》2020年第3期。
② 参见段鸿斌：《基于党和国家监督体系的监察法规的类型化构造》，载《人大研究》2020年第6期。
③ 杨振：《全国人大常委会的决定权研究》，大连海事大学2020年硕士学位论文。
④ 我国《选举法》分别于2004年、2010年、2015年以及2020年进行了法律修改，平均修法间隔为5.3年。
⑤ 参见王圭宇：《国家监察委员会立法权的法治建构》，载《河南财经政法大学学报》2022年第1期。
⑥ 参见聂辛东：《国家监察委员会的监察法规制定权限：三步确界与修法方略》，载《政治与法律》2020年第1期。

侧面来讲,通过修改根本规范来完成监察立法权的条款设置可操作性不强。《宪法》修正案于 2018 年颁行,监察委员会要靠《宪法》修改来获得监察立法权,在短时期内完成的可能性不大[①]。因此,通过修改《立法法》对监察立法权予以规定是比较好的方案。

第四种方案整合了后两种方案,认为应当先行修改《立法法》,后修改《监察法》,实现两部法律在规范层面的协调统一,促进监察立法的规范化运行。首先,要赋予监察机关一定的立法权限,首要的是要修改立法法,其次,"《监察法》也要为监察机关的立法权提供依据"[②]。但仔细考察该方案,其论述重心仍集中于《立法法》修改层面,因为《立法法》修改是监察机关正当行使监察立法权的前提,《监察法》修改作为与之相匹配的法律变动而紧随其后。这一方案既考虑到了立法的现实可能性,也从法律修改的系统周延入手,但对立法技术要求较高,立法者难以在同一时限内悉数完成。立法技术与立法规划实际情形凿枘不投,阻碍监察立法权规范化的整体进程。

综上,在上述四种监察立法权规范化方案中如何实现选择的正当性,关涉到立法预评估的指标取向和实现标准。在不同的立法方案中,立法预评估需要形式法治测量和实质法治测量两个步骤。其中,形式法治的测量又分为三个步骤,应当优先进行成本效益评估,兼及考虑"分配结果及公平性问题"以及"技术的最大可行性",最终在众多能够实现规制目标的方案中选择某一个特定的法律方案(见图 1)[③]。基于这一测量方式,对以上几种修法方案进行涵摄:首先,在成本效益评估环节,方案一和方案四成本投入过大、立法周期长、产出效率慢,方案二和方案三相较而言成本效益高,应予纳入备选方案。其次,在分配结果及公平性评估环节,方案三也即修改《立法法》在法效力层面更有助于实现立法权配置结果的公平性和有效性。最后,在技术的最大可行性评估环节,修改《立法法》的主体是全国人大常委会,能够于国家层面调动最优层级立法资源,借用适配度最高的立法手段,实现技术可行性的最大化。在实现形式法治测量之后,还需借助实质法治测量手段,用多个理由补强修改《立法法》是最理想方案的论点。

(二)《立法法》修改缘何是最为理想的方案

监察立法权的规范化表述不可一蹴而就,正如庖丁解牛"知其肌理、明其纹络"一般,确定修法路径是监察立法权理论研究融入立法实际的靶心。纵观以上方案,从实质法治测量的手段出发,易得修改《立法法》是监察立法权赋权的最理想方案。可纳入本文实质法治测量范围的理由如下:

---

① 参见李龙、李一鑫:《国家监察委员会的法规制定权研究》,载《河南社会科学》2019 年第 12 期。
② 王春业:《论赋予监察机关立法权——兼评全国人大常委会的〈决定〉》,载《浙江工商大学学报》2020 年第 4 期。
③ 汪全胜、黄兰松:《论立法的正当性——以立法成本效益评估制度的建立为视角》,载《山东社会科学》2016 年第 1 期。

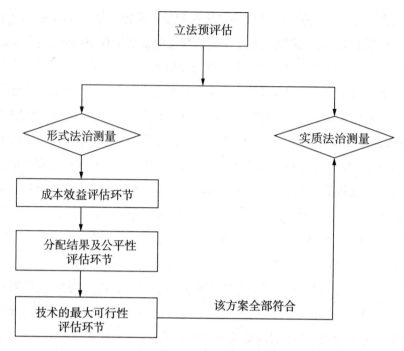

图 1　立法方案预评估步骤

第一，修改《立法法》是立法工作者所认可的低位阶《决定》内容固定化的最终表现形式。一方面，《决定》新设监察立法权为最高权力机关所认可。但《决定》作为暂行性方案赋权效力层级低，在权限范围上存在疏漏。要使其成为一项稳固的法定制度，仍需法律层面予以确认①。《决定》意指"有关法律问题和重大问题的决定"，功能旨在立法不能的时候承担法律功能。当具备立法条件时，应当及时修改法律。《决定》将国家监察委员会的创制性立法权限于领导事项层面，忽略了我国上下级监察委员会间的监督、指导关系，后者同样具有创制性立法价值。监察监督权是监察机关的三大重要职能之一，监察委员会需要以法律形式明确监督性事项的法规制定权②，通过制定相应监督法规对下级的工作进行监督检察。为此，基于监督检查职能而产生的创制性立法权限必然成为今后监察立法的一项内容。另一方面，将《决定》内容内化为法律规定也为立法工作者所认可。《立法法（修正草案）》将国家监察委员会的监察法规制定权作为新增条款列入第六章"附则"之中，从法规范角度确证了修改《立法法》以规范监察立法权的必要性。

第二，修改《立法法》的适用场域聚焦于国家层面的法律规范，由《立法法》赋予监察立法权的底层逻辑符合监察法治原理。监察法规是具有普遍约束力的"法规"，应当被纳入广

---

① 参见宋方青、张可：《国家监察委员会监察法规制定权：权限范围与制度构建》，载《湘潭大学学报（哲学社会科学版）》2021年第4期。

② 参见聂辛东：《国家监察委员会的监察法规制定权限：三步确界与修法方略》，载《政治与法律》，2020年第1期。

义法律范畴，制定监察法规的立法权力行使必须从法律层面严格限定。我国目前正在逐步形成一元多层级下的监察法律规范体系，监察法规作为第三层的法律规范，处于极核心位置，上承《监察法》《中华人民共和国监察官法》《中华人民共和国公职人员政务处分法》等监察法律的基本构造与原则性规范，下启监察规章以及其他规范性文件的原始脉络和逻辑走向。由此，监察委员会制定监察法规的权力也应当被囊括进国家法律的修法计划之中，由专门规范立法活动的《立法法》对此合理规制。此外，监察机关立法的性质直接决定了监察立法监督问题，客观上讲，国家法律的备案审查程序比党内法规的报备程序更为严格，亦代表着我国实现人民民主原则的表现形式。仅通过修改相应党内法规的方式设置监察立法权条款有违监察法治原理，如同抽离了监察法律规范体系整体建构的中流砥柱，不免有戴盆望天之嫌。

第三，通过修改《立法法》来明确监察立法权本身具备宪制合理性，与我国新设立法权限以法律形式予以确认的惯例一脉相承。其一，《决定》使我国权力配置结构相应发生变动，回溯我国权力配置结构变动的传统，无一不是通过修改《宪法》和法律实现。监察委员会何以在统一而又分层次的立法模式下独立享有监察立法权？该问题的实质是赋权规范的效力层级。我国现行立法体制的集权性较强，统一的前提决定着赋予立法权的规范层级至少是法律，而《立法法》作为"万法之法"是诸多赋权规范中更有利于提升立法整体效能的存在。故而，通过修改《立法法》的形式来规制监察立法权是满足宪制合理性的方案。其二，我国立法中存在新设立法权限以法律形式确认的惯例。全国人大常委会曾经于1981年作出《全国人民代表大会常务委员会关于加强法律解释工作的决议》（以下简称《决议》），赋予最高人民法院以司法解释权。但是其后在2015年《立法法》的修改中仍增加第一百零四条，重申最高人民法院在审判工作中的司法解释权，并对司法解释的制定主体、解释对象、适用情形作出细化规定。《决议》与《决定》效力旗鼓相当，司法解释权作为新设立法权限最终还是要在法律层面予以落实。因此，监察立法权也必须在全国人大常委会《决定》的基础上进一步予以法律确认，在补充细化《决定》相关内容的同时使之固化为一项稳固的制度，真正实现监察立法工作的有法可依。

第四，《立法法》的修改频次和时限契合于最短时限内实现监察立法权规范化表达的现实目标。在诸多修法方案中，《宪法》作为国家根本大法的地位决定其条文修改不能过于频繁，故而监察立法权的法律规范化表达很难在短期内依托《宪法》完成。相较之下，《立法法》上一次修改距今已足8年，彼时中国特色社会主义法律体系已基本形成，正逐步跨向法律修改主导的"后法律体系时代"。然社会经济的变迁瞬息万变，反腐败态势亦逐渐严峻，2016年在全国各地开展的监察试点改革为我国的监察体制变革拉开序幕，冲击了原有的监察制度和宪制格局。法律的天然滞后性决定了其无法及时回应所有现实问题，但是当问题渐益累积到释法工作寸步难行时,应及时启动修法工作。

综上,修改《立法法》是监察立法权规范化的最优解。同时,立法者基于全面探知,将《立法法》修改纳入2022年立法规划之中。结合监察实践发展情况,监察立法权条款的创设理应成为本次《立法法》修改的重点内容,然而在最新提请审议的修正草案中,对于监察立法权仅做了小方案的设置,全面移植《决定》内容至《立法法》"附则"中,有悖我国监察立法实际状况。鉴于此,本文拟另辟蹊径,提出一项《立法法》中监察立法权条款创设的大方案。

三、监察立法权条款创制的理论根基与边界

修改《立法法》是监察立法权规范化配置的改革路径,具体修法方案面临着结构主义与而且功能主义的碰撞。长期以来,我国宪法制度与立法体制中不仅存在着结构主义的配置思路,而且功能主义的进路始终是国家机构配置与立法体制设计的暗线。权力功能涉及地方监察委员会赋权的根本目的和指向,传统的结构主义分权观念无法解释监察立法权在地方配权的应然性,而以结果为导向的功能最适当原则为监察立法权的确权开辟出新的解释可能性。

(一)功能最适当原则下的监察立法确权逻辑

对监察立法权条款进行创设,首先要进行监察立法权的确权规制,"确权正是要减少自由裁量和权力滥用风险"[①],在明其为何的前提下再论其范围是权力配置的最佳方案。功能最适当原则下国家治理效能的最大化实现,强调权力配置的专业性和功能性,也即妥善配置后的权力应该更加有效,行为更加准确[②]。宏观抽象至国家整体层面,指向国家决策的正确性和理性化,取向于国家功能的最优化实现[③]。在国家权力的行使以及功能和组织划分方面具体表现为,以各项事务本身的组成结构及决定程序等各个层面均具最佳条件者作为判断标准。那么,对应到监察立法权的权力配置层,监察立法权本身是监察权而非立法权,是立法使用权在监察领域的延伸。基于规范监察权依法行使的需要,监察机关在组成结构上形成了中央和地方四级监察委员会,覆盖全国上下的监察事务的开展;在决定程序方面,监察机关内部形成了以《监察法》和《中华人民共和国监察法实施条例》为指引的严格程序。作为监察权的实际享有者和承担者,监察机关必须无可剥离地被赋予监察立法权,就监察具体事项制定监察法规、监察规章以及监察规范性文件。有学者秉持着类似的观点,将功能最适当原则运用于监察委员会的权力配置,围绕"任务—权力—机构"等维度而展开,而权力维

---

① 胡税根、翁列恩:《构建政府权力规制的公共治理模式》,载《中国社会科学》2017年第11期。
② 参见张翔:《国家权力配置的功能适当原则——以德国法为中心》,载《比较法研究》2018年第3期。
③ 参见张翔:《我国国家权力配置原则的功能主义解释》,载《中外法学》2018年第2期。

度集中表现为监察委员会权力配置的有效性,也即禁止不适当配置权力①。既已确认监察立法权专属于监察机关,以"权力配置的有效性"作为支点,遵循历史发展的脉络,或许能够撬动监察立法权合理配置于各级监察委员会的杠杆。

在历史逻辑上,《决定》将监察立法权赋予监察委员会符合历史创造的结构性规则。假定历史、制度、政策三者的关系为:"如果说制度影响政策结果,那么历史则创造出制度"。②自2016年在全国各地开展监察体制改革试点工作以来,监察制度被一再重塑,改革后的监察制度并非"万丈高楼平地起"的结果,更应被冠以旧行政监察制度衍生发展而来的次生品名号。与行政监察体制相比,监察制度从行政机关内部监督体制转变为独立监督体制,监督对象范围进一步扩充,权力来源和规范依据也发生变化,不可否认,后者在制度方面留存了前者的余影。鉴于行政监察体制下已经形成以《中华人民共和国行政监察法》为主干、《中华人民共和国行政监察法实施条例》为行政法规、《监察部关于派驻监察机构报送监察部备案或审批案件有关问题的通知》为代表的由监察部制定的部门规章、地方政府制定的地方规章以及各种行政监察规范性文件等为内容的行政监察制度体系,路径依赖下的国家监察制度构建理应如存在于监察制度史中的行政监察制度,建立起一套独立的监察法律规范体系③,且行政监察体制下地方人民政府均有权制定监察规章和监察规范性文件,改革后的监察立法权也应当被专门性地赋予地方监察委员会,满足其在实践中对于监察事项立法的需要,以有效应对监察实践难题。

在实践逻辑上,国家监察机关的设立是中国特色民主政治制度下的特殊实现,赋予监察机关以监察立法权更是富有中国特色的政治决断。我国的监察制度构建不能简单嵌套于任何一种西方分权体制,监察权无法被简单归划为立法权、行政权、司法权的任意一种,而是人民民主专政体制、民主集中制原则下基于国家治理、高压反腐的需要,对国家权力分权解构而最终整合成的新型权力样态。改革前单一的行政监察体制监督范围未囊括所有公职人员,造成部分职务犯罪人员借机逃避处罚,败坏政治风气。对于被监察部门和人员的违法违纪行为,行政监察机关也不能改变或者撤销,或者责令其重新做出行政行为,而只能依法责令被监察对象停止该行为。行政监察实践的有限性决定了必须要重构国家监察体制,赋予监察机关更大的权力。此外,监察法律制度滥觞于反贪污贿赂、反渎职侵权、预防职务犯罪等多方面的法律,但完全没有刑法和刑事诉讼法的法律属性,也没有其他所涉法律的属性④,却切切实实地承担着反职务犯罪的职能,在程序上必须实现和刑法、刑事诉讼法等部门法的

---

① 参见汪厚冬:《我国监察委员会权力配置的功能主义解释》,载《法治现代化研究》2021年第1期。
② 朱天飚:《比较政治经济学》,北京大学出版社2006年版,第147页。
③ 参见冯铁拴:《国家监察立法体系化论析》,载《西南政法大学学报》2019年第1期。
④ 邱需恩、李天昊:《监察法的法律属性及相关法理论析》,载《法治研究》2021年第1期。

衔接。无权则无责,赋予监察委员会以监察立法权是监察实践中总结出来的必要结论,各级监察机关必须对此予以有力回应。

在理论逻辑上,监察立法权在各级监察委员会的有效配置符合列宁的监察思想。列宁曾针对党内官僚主义和权力腐化现象提出,"有必要成立一个同中央委员会平行的监察委员会",随后,监察委员会正式命名为中央监察委员会,由"受党的培养最多、最有经验、最大公无私并最能严格执行党的监督的同志"组成①。其不受中央委员会约束,可独立行使党内监督职责。独立性是列宁监察思想的重要部分,也是监察制度能真正发挥实效的前提。基于此,至少要实现监察机关在组织体系、权力行使、法律地位上的独立。改革中的监察委员会捕捉到行政监察实践中数余载的纰漏并做出回应,真正实现了监察工作的独立性,赋予监察机关以立法权是贯彻监察工作独立性、回应列宁监察思想的需要。且监察立法权的运行过程以国家和社会为背景,而国家和社会的发展本质上离不开占主导地位的意识形态和思想内核,在我国主要体现在人民主权以及权力的监督和制约。监察立法权的纵向赋权有利于权力分化和流转,实现监察一体化进程的推进,从而在制约公权力行使的前提下保障人民当家作主的权力。

因此,监察立法权专属于监察机关不容置喙,如何在监察立法权配置的层面标示该规范性文件的合法性关涉到监察体制改革推进是否"于法有据",能否最终实现依法治国和依规治党的有机统一②。鉴于监察体制改革对当前的宪制结构的影响和冲击③,《决定》赋权存在规范层级不对等的问题,在此前的《立法法》已经无法适应改革需求的情况下,全国人大及其常委会必须适时修改法律以实现对监察立法权的适当配置。首先,全国人大及其常委会积极行权明确监察立法权,此处概不赘言。其次,应当明确监察立法权的行使如何规制,立法权的行使如双刃剑,在缺乏制度约束的条件下,可能成为侵犯人身自由、权力和其他正当利益的工具④。因此,功能最适当原则下对监察立法权的权限配置也即相关条款创设必须设定边界,亦如哈特所言,"对立法权威的法律限制,并不是由要求立法者去服从某一个更高之立法者的义务所构成,而是由授予他立法资格之规则中,对其立法方式之限制所构成"⑤,对监察立法权的法律限制应当将重点放在立法方式的限制,也即条款创设的边界限制。

(二)法权中监察立法权条款的创制边界

法权化是监察体制改革的趋势,监察立法权的体系建构和条文规范设置是法权结构化

---

① 列宁:《列宁全集(第39卷)》,中共中央马克思恩格斯列宁斯大林著作编译局编译,人民出版社1986年版,第288页。
② 韩春晖:《依法治国和依规治党有机统一研究》,载《中国法学》2021年第4期。
③ 江国华、何盼盼:《中国特色监察法治体系论纲》,载《新疆师范大学学报(哲学社会科学版)》2018年第5期。
④ 参见周旺生:《论作为支配性力量的权力资源》,载《北京大学学报(哲学社会科学版)》2004年第4期。
⑤ 参见[英]哈特:《法律的概念》(第3版),许家馨、李冠宜译,法律出版社2018年版,第71页。

倾向主导下的必然结果。监察委员会的设立使得"八二宪法"体制核心的"党的领导、人民当家作主和依法治国的有机统一"得以一定程度的结构法权化①。然而，法权自身的交叠性和繁复性阻碍了有序世界的构建②，监察立法权作为法权的组成分子在纵向配置和关系处理上均存在交叠繁复的障碍，例如：国家监察委员会与地方监察委员会之间监察立法权限配置问题；地方监察委员会立法权与人民代表大会法规制定权的权限界分问题。因此，监察立法权相关条款的创设必须注重控权和边界设定，确保监察立法活动于总体框架内"不逾矩"。此时，借用正向规制手段编织起一套契合中国反腐败现实的笼子，将监察立法权相关条款的创设框定于宪制框架内，是监察体制改革进程不偏离法治轨道的基本保证。

现代宪法对于国家权力的控制是全面而基础的，宪制是国家治理现代化的合法性基石，是所有法律条文创设不可逾越的边界，监察立法权条款的创设亦须遵循宪制框架。有论者提出，监察体制改革不可触碰的宪制核心包括中国共产党的领导、人民代表大会制度、权力制约与监督原则、司法权独立行使原则等思想内容③。就权力制约与监督原则在监察领域的适用来看，既包括监察机关与行政机关的制约与监督，也包括监察机关与司法机关的相互监督与制约，而司法机关对于监察机关的监督制约就体现在司法权独立行使中。因此，司法权独立行使原则也可纳入权力制约与监督原则中，仅保留中国共产党的领导、人民代表大会制度、权力制约与监督三项宪制核心作为监察立法权条款创设的边界即可。

监察立法权条款创设必须在中国共产党的领导下进行，将党在组织关系上的领导潜移默化为立法工作中的领导，最终实现党内法规和国家法律的衔接与协调的目标。纪检监察体制改革正是理论界观察党内法规同国家法律衔接和协调的重要窗口④，在监察立法权层面，党的领导具体表现在纪监合署办公下监察机关的责任主体为党政主要负责人上。首先，坚持中国特色社会主义法治理论对监察立法工作的指引。党的十九大报告提出将全面依法治国上升为新时代坚持和发展中国特色社会主义的基本方略⑤。依法治国要求各部门立法的完善化和精细化，具体到监察立法领域，对公民能够产生实际权利义务影响的法律规范必须上升为国家法律，以程序法治保障立法民主化、科学化。其次，党纪处分措施在政务处分上的衔接与转化是监察立法的重点，应当做好二者在处分程度上的协调、处分权限上的贯通和处分事由上的协调。最后，应当妥善处理"监察官"与"纪检干部"之间的关系，避免二者外延完全重合。纪检监察工作人员的任职安排方面具有很强的政治性，如，国家监察委员会

---

① 翟志勇：《监察委员会与"八二宪法"体制的重塑》，载《环球法律评论》2017年第2期。
② 李景豹：《论公共卫生危机下国家治理现代化的宪制逻辑》，载《中国矿业大学学报（社会科学版）》2022年第3期。
③ 参见秦前红、刘怡达：《监察全面覆盖的可能与限度——兼论监察体制改革的宪法边界》，载《甘肃政法学院学报》2017年第2期。
④ 王立峰、李洪川：《党内法规同国家法律衔接和协调中的主体定位及其职责完善》，载《探索》2021年第4期。
⑤ 参见张文显：《新时代全面依法治国的思想、方略和实践》，载《中国法学》2017年第6期。

的主任及副主任均由中央纪委副书记兼任,于实践中逐渐形成"纪监融合、纪检主导"工作机制①,不利于发扬民主风格。"监察官"的人员配备可以适度吸纳民主党派或者无党派人士参与,统一贯彻我国协商民主政治氛围,同时厉行反贪反渎职能,肃清公职人员队伍纪律。

人民代表大会制度作为制度反腐的根本制度支撑②,对应至监察立法权的条款创设,必须配制出一套完善的监察立法备案审查制度。监察体制改革以来,各级监察委员会由人民代表大会产生,自觉履行反腐败职能,以治标的方式遏制住腐败现象滋生蔓延势头,为治本赢得时间③。随着改革进一步推进,反腐新形势的出现也对治本提出要求,必须建立起一套符合中国反腐实际的监察法律规范体系,以人民代表大会制度下的备案审查程序规范监察立法权的行使。《决定》指出,监察法规应当在公布后的三十日内报全国人民代表大会常务委员会备案。但是该规定过于模糊简单,未形成有效备案审查监督机制,难以保证监察法规在后续制定过程中不会偏移法治轨道。有论者认为,可以将《立法法》关于备案、审查以及撤销的相关规定作为监察法规立法结果监督的基本框架④。在此过程中,应当参照行政法规、军事法规的审查标准、程序等,建立起一套符合我国监察体制的监察法律规范备案审查体系。对于监察立法评估的标准,可将合法性、合理性、规范性作为一般标准,既保证监察立法对上位法的遵守,也注重监察法律规范对反贪腐的制度功能和对公共利益的维护,同时在文字表达和条文结构上也要符合法律规范的要求⑤。

权力制约与监督原则是现代民主宪政体制下最重要的限权手段,应当立足该原则的整体架构,从监察立法权的行使过程中切分出外部与内部两对监督与制约关系对立法权行使过程设限。权力本身作为客观存在,具有自我扩张的特性,"在每一个民主国家中,如果只想给予个人或团体以某种明确规定的职能,而不加抑制,那么,个人或团体就很可能取得非常不良的独立权力"⑥。因此,需要"各国家机关之间分工负责",以实现"决策权、执行权、监督权既有合理分工又有相互协调"的理想状态⑦。然而,监察委员会的设置冲破了原有权力监督制约格局,加之监察委员会的政治机关角色定位,以致监察权运行过程中极易造成国家权力的不平等。长此以往,权力监督与制约原则效力日渐缺失,难以保障监察立法的权威和质量。故而,应当构建起内外调和、各有抑制的权力制约与监督与关系。在外部的制约与监督关系上,我国当前宪制结构下与监察机关属于平行地位的包括行政机关、审判机关、检察

---

① 程衍:《纪监融合视域下监察职权配置之再优化》,载《法学》2021年第11期。
② 杨云成:《中国共产党治理腐败的历程与经验研究》,中国社会科学出版社2018年版,第56页。
③ 参见杨云成:《中国共产党治理腐败的历程与经验研究》,中国社会科学出版社2018年版,第75页。
④ 参见宋方青、张可:《国家监察委员会监察法规制定权:权限范围与制度构建》,载《湘潭大学学报(哲学社会科学版)》2021年第4期。
⑤ 李敏:《军事法规立法控制的法理分析》,载《上海政法学院学报(法治论丛)》2012年第4期。
⑥ [英]伯特兰·罗素:《权力论》,吴友三译,商务印书馆2012年版,第229页。
⑦ 习近平:《在首都各界纪念现行宪法公布施行30周年大会上的讲话》,人民出版社2012年版,第7页。

机关,均有权对各级监察委员会行使监察立法权的权力进行监督;而在内部的监督关系上,需要建立起完备的监察机关内部监督机制,如,设置纪检监察干部监督室内部监督的方式,纪检监察干部监督室可以对各级监察委员会内部的法规室行使监察立法权的行为进行监督,实现权力的监督制约。此外,各级监察委员会制定的监察规范性文件必须经监察委员会全体会议决定,并报上级监察委员会备案。

四、《立法法》中监察立法权条款拟定的技术路径

(一)监察立法权条款编入《立法法》的体例范式

遵循上述宪制核心的边界指引,监察立法权相关条款的创设必须在此框架内行进。体例范式是监察立法权编入《立法法》第一序位的问题,关涉到整部法律的宏观体系和条文编纂,既要充分考虑到立法传统和原法律结构,也要根据事项的缓急轻重注入新的规制条款。

首先,将"监察法规"作为单独一章置于《立法法》正文之中。大多数学者支持将监察法规单独成章,其中有学者在论述监察法规制定形式时,指出"以上内容可以列入我国《立法法》(拟新增)的'监察法规'一章"①。但是也有学者认为,可以将"监察法规"作为第三章"行政法规与监察法规"中的单独一节编入《立法法》中②。这一做法看似保持了法律的原有章节编纂和条文体系,不致因条文修改幅度过大催生适用窘境,却未免有胶柱鼓瑟之嫌。法律的稳定性与法律的变动性是一对亘古不变的矛盾,如何在价值论基础上对其妥当安置对于理顺法律关系意义深重。一方面,"法律作为体系性的存在,在思维过程中存在着意义的自生成系统"③,法律会因思维规则的运用和社会变化而不断变化,而国家监察委员会制定监察法规的事实决定了必须要由国家法律对监察立法权作出规制,并且基于国家宪制结构变化于"万法之法"《立法法》中赋予其单独一章的独立地位。另一方面,国家监察委员会作为与国务院、中央军事委员会平行的中央国家机构④,监察法规和行政法规、军事法规效力位阶相同,因此监察法规相关条款创设可以参考《立法法》中行政法规和军事法规的体例设置情况比较研究。

在《立法法》结构体系中,行政法规作为单章设于第三章,而军事法规相关内容则作为单条单款被置于第六章"附则"中。深究《立法法》如此安排的原因,在于军事法规调整对象的特殊性和鲜明军事性。军事立法目的在于规范国防和军事斗争,实质是使军事活动和军事领域的社会关系通过立法,依法维护国家军事利益⑤,保障社会主义建设中军事领域的

---

① 聂辛东:《国家监察委员会的监察法规制定权限:三步确界与修法方略》,载《政治与法律》2020年第1期。
② 参见徐东阳:《监察法规制定权研究》,广西大学2021年硕士学位论文。
③ 陈金钊:《法律如何调整变化的社会——对"持法达变"思维模式的诠释》,载《清华法学》2018年第6期。
④ 参见李龙、李一鑫:《国家监察委员会的法规制定权研究》,载《河南社会科学》2019年第12期。
⑤ 参见张建田:《关于我国军事立法理论与实践的几个问题》,载《河南省政法管理干部学院学报》2002年第6期。

协调有序进行。监察法规和军事法规在各自的权限范围内试行,具有不同的拘束对象和规范内容,更呈现出"井水不犯河水"的格局①。相比之下,监察法规与行政法规的关系更为密切。从宪制地位来看,国家监察委员会与国务院更为接近,二者都可以基于自身"执行者"和"管理者"的身份对国家法律进行细化补充。从制度沿袭来看,原行政监察体制之下的国务院行政监察部就享有行政监察规章制定权。监察体制改革后的监察委员会具备独立宪制地位,监察法规也被定义为行政法规之外的法律规范,但始终无法否认原有行政监察体制对当前国家监察体制创造了制度性的母胎。相较于军事法规而言,监察法规和行政法规更具相似性。由此,根据监察法规的性质和立法权限的类行政法规制定权性,应当参考行政法规专设"监察法规"一章置于《立法法》正文,而非像军事法规置于"附则"之中。

其次,将"监察法规"专章位置安排在原第三章"行政法规"之后。大多数学者对此持赞同意见,如,"增设'监察法规'专章作为新的第四章,原第四、五、六章依次顺延"②。将该两章内容前后相接,原因不仅在于监察法规和行政法规属同一效力位阶的法律文件,也在于我国整体法律规范体系构建和法治规划指引。"十四五"规划明确指出,要"深化纪检监察体制改革,加强上级纪委监委对下级纪委监委的领导,推进纪检监察工作规范化、法治化",从国家整体布局的角度彰显出监察体制改革对于"十四五"规划的推进作用。监察体制改革行进的最终目的在于实现法治体系的系统完备、协调统一,归根结底要求助于"管法的法"③,且基于路径依赖性和历史惯性④,在《立法法》中"行政法规"一章其后设置"监察法规"单章,可兼顾监察法规的独立地位和规范层级标准,保持我国法律体系位阶的井然有序、层次分明。

最后,基于监察立法体系化的要求,应当在原第四章"地方性法规、自治条例和单行条例、规章"的第二节"规章"中增设关于监察规章的内容⑤。《决定》虽未授予地方监察委员会以监察立法权,但是"自《监察法》颁布以来,国家监委、省级监委以及省级以下监委均在不同范围内行使立法权"⑥,各地监察机关实际上行使着法律并未赋予的立法权力。监察规章的功能在于从更具操作性和实用价值的角度调整监察法律关系、规范纪检监察工作,根据"法无授权不可为"的公法原则,未来的立法有必要在法律层面对地方监委的这种实质性立

---

① 参见秦前红、石泽华:《监察法规的性质、地位及其法治化》,载《法学论坛》2020年第6期。
② 李尚翼:《监察法规立法的基础问题研究——兼论〈立法法〉之相关修改》,载《行政法学研究》2022年第4期。
③ 李克杰:《〈立法法〉修改:点赞与检讨——兼论全国人大常委会立法的"部门化"倾向》,载《东方法学》2015年第6期。
④ 参见冯铁拴:《国家监察立法体系化论析》,载《西南政法大学学报》2019年第1期。
⑤ 此处的"监察规章"仅指地方各级监察委员会制定的监察规章。
⑥ 王建学:《监察机关立法权纵向配置研究——基于地方试点的视角》,载四川师范大学学报(社会科学版)2020年第5期。

法权力进行赋权和规制。同时,因为监察权和行政权同属国家权力架构中的新"四权"[①],地方监察委员会所制定的"监察规章"与地方政府规章的上位法依据也均为法律和法规,效力层级相近,而规制领域的差异性不足以成为划分其效力等级的标准。因此从效力位阶的角度出发,可以将地方监察委员会制定的监察规章和地方政府规章一同置于《立法法》原第四章"地方性法规、自治条例和单行条例、规章"的第二节"规章"中,无须再单设"监察规章"一节。

(二)监察立法权条款的规范构造

《立法法》中监察立法权相关条款的创设不仅体现于新的法条创设层面,还应当注重原始法条修改问题。如何在法律整体改动幅度不大的情况下符合立法语言的严密性,实现后续各级监察委员会监察立法工作开展的"于法有据",是一个技术问题,更是一个系统化法律修改问题。必须从宏观视角下开展法律修改工作,注重各国家权力之间的平等性和国家机关之间的分工、配合、监督,避免监察立法权盲目膨胀和无序化衍伸。

1. 对原有法律条文的修改

纵观《立法法》整部法律,有众多条文涉及国家机关立法权力配置。鉴于监察委员会是监察体制改革后新设的国家机关,因此所有与其他类型法律规范并列的条文事项都必须明确列入"监察法规"和"监察规章"。如《立法法》第二条的调整范围事项,应当增加监察法规及监察规章,也即修改后的法律条文表述为:"法律、行政法规、监察法规、地方性法规、自治条例和单行条例的制定、修改和废止,适用本法。国务院部门规章和地方政府规章、监察规章的制定、修改和废止,依照本法的有关规定执行。"与之相类似的还有第八条中的第(二)项,在只能制定法律的事项中增加"各级监察委员会的产生、组织和职权",作为法律保留事项,即使是国家监察委员会作为国家最高监察机关也无权规定。以及第十四条、第二十六条所述有权提出法律案的机关中,应当增加"国家监察委员会",与全国人大常委会、国务院、中央军事委员会、最高法、最高检、全国人大各专委会共同有权向全国人大提出法律案,就监察立法和法法衔接工作的开展积极建言献策。此外,对应到法律解释层面,国家监察委员会也应当作为国家机关之一被纳入有权提出法律解释要求的主体范围,也即第四十六条的提出主体中增加国家监察委员会,"可以向全国人民代表大会常务委员提出法律解释要求"。

除此之外,《立法法》第五章"适用与备案审查"也需要着重修改。如第八十七条关于宪法的法律效力范围条款,增加"一切监察法规也不得同宪法相抵触",从法律层面明示宪法对于一切法律、法规、规章的统领作用,确认形式效力的不可抵触和不可逾越性。第

---

① 周佑勇:《监察权结构的再平衡——进一步深化国家监察体制改革的法治逻辑》,载《东方法学》2022年第4期。

八十八条应当明确法律的效力高于监察法规,同时增加"国家监察委员会制定的监察法规的效力高于监察规章"。对于第九十七条改变或撤销的权限具体内容,在第(二)项增加"全国人民代表大会常务委员会有权撤销同宪法和法律相抵触的监察法规";第(三)项后面增加第(四)项"国家监察委员会有权改变或撤销不适当的监察规章",其他项则依次往后顺延,以此款来明确国家监察委员会对于全国监察工作的领导地位。《立法法》第九十八条关于法律、法规、自治条例、单行条例等的报送备案主体和审查主体中,也要相应增加监察法规及监察规章的内容。第(一)项中将监察法规纳入备案审查的范围,直接修改为"行政法规、监察法规报全国人民代表大会常务委员会备案",第(四)项中增加"监察规章报国家监察委员会备案"。此外,在第九十九条、第一百条,有权提出审查的主体中增加国家监察委员会,相应地在被审查的对象中增加监察法规。相关制度设想具体展示如表1:

表 1 对《立法法》条文的修改设想

修订条文所处章节	修订条文序号	修改内容
第一章 总则	第二条【调整范围】	增加"监察法规"和"监察规章"
第二章 法律	第八条【法律保留事项】	增加"各级监察委员会的产生、组织和职权"
	第十四条、第二十六条【有权提出法律案的主体】	增加"国家监察委员会"
	第四十六条【有权提出法律解释要求的主体】	
第五章 适用与备案审查	第八十七条【宪法的法律效力范围】	增加"一切监察法规也不得同宪法相抵触"
	第八十八条【法律、法规、规章的效力等级】	增加"法律的效力高于监察法规";增加"监察法规的效力高于监察规章"
	第九十一条【部门规章、地方政府规章的效力】	改为"部门规章之间、部门规章与地方政府规章和监察规章之间具有同等效力"
	第九十二条【特别法优于一般法、新法优于旧法的适用规则】	在"行政法规"之后增加"监察法规"
	第九十三条【法不溯及既往原则的适用范围】	
	第九十六条【应予以改变或撤销的对象】	
	第九十七条【关于改变或撤销的权限】	在第(二)项中增加"全国人民代表大会常务委员会有权撤销同宪法和法律相抵触的监察法规",在原第(三)项之后增加第(四)项,"国家监察委员会有权改变或撤销不适当的监察规章"
	第九十八条【关于报送备案的对象】	在"行政法规"之后增加"监察法规"
	第九十九条、第一百条【有权提出审查的主体和被审查对象】	在有权提出审查的主体中增加"国家监察委员会",在被审查的对象中增加"监察法规"

2. 新设法律条文的创制

如前文所述,在《立法法》中增加第四章"监察法规",其他章节、条款随之顺延,第四章具体内容可参照第三章"行政法规"进行条文创设。如,新增第七十二条具体规定监察法规制定权的制定主体及权限内容,并根据《决定》作条文设置,也即"国家监察委员会根据宪法和法律,制定监察法规。监察法规可以就下列事项作出规定:(一)为执行法律的规定需要制定监察法规的事项;(二)为履行领导地方各级监察委员会工作的职责和内部监督管理需要制定监察法规的事项。"国家监察委员会可以根据法律执行者的身份和管理性职权制定监察法规已经基本确定,但是对于国家监察委员会能否享有授权性立法权限,理论界仍存较大争议。有论者直接否定了授权性立法权限的存在,认为该种权限存在的必要性不大①。笔者不赞同这一观点,监察立法的许多事项已经冲击了现有立法保留格局,如监察工作中的"留置"措施,属于法律保留事项中限制人身自由的强制措施,必须由全国人大常委会赋予授权性立法权限,使监察工作在法定轨道内开展。

那么,监察委员会的授权性立法权限应当如何规范化设置?有学者提出了授权性立法权限配权的三层构造理论,认为国家监察委员会必须在一般授权、解禁授权、专门授权的前提下享有授权性立法权限②。目前,国家监察委员会已通过《决定》获得一般授权,而专门授权又待嗣后授予,如今最紧迫的问题就是由《立法法》解禁授权。故而《立法法》第七十二条应该借鉴"行政法规"第六十五条设置相应的解禁授权条款,拟订为"应当由全国人民代表大会及其常务委员会制定法律的事项,国家监察委员会根据全国人民代表大会及其常务委员会的授权决定先制定的监察法规"。

此外,拟新增第七十三条用于规定国家监察委员会年度立法计划和监察法规立项,从年度宏观立体的视角规划立法事项,使立法工作的开展在粗略计划的指引和精细化立法需求的配合下相得益彰。剩余条款则参照"行政法规"进行条文设置。至于原第四章第二节中增加的"监察规章"内容,亦可参照该节部门规章、地方政府规章的内容进行创设,如增设第八十二条用作具体规定监察规章的制定主体、依据和权限范围,其余条款则依次顺延。

相关制度设想展示如表2:

---

① 宋方青、张可:《国家监察委员会监察法规制定权:权限范围与制度构建》,载《湘潭大学学报(哲学社会科学版)》2021年第4期。

② 聂辛东:《监察立法权的理论逻辑及其规定性》,载《四川师范大学学报(社会科学版)》2022年第1期。

表 2 对《立法法》条文的创制设想

类型	条文所处章节	新设法律条文
监察法规	（原）第二章 法律	第九条增设第二款【授权国家监察委员会制定监察法规】
	（拟新增）第四章 监察法规	增设第七十二条【监察法规的制定主体及权限内容】
		增设第七十三条【国家监察委员会年度立法计划和监察法规立项】
		增设第七十四条【监察法规起草主体和起草程序】
		增设第七十五条【监察法规草案审查程序】
		增设第七十六条【监察法规决定程序】
		增设第七十七条【监察法规公布主体】
		增设第七十八条【监察法规公布载体】
	（原）第五章 适用与备案审查	第九十四条增设第三款【监察法规裁决规则】
		第九十八条增设【监察法规的报送备案程序】
监察规章	（原）第四章 地方性法规、自治条例和单行条例、规章 第二节 规章	增设第八十二条【监察规章的制定主体、依据和权限范围】
		第八十三条增设【监察规章制定程序】
		第八十四条增设第三款【监察规章决定程序】
		第八十五条增设第三款【监察规章公布程序】
		第八十六条增设第三款【监察规章公布载体】
	（原）第五章 适用与备案审查	第九十五条第一款增设第（四）项【监察规章与地方性法规、规章之间的冲突裁决机制】
		第九十八条增设【监察规章的报送备案程序】

五、结语

  法治反腐格局的构建是一个长期而烦琐的过程，监察工作的现实需要和我国立法体制从实践角度证明，不能将所有监察立法工作都交由全国人大及其常委会完成。立法资源的有限性和监察实务的规范需求在极限拉扯中形成现实张力，最终各自妥协，沿用行政监察的制度和行政立法的经验教训，得到的总和结果是全国人大常委会通过发布《决定》，先行赋予国家监察委员会以监察法规制定权。即便在国家监察机关层面赋权，亦无法忽视地方监察委员会党政联合发文日渐频繁的现象。纪监合署办公体制下联合发布的规范性文件不仅不是严格意义上的党内法规，更不是以严格立法监督模式作为生效前置步骤的国家法律，该规范漏洞容易造成各地纪检监察机关借用党内法规之名而规避法律备案审查程序的乱象。监察工作现实需要对现有法律刻意的暧昧提出质疑，有必要赋予各级监察委员会以一定监察立法权，让监察法律规范体系的整体建构在法治指引下行进。对此，如何把监察立法权写入《立法法》，如何以"万法之法"规制各级监察委员会行使监察立法权成为本文研究主线。

"当下的并不只是当下,未来的也不只在未来,当下正在决定未来。"[①] 社会历史不断变迁,法律作为受经济、政治多方面因素决定的规范,必定在历史的涤荡中嬗变万千、经久不绝,在同化与异化中继承、分裂、重组,创制成最适应当下的规范性文件,在瞬息万变的因变外界中保持变量与不变量的稳定状态。洞悉当下的问题,笔下预演的其实是直面以后最切实可观的困境,今日对于监察立法权相关条款创设的研究或许能为今后立法提供微薄的参考。此外,在监察立法权被赋予之前,监察委员会向相对人作出的均为"类具体行政行为"。而监察立法权行使下所产生的监察法规、监察规章以及规范性文件引发了关于新的"类抽象行政行为"的思考,继而这些文件是否可诉或许是未来的争议方向。

[①] 沈岿:《论宪制改革试验的授权主体——以监察体制改革试点为分析样本》,载《当代法学》2017年第4期。

论日本行政复议中的"不当"审查

李成玲*

摘　要：行政复议能够同时审查行政行为的违法与不当，这相对行政诉讼通常仅审查合法性问题而言是一大制度优势。日本的新《行政不服审查法》实施以来，尽管从外观上看不当裁决的数量有所增加，但不当审查的基准并不清晰，不当与违法混同的判断是不当审查的主要现实形态。尽管在行政裁量的司法审查强度逐渐提高的背景下，违法与不当的区别有所消减，但为了充分发挥行政复议在行政自我监督和国民权利救济方面的功能，有学者提出了不当审查基准精细化的试论。一种是从法规范论的角度主张不当要素的法定化，还有一种是从法解释论的角度提出有利于强化裁量审查强度的不当审查基准。这些对我国行政复议制度改革的启发是，在强化合理性审查的视角下完善复议审理原则、复议决定等立法规定，同时在复议实务中丰富不当行政行为的判断法理与实践。

关键词：行政复议　不当审查　违法审查　合理性审查

一、引言

我国的行政复议制度正处于如火如荼的改革之中。作为改革的参考之一，2014年6月日本全面修改的《行政不服审查法》（日本行政复议制度的一般性法律，以下简称"新法"）受到了极大的关注。但国内关注的焦点主要在于新法修改的动向与内容，制度实施层面则

---

* 作者简介：李成玲，南京航空航天大学人文与社会科学学院讲师、法学博士。

鲜少涉及①。新法自2016年4月1日施行以来已6年有余，其运用上的问题已引发日本学界的颇多研究②。"不当"审查的现状与展望就是一个关注度较高的话题。

新法针对"违法或者不当"的行政行为，以确保国民能够在简易迅速且公正的程序下广泛地提起对行政机关的不服申诉，从而救济国民的权利利益、确保行政的合理运营为立法目的。"行政不服审查＝违法审查＋不当审查"，这相比"行政诉讼＝违法审查"而言是明显的制度优势③。然而，日本的行政复议制度在过去一直被批判，几乎没有发挥出对行政行为的不当审查功效④。从我国行政复议的实践来看，由于复议机关侧重对行政行为的合法性审查，而且程序空转的问题突出，可以说对不当行政行为合理性审查的制度优势也几乎没有发挥的余地⑤。不过，日本行政复议中不当审查的情况在新法施行以来有所改变，以行政处分（与我国的具体行政行为概念类似）"不当"为理由支持审查请求的案件明显增加。那么，新法之下的不当审查是否真正发挥了复议制度相对于"行政诉讼＝违法审查"的优势呢？本文以此问题为出发点，考察日本行政复议中不当审查的现实形态与改善课题，以期为我国行政复议的合理性审查提供改革的参考方向。

二、不当审查的现实形态

本文利用日本总务省设置的行政不服审查裁决·答复检索数据库⑥搜索新法实施以来的复议案件。笔者以"不当""认容"⑦同时为关键词检索"审查请求"⑧类型的裁决案件，截至2022年8月12日，裁决结果为"认容"（包括支持审查请求人部分请求）的案件共有124件。

---

① 参见[日]本多滝夫：《日本行政系统的转换和行政不服审查法的"现代化"》，江利红译，载《行政法学研究》2015年第3期；王贵松：《日本行政复议改革有新动向》，载《检察日报》2014年9月9日第3版；闫尔宝：《日本行政不服申诉制度的变迁——我国行政复议法修改的一种参照》，载《南开学报（哲学社会科学版）》2011年第6期；王树良、李成玲：《日本行政不服审查法的改革动向——兼论对我国行政复议制度之启示》，载《东吴法学》2012年秋季卷；等等。
② 例如，日本第19届行政法研究论坛的会议主题是"新行政不服审查法的现在——其运用视角下的课题与展望"，部分会议论文刊载在日本期刊《行政法研究》2021年38号上。
③ 有学者将日本的行政复议可以实施行政诉讼一般不涉及的不当审查评价为该制度的"最大优势"。参见樱井敬子：《行政救済法のエッセンス（第1次改訂版）》，学陽書房2015年，第45页。
④ 稲葉馨：《行政法上の"不当"概念に関する覚書き》，《行政法研究》3号（2013年），第13页。
⑤ 参见王万华：《行政复议法的修改与完善——以"实质性解决行政争议"为视角》，载《法学研究》2019年第5期。
⑥ 该数据库的网址是https://fufukudb.search.soumu.go.jp/koukai/Main。根据新法的规定，日本行政复议的程序在由行政相对人提起不服申诉后，原则上要经过"审理员的审理"—"向行政不服审查会（第三者机关）的咨询"—"审查机关的裁决"三阶段构造，而行政不服审查会对咨询的答复内容必须公开，审查机关则应当努力公开裁决的内容，且要对与审理员意见书以及审查会答复内容不同的裁决载明理由。
⑦ 根据新法第46条的规定，对行政处分提起的审查请求有理由的，审查机关可作出撤销、变更或者责令履行等裁决，这些裁决统称为对审查请求的"认容"。
⑧ 新法废止了旧法上的异议申诉，原则上以"审查请求"为一元化的不服申诉类型，仅在单行法有所规定的情况下，可以对处分机关（即原行政行为的作出机关）提起"再调查请求"或者对审查请求的裁决提起"再审查请求"。因作为例外的"再调查请求"和"再审查请求"的案件较少，所以本文仅以"审查请求"案件为分析对象。

其中，明确以行政处分的"不当"为裁决理由的案件有32件，混同使用"违法""不当"的裁决有10件，使用"不妥当""不适当""不正当""不完备"等接近"不当"表述的裁决有13件。这些不当裁决在"认容"裁决的案件中共占比44.35%左右，在相当程度上反映了对行政处分不当审查的重视。从这些裁决中不当判断的内容特别是违法与不当的关系来看，可以把不当审查分为以下两种类型。

（一）区别于违法审查的不当审查

首先是区别违法与不当的类型，把不当视为与违法相对立的概念，即在不违法情形下或者说合法前提下的不当判断。审查机关通常会作出类似"不违法但不当"的判断，这类不当审查又可细分为以下三种事由的判断。

1. 事实调查、讨论不充分的不当审查

对行政处分的要件事实缺乏必要、充分的调查或者讨论[①]是裁断行政处分不当的一个典型事由。这类不当裁决较多出现在对生活保护费用返还决定处分的不服审查案件中。《生活保护法》第63条规定，被保护者在急迫等情形下有财力但仍接受保护的，应当在相当于其接受的保护财物的金额范围内迅速向支付保护费用的都道府县或者市町村返还保护实施机关要求的金额。该条规定的费用返还原则上是全额返还，但为了维持被保护者最低限度的生活，根据厚生劳动省发布的《关于依据生活保护法保护的实施要领》《关于依据生活保护法保护的实施要领的处理》等通知，费用返还金额的决定要排除不认定为被保护者收入的情况，扣除自力更生费等必要的费用。

在对生活保护费用返还决定处分的审查中，宫崎县和鹿儿岛县作出的部分裁决都明确地指出案件中《生活保护法》第63条的适用本身没有违法不当之处，或者该条的适用本身没有问题。但处分机关在决定费用返还金额时在收入的认定或者扣除费用的判断上，未尽到必要的调查义务或者未展开充分的调查与讨论，这被裁断为"不当"的处分[②]。类似地，静冈县2019年10月2日裁决（审查请求日2018年9月26日）也表明，该案处分"虽然不能说是违法，但在返还对象额的决定上有不当之处"。和歌山县2017年7月10日裁决（审查请求日2017年3月7日）也指出，处分机关适用《生活保护法》第63条没有违法或者不当之处，但在决定返还额上难以说是充分讨论了扣除项目的有无，因而"不能被认为是正当的"。

---

① 有学者称之为"调查义务懈怠·考虑不充分"类型的裁决。平裕介《行政不服審査における不当裁決の類型と不当性審査基準》，《行政法研究》28号（2019年），第189页。

② 参见宫崎县2016年9月23日裁决（审查请求日2016年4月12日）、鹿儿岛县2018年8月9日裁决（审查请求日2018年5月8日）、鹿儿岛县2018年8月20日裁决（审查请求日2018年6月12日）、鹿儿岛县2019年8月2日裁决（审查请求日2019年4月11日）、鹿儿岛县2020年12月17日裁决（审查请求日2020年6月25日）。

值得对照的是，青森县 2020 年 1 月 20 日裁决（审查请求日 2019 年 1 月 10 日）将审查的重点置于行政裁量权行使的合法性问题上。该裁决指出，费用返还金额的决定应当在保护实施机关在充分知晓被保护者状况的立场下作出合理裁量，保护实施机关在决定费用返还金额时，应当调查被保护者的财产、收入状况与生活实际状态以及其接受的保护财物的使用状况等诸多情况，在考虑费用返还金额的决定对被保护者最低生活及自立的影响之基础上恰当地作出判断；如果对作为判断基础的事实有错误认识、在判断过程中未考虑应当考虑的事项、缺乏对事实的合理评价，据此产生的决定内容从立法目的和社会普遍观念来看被认为是明显欠缺妥当性的情形，属于裁量的逾越或者滥用，构成"违法"。而该案中，处分机关在费用返还金额的判断过程中对应当要考虑的自力更生费的扣除与否存在不尽力调查的瑕疵，这被审查机关认定为明显欠缺妥当性的"违法"行为。同样是费用返还金额决定过程中调查不充分的问题，但与前述裁决截然不同的是，该案裁决将其界定为裁量权行使的"违法"，而非"不当"。

除了生活保障类案件之外，在税务征收处分的不服审查案件中也存在因缺乏实地调查而作出不当判断的裁决。在岛根县益田市 2021 年 3 月 10 日裁决（审查请求日 2020 年 5 月 28 日）中，针对固定资产税的征收决定，审查机关指出，处分机关负有证明征收决定根据事实的证明责任，即使通过土地登记能够明确土地面积，处分机关在进行土地评价时也有必要确认土地的现状与使用目的。就本案来说，虽然在纳税义务者未提出异议和未提供测量资料的情况下，要求处分机关对大量的固定资产进行逐一的实地调查，确认土地的具体形态与利用状况并不现实，但从处分机关承担的地方税法上的义务来看，本案征收决定未伴随对土地现状的实地调查，"即使不能说构成违法，但也是欠缺妥当性的"。

2. 缺乏合理性理由的不当审查

不当裁决的另一类典型事由是行政处分缺乏充分的合理性理由，这主要体现在对精神障碍等级判定的不服审查案件中。《关于精神保健以及精神障碍者福利的法律》第 45 条规定，精神障碍者可以向其居住地的都道府县知事提交厚生劳动省令要求的书面材料，申请精神障碍者保健福祉手册的交付；都道府县知事经审查后认为申请者具备政令规定的精神障碍状态，应当向申请者交付该手册。而保健福祉手册的交付伴随着对精神障碍等级的判定，这也是经常引发不服申诉的问题。

在奈良县 2018 年 3 月 22 日裁决（审查请求日 2017 年 6 月 8 日）中，审查请求人向处分机关提出精神障碍者保健福祉手册的使用申请，处分机关受理申请后在手册中将障碍等级判定为 3 级，而审查请求人要求将障碍等级由 3 级变更为 2 级。除了精神保健与精神障碍者福祉相关的法律法规之外，本案处分机关判定精神障碍等级的具体基准是厚生劳动省下发的《关于精神障碍者保健福祉手册的障碍等级判定基准》《精神障碍者保健福祉手册的障碍等级判定应当予以留意的事项》。基于这两个通知是由管理精神保健等事务的厚生劳动省面向全国发出的,审查机关首先对处分机关以这两个通知作为障碍等级判定基准的合理性给予了肯定。根据作为判定基准的上述通知,精神障碍等级判定要依次进行精神疾患存在的确认、精神疾患(功能障碍)状态的确认、能力障碍(活动限制)状态的确认以及精神障碍程度的综合判定。审查机关认为,本案处分机关将精神疾患的状态判断为3级是有理由的,但将能力障碍的状态判断为3级是缺乏充分明确的理由的,因而在判断过程的合理性上有不充分之处。据此,本案处分被审查机关评价为"虽不能说是违法的,但是不当的"。不过,审查机关并没有直接将障碍等级由3级变更为2级,因为结合审查请求人可以通过自身努力和他人支援获得持续工作的社会生活能力、审查请求人之前面对各种问题时曾向法院与行政机关求助、审查请求人书写的本案审查请求书具有较高的完成度等情况,并不能直接将障碍等级判定为2级。因此,审查机关最终作出的是撤销裁决,而非变更裁决①。

与上述案情类似的还有奈良县2017年8月1日裁决(审查请求日2016年10月11日)与神奈川县川琦市2018年7月25日裁决(审查请求日2017年6月6日)。在这两个案件中,审查请求人提出了精神障碍者保健福祉手册的变更申请,处分机关受理申请后将障碍等级由原来的2级变更为了3级,由此引发了行政不服申诉。这两个案件的审查机关都认为,处分机关依据(几乎)同样的基准进行了两次障碍等级认定,但将第二次障碍等级判定结果(3级)确定为比第一次(2级)轻的合理性理由并不明确,从这点上看不能直接认可处分机关对障碍等级的判定是"妥当"的。略为不同的是,在裁决的结论上,奈良县2017年的裁决明确指出了处分的"不当",神奈川县川琦市的裁决则没有明确使用"不当"的表述。虽然这两个案件的裁决书中没有类似"不违法但不当"的明确判断,但从裁决的脉络来看,审查机关也都是认可行政处分的合法性的。而且,在奈良县2017年的裁决之前,奈良县行政不服审查会的答复书(2017年3月28日)在结论中也指出,"本案处分即使不违法,也至少被认为是不当的"。

3. 理由提示不充分的不当审查

理由提示不充分的不当判断也是颇引人注意的裁决类型,以下仅以税务相关处分的不服审查案件为例。在埼玉市市长2018年3月14日裁决(审查请求日2017年2月7日)中,针对国民健康保险税滞纳金减免申请驳回处分,审查机关首先根据当地市税条例规则判断

---

① 值得对照的是,福冈县福冈市2020年11月19日裁决(审查请求日2019年12月10日)是变更裁决。针对该案处分机关将精神障碍等级由原来的1级变更为3级的判断,审查机关指出其在判断精神疾患和能力障碍的状态时未考虑应该考虑的审查请求人过去两年的大致状态以及今后两年预测的大致状态。而从这两个考虑事项来看,本案审查请求人的障碍等级相当于2级,处分机关对障碍等级的判定是"不当"的,审查机关也据此作出将障碍等级由3级变更为2级的裁决。

出审查请求人不具备滞纳金减免的事由,从而肯定了本案行政处分的实体合法性。其次,围绕审查请求人提出的本案处分通知书在理由记载上有不完备之处的主张,审查机关指出,当地市税条例并没有对依据条例作出的行政处分课以理由提示的义务,但本案处分通知书的决定理由中仅记载了不符合本案市税条例规则的要件,完全没有记载处分机关是根据怎样的事实关系、适用什么样的基准得出本案处分的内容,这样的理由记载不符合《行政程序法》的趣旨。进而,审查机关认为,虽然不能因本案处分通知书没有提示处分的具体理由就直接判定本案处分"违法",但鉴于《行政程序法》与修改过的地方税法规定理由提示义务的趣旨,以及本案市税条例规则规定的处分基准仍然使行政机关在滞纳金减免上有相当广泛裁量权等情况,为了在提高行政公正性和透明性的同时为行政相对人提供不服申诉的便利,应当要求滞纳金减免处分说明充分的理由。因此,本案处分通知书的理由提示被裁决为不仅是"明显欠缺考虑申请者情况的'不当'"记载,也是"处分机关欠缺慎重合理判断的极其不充分的"记载。

值得对照的是,冲绳县那霸市2022年2月25日裁决(审查请求日2021年8月25日)同样认为,被请求审查的固定资产税减免不承认决定处分不构成实体上的违法,但没有记载根据怎样的事实适用什么样的法律规定。不同的是,该案中《那霸市行政程序条例》第7条第1款对拒绝许认可申请的处分明确了理由提示义务,所以审查机关最终以该案处分欠缺理由提示要件、具有"程序上的瑕疵"为由作出了撤销裁决。虽然该裁决未明确这种程序上的瑕疵属于违法还是不当,但因为是对理由提示法定程序的违反,应将其解释为"违法"。换言之,当理由提示或者理由说明构成行政处分的法定程序时,理由说明的不充分就会造成行政处分欠缺程序要件,从而构成"违法"[①]。而像上述埼玉市案那样,理由提示不是行政处分的法定程序,但属于符合《行政程序法》趣旨、有利于规范裁量权行使的"应当遵循"或者"期待予以遵循"的程序,违反这样的程序就很可能被判定为"不当"。这种不当审查在宫崎县2020年7月2日裁决(审查请求日2018年11月19日)中也有所体现。

(二)与违法审查难以区分的不当审查

从日本行政复议中不当审查的实际情况来看,不当与违法明确区分的情形毕竟是少数,更多的还是表现为不当与违法难以区分的形态。

1. 违法与不当的混同审查

不当审查与违法审查难以区分的最显著表现就是"违法"与"不当"用语的一体化使用,常见的情形就是在裁决理由中通常使用"违法或者不当""违法不当"等表述。例如,在福冈

[①] 参见神奈川县川崎市2018年3月13日裁决(审查请求日2017年2月6日)、静冈县岛田市2019年8月26日裁决(审查请求日2019年2月27日)、鸟取县2018年8月6日裁决(审查请求日2018年3月14日)、千叶县千叶市2017年9月21日裁决(审查请求日2017年2月8日)等。

县 2021 年 8 月 17 日裁决（审查请求日 2018 年 11 月 27 日）中，同样是事实调查不充分的生活保护费用返还决定处分，被认为是在判断要素的选择上欠缺合理性、从社会普遍观念来看是"明显欠缺妥当性"的判断，但最终被笼统界定为"违法或者不当"。再如，同样是税务处分理由提示不充分的问题，大分县中津市 2021 年 12 月 27 日裁决（审查请求日 2021 年 9 月 3 日）却将其认定为"违法或者不当"。这种违法与不当一并使用的裁决理由让人无法判断多大程度上是"违法"、多大程度上是"不当"。还有个别裁决在具体判断上已明确了行政处分的"违法"，但仍然在裁决结论中使用了"违法或者不当"等一体化表述。比如，新潟县 2022 年 1 月 5 日裁决（审查请求日 2019 年 11 月 4 日）在对生活保护变更决定处分的审查中明确指出，该处分在保护费的计算上被认定为收入的对象不符合法定要件，因违反《生活保护法》第 4 条第 1 款和第 8 条第 1 款而构成"违法"，但在裁决结论中又将这种情形表述为"违法或者不当"。总的来说，上述裁决从内容上看明明是仅就违法性或者仅就不当性问题展开的审查判断，可在审查结论中却一体使用"违法""不当"，使得两者的关系扑朔迷离。

违法与不当的混同使用还有一种情形是分别审查违法性与不当性问题，得出既违法又不当的判断结论。前述违法与不当区别的审查类型也是明示或者默示地对违法性问题（或者法的适用问题）与不当性问题进行二阶段审查，但不当性的审查是以处分不违法的结论为前提的。即这种不当审查不仅形式上区别于违法审查，更重要的是实质上不当表现为与违法对立的内涵。虽然形式上区分了违法审查与不当审查，但实质上并不能区分违法与不当的内涵，那还是属于违法与不当的混同审查。例如，滋贺县 2020 年 11 月 12 日裁决（审查请求日 2019 年 10 月 8 日）围绕生活保护变更决定处分分别审查了"程序上的合法性"与"实体性的不当"的问题，对于前者认定因违反理由提示义务而构成"程序上的违法"，对于后者认定因怠于事实讨论而构成"实体性的不当"。奈良县 2021 年 12 月 14 日裁决（审查请求日 2021 年 7 月 13 日）也针对生活保护申请不受理处分审查了其欠缺理由提示要件的"违法"，同时指出其在事实误认、判断要素的未充分调查方面"不能被认为是正当的"。其实，从违法且不当的判断过程来看，这两个裁决更适合在结论上使用"违法不当"的一体化表述，可事实上并非如此。

2. 掩藏违法内涵的不当审查

在以行政处分的不当（包括"不妥当"等表述）为裁决理由的案件中，相当部分的裁决没有区分违法与不当，而是单纯、直接使用"不当的处分"或者"原处分是不当的"等表述。但实际上，被判断为不当的具体理由也包含违法的内涵，比较典型的就是厚生劳动省针对战争阵亡者遗属特别慰问金申请的不予受理处分作出的系列裁决①。这些裁决主要以要件充足的判断错误、事实误认、调查不充分等理由认定原处分不当从而撤销了原处分,但这些具体理由也可以归结为在法律上作出原处分的主要证据不足,是本来应该被评价为违法的事由。厚生劳动省 2019 年 3 月 26 日裁决(审查请求日 2017 年 9 月 25 日)对应的行政不服审查会答复书(2018 年 7 月 25 日)就把处分机关未充分调查的行为界定为"违法",厚生劳动省的裁决虽然接受了应当撤销原处分的答复意见,但还是把未经必要调查的原处分视为"不当"行为。

再如,青森县 2018 年 10 月 19 日裁决(审查请求日 2017 年 3 月 22 日)针对生活保护废止决定处分作出的"不妥当"判断,实际上暗含着违反比例原则的违法审查。具体来说,该裁决指出:《生活保护法》第 62 条第 3 款规定保护实施机关在被保护者违反指导或者指示时可以变更、停止或者废止保护,但这不意味着保护实施机关可以依裁量自由选择,因为保护的具体决定会对被保护者的利益产生重大影响;如果明显欠缺相当性,就构成"违法"。进一步地,该裁决表明,即使本案审查请求人不遵从收入申告指导,处分机关对此有必要采取一定的措施,但未经停止处分就采取最严重的废止处分是"不妥当"的。

从这些事例来看,包含违法内涵的不当概念也散见于行政不服审查的裁决中,这不是单纯的表达用语选择的问题,而是意欲以"不当"的表述掩藏"违法"判断的问题②。换个角度而言,这也是混同违法与不当的审查。其实,直接作出不当判断的裁决大多以行政处分未充分调查、考虑要件事实为判断理由,但以相同或者类似理由作出违法判断的裁决③也不容忽视。这些都表明,不当与违法的界限令人捉摸不定。

三、不当审查的溯源与流变

从日本行政复议中不当审查的现状来看,违法与不当之间的界限是流动的。即使是同一类型行政处分具有相同或者相近的事由,也难以得出统一的裁决结论,既有可能是"不违法但不当"的裁断,也有可能是"违法"抑或"违法或者不当"的裁断。在新法修订之前,不当审查被认为未能发挥功效的一个重要原因就是不当概念的模糊不清,以致欠缺不当的具体判断标准④。而在新法之下这个原因并没有消除,尽管从外观上看不当判断的裁决数量有

---

① 参见厚生劳动省 2017 年 6 月 2 日裁决(审查请求日 2017 年 1 月 13 日)、2017 年 10 月 30 日裁决(审查请求日 2016 年 12 月 2 日)、2017 年 12 月 26 日裁决(审查请求日 2017 年 4 月 27 日)、2018 年 6 月 27 日裁决(审查请求日 2016 年 8 月 7 日)、2019 年 3 月 26 日裁决(审查请求日 2017 年 9 月 25 日)。
② 大江裕幸:《国における新行政不服審査法の運用上の課題と展望》,《行政法研究》38 号(2021 年),第 10 页。
③ 参见群马县 2022 年 4 月 27 日裁决(审查请求日 2021 年 4 月 6 日)、大阪府堺市 2021 年 3 月 23 日裁决(审查请求日 2019 年 7 月 5 日)、滋贺县大津市 2021 年 3 月 4 日裁决(审查请求日 2019 年 11 月 27 日)、秋田县 2017 年 8 月 7 日裁决(审查请求日 2017 年 5 月 31 日)等。
④ 铃木秀洋:《"不当"要件と行政の自己統制》,《自治研究》第 83 卷 10 号(2007 年),第 105-106 页。

所增加，但与违法概念对立的不当审查仍然是少数，标准不统一的不当审查形态反而加剧了不当概念的不确定性。从这点来看，恐怕难以评价日本行政复议实质上发挥了行政诉讼通常不具备的不当审查的制度优势。那么，究竟何为"不当"？相对于违法审查的不当审查是如何确立的呢？

（一）行政法上的"不当"概念

在日本的公法特别是行政法领域中，使用"不当"表述的法律并不少见，"不当"常常被运用在重要的法律概念、法律制度之中①。其中，一体化使用"违法或者不当"用语的代表性法律除了新法第1条第1款之外，还有《地方自治法》第242条第1款等规定。作为法律用语，不当的概念一般意味着"行为或者状态实质上欠缺妥当或者说是不适当的"，而相对于"违法"被使用的不当概念则是指行政处分"不违反法律的规定，但从制度目的来看是不适当的"②。

在日本的行政法论著中，学者们从多种角度提及不当的定义，大体而言存在"瑕疵论的定义"与"裁量论的定义"两种类型③。所谓"瑕疵论的定义"是将不当通常解释为合法前提下的不当瑕疵。例如，有学者在论及行政不服审查的审理范围时，将不当界定为"不触犯法律，但是不恰当的"④，抑或"虽然不违反法律但不符合法律规定的目的"⑤。而"裁量论的定义"即认为"不当问题＝裁量问题"，将不当视为裁量不合理行使的问题。例如，有学者列举行政不服审查制度的一个优势在于，"不仅能审查法律要件符合性（违法/合法），也能审查行政裁量范围内的公益目的符合性（当/不当）"⑥。不过，在日本判例法理的发展下，当超越裁量权的范围或者滥用裁量权时，这种裁量权的行使构成"违法"⑦。"裁量论的定义"在"不违法但不当"的前提下，是排除裁量权的逾越与滥用这种违法情形的。例如，有学者将不当界定为"行政裁量被允许的情况下，虽不能说构成了裁量权的逾越或者滥用，但裁量权的行使（包含以不行使权限为内容的裁量判断）欠缺妥当性"⑧。这种定义实际上是把不当视为未达到违法程度的裁量判断的瑕疵，也可称之为"裁量论中瑕疵论的定义"。另外，"瑕疵论的定义"虽未言及"裁量"，但也是将"不恰当""不符合法律规定的目的"等"不当"视为仅就

---

① 稲葉馨：《行政法上の"不当"概念に関する覚書き》，《行政法研究》3号（2013年），第8页。
② 竹内昭夫等编：《新法律学辞典（第3版）》，有斐閣1989年，第44页；金子宏ほか：《法律学小辞典（第4版補訂版）》，有斐閣2008年，第31页。
③ 稲葉馨：《行政法上の"不当"概念に関する覚書き》，《行政法研究》3号（2013年），第15-18页。
④ 阿部泰隆：《行政法解釈学Ⅱ実効的な行政救済の法システム創造の法理論》，有斐閣2009年，第339页。
⑤ 稲葉馨等：《行政法（第2版）》，有斐閣2010年，第187页。
⑥ 櫻井敬子、橋本博之：《行政法（第4版）》，弘文堂2013年，第243页。
⑦ 日本《行政案件诉讼法》第30条规定，对行政机关行使裁量权实施的处分，仅在超越裁量权范围或者滥用裁量权的情形下，法院才可以撤销该处分。由此可见，法院对行政裁量的司法审查是有限的，而行政复议这种行政内部的审查机制则可以突破司法审查的限度，积极地对裁量行为的"当与不当"展开审查。
⑧ 室井力等编著：《コンメンタール行政法Ⅰ行政手続法・行政不服審査法（第3版）》，日本評論社2018年，第357页。

裁量行为才可能承认的瑕疵类型，故也可称之为"瑕疵论中裁量论的定义"。如此一来，"瑕疵论的定义"与"裁量论的定义"这两种类型中都有"超越类型的相同意旨的内容"①。

总的来说，按照日本行政法学上的通常理解，不当是关于裁量行为的概念，准确地来说是"不违反法律的规定，但裁量权的行使存在不当"。那么为什么在裁量论下有违法与不当的区别呢？这是缘于两者的区别始于行政裁量的司法审查问题。

（二）违法与不当区别的溯源

行政裁量本身是有关法律委任给行政权专属判断的领域是否存在及其委任范围的问题，从另一个角度而言就是法院能够在多大范围内审查行政行为的问题，这也是行政裁量在实务中产生问题的形态②。围绕行政裁量的司法审查，传统的裁量论将裁量行为分为羁束裁量（亦称法规裁量）和自由裁量（亦称便宜裁量），把羁束裁量纳入与羁束行为一样须服从法院司法审查的范畴，把自由裁量排除在司法审查之外③。进一步而言，法院的职责是审查行政行为的合法性，羁束行为与羁束裁量都要受法的拘束，产生的是行为合法与否的问题（即羁束行为与羁束裁量＝法律问题＝合法性问题＝违法审查）。而自由裁量不受法的拘束，一般不会产生违法行为，但也要在实现法律目的的范围内妥当裁量，故产生的是合目的性的问题抑或裁量不当的问题（即自由裁量＝裁量问题＝合目的性问题＝不当审查），由行政不服审查这种行政内部的自我监督制度审查。"行政诉讼＝违法审查""行政不服审查＝违法审查＋不当审查"的定式也由此形成。

可以说，违法与不当之所以产生区分，是因为司法与行政的权力分立下羁束裁量和自由裁量的司法审查方式有质的差异。但其实，在如何区分羁束裁量和自由裁量的问题上一开始就存在学说上的争议。概而言之，以往的京都学派学者（以佐佐木惣一为代表）以法律规定方式为区分标准，重视法条表述的客观性，主张行政机关的裁量权存在于法律要件认定的领域（要件裁量论）。具体而言，如果法律明确规定了行政行为的要件，即使是使用了多义的不确定概念，该概念的解释也是法律问题，属于法院的判断事项；如果法律完全没有规定行为要件，抑或只是使用了行政的终极目标即公益概念，行政机关就只能以独自的公益判断补充要件，此时这种公益判断就是委任给行政的专权事项，属于自由裁量，免于司法审查。与该学说相对，东京学派的学者（以美浓部达吉为代表）否定要件裁量论，主张裁量权的有无仅与行政行为效果的决定相关（效果裁量论），限制、侵害国民权益的行为决断是羁束裁

---

① 稻叶馨：《行政法上の"不当"概念に関する覚書き》，《行政法研究》3号（2013年），第19-22页。
② 盐野宏：《行政法Ⅰ行政法总论（第5版）》，有斐阁2009年，第125页。
③ 羁束行为与裁量行为的分类、裁量行为中羁束裁量和自由裁量的分类，参见杨建顺：《论行政裁量与司法审查——兼及行政自我拘束原则的理论根据》，载《法商研究》2003年第1期。

量,决定给予国民权益的行为在法律没有特别规定的情形下是自由裁量①。

然而,为了有效解决复杂多变的社会问题,法律规范以及执法实践中已经很难分割一个行为中的要件裁量与效果裁量,两者实质上都包含着对法律要件的解释判断,效果裁量是在补充法律要件的基础上确定个案中的法律效果②。在这个背景下,如今日本学界的主流观点是以法律允许的裁量判断的内容为依据区分羁束裁量和自由裁量。即如果法律允许的裁量判断是能够以通常人都具有的一般价值法则乃至日常的经验法则形成的内容,该裁量就属于羁束裁量;如果法律允许的裁量判断是行政机关基于高度专业技术性的知识作出的判断或者基于政治性责任作出的政策性判断,该裁量就属于自由裁量③。

（三）违法与不当区别的消减

无论以哪种标准区分羁束裁量和自由裁量,都是以法解释为中心问题。也有学者否定裁量本身,主张废止"裁量"用语,认为即使是自由裁量,行政机关也没有恣意判断的权限,应当在个案中承担起诚实地完成立法者的委任、做出最适当的决断的法的义务④。如果裁量不存在了,自然也就没有所谓违法与不当的区别了。

其实,在判例和理论的发展下,羁束裁量和自由裁量的区分已然相对化。一方面,即使是原则上免于司法审查的自由裁量也存在界限,在裁量权逾越或者滥用的情形下属于司法审查的范畴。另一方面,即使是原则上完全服从司法审查的羁束裁量（包括使用不确定概念的要件认定）,法院也在某种程度上承认行政的判断余地,事实上尊重行政的判断⑤。尤其随着裁量权逾越与滥用法理的深度运用,行政裁量的司法审查强度有所提高,对行政裁量的"判断过程审查"⑥逐渐成为司法裁判的主流。行政裁量的判断过程中存在重大事实的误认、目的违反、比例原则或者平等原则违反等情形的,通常被评价为违法的裁量处分,这实质上也触及不当的判断。这样的倾向使得以合目的性为方向的裁量权行使不是单纯的"当或者不当"的问题,也可以说是合法性的问题。因此,"'合目的性（政策性的合理性）审查'与'合法性审查'之间的距离至少是很相近的"⑦。在诉讼审理强化的背景下,什么样的情形称得上不违法但不当? 在司法裁判中不被认为违法,但在行政复议中能被判断为不当的情形是什么? 在行政诉讼中法院不能审理的不当问题又是什么? 这些问题都很难回答清楚。违法与不当的区别暧昧不清,两者区别的可能性与意义也受到质疑,甚至有学者认为两者的区别本

---

① 原田尚彦:《行政法要論(全訂第7版[補訂版])》,学陽書房2011年,第146-147页。
② 王贵松:《行政裁量的内在构造》,载《法学家》2009年第2期。
③ 原田尚彦:《行政法要論(全訂第7版[補訂版])》,学陽書房2011年,第147-148页。
④ 阿部泰隆:《行政不服審査法の解釈と運用の現況と改善策》,《自治実務セミナー》712号(2021年),第52页。
⑤ 原田尚彦:《行政法要論(全訂第7版[補訂版])》,学陽書房2011年,第149-150页。
⑥ 可参见王天华:《行政裁量与判断过程审查方式》,载《清华法学》2009年第3期。
⑦ 藤田宙靖:《自由裁量論の諸相——裁量処分の司法審査を巡って》,《日本学士院紀要》第70卷1号(2015年),第73页。

来就是不可能的[①]。

四、不当审查基准的精细化作业

如前所述,当前日本的行政复议中,不当与违法混同或者说不加区分的判断是不当审查的主要形态。这可以说是行政裁量的司法审查实践中违法与不当区别的消减在行政复议中的投射现象。然而,与行政诉讼的合法性审查相比较,行政复议的不当审查对行政内部的自我监督有着积极的意义,积极地进行与违法相区别的不当审查形态才符合行政复议的制度趣旨[②]。而为了扭转不当审查的颓势,充分发挥行政复议的制度优势,有必要明确不当审查的基准。这不仅是为行政复议提供"判断规范",保证不当审查的正当性与统一性,也可以进一步为行政机关工作人员的行政活动提供"行为规范",促进行政的合理运营。当然,解决如何进行不当审查的问题,绝不仅仅是为了行政运营上的利益,也是为了发挥行政复议保护国民权益的制度功能。面对行政相对人提起的不服申诉,如果缺乏不当审查的具体指针,将难以保证迅速且公正的权利救济[③]。诚然,违法与不当区别的消减趋势给不当审查基准的精细化作业增加了难度,但出于充分发挥行政复议制度优势,提高其利用率的立场,也有学者尝试提出确立不当审查基准的方向。

（一）法规范论的方向

一种观点是参考其他法领域的解释规范,在新法中追加规定"不当"的解释基准[④]。具体而言,由于行政复议与行政诉讼一样都是以保护个人权益为射程的主观争讼制度,故可以参考《行政案件诉讼法》第9条第2款关于原告资格判断基准的规定,使不当的解释基准具体体现个人权益的性质以及权益受侵害的内容与程度等要素。这是试图以不当要素的法定化来限缩不当的内涵,避免不当概念的模糊不清。进一步地,该观点还提出把"替代方案的讨论"作为不当解释基准的一个构成要素。也就是说,通过审查行政处分是否经过了合理地比较讨论拟采取手段与替代方案的过程及其讨论结果的展示,来具体判断该处分是否存在不当之处。

其实,前述的事实调查、讨论不充分类型的不当审查从某种程度而言就是以替代方案的讨论为审查基准。但是在判例上,替代方案的讨论也被运用在行政裁量判断过程的违法性审查上。例如,小田急诉讼的最高法院判决围绕城市规划变更决定中规划裁量的合法性,审查了该决定过程中高架化的铁道连续立体交叉工程方案与地下式等替代方案的比较讨论,

---

① 阿部泰隆：《行政不服審查法の解釈と運用の現況と改善策》,《自治実務セミナー》712号（2021年）,第51-52页。
② 鈴木秀洋：《"不当"要件と行政の自己統制》,《自治研究》第83卷10号（2007年）,第110页。
③ 鈴木秀洋：《"不当"要件と行政の自己統制》,《自治研究》第83卷10号（2007年）,第111、115-116页。
④ 鈴木秀洋：《"不当"要件と行政の自己統制》,《自治研究》第83卷10号（2007年）,第111-113页。

进而认定最终采用高架化方案的规划内容不构成裁量权的逾越或者滥用①。早期著名的日光太郎杉案判决也指出,被诉事业认定处分以砍伐古树木来扩宽改造道路的计划内容没有讨论保存树木资源的替代方案,轻视了本来应该予以考虑的文化性价值乃至环境的保全,这样的裁量判断过程是违法的②。由此来看,替代方案的讨论这一基准恐怕不足以支撑不当与违法之间的界限。而且,从个别法中处分要件的规定来看,行政裁量的判断过程也未必被课加了替代方案讨论的义务。

(二)法解释论的方向

还有一种观点是以司法审查中裁量规制的判例法理为参考对象,剖析其在审查强度上的局限性,从而提出有利于进一步提高审查强度的不当审查基准③。该观点表示,近年来日本最高法院的判例中"社会观念"(或者说"社会通常观念")审查逐渐与着眼于考虑事项的判断过程审查方式相结合④,虽然在一定程度上提高了对行政裁量的司法审查强度,但基于"一般人的集团意识"形成的"社会观念"通常不具有对裁量判断的专业技术性知识与经验,在价值观多样化的现代社会也难以具体化和客观化。因此,在"社会观念"审查框架下的违法性审查被认为难以对考虑事项及其权重进行合理的价值判断,那么也就未必有多大的审查强度。鉴于这样的局限性,该观点主张以"专家的集团意识"为基础的不当审查基准:"在某裁量行为存在多个考虑事项时,由该行为的有关领域内能够实施专业性审查的审查机关根据该领域中专家的集团意识形成的见解(即'专家的通常观念')"评价处分机关是否"对所有的考虑事项(义务性考虑事项、要考虑事项)进行了调查、考虑,并对所有的重视事项(仅是单纯的考虑并不足够还需要重视的事项,即要重视事项)进行了调查、重视"。"专家的通常观念"是指特定领域中多数专家所共同达成的专业性见解,比起"社会通常观念"更易于具体化与客观化,其内容可以通过与行政处分的裁量判断有关的行政内部规则⑤、法令中的努力义务规定、审议会或者研究会的意见书、该专业领域的研究者与实务家的见解等

---

① 日本最高法院2006年11月2日判决、民集第60卷9号第3249页。
② 东京高等法院1973年7月13日判决、行集第24卷6·7号第533页。
③ 平裕介:《行政不服審查法活用のための"不当"性の基準》,《公法研究》78号(2016年),第240-242页。
④ 例如,2006年的小田急诉讼最高法院判决对裁量行为的违法审查采用了如下的基准:因作为裁量权行使"基础的重要事实存在误认等原因致使欠缺重要事实的基础,抑或因对事实的评价明显缺乏合理性、判断过程中未考虑应该考虑的事情等原因致使其内容从社会通常观念来看被认为明显缺乏妥当性,仅在这些情形下应该解释为超越裁量权的范围或者滥用裁量权,构成违法"。
⑤ 值得注意的是,在前述有关生活保护费用返还决定处分、精神障碍等级判定处分的不服审查案例中,审查机关都适用了厚生劳动省发布的与裁量处分相关的通知。这些都是在行政内部产生效力的行政规则,为行政处分的具体实施发挥着"裁量基准"的作用。日本最高法院在外国人在留期间更新不许可处分撤销请求事件(1978年10月4日判决、民集第32卷7号第1223页)中表明,因裁量基准是为确保行政机关处分的妥当性,所以即使违反了裁量基准,"原则上仅产生当不当的问题,并不当然构成违法。处分构成违法仅限于超越法律允许的裁量权范围或者滥用裁量权的情形"。也有学者把违反充当裁量基准的行政内部规则视为不当行政行为的一种情形。参见[日]南博方:《行政法》(第6版),杨建顺译,中国人民大学出版社2009年版,第52页。

予以把握。

显然,何为要考虑事项、何为要重视事项以及何为专家的通常观念,这些都要结合个案情况通过细致的法解释才能解答。而且在判例上,考虑事项的审查也常运用在对行政裁量的判断过程审查方法中,因此按照上述的不当审查基准也有可能会得出裁量权的逾越或者滥用的违法判断。

尽管以上提示的两种不当审查基准都并非完美,但至少给我们提供了发挥行政复议制度本来作用的一定方向性。笔者比较倾向第二种观点中强化行政复议不当审查强度的思路。因为正是在行政裁量的司法审查强度逐渐提高的背景下,违法与不当才呈现流动性的区别。相比行政诉讼中的违法审查,更进一步提高行政复议对行政裁量的不当审查强度,不仅能够纾解导致违法与不当区别消减的现实原因,也更加契合行政复议制度对行政裁量的规范与控制功能。当然,不可否认的是,通过不当审查基准的精细化来提高裁量审查强度,可谓任重道远。一方面,我们需要在立法上考量不当行政行为的界定,另一方面,正如行政裁量的司法审查方式是经过长期的司法实务与案例积累才发展起来的,不当审查基准的精细化作业也要随着复议案件中不当判断的大量积累不断探寻与摸索。至少日本行政复议现状中理由提示不充分的不当审查是可以继续发展的一个方向。因为像理由提示不充分这种程序上的瑕疵在司法裁判中未必据此导致行政行为的撤销,而在行政复议中就可以较为广泛地作出不当判断进而撤销行政行为。当然,行政复议中裁量审查强度的提高并非仅凭不当审查基准的精细化就能实现,还需要审查机关具有匹配的判断权限与能力[①]。为了提高不当审查的实效性,从日本现行复议程序的三阶段构造来看,还可以考虑从组织法的角度提升审理员与行政不服审查会的判断能力以及两者的作用分工[②]。

五、结语:我国行政复议中的合理性审查

(一)强化合理性审查的制度需求

《中华人民共和国行政复议法》(简称《行政复议法》)制定的直接目的是防止和纠正"违法或者不当"的行政行为,复议机关针对被申请复议的行政行为能同时进行合法性审查和合理性审查,这相较一般仅能合法性审查的行政诉讼制度来说是重要的优势。在我国的行政法理论和实践中,合法行政与合理行政的二元结构是经过行政法基本原则的理论建构形

---

① 铃木秀洋:《"不当"要件と行政の自己统制》,《自治研究》第83卷10号(2007年),第107-108页。
② 藤岛光雄、梶山隆彦:《行政不服审查法における"不当"の审查》,《大阪经济法科大学法学论集》81号(2019年),第19页。

成起来的①。"违反合法性原则将导致行政违法,违反合理性原则将导致行政不当。"②"合理性原则是对不当行政行为进行有效规制的底线。"③但是,以合法行政与合理行政的分立来排除行政诉讼对自由裁量的审查是受到质疑的④。2014年《中华人民共和国行政诉讼法》(简称《行政诉讼法》)修订之后,"明显不当"标准的增加扩大了法院对行政行为的审查范围,这使得"原本就备受质疑的合法性审查与合理性审查二分原则的法律根基彻底动摇"⑤。尽管"明显不当"通常被认为适用于裁量行为的司法审查,但经过我国司法裁判实践的发展,该审查标准在内涵上也包括行政裁量决定的事实审查和法律适用审查⑥,这致使合法性审查与合理性审查的界限模糊。扩大司法审查范围,加强对行政裁量的司法监督,已成为当下我国行政诉讼理论与实践的鲜明旗帜。与之截然不同的是,行政复议的合理性审查虽然被高度评价具有控制裁量权、弥补司法审查不足的积极意义⑦,却没有配置能实现其功能的制度设计。从现行《行政复议法》第二十八条第一款第(三)项以及《中华人民共和国行政复议法实施条例》第四十七条第(一)项关于"明显不当"的规定来看,行政复议合理性审查的范围与行政诉讼趋同。现行法未将所有的不当行政行为都纳入行政复议纠正的范围,这有悖于行政复议制度实现行政自我监督与公民权利救济的立法初衷。行政复议实践中复议程序欠缺公正透明的局限性也大大降低了人们对合理性审查的期待。

行政复议与行政诉讼作为行政救济的主要途径,原则上由行政纠纷当事人自由选择,致使两者在无形之中产生了制度间的竞争关系。而从当下我国行政复议制度的改革动向来看,发挥行政复议"化解行政纠纷主渠道的定位已然明晰"⑧。根据司法部发布的统计数据,近年来全国行政复议受理案件数量都是低于行政应诉案件数量的。2019—2021年在全国审结的行政复议案件中,复议决定维持率分别是50.62%、49.99%、48.25%,直接纠错率分别

---

① 邹奕:《行政诉讼中合法性审查与合理性审查的关系之厘定》,载姜明安主编:《行政法论丛(第19卷)》,法律出版社2016年版,第85页。
② 胡建淼:《行政法学》(第四版),法律出版社2015年版,第51页。
③ 胡峻:《论合理性原则对不当行政行为的规制》,载《内蒙古社会科学(汉文版)》2015年第2期。
④ 参见袁勇:《行政诉讼法内"合法"与"合理"二分之质疑》,载胡建淼主编:《公法研究》(第7辑),浙江大学出版社2009年版,第271-279页。
⑤ 张峰振:《论不当行政行为的司法救济——从我国〈行政诉讼法〉中的"明显不当行政行为"谈起》,载《政治与法律》2016年第1期。
⑥ 参见周佑勇:《司法审查中的行政行为"明显不当"标准》,载《环球法律评论》2021年第3期。
⑦ 参见江国华、邱冠群:《论行政复议中的合理性审查》,载《云南大学学报(法学版)》2015年第28卷第1期。
⑧ 黄学贤:《"化解行政纠纷主渠道"定位下的行政复议与行政诉讼之新型关系》,载《上海政法学院学报(法治论丛)》2022年第1期。

是16.15%、15.61%、13.34%,其中变更决定分别占审结案件的0.20%、0.26%、0.20%①。这些数据表明,行政复议制度距离解决行政争议主渠道的定位还存在明显的差距。

由上可知,我国的行政诉讼与行政复议在裁量控制功能的实际发挥上有相当程度的落差。这与导致日本行政复议中不当审查消极现状的原因是高度一致的。行政复议要发展为解决行政争议的主渠道,就要在与行政诉讼的选择关系中凸显制度优势。那么,在我国的行政复议改革中,强化行政复议对裁量不当行为的合理性审查,发挥行政复议相对于行政诉讼的制度优势是必须要解决的问题。

(二)强化合理性审查的修法路径

目前,行政复议改革的焦点主要集中于复议体制和复议程序制度的革新,这对合理性审查的强化自然是不可或缺的,但同时以什么样的标准实施合理性审查也是至关重要的问题。在我国,由于对行政合法性原则与行政合理性原则关系的争论,对不当行政行为内涵与法律属性的认识也是有分歧的②。这与日本的情况是类似的,无疑给合理性审查标准的精细化增加了难度。尽管以自由裁量不受司法审查的前提来区分违法与不当值得商榷,但"如果要使用'行政不当'来指向违反行政合理性原则的法律后果,以便与违反行政合法性原则在性质上相区别,本身并无不妥"③。2020年11月司法部公布的《中华人民共和国行政复议法(修订)(征求意见稿)》第七十五条第一款第(二)项将"事实清楚,证据确凿,适用依据正确,程序合法,但是行使裁量权不当的"纳入变更决定的适用情形之一。2022年10月国务院提请十三届全国人大常委会第三十七次会议审议的《中华人民共和国行政复议法(修订草案)》第六十二条第一款第(一)项并没有完全采纳该项规定,而是修订为"事实清楚,证据确凿,适用依据正确,程序合法,但是不适当的"。虽然这两种修订条文表述上有所不同,前者侧重"裁量论的不当",后者侧重"瑕疵论的不当",但可以认为两者都将不当视为违反行政合理性原则的后果,在一定程度上已注意到违法与不当的区别。

从强化行政复议合理性审查的立场出发,可以从以下几个方面考虑《行政复议法》的修改。第一,对应《行政诉讼法》第六条确立的合法性审查原则,在总则中以单独的条款规定

---

① 参见中华人民共和国司法部:《2019年全国行政复议、行政应诉案件统计数据》,http://www.moj.gov.cn/pub/sfbgw/zwxxgk/fdzdgknr/fdzdgknrtjxx/202009/t20200929_392195.html;《2020年全国行政复议行政应诉案件统计数据》,http://www.moj.gov.cn/pub/sfbgw/zwxxgk/fdzdgknr/fdzdgknrtjxx/202105/t20210513_392196.html;《2021年全国行政复议行政应诉案件统计数据》,http://www.moj.gov.cn/pub/sfbgw/zwxxgk/fdzdgknr/fdzdgknrtjxx/202209/t20220902_462830.html,最后访问日期:2022年11月29日。

② 参见汪燕:《行政合理性原则与失当行政行为》,载《法学评论》2014年第5期;胡峻:《论合理性原则对不当行政行为的规制》,载《内蒙古社会科学(汉文版)》2015年第2期;张峰振:《不当行政行为救济方式的立法完善》,载《法学》2013年第5期。

③ 吴偕林:《违反行政合理性原则法律性质新解——兼谈行政合理性原则与行政合法性原则的关系》,载《人民司法》2004年第12期。

行政复议的审查原则是审查行政行为是否合法、裁量权的行使是否适当。现行《行政复议法》第三条第一款第（三）项将审查行政行为是否合法与适当列举为复议机构的职责之一，淡化了行政复议相对于行政诉讼的制度优势。第二，优化维持决定的适用情形，将现行《行政复议法》第二十八条规定的"内容适当"修改为"裁量权行使的适当"，因为裁量权行使的适当并不限于内容的适当，也还包括方式或者过程的适当。第三，增加对不当行政行为的救济方式，撤销、变更等纠错决定的适用增加"合法但裁量权的行使存在不当"这类情形，而对不能或者不适宜撤销、变更予以救济的不当行为，应适用"确认不当决定"[①]。行政诉讼虽然能审查行政行为是否明显不当，但只能对合法性问题提供救济[②]，一般不当行政行为的合理性问题还是有赖于行政复议予以救济。

当然，以上立法修改尚不足以精细化合理性审查的标准，但这种强化合理性审查的立法方向至少有利于促使复议实务增加对不当行政行为的充分审查。我国司法实务中的理论与实践积累为"明显不当"审查标准的细化提供了充实的研究素材，也期待我国未来的行政复议在强化合理性审查的视角下丰富不当行政行为的判断法理与实践[③]。

[①] 张峰振：《不当行政行为救济方式的立法完善》，载《法学》2013年第5期；江国华、邱冠群：《论行政复议中的合理性审查》，载《云南大学学报（法学版）》2015年第28卷第1期。

[②] 张峰振：《论不当行政行为的司法救济——从我国〈行政诉讼法〉中的"明显不当行政行为"谈起》，载《政治与法律》2016年第1期。

[③] 复议决定文书的公开也是我们开展行政复议案例研究，充分把握合理性审查实践的必要前提。司法部发布的《中华人民共和国行政复议法（修订）（征求意见稿）》第八十九条也确定了行政复议决定的公开原则。

应急背景下行政组织一体性的重塑*

白云锋**

摘　要： 应急行政指挥机构是政府整合行政内部力量应对危机的一体型组织机制，难以在分化型的组织框架下予以理论定位。我国政府工作部门过度分化的主要原因在于实践中的部门主义立法体制。大部制改革、相对集中权力的改革取得了一定的应对部门职权分化的成效，但并没有完全改善"弱政府—强部门"失衡关系的基本格局。在组织法的基础权力规范、单行法"主管部门"条款与"职权确定"条款中，政府权力不是在政府与部门间的二元分配，而是呈现出由政府统一拥有并分配行使的一体格局。在危机频发的背景下，行政承载着整体性安全保障任务。为统筹部门分散的权力，应对危机的系统性威胁，行政组织必须强化一体属性，形成一体格局。行政一体是政府内部关系的一体，不关涉行政在立法、行政与司法等机关关系中的地位变化。因应行政组织结构的一体性变化，行政主体资格理论和行政诉讼被告认定规则也发生相应变化。在行政系统中，各级政府具备行政主体资格。在行政诉讼中，由具体实施被诉行为的机关作为行政主体的代表出庭应诉。

关键词： 应急行政　行政组织法　整体政府　行政一体　行政主体

一、问题的提出

《中华人民共和国突发事件应对法》（简称《突发事件应对法》）第三条将突发事件分为自然灾害、事故灾难、公共卫生事件和社会安全事件四类，应急管理部门负责应对自然灾害和事故灾难，公安政法部门负责应对社会安全事件，卫生健康行政部门则负责应对公共卫生

---

* **基金项目：** 江苏省社科基金后期资助项目"行政一体：应急背景下行政法机制的重塑"（项目号：21HQ019）。

** **作者简介：** 白云锋，南京大学法学院助理研究员、法学博士。

事件。但基于对应急行政实践的观察可见,现实中往往会形成由各级政府牵头组织,由各级政府部门相关人员组成的综合性应急指挥机构(简称"应急指挥机构")。如在应对新型冠状病毒疫情的行政实践中,诸多地方政府均成立了疫情防控指挥部,承担疫情防控的统一领导职责[①]。相对于常设的政府工作部门,这类应急指挥机构在疫情防控等应急行政中出现的频率更高,在紧急情况的应对之中发挥着十分重要的作用。不过问题在于,虽然这类应急指挥机构在实践中普遍存在且作用颇大,但其在理论与实践中却面临诸多尚待厘清的规范上的争议。

如对于应急指挥机构的法律属性问题,有论者认为"按照《突发事件应对法》设立的突发事件应急指挥机构,如果按照现有的法学理论,属于法律授权的机构"[②]。但有人认为在实践中,"指挥部"等"议事协调机构""不是行政主体,不承担行政法律责任"[③]。也有学者认为,"与各级人民政府及其部门等行政机关相比,'指挥部'是行政机关的内设机构;基于功能上的区别,'指挥部'可细分为作为议事协调机构的'指挥部'与作为受托机构的'指挥部'",并认为"作为执行重要行政任务并长期存在的行政机构,日渐成为介于国务院及其部委之间的一级科层机构"[④]。还有学者认为,"作为重大突发公共卫生事件的应急指挥机构,领导小组和指挥部在性质定位上通常属于一种决策性工作机构"[⑤]。

再如,由于法律属性难以定位,综合性、协调性、临时性机构的行为效果归属、责任确定也成为问题[⑥]。有论者认为"诸如'指挥机构''工作组''批准机关'等,均可作为应对突发事件的处置部门,它们有时是由多个行政机关共同组成的,这意味着一场突发事件的应对或许会牵涉到许多行政机关,增加了应急行政诉讼被告确定难度",并认为应当以"应急行政行为的对外名义机关"作为被告[⑦]。在张荣连诉台州市公安局黄岩分局行政处罚案中,原告被区疫情防控指挥部综合服务点隔离,后因破坏隔离设施被公安局处罚,原告对隔离行为与处罚行为均不服对公安机关提起诉讼。被告公安机关即辩称自己"并非黄岩区新型冠状病毒

---

① 如武汉市政府2020年1月20日召开会议,决定武汉市成立市新型冠状病毒感染的肺炎疫情防控指挥部,统一领导、指挥全市疫情防控工作。参见谢慧敏:《武汉成立新型冠状病毒感染的肺炎疫情防控指挥部》,载《湖北日报》2020年1月22日第01版。
② 王敬波:《面向整体政府的改革与行政主体理论的重塑》,载《中国社会科学》2020年第7期,第119页。
③ 郭文婧:《议事协调机构应告别"运动式"撤并》,人民法院报2013年12月3日第002版。另参见戴加佳:《国务院议事协调机构设置权的组织法分析——以"指挥部"为例》,载《政法学刊》2019年第6期。
④ 戴加佳:《国务院议事协调机构设置权的组织法分析——以"指挥部"为例》,载《政法学刊》2019年第6期。
⑤ 高其才、张华:《习惯法视角下突发公共卫生事件应急指挥机构的组织和运行规范——以新冠肺炎疫情防控工作领导小组和指挥部为对象》,载《学术交流》2020年第5期。
⑥ 持整体政府理论的学者在强调政府工作部门的合作时,也承认"当不同部门不得不设立跨部门机构的时候,会产生责任归属的问题"。[挪]Tom Christensen, Per Laegreid:《后新公共管理改革——作为一种新趋势的整体政府》,张丽娜、袁何俊译,载《中国行政管理》2006年第9期。
⑦ 高轩:《行政应急权对当事人行政诉权的威胁及其司法规制》,载《法学评论》2016年第2期。

感染肺炎疫情防控指挥部的上级主管部门,无权审查防疫指挥部的隔离决定。上诉人对隔离决定的异议不属于本案审查范围"。一、二审法院则均支持了被告的请求①。

鉴于在立法、行政权力分工的结构下,行政一体对立法负责的需要,行政自始具有一体的属性。行政本身即是"基于法律,受法律规制,以现实具体地积极实现国家目的为目标,作为整体进行具有统一性、持续性以及形成性国家活动"②。但长期以来,鉴于种种原因,我国行政组织在流变中呈现出过度分化的局面。由于这一过度分化结构不适应现代系统性行政任务管理的需要,政府已然实施了各种整合型改革措施,典型如大部制改革、相对集中权力的改革等。这些变革内在逻辑上都使政府呈现出更加一体化的趋势③,但并没有完全解决工作部门职权分化的问题。而且,这些改革基本上面向的是常态行政的背景。在突发事件频发、紧急情况频现的应急行政背景下,面对系统性威胁,危机应对呈现出有别于常态政府部门分割应对的系统应对逻辑,与此同时也催生了新的应急行政机构以及诸多应急行政举措。实质上,应急指挥机构即是行政机关在紧急情况下面临急剧增长的行政任务时,致力于整合行政各系统资源,集中力量更好发挥行政整体效能的应急行政组织。其产生于部门分化的格局之中,统筹的是分化的政府工作部门的权力,是弥补组织分散化实践下行政一体功能缺失的组织形态④。但现有部门分化的行政组织制度与理论框架无法对应急指挥机构进行精准的理论定位,进而导致应急指挥机构在实践中身份、地位的不明确,由此产生了关于应急指挥机构权力来源、权力行使合法性、责任归属等一系列问题。

行政系统在应急背景下面临着整体性安全保障的任务,行政组织结构与行政组织理论都亟待变革。应急指挥机构现象仅为一个侧影,背后反映出的是应急行政环境对于政府一体行使行政权力以及应急责任追究落实的制度与理论适配的诉求。当下,我国《中华人民共和国地方各级人民代表大会和地方各级人民政府组织法》(简称《地方组织法》)已完成修正,《中华人民共和国国务院组织法》(简称《国务院组织法》)亟待修订⑤。中央与地方行政组织结构的变革箭在弦上。由此,本文聚焦于当代应急行政背景下行政组织最新的变革进程,从对应急指挥机构现象的观察切入,分析行政组织分化背后组织法体制层面的深层原因,在对传统政府组织改革方案考察的基础之上,提出本文关于应急背景下我国现代政府组织体制变革的解释学框架。

---

① 参见浙江省台州市中级人民法院(2020)浙10行终295号行政判决书。
② 田中二郎:《新版行政法》(上卷),弘文堂1974年,第5页。
③ 参见竺乾威:《从新公共管理到整体性治理》,载《中国行政管理》2008年第10期;王敬波:《面向整体政府的改革与行政主体理论的重塑》,载《中国社会科学》2020年第7期。
④ 参见石国亮、张乾友:《通过任务型组织开展风险治理——兼评张康之教授的"任务型组织观"》,《社会科学研究》2012年第6期;[美]托夫勒:《未来的冲击》,中国对外翻译出版公司1985年版,第114-137页;孙立平:《社会现代化》,华夏出版社1988年版,第364页。
⑤ 参见《国务院办公厅关于印发国务院2021年度立法工作计划的通知》(国办发〔2021〕21号)。

二、政府与部门权力的分化及其主要原因

应急指挥机构出现的原因与应急指挥机构出现前述诸多争议的原因是两个问题。前一个问题本文已有基本回应。对于后一个问题，基于不同视角可以进行不同的解读。组织的问题，基于本文行政组织法的视角，无疑需回到组织法的结构与运行过程中寻找答案。

（一）基础性立法确立的"政府为主，部门为辅"的组织结构

《中华人民共和国宪法》（简称《宪法》）以及相关行政组织性法律的规定是我国各级政府地位及其相互关系的基础性规范。我国《宪法》以及《地方组织法》中对于行政组织的规定使用了"行政机关"一词。如《宪法》第八十五条规定："中华人民共和国国务院，即中央人民政府，是最高国家权力机关的执行机关，是最高国家行政机关。"《地方组织法》第二条第三款规定："地方各级人民政府是地方各级国家权力机关的执行机关，是地方各级国家行政机关。"《宪法》与《地方组织法》重点规范的是政府这一"行政机关"作为一个整体的职权。

对于政府统属的工作部门，宪法仅从政府的视角规定了政府对工作部门的职权，而未对政府工作部门的职权作出进一步区分。如《宪法》在第一百零八条规定："县级以上的地方各级人民政府领导所属各工作部门和下级人民政府的工作，有权改变或者撤销所属各工作部门和下级人民政府的不适当的决定。"《地方组织法》也仅规定了政府自身的职权以及设立工作部门的原则和程序等，并未规定或者创设政府工作部门的职权。如《地方组织法》第七十九条第一款规定："地方各级人民政府根据工作需要和优化协同高效以及精干的原则，设立必要的工作部门。"

综上可见，在作为国家机构组织、行政组织的基础性法律中，相关规范将权力赋予了政府，并不可见关于政府工作部门权力的直接规定。"职能部门不具有独立意志，人员编制由政府决定，其领导人由政府任命，没有独立的财政预算，无法独立承担责任。"[1] 对此，有论者解释到，宪法只负责权力向立法、行政、司法等分支的第一次分配，不承担在各分支之内的第二次分配功能[2]。

在《宪法》《国务院组织法》与《地方组织法》确立的框架下，各级政府拥有各行政区域中行政系统内优势的权力地位，是各行政区域核心的行政机关，而各级政府工作部门只是作为政府的分属，由政府统一领导。这在规范上形成了以"各级人民政府为主要权力主体、工作部门为政府辅助机关"的"政府为主，部门为辅"的行政组织架构。但是，宪法与组织法确

---

[1] 王敬波：《面向整体政府的改革与行政主体理论的重塑》，载《中国社会科学》2020年第7期。
[2] 参见王锴：《论组织性法律保留》，载《中外法学》2020年第5期。

立的这一结构,却在实践的演变中出现了一定程度的组织重心倒置,也即出现了一些学者论及的行政系统中的"弱政府,强部门"现象①。

（二）单行立法实践造成的"弱政府,强部门"结构现象

1. 法律制定的结构性原因

我国《宪法》第五十八条与《中华人民共和国立法法》（简称《立法法》）第七条均规定,全国人民代表大会和全国人民代表大会常务委员会行使国家立法权。根据《立法法》和相关法律规范的规定,虽然由全国以及地方各级人民代表大会及其常务委员会（简称"人大"）掌握法律、法规等规范性文件通过与否的最终决定权②,但在实际的立法操作流程中,作为立法机关的人大并不从头至尾完全控制着决定立法内容的权力。尤其在早期的立法实践中,某部单行的法律,尤其是行政类的单行法律,往往并不是由人大完成从法案起草到论证再到通过的全过程,而是交由相关政府工作部门完成,起草完毕后再交由人大审核。

此种做法一方面是出于专业性的考虑。政府工作部门内汇聚了具有相关专业背景的执法人员,这些人员更加了解相关领域的实际状况和需求。如对于《中华人民共和国邮政法》,在政府内部,无疑是政府邮政管理部门掌握更多的相关专业知识、更加了解立法的需求。另一方面,也是因为我国开始重视立法的时候,全国人大尚没有能力承担起草工作,因而未全面肩负起立法责任,未确立起对立法的主导权③。但出于专业性考量的立法操作,在实践中却形成了难以消除的负面影响,即立法的部门利益倾向。有报道即指出,"实行部门立法制,也许是考虑到专业管理部门对特定领域的事务比较熟悉。但反过来看,恰恰是由于熟悉这个领域,就更容易利用它所垄断的立法权来使法律条文最大程度地有利于本部门的利益"④。在部门起草立法的实践中,诸如"邮政法""电信条例""彩票法""铁路法"等法律都出现过关于部门立法倾向的巨大争议。

2. 机构改革背景下的部门利益

基于优化政府职能、提高行政效率、厘清政府与市场的关系等考虑,自改革开放以来,我国先后于1982年、1988年、1993年、1998年、2003年、2008年、2013年、2018年启动了八次政府机构改革。在机构改革中,裁撤重组政府部门是改革的重要方式,部门数量总体上呈下降趋势。对于已存机构而言,如果机构组织臃肿、效率低下、职权虚化,与建设现代化政府、发展市场经济的要求不符,则该机构可能在机构改革中被裁撤、合并。机构改革直接影响到

---

① 参见石佑启:《论法治视野下行政权力的合理配置》,载《学术研究》2010年第7期;杜钢建:《行政法治:政府改革的制度保证》,载《中国行政管理》2003年第4期。
② 参见《立法法》第二十二、二十三、二十四、四十、四十一、四十二条。
③ 参见叶必丰:《执法权下沉到底的法律回应》,载《法学评论》2021年第3期。
④ 中国经济时报编辑部:《经济记忆（上）》,中国经济出版社2015年版,第28-29页。

某一部门中工作人员的切身利益。因此,很多机构为了避免在机构改革中被撤并等,就需要通过各种方式提升自身地位和增加自身权力。

立法中之所以出现有关部门的利益争夺,主要原因就在于"这种争夺所牵涉的不仅是部门利益的分配,还在于谁拥有了执法权,谁在机构改革中就不会被'革命'掉"①。对此,有学者指出,刚开始重视立法的时期,正好遇见机构改革。为此,部门立法的一个重要特点,是保机构、拉队伍,"所谓'一部法律一支队伍';抢权力、划边界,也就是把职权(尤其是审批权和罚款权)通过立法揽在自己的手里"②。

3. 关于主管部门的条文规定

政府部门的此类操作,最直接地体现在法律条款"主管部门"的规定上。如《中华人民共和国退役军人保障法》第七条第一款规定:"国务院退役军人工作主管部门负责全国的退役军人保障工作。县级以上地方人民政府退役军人工作主管部门负责本行政区域的退役军人保障工作。"再如《中华人民共和国劳动法》第九条第一款规定"国务院劳动行政部门主管全国劳动工作",第二款规定"县级以上地方人民政府劳动行政部门主管本行政区域内的劳动工作"。以"主管部门"为关键词在北大法宝数据库进行检索,可以发现,含"主管部门"规定的现行有效法律多达232件,以"行政部门"为关键词在北大法宝数据库进行检索,则可得含"行政部门"规定的现行有效法律99件③。

如此在单行法中直接规定"事务—主管部门"的规范结构,其具体效果就是在单行法总则关于某事项的管理体制中,不断强化涉及某主管部门权力的规定,通过单行法明确某机构的存在,并形成上下对口的组织体制。进一步地,由于相关主管部门条款被规定在法律中,政府要受法律的拘束,因而无法对这一规定直接进行改变。政府无法改变法律"主管部门"条款内容的事实实际上就造成政府无法对部门壮大部门权力的意志进行有效约束的结果。政府要改变这一规范结构又必须经由实际上由政府部门控制的立法程序。这实际上就导致了政府部门反向制约政府的格局。质言之,正是因为政府部门通过参与单行法的起草、制定,不断地在单行法中强化自己的地位和权力,组织法上政府这一行政机关的职能,通过部门立法,在行为法上被主管机关条款予以分割、肢解,由此使得由《宪法》与相关行政组织法确立的以政府为主轴的行政组织体系不断地被虚化,而"弱政府,强部门"的倒置格局不断被强化。

当然,除组织法内在的视角之外,行政组织的分化还有其他原因的助推。如有学者指出,

---

① 车海刚:《部门立法可以休矣》,载《中国经济时报》2003年10月30日第A01版。
② 叶必丰:《执法权下沉到底的法律回应》,载《法学评论》2021年第3期。
③ 检索数据库:北大法宝(https://www.pkulaw.com),最后检索日期:2022年11月29日。

中国式分散化的行政主体理论在某种程度上对部门主义也起到了推波助澜的作用①。在中国特色的原因以外，在一般层面，也存在行政组织分化的客观原因。随着秩序行政到给付行政的政府角色的流变，行政任务不断增加，行政职能不断扩展，行政的方式亦不断丰富。这种外部环境需求的变化客观上促使行政组织不断扩展，分工不断细化，进而加剧了组织的分化。不过限于篇幅，对此本文不予以展开。

（三）立法部门主义倾向对行政的负面影响

1. 造成部门权力的膨胀与部门之间的权力分割与内耗

立法的部门利益倾向，最直接的后果就是部门权力的膨胀。部门通过将自身利益不断渗入立法，使得部门成为各级政府权力的实际掌握者②。在监督体系不完善的情况下，部门在整个国家行政体系中形成"权力黑箱"，外部主体难以对部门内部的权力运作进行监控③。有研究即认为，我国一些具有高度行政垄断色彩的行业之所以坚冰难破，一个重要原因就在于，这些行业的主管部门"垄断"了拟订该行业法律的权力④。也有论者总结道："膨胀的部门利益渗入立法是一件很不寻常的事情，这会给部门非法利益合法化提供一条捷径，并使其受到法律保护。有了法律的保护，部门利益的扩张和膨胀更加有恃无恐"⑤。

部门立法的负面影响表现在部门之间，则导致部门之间的利益纠缠、权责划分不清等问题⑥。如某些部门过于强势，"导致政府部门出现强弱悬殊之分，形成同级政府不同部门之间的平行等差，造成强势部门垄断权力并严重钳制行政权力的相互协调和制约"⑦。也有相当多的部门坚持部门本位，对其他部门采取不合作、不支持、不协助的消极对策⑧。

2. 纵向上压缩了政府权力的空间，制约了行政整体功能的发挥

部门权力膨胀以及部门之间的权力争夺进一步的影响是自下而上压缩了政府权力的行使空间。在行政立法中，作为主导者的政府工作部门可以利用其资源和权力优势，通过争抢行政许可权、审批权和收费权，排除行政责任等途径，以直接或间接的方式，将其特殊利益"携带"入法律规范之中⑨。基于职权法定原则，政府此时无法进行更多的制约，往往只能在

---

① 参见王敬波：《面向整体政府的改革与行政主体理论的重塑》，载《中国社会科学》2020年第7期。
② 参见石佑启、陈咏梅：《行政体制改革及其法治化研究：以科学发展观为指引》，广东教育出版社2013年版，第171页。
③ 参见刘圣中：《决策与执行的分合限度：行政三分制分析》，载《中国行政管理》2003年第6期。
④ 参见中国经济时报编辑部：《经济记忆（上）》，中国经济出版社2015年版，第28页。
⑤ 杨波：《行政立法中的部门利益倾向及其规范》，中国政法大学2010年硕士学位论文，第23页。
⑥ 参见黄冬娅、陈川懋：《地方大部制改革运行成效跟踪调查——来自广东省佛山市顺德区的经验》，载《公共行政评论》2012年第6期。
⑦ 石亚军、于江：《大部制改革：期待、沉思与展望——基于对五大部委改革的调研》，载《中国行政管理》2012年第7期。
⑧ 参见王敬波：《面向整体政府的改革与行政主体理论的重塑》，载《中国社会科学》2020年第7期。
⑨ 参见杨波：《行政立法中的部门利益倾向及其规范》，中国政法大学2010年硕士学位论文，第23页。

幕后做一定的协调。这使得政府行使权力的空间在某种程度上被大大压缩。而部门认识问题多局限于部门角度，视野狭窄，较少关注部门决策措施的关联性，这种部门压缩政府权力空间的现象无疑制约了国家行政权力整体功能的发挥[①]。在应急行政中，对于危机的处置，往往需要行政统筹整合各方面资源。这一部门分割、向上膨胀的格局大大延误了危机应对的反应速度和机动性。

总体上，部门立法造成了很多负面影响。宪法与组织法赋予政府的权力不断被单行法部门化，部门的权力不断被单行法固化。在常态行政状态下，部门掌握了太多实际的职权，导致在需要政府发挥统一行政的作用之时，又必须由政府与各个部门重新组织、协调、上收这些职权。

三、政府与部门关系修正：重塑政府权力的一体性

应急行政中，行政必须统合内部力量形成一个整体去面对危机的系统性威胁。应急指挥机构正是政府在面临应急行政需求之时，为克服部门分化弊端，发挥行政综合效能而临时成立的一体整合型行政组织。指挥部之所以出现诸多理论、规范与实践层面的问题，是因为其本质上属于应急行政中内含一体整合思维的行政机制，却内嵌于传统多层级分化的行政法构造之中。

如本文初始所述，针对行政组织过度分化形成的种种弊端，有权机关也采取了一些促使政府更加整体化的改革方案，如大部制改革、相对集中处罚权改革等。"从机构精简到大部制改革，从机构的刚性减少走向职能整合，正是基于对部门主义分散型治理所造成的公共服务被肢解、政府功能碎片化以及边界成本增高等弊端进行反思、修正的成果。"[②]这些改革虽然有助于缓解行政系统内部部门权力分散交叉等问题，但并无法完全回应政府部门林立、职权交叉，政府与政府部门权力失衡的顽疾。而且它们主要面向的是常态社会背景，没有考虑风险社会背景下应急行政的新需求。

为了纠正失衡的权力关系，适应现行实践对于行政一体行使权力的需求，必须重新确立政府在行政系统中的一体主导地位。对此，有学者认为应剥夺政府部门的主体资格[③]，也有学者认为破除的方法是修改行为法中的主管部门条款[④]，这些改革方案均较为直接，可以在一定程度上解决这一问题，但前者并非治本之策，后者总体而言成本较大。本文以下力图在现行法的框架下，通过解释学的作业，实现这一失衡关系的修正。

---

① 参见石佑启、陈咏梅：《行政体制改革及其法治化研究：以科学发展观为指引》，广东教育出版社2013年版，第171页。
② 李荣娟、田仕兵：《整体性治理视角下的大部制改革完善探析》，载《社会主义研究》2011年第3期。
③ 参见王敬波：《面向整体政府的改革与行政主体理论的重塑》，载《中国社会科学》2020年第7期。
④ 参见叶必丰：《执法权下沉到底的法律回应》，载《法学评论》2021年第3期。

（一）组织法上，政府对其工作部门的完整权力结构

通过梳理涉及政府与工作部门权力关系的组织法规范，首先，可以将《宪法》以及相关组织法确立的政府与工作部门的权力分为三个部分，分别是组织权、工作领导权和监督权。其次，本文在行政保留内部进一步进行政府保留的分析，确立"政府权力的完整性"概念工具来考察政府与工作部门间的权力关系。此处先说明"政府权力的完整性"概念的意涵。一者，政府权力完整性的参照对象。我国非实行三权分立政体，而实行人民代表大会制度。政府权力来源于人大，政府首脑由人大产生。此处"政府权力的完整性"虽然直接涉及的是对政府与工作部门关系的分析，但根本上仍取决于人大的立法对二者关系的态度，即背后实际上关涉的是政府和工作部门相对于权力机关而言的完整性。二者，这里的政府是指各级政府（不包括工作部门）系统整体，不涉及对上下级政府间关系的描述。如部分下级政府事务虽然需要上级政府审批，但仍在政府这一层级，所以政府权力仍是完整的。三者，在我国，政府都要受到人大监督。此处权力的完整性是指在具体权力行使流程上直接判断权的归属，广义上的监督不构成对权力完整性的破坏。

在这一概念框架下，结合相关法条我们可以进行如下关于政府与工作部门权力结构的教义学梳理。首先，对于中央政府与其工作部门的权力关系而言：（1）在组织权上，《国务院组织法》第八条规定，国务院工作部门的设立、撤销或者合并经总理提出，由全国人民代表大会或其常务委员会决定，呈现出"总理提请全国人大决定"的组织权力结构。这说明国务院工作部门设置的组织权并不完全由国务院掌握，国务院对其工作部门的组织权似乎欠缺完整性。（2）在领导权上，根据《宪法》第八十九条第（三）项规定，国务院有权"规定各部和各委员会的任务和职责，统一领导各部和各委员会的工作"。这一权力一般不受立法机关的影响，具有完整性。（3）在监督权上，根据《宪法》第八十九条第（十三）项的规定，国务院有权"改变或者撤销各部、各委员会发布的不适当的命令、指示和规章"。这一权力也不受干涉，具有完整性。由此可见，国务院对部门的领导权和监督权是完整的，对国务院工作部门的组织权欠缺完整性。但政府权力"欠缺完整性"是否说明，单行法授予部门的权力、形成的部门权力框架无可撼动呢（问题一）？对此问题，将在后文中进一步论述。

其次，就地方各级政府与其工作部门的权力关系而言：（1）在组织权上，2022年新修的《地方组织法》第七十九条将原法本级人民政府工作部门的设立或变更"由本级人民政府报请上一级人民政府批准，并报本级人民代表大会常务委员会备案"改为"按照规定程序报请批准，并报本级人民代表大会常务委员会备案"。按照立法参与者的解释，如此修改旨在

契合《深化党和国家机构改革方案》"加强党对机构编制和机构改革的统一领导"的精神①。但原法中政府与人大之间的程序并没有被修改,仍为备案即可。这符合本文考察角度下的权力完整性的要求,所以地方政府对于工作部门的组织权在法制层面是完整的。(2)在领导权上,《地方组织法》除了规定政府有权"领导所属各工作部门和下级人民政府的工作",还在第八十三条规定地方各级"人民政府的各工作部门受人民政府统一领导,并且依照法律或者行政法规的规定"受上级政府"主管部门的业务指导或者领导"。也即本级政府与上级政府主管部门同时享有对本级政府工作部门的领导权。(3)在监督权上,根据《地方组织法》第七十三条第(三)项的规定,政府有权"改变或者撤销所属各工作部门的不适当的命令、指示和下级人民政府的不适当的决定、命令"。政府对此享有不受干涉的决定权,权力具备完整性。因此,在政府与工作部门的权力关系中,地方各级政府在政府的组织权和监督权方面均是完整的,在领导权上则呈现出与工作部门的上级主管部门共享的状态。但这一领导权的共享状态是否构成政府统一拥有其工作部门权力的障碍呢(问题二)?对此问题,也将在后文中进一步论述。关于政府与其工作部门的权力结构及其法律规范详见表1。

表1 政府与其工作部门的权力结构及其法律规范

项目	中央政府→工作部门	完整性初探	地方政府→工作部门	完整性初探
地位	国务院是最高国家权力机关的执行机关,是最高国家行政机关。(《宪法》第八十五条、第一百一十条第二款,《地方组织法》第六十九条第二款)	行政系统内最高	地方各级人民政府是地方各级国家权力机关的执行机关,是地方各级国家行政机关。(《宪法》第一百零五条、《地方组织法》第二条)	地方各级行政系统最高
组织权	国务院规定各部和各委员会的任务和职责。[《宪法》第八十九条第(三)项] 向全国人民代表大会或者全国人民代表大会常务委员会提请设立、撤销或者合并国务院各部、各委员会。[《国务院组织法》第八条] 根据工作需要和精简的原则,设立若干直属机构主管各项专门业务,设立若干办事机构协助总理办理专门事项。[《国务院组织法》第十一条]	不完整	地方各级人民政府根据工作需要和优化协同高效以及精干的原则,设立必要的工作部门。(《地方组织法》第七十九条第一款) 省、自治区、直辖市的人民政府的厅、局、委员会等工作部门和自治州、县、自治县、市、市辖区的人民政府的局、科等工作部门的设立、增加、减少或者合并,按照规定程序报请批准,并报本级人民代表大会常务委员会备案。(《地方组织法》第七十九条第三款)	完整

---

① 参见武增:《〈中华人民共和国地方各级人民代表大会和地方各级人民政府组织法〉导读与释义》,中国民主法制出版社2022年版,第208-209页。

续表

项目	中央政府→工作部门	完整性初探	地方政府→工作部门	完整性初探
领导权	统一领导各部和各委员会的工作。[《宪法》第八十九条第(三)项]	完整	领导所属各工作部门和下级人民政府的工作。[《宪法》第一百零八条、《地方组织法》第七十三条第(二)项] 省、自治区、直辖市(或自治州、县、自治县、市、市辖区)的人民政府的各工作部门受人民政府统一领导,并且依照法律或者行政法规的规定受国务院(上级人民政府)主管部门的业务指导或者领导。(《地方组织法》第八十三条)	不完整
监督权	改变或者撤销各部、各委员会发布的不适当的命令、指示和规章。[《宪法》第八十九条第(十三)项] 依照法律规定任免、培训、考核和奖惩行政人员。[《宪法》第八十九条第(十七)项]	完整	改变或者撤销所属各工作部门的不适当的命令、指示和下级人民政府的不适当的决定、命令。[《宪法》第一百零八条、《地方组织法》第七十三条第(三)项] 依照法律的规定任免、培训、考核和奖惩国家行政机关工作人员。[《地方组织法》第七十三条第(四)项]	完整

1. 中央政府对工作部门组织权的完整性

对于问题一,《国务院组织法》第八条虽规定"国务院各部、各委员会的设立、撤销或者合并,经总理提出,由全国人民代表大会决定;在全国人民代表大会闭会期间,由全国人民代表大会常务委员会决定",但《宪法》第八十九条第(三)项前段明确规定,国务院行使"规定各部和各委员会的任务和职责"的职权。《国务院行政机构设置和编制管理条例》第十二条也规定"国务院行政机构设立后,需要对职能进行调整的,由国务院机构编制管理机关提出方案,报国务院决定"①。组织权包含众多要素,在组织权的框架中,我们可以进一步区分出组织设置权与组织职权调整权。《国务院组织法》第八条的规定即属对国务院工作部门组织设置权的规定,而《宪法》第八十九条第(三)项前段规定的则是国务院对其工作部门的组织职权调整权。

《国务院组织法》第八条的规定,并不限制国务院在保留工作部门基本组织要素的情形下,对其职权进行范围上的调整。该第八条的意义在于形塑国务院权力的底线,即国务院对工作部门进行职权上收、统一行权,得保有现有各个部门最基本的要素,不得形成"设立、撤

---

① 《国务院行政机构设置和编制管理条例》第六条第一款规定"国务院行政机构根据职能分为国务院办公厅、国务院组成部门、国务院直属机构、国务院办事机构、国务院组成部门管理的国家行政机构和国务院议事协调机构",即该条例第十二条中的"行政机构"包含"工作部门"。

销或者合并"工作部门的状态,否则即应由人大决定。由此可以看出《国务院组织法》第八条的规定,不构成国务院面上其工作部门职权、一体行使权力的障碍。

2. 地方政府对工作部门领导权的完整性

对于问题二,规范虽规定本级地方政府和上级政府主管部门均有对地方政府工作部门的工作领导权,但是具体规范表述仍有区别。

首先,在权力依据上,本级政府对于工作部门的领导权,法律并未作依照"法律或者行政法规"的限定。因为该条款[宪法第一百零八条、《地方组织法》第七十三条第(二)项]本身即是法律关于政府领导权的规定,所以应理解为政府基于该条款(《地方组织法》第八十三条)本身获得领导其工作部门的概括性权力。上级主管部门对于下级政府工作部门的领导权则被明确规定需依照"法律或者行政法规"的规定行使,与前述关于政府对其部门的工作领导权形成直接对比。此处应区别理解为除了该条款本身之规定外,上级主管部门对于下级政府工作部门的指导或领导还应有具体的法律或者行政法规上的依据。即上级主管部门对于下级政府工作部门的领导权不是概括性的,而必须基于单行法的授权。

其次,在权力范围上,政府对其工作部门的领导为"统一领导"。统一是指"一致的、整体的"[①]。因此,政府对其工作部门的领导应理解为全方位的、一般层面的领导。上级主管部门对下级政府工作部门的领导,则是"业务指导或领导"。业务指"本行业、本职的事务;专业工作"[②],所以上级主管部门对下级政府工作部门的领导应理解为仅限于该主管部门以及下级政府工作部门承担的专业相关的事务,且这一业务领导必须基于法律或行政法规的规定。

最后,政府对其工作部门的权力仅规定为"领导",上级主管部门对下级政府工作部门的权力则规定为"指导或者领导"。这是否意味着上级主管部门对下级政府工作部门的权力更为宽泛呢?本文认为,并不能得出此结论。理由如下:第一,地方政府的工作部门由地方本级政府提请上级政府产生,而与上级政府主管部门无产生上的权力关系。在本级政府与其工作部门、上级政府主管部门与下级政府工作部门之间,前二者之间的法律关系更为紧密。地方各级政府与其工作部门共同构成"块"的整体,对所辖地方行使管辖权。第二,在权力行使方式上,领导有法律强制效力,指导则无强制效力,二者的关系结构大致可以概括为"领导 = 指导 + 强制力"。结合前述地方政府对其工作部门的组织权限以及二者的整体关系,不难认为针对同一事项,政府对其工作部门有领导之权者,自然有指导之权力。第三,根据《地方组织法》第八十三条的规定,上级政府主管部门对于下级政府工作部门的权力虽

---

① 冯志纯:《现代汉语用法词典》,四川辞书出版社2010年版,第1081页。
② 阮智富、郭忠新:《现代汉语大词典(上)》,上海辞书出版社2009年版,第95页。

然有指导、领导两种方式,但上级主管部门对下级政府工作部门的指导、领导权力之间为二选一的逻辑"或"关系。由此并结合前述关于"业务""指导与领导效力"的解释,以及本级政府、本级政府工作部门与上级主管部门的整体性关系框架可知,这样的规定表明,上级政府主管部门对于下级政府工作部门的"业务指导或领导"权应该尊重下级政府与其工作部门间的"块"的整体结构,不能轻易干涉下级政府对其工作部门的统一权力,在以指导也能完成工作时,不能轻易启动领导权。

综上,政府对本级工作部门的权力不同于上级政府主管部门对下级政府工作部门的权力。前者是基于组织权基础上的领导,是基于宪法的、一般层面的权力;而后者是基于行为法层面的领导,必须基于单行法的授权,仅限于特定业务层面。因此,虽然在文本上都有"领导"之规定,但两者并不是完全并行的逻辑结构,而是存有内在的先后顺序。因此,地方各级政府对工作部门的领导权力不受来自上级主管部门的直接制约,实质上仍是完整的。《地方组织法》第八十三条的规定并不构成政府上收并一体行使其工作部门权力的障碍。

(二)行为法上,主管部门条款不构成政府拥有并上收部门权力的障碍

除了厘清组织法上政府与工作部门之间的权力关系,要确立政府与工作部门间关系的规范格局还需厘清组织法的规定与行为法上"主管部门"条款的关系。无论是国务院还是地方政府,对于工作部门的权力除了要遵守前述组织法的规定外,也不得与其他单行法律的规定相冲突。政府工作部门虽然透过全国人大及其常委会将"主管部门"条款入法,但这并不说明工作部门可以借由"主管部门"条款侵蚀政府的权力,不表明主管部门条款构成对于政府一体行使权力的障碍。

1. 宪法性法律与一般法律的区分

中央以及地方各级政府的职权一般被规定在《宪法》《国务院组织法》和《地方组织法》等宪法以及宪法性法律中,而关于部门的主管部门条款一般被规定在单行行为法律之中。首先,宪法的效力高于一般法律,毋庸赘述。其次,宪法性法律与一般法律也并不等同。从内容上讲,宪法性法律是法律而不是宪法,它们与其他法律一样都是对宪法的"规则化"。但宪法性法律是"宪法"法,是"国家"法。它们通过将宪法内容具体化、程序化来保障宪法[①]。从立法机关上讲,规定国务院、地方各级政府权力及其对所属工作部门权力的《国务院组织法》《地方组织法》等均由全国人民代表大会全体会议通过。前述《中华人民共和国劳动法》《中华人民共和国退役军人保障法》等单行法律则一般由全国人大常委会会议通过。根据《立法法》第七条的规定,全国人大和全国人大常委会都有国家立法权,但全国人大的立法

[①] 参见马岭:《宪法性法律的性质界定》,载《法律科学(西北政法学院学报)》2005年第1期;何勤华:《法律文明史:第9卷 大陆法系(下)》,商务印书馆2015年版,第673页。

权高于其常委会的立法权。前者制定和修改包括刑事、民事、国家机构等在内的基本法律,后者则制定和修改基本法律以外的其他法律。全国人大常委会在全国人大闭会期间,虽然有权对基本法律进行部分补充和修改,但受到不得同该法律的基本原则相抵触的限制。所以,有充分的理由得出,宪法性法律与一般法律存有不容忽视的内在效力区别。

2. 适用性规则与解释性规则的区分

在法律的适用与解释上,应该区分法律的适用性规则与解释性规则。具言之,规定政府职权的宪法性法律和规定主管部门条款的单行法律,在形式效力上虽然都属于法律,但这种形式效力上的相同主要是在对外适用上而言的,属于适用性规则。法律的位阶在形式上虽然仅存在宪法、法律、行政法规等等级分明的排序,但在实务或效力的本质上却是呈现出连续变化的光谱序列。在对外适用时,这种连续序列囿于明确的规范等级而未得以体现,但在内部对法律规则进行解释时,这种光谱序列则构成解释的理据。在内部解释性规则上,由全国人大制定的宪法性法律的效力实质上应强于由全国人大常委会制定的法律。外部相对人应该同等遵守相关宪法性法律和一般法律,但如果二者内部出现解释上的冲突,则应进行符合前者的解释。除非由对二者有共同制定权的机关作出决定①。

组织法规范的是组织事务,其对外适用频率较低,却很容易出现内部组织权限的冲突,此时更应该重视其内部解释性规则的塑造。对于政府职权条款与单行法中的主管部门条款,二者呈现出由宪法性法律到一般性法律的实质效力的连续变化。因此,政府的职权应该优先得到保护。在形成组织结构倒置与权力冲突时,应该进行符合"政府为主,部门为辅"格局的解释适用。

3. 单行法上,政府对其工作部门有"职权确定"权

根据前述分析,在由主管部门条款导致的失衡状态中,解释上,应该认为部门法律、法规、规章中采用的"主管部门""行政部门"等类似的表述,只是对专业性事务及其分工的表达,并非对某一工作部门行政权力的固化②。宪法及相关宪法性法律仅对政府这一"行政机关"的权力进行了规定,而未对工作部门的权力进行直接规定。法律中的主管部门条款只是规定了相关事务需要由政府主管部门来进行管辖,并不直接形成对于某一具体、特定工作部门的概括授权。至于该事务具体由政府来直接管辖,还是由政府确定某一部门来管辖,应该由政府作出决定进行确定与调整。在目前的部分单行法律、行政法规中,即有起着类似功能的机制③。

---

① 参见陈运生:《法律冲突解决的进路与方法》,中国政法大学出版社2017年版,第117-210页。
② 参见王敬波:《面向整体政府的改革与行政主体理论的重塑》,载《中国社会科学》2020年第7期。
③ 参见董明非:《"行政主管部门"的确定:一条职权取得的组织法路径》,载《中国行政法学会2018年年会论文集(全文版)》,第446页。

如《中华人民共和国电子商务法》第六条前段虽规定"国务院有关部门按照职责分工负责电子商务发展促进、监督管理等工作",但后段紧接着规定"县级以上地方各级人民政府可以根据本行政区域的实际情况,确定本行政区域内电子商务的部门职责划分"。《中华人民共和国食品安全法》第六条第二款则同样规定"县级以上地方人民政府依照本法和国务院的规定,确定本级食品安全监督管理、卫生行政部门和其他有关部门的职责。"经笔者检索发现,在20部法律,30件行政法规中存在类似条款[①],涉及土地管理、城市规划、森林管理、婚姻登记、外商投资等领域[②]。

行政组织法上存在职权法定原则,上述的"政府确定部门职责划分"可以归纳为组织法上的"职权确定"行为。二者的联系在于"职权确定"行为也需依法进行,但区别在于"职权确定"条款给予了政府对于其工作部门职权的明确的调整方式。这一"职权确定"条款的出现再次说明,政府拥有对政府工作部门职权的调整权力。当然,在所有的单行行政法律、法规中,规定了政府"职权确定"行权方式的规范占比有限,但基于前述对于政府与工作部门关系总体框架的解释,为了保持政府对于工作部门职权调整的灵活性,可以在修订相关组织法以及行政单行法时加入此"职权确定"条款。

由前述章节的分析可得出如下有关政府与其工作部门之间关系的结论:(1)在宪法与行政组织法确立的框架下,除了国务院工作部门的设立、撤销或合并应该由全国人大决定外,政府对于其工作部门拥有包括组织权、领导权、监督权在内的全方位的权力。(2)当前"弱政府—强部门"的失衡格局无法满足风险社会下应急行政对于行政一体整合行使权力的要求。政府应该将工作部门的职权上收,来修正政府与工作部门权力失衡的状态。这一权力关系的修正可以通过在行政组织法以及行政单行法中加入"职权确定"条款、加强人大的立法主导地位来更为彻底地实现。(3)权力上收不意味着所有具体的事务均由政府自行实施,而是意味着权力可以由政府依法根据需要在工作部门间分配重组。当然,实体层面拥有此种权力,并不意味着程序上可以随意行使权力。政府权力的行使仍应该遵守外部和内部的程序性规定。

四、行政组织的一体化结构与对应急指挥机构争议的回应

（一）当代应急背景之下的行政一体格局

行政天然具有一体的属性。这既是因为在立法、行政权力分工的结构下,立法保持对行

[①] 检索关键词:"政府 and 确定 and 部门" "政府 and 明确 and 部门";检索数据库:北大法宝(https://www.pkulaw.com);最后检索日期:2021年9月20日。

[②] 参见《中华人民共和国土地管理法》第五条第二款《中华人民共和国城乡规划法》第四十条《中华人民共和国森林法》第九条第二款、《婚姻登记条例》第二条、《中华人民共和国外商投资法》第七条第二款。

政控制的需要，也是由行政权相对于立法吸纳民意、司法居中裁判的高效管理的需求所决定的。这种属性的规范性内涵体现为行政一体原则。在行政系统外部，行政一体意味着在权力来源上，行政作为一个整体对民意代表机关负责①。这种一体负责并非仅是单向课予行政机关的政治责任，在更深层的意义上也在于从行政视角对立法进行限制，对立法与行政权力进行界分。行政一体向立法负责，反向而言，即行政勿用多头、多环节对立法负责，立法不得干预行政保留的内部事务②。在行政系统内部，行政一体原则意味着，无论国家行政区划分合，行政层级多寡，行政机构之间均应该成为一个意志统一、组织一体融合的整体，不至于因分工而发生分化。这显著区别于司法系统法院上下级之间相对独立的构造③。

行政一体属性的规范性内涵在历史的变迁之中历经了从规范主义行政一体（组织一体、责任一体）向功能主义行政一体的流变。20世纪70年代之后，随着行政任务的多元化、独立规制机构的出现，行政组织不断呈现出分散化趋势。行政一体由组织一体向责任一体发展，解释者试图通过责任一体来统摄实践中出现的突破组织一体的实践。与责任一体论者将组织一体扩展为责任一体来维系行政一体的方案不同，基于功能主义的观点认为，行政应以公共性和效率性为价值考量，通过设定统一的行政任务，建立内含一体化因素的组织法、行为法与程序法机制来统合行政实践发展中的各种分散化组织形式④。应急背景下的行政一体立基于功能主义的行政一体原则之上，但也有对功能主义行政一体原则的新发展。

当下的行政处在更加剧烈变动的环境之中。人类与危险和灾难相生相伴，自始就存在应对危机的需求与实践，但值得注意的是，危机应对的需求与实践也具有明显的时代特征。以1986年贝克提出风险社会概念为标志，在危机类型维度上，社会形态分为低不确定性的危险社会和高不确定性的风险社会。风险社会与应急行政虽然拥有不同的话语系统和关照重心——风险主要指向后现代意义上人为的自反性风险，应急则指向由自然危险和人为风险共同构成的紧急情况的应对——但在当下的社会，二者已无可避免地更频繁地发生交织。风险社会之所以产生，是因为人类实践已经深入与影响到社会和自然界的每一处细节之中，所以在现代风险社会，完全的不受人为因素影响的传统危险已非常有限。例如，泥石流、滑坡、气候变暖、地面塌陷、局部地震这些在传统看来纯属于自然风险的危害，可能是由人类过度采伐植被、排放温室气体、修建大型水利工程等行为导致；传染性病毒的传播等在前风险社会也存在的公共卫生事件在风险社会中爆发，可能是由人类不合理使用医学技术、化学原料或者饮食猎捕习惯导致。申言之，当下的应急行政已然是秩序、给付与风险社会背

---

① 参见林孟楠：《宪法上"行政"之概念——以日本学说为中心》，载《中原财经法学》第39期（2017年）。
② 参见林孟楠：《宪法上"行政"之概念——以日本学说为中心》，载《中原财经法学》第39期（2017年）。
③ 参见李建良：《行政的概念与特征》，载《月旦法学教室》2002年第0期，试刊号。
④ 参见张运昊：《行政一体原则的功能主义重塑及其限度》，载《财经法学》2020年第1期。

景叠加下的应急行政。

在这一复合背景之下：(1)危机内容上，一方面，技术危机与制度危机成为危机的重要来源[①]，它们要比工业化初期阶段的危险复杂得多。另一方面，传统危机如传染性疾病也会经由导致危机的基础社会结构和人类实践的变化变得更加复杂。危机具有知识和专业领域上的复杂性，行政不得不整合各专业部门的人员甚至专家集体参与决策。(2)危机属性上，现代社会危机的影响具有系统性与自反性[②]，这意味着人类决策本身也成为一个新的危机因素。危机不仅来源于人类社会之外，更来源于我们作为集体或者个体做出的每种选择以及每次行动[③]。这使得危机应对变成了需要兼顾各个领域的非常复杂与具备系统性的工作，也进一步决定了行政决策权与执行权必须具有一定程度的综合性与一体性。

在风险社会大规模的、频繁的紧急情况出现之前，人们通过对专业领域进行划分，并置、分置专业部门进行分类决策与管理，已然能够完成行政目标。但现代社会中人类正面临范围更广的结构更复杂的整体性危机防御、安全保障任务，涉及不同的专业领域的行政事务对行政系统的协调性、灵活性提出了更高要求。行政必须统合内部力量去完成复杂的行政任务。因此，当下时代的行政一体不仅是指在形式上行政各部分通过各种技术将各个分散的机构、层级连接在一起，更意味着行政权力要在要件、效果的实质层面达致一体整合的结果。这体现了行政一体组织构造作为一种法学构造的特质，与行政学中的整体政府、复合治理等理论侧重于事实结构的整体化存在差异。

应该特别明确的是，行政一体是政府内部关系的一体，是指政府相对于其下工作部门等组成部分而言的统一性地位[④]，不涉及政府在立法、行政与司法等机关关系中权力扩张和地位的抬升。不过，虽然行政一体化及其机制只是在政府内部统一权力，但相比于分散化组织某种程度上的内部制约功能，行政一体的结构因为缺乏内部角力而更容易对行政权力与公民权利的平衡关系造成冲击。由此，行政应该一体行权，但也更应该受到法制的约束。

（二）行政主体资格与被告资格的相应变化

组织结构的变革必然引起组织法理论的对应变化。由上述分析并结合应急情况下一体政府建构的背景，行政主体理论亦应进行相应的调整。在大陆法系的原初意义上，行政主体是指"具有行政法上权利义务的，可以设置行政机关以便行使一定职权的组织体"[⑤]。我国在

[①] 参见[德]乌尔里希·贝克：《风险社会》，何博闻译，译林出版社2018年版，第3-14页；[英]安东尼·吉登斯：《现代性的后果》，田禾译，译林出版社2011年版，第29-31、45页。

[②] 参见[德]乌尔里希·贝克：《风险社会》，何博闻译，译林出版社2018年版，前言第2-4、10页。

[③] 杨雪冬：《全球化、风险社会与复合治理》，载李程伟主编：《公共危机管理理论与实践探索》，中国政法大学出版社2006年版，第46页。

[④] 政府工作部门之外的其他组成部分也应在行政一体的框架下行事，只是相对于工作部门而言，其对行政一体属性的侵蚀力度较小，所以本文不额外论述。

[⑤] 章剑生：《现代行政法总论》，法律出版社2019年版，第109页。

继受行政主体理论时对其进行了自我解读,将行政主体资格与被告资格对应。在行政主体资格与部门法"主管部门"条款等原因的共同作用下,助推了政府一体性权力格局的分化。对于是否应回归行政主体的原初设定——最终责任归属意义上的行政主体,学者们存在不同看法①。

国家作为法人概念,在产生时对应于君主专制政体,意在于"除掉父权制国家因素,并赋予君主以机构品质",某种程度上使得"对君主进行约束成为可能"②。但在国家内部秩序中,某种程度上国家作为法人是"隐匿"的,存在着的是个体、组织等主体以及基于生产劳动、政治委托、市场选择等形成的主体之间的关系。"对事物进行分类,需要在分类时适时地在联系链条的适当位置进行切割,以保持各个子类之间处在逻辑链条的同一深度。"③国家对应的是整体公民,对应的是其他国家(如法兰西第五共和国相对于法兰西第四共和国),是宪制意义。公民个体对应的是政府机关,是行政意义。所谓判断法人资格的标准本身是一种拟制,作为判断法人资格的最终责任本身是一种制度安排。在国家法人与个体的关系中,国家是最终责任承担者,个体却不一定是责任的最终承担者;机关不是责任的最终承担者,个体也可能不是责任的最终承担者。国家与地方自治体的法人资格体系与我国的央地政府组织体系也并不对应兼容。

结合行政一体的权力格局,我国的行政主体概念理应尊重行政主体的原初设定——最终责任归属意义上的行政主体④。但在历史的基础上,也应尊重实践背景变化下理论的客观演进,对最终责任做适当的分类链条上的切割。所谓责任承担,是平行逻辑意义上的最终责任承担,而非事实回溯意义上的最后单元。事实存在各种状态及其相互联系,不对最终性进行平行逻辑上的解读与切割,则所谓最终责任还可以进一步回溯至个体,甚至是组成个体的生物学单元。在这个意义上,在行政系统内部,各级政府应有行政主体资格,是一般行政法人,各级政府的工作部门和相关的行政机构并不具有行政主体资格。而在行政系统外部,享有并行使公共权力的社会组织有行政主体资格。它们往往是特别行政法人。

行政主体资格的变化也将涉及行政诉讼被告认定规则的变化。此处需要探讨的是,在行政主体资格统一、政府一体行使权力的情形下,是应由政府作为行政主体应诉,还是由专门的应诉机构统一代表行政主体应诉,或者是由作出行政行为的具体机构代表行政主体应

---

① 参见杨海坤、章志远:《中国行政法基本理论研究》,北京大学出版社2004年版,第176-198页;曾祥华:《中国行政主体理论再评析》,载《甘肃政法学院学报》2019年第1期;王世杰:《国家法人理论的重塑》,载《中国人民大学学报》2022年第5期。

② 参见[德]米歇尔·施托莱斯:《德国公法史:国家法学说与行政学(1800—1914)》,雷勇译,广西师范大学出版社2021年版,第114-118页。

③ 白云锋:《论行政法的内外部双层结构体系》,载《甘肃政法大学学报》2023年第1期。

④ 参见李洪雷:《行政法释义学:行政法学理的更新》中国人民大学出版社2014年版,第174页;章剑生:《现代行政法总论》,法律出版社2019年版,第109-110页。

诉的问题。本文以为从以下两个角度看,应该遵循"谁行为谁作为被告代表"的原则确认应诉机构。一者,政府虽一体拥有法律上规定的权力,但具体执行者往往仍是其下具体部门。如果不由执行部门出庭应诉,而由专门的应诉机构出庭应诉,则执行部门因专门应诉机构的应诉缓冲而无法直接感知到其执行行为的诉讼监督压力,进而不利于执行部门依法行政。二者,如果行政争讼都由政府专门应诉部门做被告,无疑会增加单一机关的诉累。除了案件量大之外,由于被告代表与执行机关的分离,政府需要内部交换证据、意见,政府的举证成本、败诉概率均会受到这些案外因素影响。当然,本文的主要目的不在于此,对相关问题的进一步说明,有待另文探讨。

(三)应急指挥机构属性与责任争议的回应

组织的属性可以分为行政属性和行政法属性。二者具备联系,但不能混淆。组织的行政属性是依据组织实际的组成方式、人员编制、存在状态等事实要素而定的,是对组织事实特征的总结。而组织的行政法属性,则是依据组织的权力来源、行为的法律效果、责任的归属等规范要素而定的,是规范层面的评价。根据情况的不同,组织的行政属性存在政府、工作部门、内设机构、派出机构、议事协调机构等类型。而组织的行政法属性,则根据评价方案的不同,存在行政主体与非行政主体、对外行使权力主体与非对外行使权力主体、公法社团与公法财团、职权性主体与授权性主体等不同类型。行政属性与行政法属性往往并不完全对应。

首先,应急指挥机构的属性定位。(1)对于应急指挥机构的行政属性,显然直接依据事实要素而定即可。一般而言,在组织结构上,应急指挥机构通常由其所在地人民政府的党政首长或行政首长任指挥长。应急指挥机构之下大都会设置保障、宣传、交通、市场、医疗救治、社区联络等若干个工作小组,并由部门工作人员在小组之中从事具体工作。组织稳定性上,指挥部的组织架构会根据实践变化适时调整。组织存续上,一般依据实际任务存续的时间而定,随着任务的完成,应急指挥机构往往即会解散。人财物编制上,应急指挥机构一般没有独立的人财物编制。由此,应急指挥机构在事实层面最符合议事协调机构的行政特性,应归入议事协调机构之列。应急指挥机构转为常设机构是极少的例外情况,转为常设机构后的属性,则仍根据变化后的事实要素而定即可。(2)对于应急指挥机构的行政法属性而言,以往指挥部的法律属性之所以难以定位,是因为人们依然试图在由"政府—部门"等主体构成的分化型组织法框架之中,类比近似方的特征,对指挥部这一一体型机构予以属性定位与规范。本文前述的工作已然证成,分化的组织结构不符合法律的原初定位,也不符合应急行政现实的需求。政府权力不是在政府与部门间的二元分配,而是呈现出由政府统一拥有并分配行使的一体格局。应急指挥机构的权力也并非以其成立而自然拥有,而是来自政府依法的分配。行政一体的格局之下,在行政系统内部,各级政府才有行政主体资格。由此,除变为一级政府之外,无论应急指挥机构具有其他怎样的行政属性,是属于议事协调机构、内设机构还是工作部门等,其在行政法上均属于无行政主体资格的机构。

其次,应急指挥机构行为的责任归属。在行政一体的结构与理论之下,行政主体回归原初含义,具体出庭应诉的被告则依循"谁行为谁作为被告代表"的原则确定。由此,应急指挥机构不是责任最终归属主体,但出于监督具体行为机构依法行政,减少政府行政诉累的考虑,由应急指挥机构作出的行为即应由应急指挥机构作为行政主体的代表出庭应诉。

五、结语

前已言及,在风险时代的应急行政到来之前,人们通过对专业领域进行划分,并分置专业部门进行分类决策与管理。但现代社会中人类正面临范围更广、结构更复杂的整体性危机防御与安全保障任务。紧急状态下的应急决策往往需要能兼顾、统筹各方职能的综合性决策机构。现有行政体制下政府工作部门的部门主义倾向,导致政府权力分散、割据,侵蚀了政府原本具有的统合性功能与地位。在"弱政府—强部门"的倒置结构中,政府某种程度上处于权力的真空状态。在突发事件频发、紧急状态频现的当下,为了应对危机的挑战,政府正在也必须形成一个整体,以发挥行政合力。2022年新修正的《地方组织法》第七十九条在政府设置工作部门根据"工作需要"和"精干"原则的基础上增加了"优化协同高效"原则,表明面临新时代的新考验,政府组织体制在满足规范性要求之外,还承载着实现行政效率性价值的使命。

应急指挥机构是体现行政优化协同高效原则的典型实践。相比于常态行政的部门分立体制,以指挥部作为应急决策的中心机构的应急组织体制,在背后机理层面实际上体现出常态行政由立法体制导致的"部门职权重心"向"政府职权重心"回流的趋势。政府上收部门的权力,实质上就是政府依据宪法和行政组织法的规定,对工作部门的权力进行统一配置、调整,把"弱政府—强部门"结构中政府的权力真空状态填补充实。申言之,我国目前分化的行政组织机制已不符合新环境需求下行政一体行权的要求,有必要重塑行政的一体属性,使政府与部门权力的关系重回宪法与行政组织法确立的基础框架。通过对相关组织法条款的分析与解释,也可以发现,政府一体行使包括"主管部门"职权在内的行政权力存在规范基础。政府可以通过对工作部门的职权上收并一体行使,实现行政权的整合,形成更为规范化、科学化的现代危机背景下的行政组织关系格局。应急行政背景下,"政府为主,部门为辅"的一体政府体制将更充分地发挥行政高效管理的功能,实现整体性安全保障的目标。

个人信息刑事调取行为的法律规制[*]

李延舜[**]

摘　要： 侦查机关向网络服务提供者调取数据已成为侦查方式新常态，但此种侦查亦伴随着诸多隐忧，如公民隐私及数据保护问题、泛在监控问题、经营者自身权利问题等。此外，调取内容未作区分、调取对象未加甄别、当事人数据权利和诉讼权利得不到有效救济等，也凸显了刑事侦查与数据保护类法律的脱节。对侦查机关向网络服务提供者调取数据行为的控制，须坚守"限度思维"，"权利之线"即不能恣意突破当事人的隐私及数据权利，不能无视网络服务提供者自身的经营权利，"权力之限"即要控制大数据时代的侦查权和网络服务提供者自身的权力。在具体路径上，需三个方面的合力：一是规范层面上打通刑事诉讼法和数据保护类法律，填补刑事司法领域个人信息保护的空白；二是构建以检察机关为审批主体的令状制度；三是将当事人的程序性介入时机提前，以充分保障当事人的程序权利。

关键词： 个人信息　数据披露义务　数据调取　知情权

　　大数据不仅深刻地改变了政务、经济与民生，也给犯罪侦查带来了截然不同的景象。电子证据已呈证据之王姿态，而侦查机关向网络服务提供者取证亦成为犯罪治理与刑事侦查新常态。近些年来，"侦查机关调取网络平台数据的需求迅速增长，用户注册数据、地理位

---

[*]　基金项目：国家社科基金一般项目"互联网企业数据合规义务研究"（项目号：21BFX094）。
[**]　作者简介：李延舜，河南大学法学院副教授。

置数据、社交关系数据、日志数据、交易数据等都是常见的数据调取类型"①。原因很简单,在网络空间中,"人过留名、雁过留声"不再仅是抽象概念,个体在移动网络空间的所作所为都变得"有迹可循"。换句话说,今天个体在网络上的"记录"(不管是否自愿留存),都有可能成为明天自证其罪的呈堂证供。不仅如此,多部法律也规定了网络服务提供者协助执法的法律义务,如《中华人民共和国网络安全法》(简称《网络安全法》)第二十八条、《中华人民共和国国家安全法》(简称《国家安全法》)第七十七条、《中华人民共和国反恐怖主义法》第十八条、《中华人民共和国数据安全法》(简称《数据安全法》)第三十五条、《中华人民共和国刑事诉讼法》(简称《刑事诉讼法》)第五十二条、《关于办理刑事案件收集提取和审查判断电子数据若干问题的规定》第三条等。网络服务提供者协助执法与数据披露义务的履行让大数据侦查如虎添翼,政府数据库与企业数据库的强强联合,使得案件侦破能力大大提升。甚至在强调大数据背景下犯罪预防与犯罪控制的今天,"预测警务"迅速付诸实践,大数据侦查的时机也大大提前。

然而,刑事侦查中向网络服务提供者取证行为的常态化也带来一系列问题。实践层面上,如有学者指出平台在履行数据报送义务时,"数据报送事项过多、范围过宽、报送程序不健全、报送安全性保障滞后等多种因素的存在,导致平台报送数据存在实践困境"②。规范层面上,相关数据保护立法并未与刑事司法做到无缝衔接,面对协助执法义务和用户数据保护义务,网络服务提供者"刑事合规面临的现实且急迫的挑战并不在于因违法违规行为触发刑责的风险,而在于规则本身缺位、错位等使得企业面临进退维谷的合规义务冲突,由此形成的合规困境可能产生多重消极后果,既可能妨碍刑事诉讼顺利进行,亦有可能损及数字治理中的其他价值"③。影响全国的 2018 年滴滴顺风车司机杀人案,舆论争议的焦点就在于平台能否以保护用户隐私为由,迟延或拒绝向侦查机关披露个人信息。正如滴滴公司在之后声明中所言,"恳请与警方以及社会各界探讨更高效可行的合作方案,共同打击犯罪⋯⋯希望能听到社会各界的建议和经验,如何在保护用户隐私的同时,避免延误破案的时机"④。

在处处有记录的今天,公民基于适应现代信息社会的必然要求而在社会各个机构留存数字记录,侦查机关改变这些记录的最初留存目的而将其用于侦查工作时,法律应当如何评价侦查机关的行为以及设定何种法定程序⑤?大数据侦查不能无视公民的数据权利,更不能置数据保护类规范于不顾。轰动全球的韩国"N 号房"事件,警方要求提供非法视频上传

---

① 王燃:《大数据时代侦查模式的变革及其法律问题研究》,载《法制与社会发展》2018 年第 5 期。
② 刘权:《论网络平台的数据报送义务》,载《当代法学》2019 年第 5 期。
③ 裴炜:《刑事数字合规困境:类型化及成因探析》,载《东方法学》2022 年第 2 期。
④ 参见《滴滴 8 月 27 日将下线顺风车业务 两高管被免职》,载百度网,https://baijiahao.baidu.com/s?id=1609831384371336913&wfr=for=pc,最后访问日期:2023 年 3 月 6 日。
⑤ 程雷:《大数据侦查的法律控制》,载《中国社会科学》2018 年第 11 期。

者的个人信息时,Telegram 运营者一直保持沉默。面对广泛质疑,Telegram 团队称:"近年来,像 Facebook 和谷歌这样的大型互联网公司已经成功劫持了隐私的话语权。他们的营销人员让公众相信,保护隐私最重要的是让帖子对特定对象不可见这类表面工具,从而让公众不去深究私人数据被交给营销人员和其他第三方的潜在问题。"Telegram 强调,它的隐私理念中最重要的两点分别是保护私人谈话不被第三方(政府、雇主)窥探,以及保护个人数据不受第三方(如营销人员、广告商等)侵害[①]。从当前法律层面讲,面对如此严重且恶劣的犯罪,Telegram 拒不披露用户信息是不履行法律义务和伦理义务的体现,但该团队对隐私的重视以及他们对隐私规则的深刻理解,也非常值得深思——刑事侦查中向网络服务提供者调取数据行为必须受到法律的规制。

一、个人信息刑事调取的诸多隐忧

当公民的活动半径逐渐向网络空间偏移时,侦查机关向网络服务提供者取证已成为重要的侦查方式。即使是有着宪法隐私权传统的美国[②],也承认"第三方当事人规则"的价值,即当公民自愿向第三方(网络服务提供者)披露了其信息,该公民就不能再主张其享有《宪法第四修正案》保障公民信息隐私方面的权利[③]。但仅认识到网络服务提供者的协助执法、数据披露义务之价值还不够,还需考察其带来的隐忧。

(一)隐私及个人数据泄露危机

首先,个人信息的不当调取违反了公民的合理隐私期待。合理隐私期待理论源于美国,是隐私权理论的核心构成规则。网络服务提供者收集公民个人信息时应当遵守合法、正当、必要原则,并应明示处理信息的目的、方式和范围,公民也是在此"明示"之下交出个人信息,并对其"在承诺之下处理个人信息"抱有期待。即使基于合法利益理由而进行的披露,也应在合法利益与数据主体权益之间取得平衡,尤其要考虑数据主体根据其与网络服务提供者之间的关系而提出的"合理预期"——"这是关于收集数据的范围、时间和目的,以及数据主体是否能够合理地预见处理的规定。因此,处理的背景和影响至关重要,能否适用平衡条款在很大程度上取决于案件的具体情况。然而,隐私和数据保护的基本权利始终是平衡的一个因素,它们不可能被轻易地超越,而且应该占据较高的权重"[④]。

其次,个人信息的不当调取足以让我们反思个人信息保护的真正难点在哪里,尤其是在

[①] 蒋琳:《风暴眼中的Telegram:社交软件该为打击犯罪牺牲隐私吗?》,参见微信公众号"隐私护卫队",2020年4月11日。
[②] 宪法隐私权本质是通过《宪法第四修正案》保护公民的隐私权,借以规范政府搜查行为。参见李延舜:《论宪法隐私权的类型及功能》,载《烟台大学学报(哲学社会科学版)》2017年第6期。
[③] 参见李延舜:《个人信息保护中的第三方当事人规则之反思》,载《法商研究》2022年第4期。
[④] [荷兰]玛农·奥斯特芬:《数据的边界:隐私与个人数据保护》,曹博译,上海人民出版社2020年版,第150页。

对收集阶段"知情、同意"制度的立法改进之后。当公民将个人信息披露给网络服务提供者，接下来的个人信息处理在事实层面上就脱离了数据主体的掌控。以数据共享为例，澳大利亚通信与媒体管理局指出："在一份问卷调查中，有近半数的受访者表示自己并未意识到这一数据共享的过程。对于应用程序开发者对用户个人信息的攫取、与第三方服务提供商的数据共享、将个人信息数据储存在移动设备上、利用地图服务获取用户定位信息等行为，人们毫无头绪。"①国内也有学者指出个人信息保护规范的重心应从关注收集转向规制使用，"重视对个人信息收集的控制变得越来越没有意义。除非个人信息一经使用即会给个人带来人身或财产上危害，否则应当将规范重点放置于如何安全使用上，减少使用给个人带来不必要的风险"②。而网络服务提供者的协助执法及数据披露正是数据合法使用的盲区。

最后，个人信息的不当调取促使我们重新认识数据治理及数据保护。萨洛姆·维尔琼（Salome Viljoen）教授谈道：当前的数据治理架构主要是从"个人主义"视角出发的，无视或忽略了其中的社会性问题③。这种逻辑起点的偏差体现在我国的数据治理和数据保护立法，便是不注重区分公私领域，如将《中华人民共和国个人信息保护法》（简称《个人信息保护法》）中的"权利束"理解为个人自主控制范式下的一组民事权利④，基本上忽略了刑事司法机关对个人信息调取的特殊性，并由此导致适用的模糊，即《个人信息保护法》《网络安全法》《数据安全法》等规定的数据处理规则能否适用于刑事侦查。同时，数据保护类法律与刑事诉讼类法律存在着衔接不畅之处，如刑事数据调取究竟是一种任意性侦查措施还是强制性侦查措施等。综上，尽管向网络服务提供者调取数据对打击犯罪、侦破案件极具价值，但鉴于公民隐私及数据权利重要性的日益凸显，个人信息的刑事调取必须从制度上予以规范。

（二）泛在监控难题

网络服务提供者协助执法义务凸显了当前国家在数字治理中的两个倾向：一是"储存一切"而非"有需要时再去获取"，二是政府与互联网企业的协作共治。就前者而言，计算机存储介质价格进一步降低，而数据处理能力、范围和数量不断提高，这使得"存储一切"比"挑出个别"更具效益。斯诺登事件引起了大数据是好是坏的广泛争论：使用 Hadoop 技术⑤的分布式云计算、收集海量数据、采取强大的数据挖掘和分析技术，一个收集一切、无处

---

① 转引自［英］阿里尔·拉扎奇、［美］莫里斯·E.斯图克：《算法的陷阱：超级平台、算法垄断与场景欺骗》，余潇译，中信出版社2018年版，第211页。

② 高富平：《个人信息保护：从个人控制到社会控制》，载《法学研究》2018年第3期。

③ Salome Viljoen. A Relational Theory of Data Governance. The Yale Law Journal, Vol.131（2021），p.573.

④ 参见王锡锌：《国家保护视野中的个人信息权利束》，载《中国社会科学》2021年第11期。

⑤ Hadoop是一个能够对大量数据进行分布式处理的软件框架，它以一种可能、高效、可伸缩的方式进行数据处理。Hadoop技术在互联网领域已经得到了广泛的运用，涵盖web搜索、数据存储、数据分析、资源管理等等领域。参见百度百科。https://baike.baidu.com/item/Hadoop/3526507?fr=aladdin，最后访问日期：2023年3月6日。

不在、一劳永逸的治理策略,意味着一个人——斯诺登,可以随时从数百个不同部门访问数百万份不同文档,这是不是一种新型的"集权"? 就后者而言,政府正在将各大互联网巨头拉进数字监控计划,如美国国家安全局合法迫使微软、谷歌、雅虎、苹果等企业为其提供个人数据,英国政府通信总部向英国电信公司和沃达丰电信公司付费来取得全球各地的大容量通信。

泛在监控起码在两个方面需要引起高度重视:一方面,此种监控颠倒了传统的犯罪侦查过程。传统的刑事侦查是先有正当理由去怀疑某一个体,然后申请批准去监控这一个体。然而,泛在监控使得执法机构直接监控每一个人,并在监控过程中形成怀疑的根据。通过大数据挖掘及预测性分析等手段,刑事诉讼启动标准发生了重大转变[①]。换句话说,将大数据用于刑事侦查之后,"以'嫌疑'为基础的事后性、回溯性和个体化的侦查逻辑开始向事前性、预防性和一般化转型"[②]。但问题在于,这种基于预判进行的侦查与"无罪推定"原则是否相冲突? 无罪推定表面上是"未经人民法院依法判决,对任何人都不得确定有罪",其背后的理念则是基于风险考量,对尚未形成犯罪嫌疑的特定主体,国家能否以及在多大程度上可以对其基本权利予以干预或限制。在打击恐怖主义犯罪、强化犯罪控制及预测警务兴起的今天,这不得不成为一个慎重思考的问题。另一方面,此种监控让每个人都不安全。吊诡的是,泛在监控的初衷(哪怕是名义上)正在于维护国家安全与公共安全,而事实上,泛在监控相当于使监督者获得了"空白搜查令",可以不受约束地在互联网上任意搜集数据或信息,其可能导致"违法圈""违纪圈"不断扩大,只要监督者"决心去搜寻证据",任何人都可能被判违法[③]。泛在监控极有可能重现经典电影《少数派报告》所描绘的现象,人们在犯罪之前就会成为警察调查的对象。

(三)经营成本及信任危机

从法律义务的属性来看,网络服务提供者协助执法行为应当是免费的。但从义务背后的国家安全及公共利益来看,免费不是长久之计。现实来看,"世界主要网络服务提供者每年收到大量执法机关调取数据的请求,并且需要对各份请求进行个案判断以确定配合方式和执行程度,这种接受、评估、处理、回应本身就会形成企业负担"[④]。以国外互联网巨头为例,苹果每年定期发布两次透明度报告,涵盖不同国家对苹果发出的提供请求以及对不同类型的数据予以请求的统计情况。截至 2022 年 10 月 30 日,苹果官网上可见的透明度报告显

---

① See Andrew Guthrie Ferguson. Big Data and Predictive Reasonable Suspicion. University of Pennsylvania Law Review, Vol.163(2015), pp.327-410.
② 裴炜:《数据侦查的程序法规制——基于侦查行为相关性的考察》,载《法律科学(西北政法大学学报)》2019年第6期。
③ 参见杨建军:《纪检监察机关大数据监督的规范化与制度构建》,载《法学研究》2022年第2期。
④ 裴炜:《向网络信息业者取证:跨境数据侦查新模式的源起、障碍与建构》,载《河北法学》2021年第4期。

示为2013—2021年度。仅以"设备"信息请求为例,2013年上半年苹果共收到世界范围内的请求(含美国)共12 442件,提供了9 249件,占比74%;而到了2021年上半年苹果共收到世界范围内的请求(含美国)共25 104件,提供了19 809件,占比约79%①。这还仅是针对"设备"的执法请求,针对"账户"的请求数量及种类更是繁多。谷歌同样每年定期发布两次透明度报告,公布收到的数据提供请求及执行情况。实践中,不仅是公检法等司法机关,国家反恐办、国家网信办等行政机关同样对网络服务提供者有数据协查的需求。面对连年攀升的数据提供请求,互联网企业协助执法已成为一项重要负担。

此外,不受实质限制的个人信息刑事调取可能导致信任危机,而"信任"对于数字政务和数字经济都至关重要。前者如德国1983年全国人口普查时,民众的抗拒心如此之强,以至于这项普查四年后才真正展开。下一次人口普查则生生推迟到了2011年,还充满了虚假的注册信息②。后者如前景光明的隐私经济,世界范围内,尽管各方在如何保护公民隐私及数据方面存在较大分歧,但有一种观点是各方都认可的,即"只有当个人的隐私权与信息自由流通的利益相平衡时,电子商务才会繁荣起来"③。总之,侦查机关向网络服务提供者调取个人信息并非表面上那么简单,公民有隐私及数据保护的隐忧,网络服务提供者有自身的经营诉求,自由、民主、开放的社会也不会无视政府数据库与企业数据库的无缝衔接。规范个人信息的刑事调取行为,需遵循"限度思维",并在规范和程序两个层面上予以具体设计。

二、个人信息刑事调取行为的"权利之线"与"权力之限"

2021年年初,新加坡政府表示,根据《刑事诉讼法》,警察有权使用"Trace Together"(新加坡卫生部推出的新冠病毒感染源追踪App)追踪新冠肺炎患者密切接触者的数据,用于刑事调查。Trace Together应用在新版隐私政策上也增加了上述原则④。这一决定的作出,引起了广泛的隐私担忧。即便是公共数据用于刑事侦查,也应坚守合法原则,遵循"限度思维",更何况是个人数据,而这个"限度思维"指的就是"权利之线"和"权力之限"。

(一)个人信息刑事调取的权利之线

所谓权利之线,是指侦查机关向网络服务提供者取证行为不得恣意侵犯公民权利。毫无疑问,刑事司法程序中,公民的隐私及数据权利会有所克减,甚至不需要其同意。网络服

---

① 参见《苹果透明度报告》,https://images.apple.com/legal/transparency/report-pdf.html,最后访问日期:2022年11月10日。
② [德]阿希姆·瓦姆巴赫、[德]汉斯·克里斯蒂安·穆勒:《不安的变革:数字时代的市场竞争与大众福利》,钟佳睿、陈星译,社会科学文献出版社2020年版,第91页。
③ [美]肯尼斯·A.班贝格、迪尔德丽·K.穆丽根:《书本上的隐私和实践中的隐私》,魏凌译,载张民安主编:《隐私权的性质和功能》,中山大学出版社2018年版,第277页。
④ 尤一炜:《新加坡决定追踪疫情的数据可用于刑事调查,引隐私担忧》,参见微信公众号"隐私护卫队",2021年1月6日。

务提供者协助执法义务的本质就是为了保障国家利益、公共利益等重大利益而对个人权益进行限制。从大的宗旨来看,这个判断没有问题,但若更进一步,对刑事侦查阶段、刑事案件的类型及严重程度、可能涉及的当事人数据类型及监控程度等有所细分的话,这个判断的成立与否就需要放置于具体的情境中去了。也正是在这个意义上,"某项取证措施所基于的正当目的不能模糊地表述为'打击犯罪''保护公共利益''打击恐怖主义犯罪''维护国家安全'等,而需要有明确的指向,换言之,针对特定主体的取证行为不能仅以'以防万一'为目的"[①]。侦查机关向网络服务提供者取证的正当事由与可能侵害的当事人隐私及数据权利呈正比关系,所要保障的利益越重要,可侵害的当事人利益范围越广。

那么,法律是如何描述(或规范)数据调取中公民隐私及数据权利期待的呢? 以隐私权为例,《世界人权宣言》《欧盟基本权利宪章》《欧洲人权公约》《美洲人权公约》等都将隐私权视为基本人权,并且规定了干预隐私权的正当标准。如《欧洲人权公约》第8条第2款规定,基于在民主社会中为了国家安全、公共安全或者国家经济福利的利益考量,为了防止混乱或犯罪等,方可进行干预。欧洲人权法院根据该条裁决个案时,要进行基本权利测试,如果确定隐私权受到干涉,法院会评估这种干涉是否合理。由于刑事数据的处理超出了95/46/EC指令的范围,欧盟内部对此少有涉及。直到2008年,欧盟才发布了关于刑事领域的警察和司法合作框架内保护个人数据的决定2008/977/JHA。在此背景下,第29条工作组(欧洲数据保护委员会前身)曾出具一份"为预防、调查、侦查或起诉刑事犯罪或执行刑事处罚目的"而进行数据处理的意见,认为"对本宪章承认的权利和自由的任何限制都必须由法律明文规定,并尊重其本质。在遵守相称性原则的前提下,可以并仅在必要且真正符合普遍利益的目标时进行限制。……对私人生活的干扰、对个人数据的干预应仅限于必要且与可预见的普遍利益目标相称,即预防、调查、侦查或起诉刑事犯罪或执行犯罪处罚。……这些例外或限制条款应作狭义解释,尤其是事关公民的基本权利。处理个人数据应有充分的保障,并保证完全的问责制和透明"[②]。这段话有几个关键词:一是"法定";二是"相称性";三是"狭义解释";四是"问责制";五是"透明"。可见,尽管隐私权和数据权利皆非绝对性权利,但侦查机关向网络服务提供者取证行为并非可以恣意置当事人隐私及数据权利于不顾。欧洲议会和欧盟理事会于2016年4月27日发布了《针对警察和刑事司法机关的数据保护指令》[③],专门用以规范刑事司法领域的刑事处理,其序言第2、3条就表明其核心宗旨:

[①] Ian Brown and Douwe Korff. Terrorism and the Proportionality of Internet Surveillance. European Journal of Criminology, Vol.6(2009), pp.119-134.

[②] 第29条工作组:《关于主管当局为预防、调查、侦查或起诉刑事犯罪或执行刑事处罚以及自由流动的目的处理个人数据的第03/2015意见》, https://ec.europa.eu/newsroom/article29/items/itemType/1308, 最后访问日期:2022年10月10日。

[③] Directive(EU)2016/680.

技术允许以前所未有的规模处理个人数据,在预防、调查、侦查或起诉犯罪以及执行刑事处罚时,仍应尊重并保障自然人的基本权利和自由。

那么,侦查机关向网络服务提供者取证过程中的"权利之线"如何保证?通过三个路径。一是加快制定刑事司法领域个人数据保护的条款,填补这方面的立法空白;二是变革侦查机关内部封闭的权力运行模式,突出表现在向网络服务提供者调取数据的审批上,应由内部审批转向外部审批;三是网络服务提供者在接到侦查机关调取数据的请求后,应对"调取证据通知书"上的数据类型及对当事人可能造成的影响予以评估,这是网络服务提供者履行数据保护义务的体现①。《个人信息保护法》第五十五条规定了个人信息处理者应当在"对个人权益有重大影响的个人信息处理活动"情形前进行风险评估,《信息安全技术 个人信息安全规范》第3.9条也规定了处理个人信息,处理者应检验其合法合规程度,判断其对数据主体合法权益造成损害的各种风险,并进行评估。显然,向侦查机关披露用户数据(尤其是敏感数据)肯定会给当事人带来极大风险。规模较大的网络服务提供者应成立专门的法务部与侦查机关对接,审核、判断、评估数据披露风险,并就数据披露情况向用户履行告知义务。若审查发现,侦查机关所欲调取的数据明显不当,如数量过多、范围过宽、调取数据不明确、程序不合法等,网络服务提供者可拒绝提供,并在"笔录"上注明理由②。

此外,除公民的正当权利受尊重和保障外,网络服务提供者作为经营者,也有自己的正当利益诉求。一方面,网络服务提供者协助侦查事项的逐年递增会加重其经营负担。事实上,这项工作极为烦琐,为协助侦查,网络服务提供者可能要冻结账户、存储延期、进行数据提取、数据加工和证据制作,并进行包装、邮寄等。更不用说,随着案件增多,企业还要制定相应章程,设立法务部,配置专门人员并进行培训等。显然,在费用或成本负担方面,网络服务提供者为侦查机关的数据调取做出了不少牺牲。在美国,根据《电子通信隐私法》(1986)第2706节的规定,网络服务提供者可以依法要求政府对数据协查工作产生的费用予以报销或补偿,补偿数额由政府机构和协助执法机构或人员相互协商。此外,很多互联网巨头都明文规定了数据协查费用的数额,如脸书、雅虎等③。另一方面,用户数据是互联网企业发展的最重要资源,消费者基于信任将个人数据提供给网络服务提供者,若其不能切实履行数据保护义务,信任崩塌之下,只会两败俱伤。2006年,美国司法部向几家搜索引擎公司送达传票,要求披露用户近期的搜索条目。谷歌对传票提出异议,并以司法部搜查的信息与案件无关及会给公司带来过重负担为由两次向法院申请撤销传票。谷歌富有创造力地提出,"失去

---

① 参见李延舜:《刑事数据调取中网络服务提供者的角色定位及关联义务》,载《法学》2023年第1期。
② 两高一部《关于办理刑事案件收集提取和审查判断电子数据若干问题的规定》第十四条,收集、提取电子数据,应当制作笔录,……由侦查人员、电子数据持有人(提供人)签名或者盖章。
③ 参见顾伟:《美国政府机构获取电子数据的法律程序研究》,载《信息安全与通信保密》2016年第12期。

用户信息的潜在风险"对谷歌而言是一种"负担"[①]。在信息裸奔的年代,隐私经济异军突起,已有不少互联网企业认识到保护用户隐私对企业自身及数字经济发展带来的促进作用,在这方面,苹果公司表现突出,隐私已成为苹果手机的最好代言。

(二)个人信息刑事调取的权力之限

对公法而言,控权是永恒的主题,个人信息刑事调取行为自然应受制衡。大数据背景下,数据权力类型有两种:一是国家机关及其他行使公共职能的组织在数据处理中拥有的"公共数据权力";二是大型私营机构基于其掌握的数据资源和技术所拥有的"准数据权力"[②]。再加上传统的侦查权,个人信息刑事调取的权力之限可分为侦查权之限和平台权力之限。

1. 侦查权之限

从社会实践来看,网络服务提供者面对侦查机关调取用户数据的情形,尽管有时需要排队,需要提供证件和协助调查文件,也可能会存在拖延,但鲜有直接拒绝提供的。原因无他,向网络服务提供者取证行为乃公权力之行使,若网络服务提供者拒不履行协助执法义务,除非有正当理由,否则将承受权力之怒,这也是2018年滴滴顺风车司机杀人案在全国引起广泛讨论的原因。

侦查机关向网络服务提供者取证行为必须受到法律控制的原因有二:首先,数字时代的侦查权缺乏数据保护类法律的规范,换句话讲,数据保护法在大数据侦查面前难有作为。在欧洲,《通用数据保护条例》(GDPR)第4条明确规定数据控制者不包含"以预防、调查、侦查、起诉刑事犯罪或执行刑罚为目的的司法机关";在美国,《宪法第四修正案》并未禁止第三方(网络服务提供者)将其收集和存储的用户数据披露给执法人员,网络服务提供者更像是大数据时代犯罪侦查中警方的"卧底",从而公民得不到《宪法第四修正案》的保护;在我国,《网络安全法》的主要规制对象是"网络运营者",但从该法第九条"网络运营者开展经营和服务活动……"的语义判断来看,网络运营者并不包括权力机关;《数据安全法》第六条虽然将公安机关、国家安全机关纳入法律适用主体,但内容却指向其所承担的数据安全监管职责;《个人信息保护法》专设"国家机关处理个人信息的特别规定"一章,但也仅是笼统地规定国家机关应依法定职责、依法定权限和程序处理个人信息。至于这个"国家机关"是否是包括公安机关在内的司法机关,并不清晰。可见,世界范围内都倾向于将司法机关排除在数据保护类法律之外。其次,大数据时代的侦查权得到极大扩张,预测警务的兴起就是明证,当政府数据库与企业数据库进行交叉比对,每个人都无所遁形,其行为被预测,其人被分类。而这种监控状态的出现,在当前刑事侦查领域并未受到足够的重视。正如美国科尔教

---

① Gonzales v. Google, Inc. 234 F. R. D. 674, 683 (N. D. Cal. 2006).
② 参见王锡锌:《个人信息国家保护义务及展开》,载《中国法学》2021年第1期。

授对"第三方当事人理论"评价的那样:"它授予政府执法人员对公民采取更具侵犯性的行为的权力,同时,政府执法人员不需要受到自由开放的社会所要求的宪法监督。特别是,在政府执法人员恶意的情况下,第三方当事人理论赋予其过大的权力,使其能够干扰公民的信息隐私。"①

综上,数字时代的犯罪侦查跟以往有了较大区别:之前,嫌疑人实施犯罪行为留下的痕迹较少,警方获取证据和侦破案件的难度较大,所以在整个刑事诉讼制度设计上,侦查权受到的实质性阻碍并不多;如今,每个人都在网络服务提供者那里留下了大量痕迹,甚至某些记录极有可能自证其罪,若侦查机关仍然不受实质限制地随时从网络服务提供者手中获取用户数据,那这个刑事诉讼制度的天平就偏向了控方一端。

2. 平台权力之限

网络服务提供者在大数据侦查中角色最是复杂,既是权利主体、义务主体,也是权力主体。它们的权力更偏向社会学层面上的权力,因为法律权力的本质是"合法性",而平台型网络服务提供者的权力主要是技术、资本及事实上的绝对优势地位带来的服从。布劳对此有深刻认识:"交换过程引起权力的分化。如果一个人支配着他人所需要的服务,并且他又不需要别人所支配的任何服务,那么他就能根据这些人的服从情况使他们的需要得到满足,从而获得对他们的权力。"② 这还仅是"权力"产生的一个方面。还有另外两个因素:一是莱斯格的经典阐述——"代码即法律","代码构筑了网络空间,空间使个人和群体能或不能"③。既如此,那"对代码的控制就是权力"④。这种知识(或技术)创造权力的观点可以与福柯相互印证,福柯认为,当代社会中的权力有新的形式和特点,"它们不靠权利,而靠技术;不靠法律,而靠正常化;不靠惩罚,而靠控制"⑤。 二是掌控信息者拥有权力,信息权力学告诉我们,信息是个人形成认知、作出判断、付诸行动的前提,一方主体可以通过控制信息渠道来控制他人,这就是信息性权力的来源⑥。

对大数据侦查的法律控制也内含了对网络服务提供者权力的控制,主要从两个层面来解读:首先,网络服务提供者在网络空间承担了一种事实上的"准管制者"角色,这既与"代码"有关,也与新公共服务理论有关。体现在行动上,就是政府改变了以往的"单一决策"而与其他行动者共同参与决策,从以"政府为中心"的管理模式向"以公众为中心"的治理模

---

① [美]奥林·S.科尔:《第三方当事人理论与合理的隐私期待》,陈圆欣译,载张民安主编:《隐私合理期待分论:网络时代、新科技时代和人际关系时代的隐私合理期待》,中山大学出版社2015年版,第485页。
② [美]彼得·M.布劳:《社会生活中的交换与权力》,李国武译,商务印书馆2012年版,第62页。
③ [美]劳伦斯·莱斯格:《代码2.0:网络空间中的法律》,李旭、沈伟伟译,清华大学出版社2009年版,第98页。
④ William J. Mitchell. City of Bits: Space, Place, and the Infobahn. MIT Press, 1996, p.112.
⑤ [法]米歇尔·福柯:《福柯集》,杜小真编选,上海远东出版社2004年版,第343页。
⑥ See B. H. Raven. Power and Social Influence. in Ivan Dale Steiner and Martin Fishbein (eds.). Current Studies in Social Psychology. Holt, Rinehart and Winston, 1965, pp.127-145.

式转变①。有学者谈道:"自互联网诞生伊始,网络服务提供者就被要求承担多种多样的社会治理功能……在社会治理功能语境下,企业某种程度上转化为监管者的延伸,集中表现为政府监管职责的下移;其所承担的信息收集、存储、审查、监控、披露、报告义务直接服务于执法活动而非社会公益。"②由此,网络服务提供者的协助执法及数据披露行为也应受到限制。其次,限制网络服务提供者恣意收集与存储用户个人信息的权力,是规范侦查机关向网络服务提供者取证行为的必要前提。《个人信息保护法》亮点之一就是"三个最":最小范围的数据收集、最短时间的保存期限、对个人权益影响最小的处理方式。这"三个最"既是网络服务提供者数据收集与处理的法律义务,也是限制网络服务提供者权力、弥补用户与网络服务提供者之间数字鸿沟的重要方式。总之,在侦查机关向网络服务提供者取证行为中,受影响最大的用户几无话语权,本就权力扩张的侦查机关却并未受到数据保护类法律的实质性约束,处于中间的网络服务提供者所扮演的角色最是复杂。但无论如何,限制公权和保障私权是规范侦查行为永恒的主旨。

三、规制个人信息刑事调取行为的具体路径

除坚守原则性的"限度思维"外,规范个人信息的刑事调取行为还需要具体路径,规范层面的路径是通过立法或修法填补数据保护类法律与刑事诉讼法的空白,程序层面的路径是实施令状制度及保障当事人的程序权利。

(一)打通并衔接刑事诉讼法及数据保护法

正如前文"侦查权之限"部分所述,刑事侦查领域是否适用数据保护类法律是不确定的,从相关法条的文义解释看,应当是不适用的。这种情况的出现主要有两方面的原因:一是观念上多将个人信息权利认定为私权,从公法角度(甚至是从人权视角)谈个人信息保护较少;第二是在"隐私"与"安全"的博弈中,"隐私"历来是赢少输多的那一方。在刑事诉讼领域,立法者"并不在乎被追诉人的权利",立法机关无法创造出能够保护他人隐私的刑事诉讼规则,因为大多数选民是将自己视为潜在的犯罪受害者,而不是犯罪者。"许多人愿意接受在政府面前隐私越来越少的事实,因为对那些害怕的人而言,隐私是可有可无的奢侈品。"③基于上述原因,隐私及数据权利保护在刑事司法领域步履维艰。打通并衔接两部法律,需要在以下两个方面加以改进。

首先,刑事司法方面,重新认识并界定"调取数据"的性质。目前法律将调取数据界定为"任意性侦查"是个人信息刑事调取扩张的重要因素,对此,裴炜谈到两个"便宜性":技

---

① 参见竺乾威:《理解公共行政的新维度:政府与社会的互动》,载《中国行政管理》2020年第3期。
② 裴炜:《针对用户个人信息的网络服务提供者协助执法义务边界》,载《网络信息法学研究》2018年第1期。
③ 李延舜:《公共视频监控中的公民隐私权保护研究》,载《法律科学(西北政法大学学报)》2019年第3期。

术便宜性即"相较于侦查机关而言,网络信息业者在数据控制和处理能力方面有显著优势";规则便宜性即"通过向网络信息业者调取证据可以规避其他取证方式中可能面临的法律障碍"(比如可以化解管辖权障碍、强制侦查措施障碍及强迫自证其罪障碍等)①。在此意义上,最高法、最高检及公安部出台的《关于办理刑事案件收集提取和审查判断电子数据若干问题的规定》和公安部出台的《公安机关办理刑事案件电子数据取证规则》将向网络服务提供者取证行为界定为"调取数据"这一任意性侦查措施,也反映出类似思路②。无独有偶,近年来争议剧烈的美国"第三方当事人理论",也隐含了侦查中规避令状制度的企图。侦查机关可以避开当事人、以"非接触"的方式获取数据,且在"秘密调查中,执法人员不需要提醒搜索目标,因此执法人员更愿意从在线网站或云计算公司获得信息,而不是从个人获得信息"③。此外,难以将调取数据再简单认定为任意性侦查措施的另一个重要原因在于个人信息权利的彰显。原则上,任意性侦查措施不能限制侦查对象的人身权利,而《中华人民共和国民法典》中,个人信息权利被纳入人格权保护体系;在《个人信息保护法》中,第一条明确了"依据宪法,制定本法",它拔高了个人信息权利的位阶;《中华人民共和国刑法》中,将"侵犯公民个人信息罪"放置到了第四章"侵犯公民人身权利、民主权利罪"之下。这无不表明,"调取数据"已成为一种关涉人身权利的措施,至少在犯罪初查阶段(或立案前)不能任意适用。此外,《数据安全法》第三十五条规定,公安机关、国家安全机关依法向有关组织、个人调取数据时,应当按照有关规定,经过严格的批准手续。而"经过严格的批准手续"这种表述和要求,在《刑事诉讼法》中仅在技术侦查措施的规定中才有④。但比较两者的批准手续,依据《公安机关办理刑事案件程序规定》第二百六十五条第一款,技术性侦查需要"报设区的市一级以上公安机关负责人批准",而依据《公安机关办理刑事案件电子数据取证规则》第四十一条,调取电子数据仅需"办案部门负责人批准",两者可谓相差巨大。

其次,数据保护法中的诸多原则性规定和处理规则应在刑事司法领域有所体现,这是打通两类法律的关键。比如(EU)2016/680指令第4条第1款(a—f项)分别规定了数据处理的主要原则:合法性和公平性原则;目的规范和限制原则;数据最小化原则;准确性原则;存储限制原则;适当的安全保障原则以及问责制等。具体规则方面,(EU)2016/680指令第1条界定了指令的适用范围及适用 GDPR 的情形;第6条规定了主管当局要对数据主体的

---

① 裴炜:《论个人信息的刑事调取——以网络信息业者协助刑事侦查为视角》,载《法律科学(西北政法大学学报)》2021年第3期。
② 参见梁坤:《论初查中收集电子数据的法律规制——兼与龙守智、谢登科商榷》,载《中国刑事法杂志》2020年第1期。
③ Daniel Rudofsky. Modern State Action Doctrine in the Age of Big Data. N. Y. U. Ann. Surv. Am. L., Vol.71(2016), p.746.
④ 参见谢登科:《论侦查机关电子数据调取权及其程序控制——以《数据安全法(草案)》第32条为视角》,载《环球法律评论》2021年第1期。

个人数据进行分类①；第 7 条规定了将基于事实的个人数据和基于评估的个人数据相区别；第 10 条规定了允许处理个人敏感数据，但前提是在严格必要的情况下，且数据主体的权利和自由受到适当保障；第 25 条规定了主管当局记录日志的义务；第 47 条规定了监管机构的权力，包括有效的司法补救和正当程序等。总之，指令下的数据主体权利比 GDPR 下的权利更为有限，这是不言而喻的，"保护受刑事调查或参与刑事调查的人的基本权利并没有错，但暗示（通过引入数据主体权利）他们可以控制并同意或反对处理其数据的建议是不合适"②。此外，在"隐私与安全"的背景下讨论个人信息的刑事调取，采用更严格的规则和更有效的方式处理用于执法目的的个人数据，才有可能实现更高的隐私和数据保护标准③。回到我国法律现状，《网络安全法》《数据安全法》《个人信息保护法》都规定了较为详细的数据处理原则和规则，如数据处理的"合法、正当、必要""分类、分级保护""敏感个人信息"条款、"默认的数据保护设计""数据影响评估"等等。这些原则和规则（尤其是数据控制者和处理者的各项数据处理义务）能否以及在多大程度和范围上适用于刑事侦查，是我国当前刑事司法领域亟待重视和解决的立法问题。

（二）令状制度之设计

与前述任意性侦查措施相连，如果将"调取数据"界定为强制性侦查措施，则可引入令状制度。令状制度的实质就是通过外部力量的介入在侦查权行使之初就予以规制。程雷教授指出，"封闭的内部运行模式是各类侦查措施滥用的主要成因，因此加强外部监督与司法监督是确保侦查权依法运行的基本经验"④。令状制度正是打破侦查权内部运行的有效方法。

事实上，令状制度在国外数据侦查中适用已相对成熟。在德国，《刑事诉讼法典》第 98 条规定的"计算机排查侦缉"与数据库比对、数据挖掘并无二致，设置了严格的法律程序，比照电话监听，对大数据侦查实施法官令状制度（紧急状况下可由检察院决定，但需在 3 日内提请法官确认）。并且，在数据比对过程中，比对的数据库来源不同，所设程序的严格性也有不同——在"刑事司法部门自身所属数据库"间比对要比跟"司法机关之外的其他部门或单位所属数据库"比对稍微宽松一点，毕竟后者对公民的个人信息自决权造成的干涉更多⑤。在美国，《宪法第四修正案》通过"搜查令"制度来对抗非法搜查与非法扣押。此外，美

---

① 如区分为嫌疑人、被判有刑事罪行的人、受害人、证人、专家、利益相关者或持有相关信息的人等。
② Mark Leiser and Bart Custers. The Law Enforcement Directive：Conceptual Challenges of EU Directive 2016/680. European Data Protection Law Review, Vol.5(2019), pp.367-378.
③ Sajfert Juraj and Quintel Teresa. Data Protection Directive(EU)2016/680 for Police and Criminal Justice Authorities (December 1, 2017). Available at SSRN: https://ssrn.com/abstract=3285873,最后访问日期：2012 年 10 月 10 日。
④ 程雷：《大数据侦查的法律控制》，载《中国社会科学》2018 年第 11 期。
⑤ 参见《德国刑事诉讼法典》第 98 条 a, b, c 款，宗玉琨译注，知识产权出版社 2013 年版，第 29-31 页。

国国会还颁布了一些成文法,来规制政府不受实质限制地向网络服务提供者取证的行为,如《公平信用报告法案》(1970)规定,消费者的信用报告只有在响应法庭指令或当事人书面请求时才能提供,《电子通信隐私法》(1986)规定,政府需要取得搜查证才能强制要求网络服务提供者披露某些特定信息,而且普通信息的披露也需要传票才能进行,《财务隐私法》(2006)也规定,存储于金融机构的记录,执法人员只有在事先告知公民将要实施搜查行为并给予公民申请传票无效的机会时,才能在获得法院传票的情况下搜查公民的财务记录①。此类成文法虽然适用范围狭窄,但优点在于其可操作性较强,不太可能发生警察单凭其享有的调查权力就可以骚扰无辜公民的情况②。

在我国,有学者并不看好法官令状制度,认为我国并不具备实施该制度的条件和可能性,并且,"在剥夺公民自由的逮捕措施、严重限制公民自由的指定居所监视居住、严重干预公民隐私权的技术侦查措施尚未实行法官令状制度之前,对大数据侦查实行法官审批的司法审查与强制性措施体系均衡性要求不符"③。但在无其他更优制度设计前,结合我国刑事诉讼结构,建立由检察机关预审并审批的令状制度不失为一条可行路径。一方面,检察机关本身具有监督刑事侦查行为合法性的职能,另一方面,检察机关签发令状后,仍要对侦查机关取证行为予以监督,并在后续的批捕、审查起诉阶段对侦查机关获取的证据进行合法性审查。这里面还有两点要注意:一是紧急情形下,侦查机关可先自我决定侦查,事后提请检察机关确认;二是涉案当事人以及网络服务提供者发现令状内容有瑕疵或对关联性有异议,均可提请检察机关申请复核。

在令状制度的构建中,最为核心的部分是令状条件的设置,此设置必须与我国《数据安全法》中规定的"数据分级、分类保护"相适应。换句话说,越是敏感的个人信息调取,相应的审查条件越是严格。以美国为例,最初的令状只有两种:搜查令和传票。为了应对日益频繁的个人信息调取及隐私保护,美国国会创造了新的"法院命令"。获取此种新命令的难度介于取得传票和取得搜查令之间:为了收集信息,政府人员必须向法院提出申请,并提供"具体而明确的依据来使法院相信:其所要求获得的记录信息关乎某个正在进行的刑事调查活动,并且具有重大作用"④。由此,基于授权文件与数据内容的不同,相应的令状分为三种:"传票"用于调取非内容数据;"法院命令"用于调取非敏感内容数据;"搜查令"用于调取内容数据。实践中,美国几大网络巨头也基于不同令状向政府或侦查机关披露不同数据,

---

① 12 U. S. C. § 3401-3422(2006).
② [美]奥林·S.科尔:《第三方当事人理论与合理的隐私期待》,陈圆欣译,载张民安主编:《隐私合理期待分论:网络时代、新科技时代和人际关系时代的隐私合理期待》,中山大学出版社2015年版,第521页。
③ 程雷:《大数据侦查的法律控制》,载《中国社会科学》2018年第11期。
④ See United States v. Kennedy, 81 F. Supp. N. 2d 1103, 1109 n.8(D. Kan. 2000).

如谷歌,基于"传票"可以披露"用户注册信息(包括姓名、账户创建信息、相关电邮地址)、登录 IP 地址和相关时间戳等",基于"法院命令"可以披露"非内容类信息(如电子邮件标头信息)",基于"搜查令"可以披露"电子邮件的内容数据"等。再如脸书,基于"传票"可以披露"基本用户记录(如姓名、使用期长短、电子邮箱地址、近期登录/退出 IP 地址等)",基于"法院命令"可以披露"基本用户记录以外的消息标题和 IP 地址",基于"搜查令"可以披露"任何账户内的储存内容(包括消息、照片、视频、留言和位置信息)"①。

对我国而言,设立几种不同授权文件的思路相对遥远,有学者提出"按照调取情形的紧迫程度、危险程度以及调取行为侵犯个人权利程度等指标,建立互联网企业响应等级体系"②。该思路具备可行性,但其"服从"的意味远大于"规范""控制"。可行的主要措施有:第一,推进并完善公检法等机构业务应用系统的互联互通,经由统一平台实现审查审批的便捷化和智能化③,如 2014 年上海市率先建立了公检法信息数据三方反馈平台,2017 年贵阳市搭建政法大数据平台,便是这一思路的有益探索和实践;第二,侦查机关的个人信息调取申请必须明确而具体,不仅指向数据由特定网络服务提供者所控制和占有(且未删除),还指向该数据与侦查案件具有关联性;第三,不同阶段的个人信息调取内容也有不同,如在警务预测和案件初查阶段,一般来说不应调取内容数据;第四,不同类型的案件所调取的内容也应有所区分,如一般刑事案件和重大刑事案件,在调取敏感数据时应符合的条件应有不同;第五,凡涉及内容数据调取的情形,在获得令状后,应通知到涉案当事人,除非涉及"保密"及其他法律规定情形;第六,检察机关签发令状后,仍要保持对侦查机关数据侦查行为的检察监督④。

（三）程序权利之保障

刑事诉讼法中有著名的"米兰达警告",其实质就是对犯罪嫌疑人程序权利的一种告知和提醒。那么,在个人信息的刑事调取中,要不要也设立这种告知和提醒呢?——我要开始收集你的个人信息了,你要小心。米兰达警告已是世界法律文明的共识,就此而言,大数据侦查也应保障嫌疑人的程序权利。并且,嫌疑人的程序权利应相应提前,原因在于,就大数据侦查而言,数据搜集及数据分析的启动往往早于刑事诉讼程序的启动,比如在预测警务和犯罪初查阶段。所以,"被指控人或权利受到干预的主体能否在这一阶段介入,或者获取该阶段证据材料所处理的相关信息,将直接影响本方的质证能力。从这个角度讲,在大数据

---

① 顾伟:《美国政府机构获取电子数据的法律程序研究》,载《信息安全与通信保密》2016 年第 12 期。
② 贝金欣、谢澎:《司法机关调取互联网企业数据之利益衡量与类型化路径》,载《国家检察官学院学报》2020 年第 6 期。
③ 张可:《大数据侦查之程序控制:从行政逻辑迈向司法逻辑》,载《中国刑事法杂志》2019 年第 2 期。
④ 李延舜:《个人信息保护中的第三方当事人规则之反思》,载《法商研究》2022 年第 4 期。

领域,随着侦查活动启动时点的前移,基于控辩平等原则的要求,有必要将辩方的程序性介入也相应提前"①。

数据调取阶段当事人的程序权利,主要指向知情权和更正权。知情权和更正权是公民数据权利体系中的基础性权利,是"知情同意原则"和"数据质量原则"的延伸。刑事司法背景下,虽然大多数数据调取情形无需数据主体同意,但无需同意并不意味着无需其知情。数据调取阶段当事人的知情权和更正权指向两个方面:一是侦查机关向网络服务提供者取证行为应告知涉案当事人,尤其是调取其敏感个人信息时。这种告知的义务主体不仅指向侦查机关,也指向网络服务提供者。如多宝箱(Dropbox)针对执法机关调取内容数据和非内容数据的情况,其在透明度报告分别披露了用户通知情况②。微软在其提出的《执法机关调取数据基本原则国际倡议》中第一条便提出保障用户获得通知的权利,即在执法机关调取用户数据时,除个别例外情形,用户有权知晓该调取行为③。此外,同前述令状制度相连,涉案当事人有对令状内容提出异议和请求复核的权利;而且当事人对侦查机关调取的数据内容有更正错误信息的权利,毕竟网络服务提供者储存的信息过时或错误再正常不过。

当事人的知情权和更正权之所以如此重要,除"数据侦查行为往往早于刑事诉讼程序"这一原因外,还有三个方面的原因:第一,侦查机关对电子数据证据的获取和证明力拥有更多的信心,在此心理的潜移默化下,侦查机关往往调取更多的个人信息,进行更深度的数据挖掘,从而强化了控方的指控能力,弱化了辩方的抗辩能力,造成控辩双方的能力失衡。第二,网络服务提供者往往不会对数据的真实性负责,它只是被动地保存和披露个人数据,只有数据主体才清楚自己在网络空间留下的数据内容是真是假,而虚假、失真、过时的个人数据会给当事人带来巨大的影响,故而,"不仅需要诸多法律文本共同为辩护方合法获取数据信息设置合适的程序和条件,还需要赋予辩护方修改、更正不准确、不正确或过时数据信息的权利"④。第三,知情权和更正权是涉案当事人寻求法律救济的基础性权利,它使得当事人知悉控方的证据来源和指控方向,继而为有效辩护作准备。

由涉案当事人的知情权和更正权出发,可以进一步衍生出以下配套措施:第一,尽可能保证涉案当事人参与到大数据侦查过程中来,遇到法定事由时可以推迟告知。如涉及国家安全类案件、恐怖活动犯罪等,可以推迟告知;再如出现"告知可能有碍犯罪侦查"的情形,

---

① 裴炜:《个人信息大数据与刑事正当程序的冲突及其调和》,载《法学研究》2018年第2期。

② 关于多宝箱Dropbox的《透明度报告》,引自 https://www.dropbox.com/transparency/,最后访问日期:2022年10月10日。

③ See Microsoft. Six Principles for International Agreements Governing Law Enforcement Access to Data, https://blogs.microsoft.com/wp-content/uploads/prod/sites/5/2018/09/SIX-PRINCIPLES-for-Law-enforcement-access-to-data.pdf, 最后访问日期:2022年10月10日。

④ 张可:《大数据侦查之程序控制:从行政逻辑迈向司法逻辑》,载《中国刑事法杂志》2019年第2期。

可在有碍侦查情形消失后再行告知。如（EU）2016/680指令第14条规定了数据主体的数据访问权，紧接着第15条规定了数据访问权的限制，同时规定这种限制（部分或完全限制）构成民主社会中必要的和相称的措施，并适当考虑数据主体的基本权利和合法利益。第二，有必要建立庭前证据开示制度，由控方对调取的数据及作为证据使用的数据以及数据调取程序加以说明，确保辩方对相关证据的获取、分析、使用情况充分了解。第三，有必要完善专家辅助人制度。根据《关于办理刑事案件收集提取和审查判断电子数据若干问题的规定》第二十一条，必要时可以聘请具有专门知识的人进行操作，并就相关技术问题作出说明。这对于强调数据处理过程的大数据侦查控制而言，是一项重要进步，因为对于普通人而言，数据库比对、数据挖掘等实在过于陌生。

总之，大数据侦查过程中当事人的程序权利应受到特别重视，以知情权和更正权为核心内容的程序权利是当事人在接下来的诉讼程序中能否有效辩护的重要前提，也是平衡大数据侦查带来的权力扩张和保障当事人数据权利、程序权利的重要手段。

四、结语

大数据时代的犯罪治理呈现出新的变化，一方面，网络服务提供者作为重要的参与性力量介入其中，另一方面，基于技术和规则的"便宜性"，侦查机关也乐于正面避开当事人向网络服务提供者取证。但问题在于，政府数据库和企业数据库的联合，以及不受实质性约束的数据调取，会进一步扩张侦查机关的权力，减损当事人的正当合法权益。更重要的是，我国当前法律在刑事司法领域的个人信息保护方面存在模糊或空白之处，刑事诉讼法与数据保护类法律存在脱节。2022年8月26日，最高法、最高检、公安部联合发布《关于办理信息网络犯罪案件适用刑事诉讼程序若干问题的意见》，第14条规定公安机关向网络服务提供者调取电子数据的，应当制作调取证据通知书，注明需要调取的电子数据的相关信息，这是初次就个人信息刑事调取行为做了程序上的规范。但规范不应止步于此，还应进一步探讨侦查机关和网络服务提供者信息共享的协作机制，探讨刑事司法领域数据处理的原则和规则，在充分保障数据主体数据权利和程序权利的基础上，便捷、高效地打击犯罪和实施犯罪治理。

医助死亡行为刑事归责的类型界分[*]

王海军[**]

摘 要：以"医助死亡"的称谓取代"安乐死"有利于消解概念上的歧义，便于明确其类型意涵、助益行为性质的规范分析。医助死亡行为的合法化立法探讨风靡全球，但面临的困境和障碍使得立法进程仍举步维艰，至今仍无法克服、统一诸多争论、分歧。在当前中国民主法治日益昌盛及"共同富裕"日渐推进的时代背景下，立足于中国民众人文素养及人口基数实情，司法领域中将医助死亡的行为一律以受嘱托或得承诺杀人定罪处罚，背离民众朴素法情感和正义诉求，而应区分为直接医助死亡、间接医助死亡和消极医助死亡三种不同类型，结合紧急避险、被害人承诺、不作为犯等法理予以区别评判，进而在司法处理上以轻罚或无罪来认定处理。

关键词：医助死亡 自主权 生命法益 刑事归责

一、引言

生命只有一次，不具有回复性。对于人的生命应当绝对地尊重，此乃自古以来不争的铁则，在世界上任何国家的刑法规定中对于故意剥夺他人生命的行为，均作为重罪予以处罚。但是随着医学与生物科技的进步，尤其1960年以来，由于心肺复苏术的出现，在医学领域可以人为操控死亡的进程，如此一来便会形成以下局面：一方面病人对于生命维持的期望越来越高，但另一方面在很多情形中仅以医疗器械延长毫无质量的生命，只是徒增痛苦而已。

---

[*] 基金项目：天津师范大学博士基金项目"中国处遇自杀及其关联行为的刑法立场与司法路径"（项目号：52WW1416）。

[**] 作者简介：王海军，天津师范大学法学院副教授、硕士生导师、法学博士，中国法学会理事。

于是,生命是否应绝对无条件地加以维护的命题开始在学界提出,人是否拥有自己的生命自主权、是否拥有死亡权利的问题也逐渐受到高度重视。在此背景下,美国加州率先在1976年通过《自然死亡法案》(Natural Death Act),之后,美国国会于1990年12月正式通过《病人自决法案》(Patient Self-Determination Act, PSDA)。自此,末期病患医疗、生命自主权利及能否实施医助死亡的议题在国际社会中得到广泛而热烈的讨论。直至今日,如何妥适明确其类型意涵,怎样进行规范评判,进而是否以及如何进行刑事归责,仍是近年来在法学理论界及实务领域聚焦关注、争执不休的重要问题。

二、医助死亡行为的类型意涵

安乐死这个名词术语在希腊时期即已出现,其初始意义是指美好的、恰当的死亡,其本意为安详而有尊严的善终。目前所讨论的安乐死,其内涵是指对于迫近死期之不治病患,为缓和、消除其强烈肉体上痛苦,而安详地结束其生命的处置[①]。然而,在时代演进的过程中,这个名词的意义常常被混淆和误解。在希腊时期,安乐死是一种哲学的、非医学的术语,其本意代表轻松的、无痛苦的、无负担的死亡,被视为生命的完成,或在军事战争的意义上被视为光荣的死亡。十七世纪时,英国哲学家法兰西斯·培根(Francis Bacon)将安乐死赋予医学上的意义,认为面对无痊愈希望的疾病时,安乐死不失为生命中一种缓和的舒适出路。此种安乐死之形式已超出对于临终者的陪伴,而是医师的责任。发展至十八世纪时,百科全书将安乐死的概念视为神学的领域,因而是从人世间的世界,以一种温和的、安详的、无痛苦的方式过渡到另一个世界。到了十九世纪末,伴随有缩短生命的安乐死秘密进行,且几乎不曾停止过,此种行为也被扩大到无法治愈病患之嘱托杀人的场合。二十世纪时,希特勒夺取政权后,披着慈悲死(mercy killing)的外衣,美其名曰执行安乐死计划,实际上却是对所谓差劲的弱者执行惨绝人寰的大屠杀。另外,英、美法系国家学界对于安乐死的概念亦出现不同的理解与诉求,包括:(1)嘱托杀人之合法化;(2)帮助自杀的推广和引导;(3)末期病人的拒绝治疗权(the right to refuse treatment)[②]。但是荷兰在安乐死合法化后,不可避免地产生了"陡坡现象(Slippery Slope Phenomenon)"或称为楔子理论[③],先实施安乐死于身体方面的末期疾病,后逐渐扩大至慢性身体疾患,再扩大至忧郁症病患(心理疾患),最后实施安乐死于先天残疾而无法表达意愿之新生儿。安乐死的实施呈现了弛缓边界约束、陷入不当扩散的危险情势状态。

由上可知,安乐死的概念由死亡的艺术演变成有目的地缩短死亡过程,再到灭绝无生存

---

① 陈子平:《安乐死与刑事责任》,载《刑事法杂志》1997年第457期。
② 陈英淙:《论长期昏迷且意愿未明者之死亡协助——兼释疑"死亡协助"一词》,载《月旦法学》2005年第121期。
③ 甘添贵:《缓和医疗之适法性》,载《刑法案例解评》1999年第123期。

价值之生命,更由于纳粹的曲解与残暴,人们提到安乐死一词,便将其与种族屠杀产生关联。并且随着社会的发展,学术界又提出诸多在语词构造上与安乐死相近的概念,如二十世纪末提出的尊严死与自然死,又将尊严死与安乐死并列使用等,又有观点主张将安乐死统一定为尊严死,以涵盖消极的不作为与积极性的作为样态,但又认为拒绝医疗维持生命尊严的自然死也是一种尊严死①。因此,为解决此等争议,目前有许多学者建议使用"医助死亡"或"死亡协助"一词取代安乐死、尊严死、自然死等词,一则可以避免安乐死在名词上的误解,二则可以解决自然死或尊严死范围之局限性及情绪性②。

笔者认为,由于安乐死问题牵涉到医疗,其内涵界定应不能脱离医学的限制,若用尊严死、自然死的称谓,不仅民众不易识别,而且即使医疗专业人员大多亦无法了解其意涵。就意义而言,笔者赞同使用医助死亡的概念作为解决安乐死、尊严死及自然死等定义称谓上歧义与误解的主张。如此,从概念用语上即可明晰其行为主体及行为的性质和后果,方便统一学术对话交流的平台,也助益法律语境下对此种行为的规范分析,让安乐死、尊严死及自然死等术语的内涵回归到生死学意义上的一种死亡状态,从而与法律意义上的规范指称相区分。基于此,医助死亡的内涵应指对于现阶段医学技术不能救治,而又处于极端痛苦的末期病人,由本人或其亲属要求,或在不违背本人意愿的前提下,经医师认可而由医务人员实施,使病人在无痛苦状态下终结生命的行为。

从规范类型的界分上看,具体可分为积极医助死亡与消极医助死亡两大类型。积极医助死亡是指行为人以积极的行为,加速绝症病患死亡进程的行为,此种行为在客观上会产生或多或少缩短病人生命的效果。其中又分为直接医助死亡和间接医助死亡两种。间接医助死亡一般是指以药物的方式,减少绝症病人不堪忍受的痛苦,因而引发缩短患者生命的风险,间接导致其死亡③。而直接医助死亡是以缩短病患生命为行为直接企求的目的,即直接以帮助病人死亡为目的,与间接医助死亡中缩短生命系医疗行为不可避免的副作用有别④。消极医助死亡一般是指以不作为的方式,不予救助已无存活希望的病人,任其自然死亡。此类行为并非积极地缩短病患生命,而是消极地不采取延长其生命的措施。典型的行为类型有不对临终病患进行医疗行为或中止已经进行中的医疗行为⑤。

---

① D. V. K. Chao, N. Y. Chan and W. Y. Chan. Euthanasia Revisited. Family Practice, Vol.19(2002), pp.129-132.
② 王皇玉:《医疗行为于刑法上之评价:以患者之自我决定权为中心》,台湾大学法律学研究所1994年硕士论文,第224-226页。
③ Vgl.Dreher/Tr.ndle, StGB, 1997, Vor § 211 Rdnr.15.
④ Muschke, Gesetzliche Regelung der Sterbehilfe, 1988, S.22ff.
⑤ Eser, in: Sch.uke/Schr.der, StGB, 1997, Vor § 211 Rdnr.27 ff.

三、医助死亡行为立法规制的争议

二十世纪初以来,欧美学界热烈进行的医助死亡的讨论,使得医助死亡的议题在全球开枝散叶,各地皆掀起相关立法规制可行性探讨的风潮。随后荷兰和比利时两个国家相继将医助死亡合法化。欧洲这两个先锋法案,无疑大力助推了二十一世纪医助死亡行为合法化的步伐,但目前除这两个国家外,在法律层面,在全球各地此种行为仍属立法空白之列,即便将医助死亡的议题论辩发酵成熟为法案的国家、地区,在立法过程中仍不免来回辗转反覆,如1994年美国俄勒冈州通过了《尊严死亡法》,但美国联邦议会对此法案不断施以阻力,1995年澳洲北领地通过《末期病人权利法》,不久便因为澳洲联邦议会阻挠而失去实际效力。医助死亡的立法问题,牵涉到社会观感和国家政策,甚至必须面对全球的关注和质疑,这些困境至今也仍在突破之中[①]。

在西方社会,对医助死亡行为进行立法合法化,除了上述安乐死的负面形象遭人反感外,其内涵也是一大禁忌。虽然在一生中没有人能不面对死亡,但死亡对许多人来说仍是不愿直面的禁忌话题,并且此议题还牵涉到自杀与杀人的忌讳,会使人想到病人要自杀,这违背了人类求生的本能。此外,反对医助死亡合法化的论者还有一种隐忧,那就是担心一旦合法化,许多年老或贫弱的慢性病人,为避免拖累家人和社会,将被迫走上医助死亡的死途。医助死亡本来是赋予病人选择医助死亡的权利,但一旦失控,恐怕会将死亡的权利演变成死亡的义务,并且医助死亡的课题也必然牵涉到社会福利制度、医疗资源、技术和医疗体系等,若是没有相关方面的健全发展,实施医助死亡难免带来负面的连锁反应,因此世界各国无不谨慎立法。

反对医助死亡立法合法化的论者主张人没有杀人的权利,生命无价,即使是身陷极大痛苦的人也不应放弃生命,况且国家、社会对于需要扶助的弱者,有给予保护的责任与义务,不能视其为负担,任其消失。病人要求死亡的意愿未必出于理智,也可能只是暂时的意愿,旁人应尽一切努力帮其解除痛苦,当然不可以帮助他们自杀。而且医助死亡行为一旦合法,会造成滑坡效应,在人口呈现负增长或人口基数偏小的国家对社会发展极端不利。然而赞成的论者却认为,人有权利活得有尊严,死得也有尊严,对于生活失去生命应有品质的,不应要求他们为了别人继续存活下去。对于身处病痛折磨的末期病人,医助死亡行为也是一种良善的做法。在医学界,反对医助死亡的观点认为医疗的目的就是要为病人延长生命、治疗疾病、减轻痛苦,即便无法为末期病人治疗疾病,至少也要致力延长其生命,怎可放弃治疗而结束病人生命。况且所谓末期病人的存活期往往难以精准估计,如果贸然为病人实施医助死

---

① 陈新民:《比利时实施安乐死的启示》,载《"中央日报"》2002年9月29日第2版。

亡,就是剥夺病人的生存机会,此等行为违反了医学规范中的不伤害原则,破坏医患关系,使医师成为杀戮者。

同时,还有支持立法合法化的观点认为,医助死亡是为了减轻末期病人的痛苦,合乎医生执业中的行善原则,在无法治疗病人疾病时,仅为延长生命的行为只是徒增病人的痛苦,此时若病人要求医助死亡,医师应该尊重病人的意见,以病人的最佳利益为考量出发点。积极推动医助死亡合法化的杰克·科凡肯抨击禁止医师帮助病人自杀的宗教与道德基础时指出,如此要求只是部分宗教狂热分子希望医师不计成本地维护生命图腾,结果却造成医生借保护病人之名义,造成任由病人忍受剧烈痛苦的事实[①]。

笔者认为,在人类生存环境面临严峻考验的背景下,现今医疗科技无法治愈的疾病日益多见,尽管医疗技术的水准日益进步,然而其极限依旧存在,许多长期难以治愈或根本无法救治的疾病,甚至连致病原因都不知道,对于救助和医疗更无从着手,尤其是在二十一世纪的今天自然界的病毒繁殖多变、肆虐横行的态势下,人类更是疲于应对、手足无措。当出现医不好在等死又死不去的情形,这些病人分分秒秒处于身心痛苦之中,他们中的许多人有强烈的死亡意愿,但碍于无明文的立法规定无法依规申请医助死亡,怕私自进行又可能会累及医师或亲友面临司法追究。在当前世界各地发生的医助死亡案件中,其行为样态和具体方式纷繁复杂、不一而足。在中国,当前如何规范处置此等案件成了一个棘手又急迫的现实问题,会在很长时间内可能没有明文立法的规制和凭借,只能寄望于理论层面的区分研讨、深度挖掘及相应司法处置路径的设计和铺展。

四、医助死亡行为的刑事归责界分

如上文所述,在立法层面,医助死亡行为立法规制的进程可谓步履维艰,但国际社会中关于医助死亡的探讨仍方兴未艾,民众对有尊严的死亡的诉求表达亦日益强劲。在处于立法空白的国家,学界大多将医助死亡行为从刑法领域进行入罪、无罪或轻罚化的理论评判。医助死亡行为的刑法定性与刑法上对加工自杀行为的处断密切相关,医助死亡的行为可否视为一种受嘱托或得承诺杀人的行为,进而认定为刑事违法,或者医助死亡行为可否当作超法规的违法阻却事由,这个问题争论已久。有学者认为医助死亡行为应予合法化,然而因为刑法明文有处罚加工自杀行为的规定,对于医助死亡行为不可主张其阻却违法,最多只能视为酌量减刑的依据而已[②]。但是,倘若坚持生命绝对保护的原则,虽然没有所谓"无生命价值的生命",可当生命尊严已经全部丧失且无任何救助可能时,该项绝对保护原则应如何落实

---

① 纪欣:《生死一线间:安乐死与死刑制度之探讨》,台北商周出版社2003年版,第53页。
② 张丽卿:《刑法总则理论与运用》,台北一品文化出版社2005年版,第207页。

与贯彻确有疑问。

积极医助死亡即为使末期病人免受身体上和心灵上的双重痛苦,采用作为方式缩短其生命的医疗行为。积极医助死亡虽然经过患者本人同意,但其因以加速患者死亡为目的积极作为而成为刑法关于医助死亡问题的中心议题。我国对故意杀人行为的规定存在于《中华人民共和国刑法》第二百三十二条:故意杀人的,处死刑、无期徒刑或者十年以上有期徒刑;情节较轻的,处三年以上十年以下有期徒刑。根据该条规定,积极医助死亡的行为模式与法律有相当符合性。因此,积极医助死亡是否具有刑事违法性成为争议焦点。

关于积极医助死亡的违法性存在三种学说。(1)阻却违法说。阻却违法说的出发点为患者的意思表示以及自我决定权。末期患者在痛苦的延续生命与无痛苦的放弃生命之间有决定的权利和能力,安然结束生命是患者"自我决定"的后果,因此"积极医助死亡"是合法行为,不同于故意杀人罪。另一种看法基于人权论,即生命权是个人的基本人权,每个人对生命、身体都拥有放弃而不遭受干涉的权利,选择医助死亡是人权的体现,从而阻却积极医助死亡行为的违法性。(2)阻却责任说。此种学说认为积极医助死亡在客观上仍属提前结束他人生命的杀害行为,具有故意杀人的构成要件符合性和刑事违法性。但是由于实施这种行为基于患者的承诺,且具有慈善动机,因此在某种情形下不具有刑法上的期待可能性,此行为虽然违法却不必承担法律责任。(3)否定合法说。此种学说认为,法律所保护的生命权不应将末期病人的生命权排除在外。即使医师出于善良动机,也不可否认这种行为违反了公共秩序和善良风俗。如果法律肯定了积极医助死亡,则其有合理理由担心这将给不怀好意者肆意杀害他人提供屏障。世界上只有少数国家对积极医助死亡行为的合法化加以明确。在我国,救死扶伤是医师的职业责任,对于生命垂危的病人,应给予医疗行为上的帮助和精神上的安慰以减轻其痛苦。人为的加速死亡并不为一般国民所认同,即使被害人同意,这种杀人行为也是对他人生命权的侵害,特别是在我国法律对积极医助死亡的程序、条件、方法没有作出明确规定的情况下,实施医助死亡的行为仍然构成故意杀人罪[①]。

笔者认为,要从刑法上评判医助死亡行为的性质,首先应将上述的积极医助死亡和消极医助死亡具体分而论之,并在积极的医助死亡行为内部分成两大类型,即间接的医助死亡与直接的医助死亡,分别进行评判断定。为探讨论证的方便,对应上述类型,特设例如下:家庭清贫、年迈多病的孤独老妇甲已确诊骨癌晚期,癌细胞正逐渐扩散到其他器官,生命余日可数。甲曾数次向主治医生乙表示其身体遭受的病痛难熬,令她痛不欲生。情形1,若乙为减轻甲的身体剧痛,在无其他任何有效镇痛药剂的前提下,开出吗啡让甲服用镇痛,并明确

---

① 黄常仁:《沧桑旧法——论自杀共犯及其可罚性之理论基础》,载《刑事法之基础与界限:洪福增教授纪念专辑》,台北学林出版社2003版,第538页。

向甲说明该药剂会产生缩短生命的副作用。随着老妇甲的病情及疼痛日益加剧,吗啡剂量也逐日增加,不久后甲与世长辞。情形2,若甲明确向医生乙表示其不愿再忍受身体病魔的煎熬,希望一劳永逸地离开,乙遂在甲的要求下为减轻其痛苦,一次性注射过量吗啡剂量,几小时后甲因此死亡。情形3,甲的病情急剧恶化,已经无法自主呼吸,甲曾明确向乙表示希望有尊严而自然地死亡,不愿接受任何人工复苏的医疗措施。某日甲呼吸道再度受阻,但乙为尊重甲的意愿,并未接上人工呼吸器,任由甲自然死亡。

(一)间接医助死亡行为无实质违法性

对于间接医助死亡的行为在刑法上的评价,学界几乎一致认为刑法中不应处罚医师从事这样的行为,但不处罚的理由为何,存在多种分歧见解。有学者从程序方面切入,试图说明间接医助死亡行为的缘由,如施米特(Schmitt)认为,在诉讼上根本难以证明医生此时具有杀人故意,医生为减轻病人剧痛而逐日加重镇痛药剂剂量时,通常自己也不清楚导致死亡的临界点究竟何在,即便清楚,在诉讼上也无法证明医生有杀人的故意[1]。但是以程序法上司法证明的技术障碍来作为实体法上立论的理由明显过于牵强,于是绝大多数学者尝试从刑法实体理论的角度切入论证间接医助死亡行为不处罚的理由。其努力的方向之一是在构成要件框架内排除行为的可罚性,有学者曾试图否定间接医助死亡行为与死亡之间的因果关系,但不为通说所采取。德国学者韦塞尔斯(Wessels)认为,单以因果关系为基准的观察方式,忽略了刑法领域中法律上的评价系取决于事件整体的社会内涵。就行为整体的社会意义而言,刑法中的杀人行为与间接医助死亡行为,二者有天壤之别。因为所论之行为指向不但不在于违犯生命,反而还是唯一能有助于垂死中生命的手段——减轻绝症患者无法承受的剧痛[2]。

克莱(Krey)则认为,当医生为减轻临终病人的剧痛,因而容任缩短病人生命的副作用发生时,该行为并不在刑法杀人罪保护领域之内。换言之,该罪之规范目的,并不在于禁止医生开该类镇痛药剂给临终病人服用[3]。立论间接医助死亡行为不可罚的第二个方向是否定该行为的违法性,但阻却违法的事由为何,则尚无定论。学者艾舍(Eser)认为,间接医助死亡行为符合可容许之风险的要件,因而阻却违法。当医生在医疗规范之内,兼顾患者减轻病痛的要求,使用镇痛药剂,因而容任死亡风险时,该风险仍在法律允许的范围之内[4]。其他学者则援引紧急避难的原理否定间接医助死亡行为的违法性,认为此时医生的医疗行为是为减轻和预防现实中生命、身体的痛苦与危险以及维护病人的尊严而不得不使用的手段,因

---

[1] Schmitt Euthanasie aus der Sicht des Juristen,JZ 1979,462,465.
[2] Wessels Strafrecht,Besonderer Teil 1(BT/1),21.Aufl,1997,Rdnr.26.
[3] Krey,Strafrecht BT/1,1994,Rdnr.14.
[4] Eser,in: Sch.nke/Schr.der,StGB,1997,Vor § 211 Rdnr.26.

此阻却违法。克莱（Krey）倡导的保护领域说，乍看之下是釜底抽薪之计，但杀人罪的保护领域，依何等根据及何种标准而定并未明确。韦塞尔斯（Wessels）所谓社会整体意义说，虽然借鉴了行为理论中的社会行为论，但社会行为论内涵本身尚处于模糊的争议之中。

在上述阻却医助死亡行为违法性的见解中，学者艾舍（Eser）提出的可容许的风险的理论不失为一个独特的切入视角，但是可容许的风险一般是指特定技术、科学实验或发明物的使用，无法绝对排除可能带来的风险，可其使用也可能带来巨大的社会经济利益，法律故而允许其使用。然而使用强烈的镇痛药剂，带来缩短生命副作用的风险并不属于可容许风险理论的本来意涵，除非将可容许风险理论做改头换面的重新界定。至于引用紧急避险的原理作为违法阻却事由，有观点质疑此条路径，理由是间接医助死亡的行为维护的利益是身体健康，侵害的利益却是生命法益，大小失衡不能自圆其说。其进而主张在论证间接医助死亡行为不可罚的理由时应先确立一个原则，即将减轻病患剧痛的行为视为整体医疗行为的一部分，因此间接医助死亡行为在法律上的评价及不可罚的理由，应与医生其他一般医疗行为的处理相同[①]。

笔者认为，对于间接医助死亡的行为不予处罚，从生活常理上讲符合民众朴素法律情感。如上述设例情形1中，医生的本职工作当然包括减轻疾病的剧痛，对于已患绝症无法治愈的病人，在其无法忍受病痛的折磨时使用强烈的镇痛药剂吗啡，固然可能会产生缩短生命的副作用，但根据医生的专业判断，若这是医学上剩下的唯一有效的镇痛方式，在充分告知病患使用药剂可能的副作用后，满足病患意愿在或可推知之意愿在尊重其知情权和自主权的情况下，使用吗啡强效镇痛药剂的行为应该评价为正当的医疗行为。倘若一概禁止使用此类镇痛药物，对于身患绝症走向末期的病人，死亡将会变成痛苦难熬的漫长征途，结果是让病患痛不欲生、生不如死。生活中也经常发生一些癌症患者实在忍受不了或不愿忍受即将到来的剧痛而从医院跳楼自杀的事件，这也足以表明使用镇痛药剂在客观上能有效避免一些紧迫发生的自杀死亡后果，虽有缩短生命的影响，但至少能减少病人生命顿时泯灭的发生。如此，在能否成立紧急避险的设问下，需要考虑的是此处作大小权衡的法益的内容究竟是什么，是健康权与生命权的博弈还是另有其他内容。

对此，笔者的见解是生命法益的内容不是仅仅体现为时间的长短，在社会日益文明、人类自主意识愈浓的时代，当前中国民众眼里的生命品质越加具有独立价值，在生命法益内部，生命时间利益和生命品质利益均是现代人类重视的人格要素。对于生命只剩下与疼痛作斗争的病人，已无身体健康权，使其身心能少受痛苦及能平和安适地度过余生，就是他们最佳的生命品质。故而，以健康权和生命权的大小失衡否定紧急避难的观点难以成立。所以，

[①] Vgl. Wessels, Strafrecht BT/1, 1997, Rdnr. 27.

此时权衡的对象应是生命法益内部的时间利益和品质利益,对于末期病患,品质利益是高于(至少等于)时间利益的。在病患明确要求使用此类镇痛药剂和得其承诺或推知之承诺的情形下,承诺的内容是适当牺牲生命的时间利益换取生命存续期间的品质利益,对此病患是有处分权限的,其承诺也有效。故而,对于间接医助死亡行为,无论是基于界定为正当业务行为还是凭借紧急避险或被害人承诺的法理,均可以排除其实质违法性。

（二）直接医助死亡行为应予刑事归责

关于直接医助死亡的行为能否合法,也是理论界多年来一直争执的焦点,在多数国家中往往呈现民间呼声日响,但立法却踌躇不前的局面。在上述设例情形2中,虽然医生本意大多在于让病人减少痛苦,安适地走向死亡,一次性注射过量吗啡剂量加速了死亡进程,但刑法中杀人罪明文禁止任何以直接缩短他人(含垂危病人)生命或立即加速其死亡为目的之行为,就法律评价而言,直接医助死亡的行为违犯了禁止杀人的诫命。正因为如此,司法实践中将直接医助死亡的行为认定为受他人嘱托或得其承诺的杀人行为,以杀人罪论处。此等见解在日本的司法判例中也有体现。如横滨地方法院平成七年(1995年)3月28日对东海大学事件的判决,甲是东海大学医学院附属医院的医师,1991年4月1日从前任医师接下病人乙,担任乙的主治医师,乙是多发性骨髓肿瘤的患者,自1990年12月起在该附属医院住院。1991年4月11日甲医师向已经知晓病情的乙的妻子和长子说明乙所剩日子不多,遂乙妻及其长子提出要求:若乙的死期迫近则终止治疗,甲接受了他们的要求。1991年4月13日中午左右,乙妻及长子为缓减乙的痛苦,强烈要求甲医师将点滴等医疗设备拔除,甲虽感困惑,但还是指示护士拔走了点滴。傍晚六点十五分左右,乙的长子说"听到打鼾深感痛苦,请让他能够舒服",并向甲强烈要求,甲接受其长子请求后以带有抑制呼吸副作用的镇定剂,用平常两倍的剂量,在二十秒短时间内注射进乙的静脉,其后病情没有发生变化。晚上七点左右,乙的长子要求早点带父亲回家,甲虽然尝试劝他,最后还是以带有抑制呼吸副作用的另一种药剂,用平常两倍的剂量在十秒内注射完毕。晚上八点左右,乙的长子激动地质问甲医师:"到底怎么回事,竟然还有呼吸,今天就希望带他回家。"甲想,既然到达这地步,只有接受乙的长子的要求。晚上八点三十分左右,甲以带有降低脉搏数、一时性心跳停止等副作用的药剂,用平常两倍的剂量进行注射,由于脉搏等没有变化,于是继续注射具有心脏传导障碍副作用的药剂。晚上八点三十五分,乙因心跳停止而死亡。对于本案,横滨地方法院认定该医师构成普通杀人罪,判处有期徒刑两年,缓刑两年[①]。

笔者认为,生命权是宪法规定的绝对专属性的权利,其行使不得委予他人,也不容许别人故意介入生命处分的行为,因为"他人"这一夹杂物的故意介入会现实地或高度危险地影

[①] 陈子平:《安乐死与刑事责任》,载《刑事法杂志》1997年第457期。

响自杀内在意思形成的自由，或者侵扰自杀外部行动的自由，使得自我决定权不再是一种不受干涉、独立行使的权利，导致自杀并非完全自主、自治的结果。在受嘱托、得承诺杀人的情况下，行为人生命处分的行为在客观上并非自己亲自操控，而是完全由他人独占性地支配，干扰自杀者逆转动机形成的危险格外严重。在上述日本东海大学事件判决呈现的事实中，乙的生命自然进程在其家人的要求下多次受到医师人为强行的干预、侵扰，其生命何时结束完全不由自己掌握，也非顺其自然的状态，而是由外界的因素所支配控制。乙的生命被剥夺性地提早结束，医师的行为在规范评判上当属"杀人"的构成要件类型。实际上德国刑法规定受嘱托杀人罪，也是为了切实保障自杀者死亡决定的完全自主性，因为当嘱托者被他人剥夺生命时，无疑存在着妨害被害人在走向死亡的最后一刻自由自愿决定生死的危险。

在实际生活中，可能还会出现嘱托者在不可逆转的造成死亡的最后时刻产生了悔意，但杀害行为并非自己亲自操控进而无法及时避免其瞬间实际发生。这种情形下，虽然事实上并不存在嘱托者最终的、彻底的自主死亡决定，但已回天乏术。正是为了确保排除这种风险，确证死亡真正是自杀者自主决定的结果，德国立法才确立了必须由自杀者本人亲自终结自己生命的基本原则。如此才能保障自杀者一旦放弃马上死亡的决意便可毫无障碍地停止杀害行为，确保在自杀既遂时死亡结果是自杀者自由真意的体现。因此，直接医助死亡的行为即使得到病患的嘱托或承诺，也无法产生有效承诺的效力。更何况，在许多直接医助死亡的案例中，病患已无表意的可能，此时只能依据推知之承诺，或以病患近亲之意愿为判断标准，但这仍有违背病患真实意愿的现实风险或合理怀疑。针对根基性的生命法益，此种冒险也不得轻率为之。有鉴于此，在德国境内有推行病人遗嘱的运动，呼吁一般病人在尚能表意时，明确以书面形式写下自己的意愿，以免有不测风云时陷自己、家人及医生于难题[①]。

可见，在直接医助死亡中直接适用推定承诺的法理存有莫大疑问。除此之外，直接医助死亡合法与否的问题，不但关联学界对生命自主权的如何理解，还得结合一国的实际国情进行细致考量。民众的生命价值观念、医生的专业水准和职业伦理素养，以及医疗设备和医患关系无不是关键性的制约要素。就我国当前实情而言，医学技术水平尚处欠发达阶段，社会转型时期医患矛盾格外突出，民众文化素养有待进一步提高，对生命价值意义的理性认知仍有所欠缺，此种情势下对待直接医助死亡更应持慎之又慎的态度，不得贸然容许此种行为的实施，以免产生无限滥用的危险。

（三）消极医助死亡行为并非不作为犯罪

随着现代医疗科技的进步，使用技术延长临终病人的生命进程成为可能，以致近年来消极医助死亡的案例越来越多，成为探讨医助死亡行为法律定性的又一个重要诱因。对此，陈

---

① Vgl. Rickmann, Das Patiententestament, Diss.G. ttingen, 1986. S.18.

子平教授认为,消极的医助死亡行为只要符合了医疗行为所需具备的合法性要件,便属医师义务上的正当行为。而这些合法性要件包括如下:医术的正当性、适当性以及被害人的承诺。如有欠缺,医师的行为就是违法。至于医师是否有延续病患生命的义务,一般认为医师没有为病患延续生命的义务。同样地,考夫曼教授也认为医师遵照病患意愿不继续治疗,不应以受嘱托杀人罪苛责,否则医师会在病患不愿继续接受治疗的时候,按单方己意对病人施以治疗。这种做法侵犯病患自决的权利,在自由社会中是不可容忍的[①]。

从理论上讲,消极医助死亡的行为样态在刑法定性上是不作为,因此其在法律上的评价,取决于不作为犯的理论。倘若此等行为构成不作为的犯罪,其基本前提是行为人有作为的义务、履行义务的可能性以及结果回避可能性,因此,学界争论的焦点在于医生医疗救治之义务何时终止及其与病人自决权之界限何在。在法理上首先肯认,病人与其他人相同,不但享有生命权,而且还有身体不受任何侵犯的权利。因此,未得病人同意或可推知之同意时,医生不得为医疗行为,例如擅自进行外科手术或强迫输血,该行为系对病患身体之侵犯,该当伤害罪之构成要件,并且不得阻却违法。再者,病人若要求自然死亡,即禁止他人以人工方式延后自己死亡的时点,如此,医生不得违背病人的意思,对其进行手术、施以复苏术或其他措施等延后病患自然死亡的时点。倘若医生擅为该医疗行为,那即是对病人身体自决权及生命尊严的冒犯。换言之,医生不得漠视病患医疗否决权,擅自强迫病患延长其生命及病痛。从医生救治义务的角度,当病人行使医疗否决权时,该义务即随之终止。如上述设例情形3中,甲的病情在客观上恶化到已经无法自主呼吸,甲也曾明确向乙表示希望有尊严而自然地死亡,不愿接受任何人工复苏的措施以延后死亡时间,倘若乙强行为其接上人工呼吸器,阻碍甲自然死亡,则是完全违背病患自主意愿,彻底侵害宪法赋予其的自决权和人性尊严。

除上述病人自决权外,医生的救治义务也会因病人的病情回天乏术这一客观障碍而自然终止。当病人已病入膏肓,经医学上诊断已经没有继续存活的希望,生命进程已进入死亡阶段时,虽然如果医生穷尽一切医疗技术的可能,如实施心肺复苏术及接上人工呼吸器,尚可延长生命现象一小段时间,但这已超越医生医疗义务的范围[②]。从而,当医疗义务一旦终止,即使后来病患死亡和医生的不作为之间具有因果关系,也会基于病患死亡结果的不可回避性,根据刑法上不作为犯罪成立的基本理论,将此等行为排除在不作为犯罪范围之外。

---

① [德]亚图·考夫曼:《安乐死—自杀—受嘱托而杀人》,刘幸义译,载《中兴法学》1984年第20期。
② Vgl. Wessels, Strafrecht BT/1, 1997, Rdnr. 30.

五、结语

在人类历史中，对于生老病死，人们总习惯用灰色的字眼去描绘，然而这是每个生命体不得不面对的话题。"人是向着死亡而生"的哲理名言，清楚地点明了这个终究要正视的人生终极问题。基于生命价值观的差异，在西方社会，民众热衷讨论并助推医助死亡行为合法化的进程，而过去很长时间里我国民众却对于生死议题有着一种长寿是福的古老观念，因此不易接受生命品质优于生命长度的价值取向。党的十八大以来，随着我国民主法治的日益昌盛及"共同富裕"宏伟蓝图的明确提出，中国着力推进中国式现代化，坚持物质富裕与精神富裕一体发展，更加注重经济、政治、文化、社会、生态环境等各方面的建设质量。但是在当前我国人口增长再创新低，老龄化趋势不断加快的情势下，将会有更大比例的人口在死亡到来之前可能面临忍受漫长的病痛折磨。尽管我国的医疗技术日益发达，但对于许多绝症末期的病患来说，这早已经不是延续生命的恩赐，而是让他们承受更多痛苦与折磨的冰冷机器。于是人们逐渐会发现，真正恐惧的或许不是死亡本身，而是死亡的过程。

在这种社会情状下，倘若司法实践中仍坚守将医助死亡行为一律认定为受嘱托或得承诺杀人进而定罪的话，则明显与民意诉愿冲突。如此，在中国当前尚无医助死亡立法出台可能的前提下，运用刑法理论将医助死亡行为分类界定是否入罪即为妥适、务实的做法。对于间接医助死亡的行为，可依据紧急避险或被害人承诺的法理，或将其视为正当业务行为，排除其刑事违法性的成立，而消极医助死亡行为，由于其行为本质为不作为的样态，可以死亡结果的不可回避性或病患自决权的行使导致医生作为义务的终结为由否定医生的罪责。对于直接医助死亡的行为，由于存有诸多障碍、条件的限制，目前仍宜肯定其客观违法性，在审慎入罪量刑时考虑从轻处罚。

刑事诉讼案外人诉权保护的理论阐释与现实反思

李 胥[*]

摘 要：所谓刑事诉讼案外人是指刑事案件被追诉人及被害人之外的，与刑事诉讼的进程和结果存在利害关系的人。由于刑事司法已突破其传统的场域范围，并对案外人基本权利构成直接干预，赋予案外人诉权并确保其有效行使，是基本权利之平等保障和程序正义的必然要求。在我国，由于相关规定缺乏必要的明确性和规定之间的协同性，案外人的诉权行使极度困难。借鉴域外有益经验，结合我国基本国情，我国应当从案外人参诉权、上诉权、撤销权保障等方面，对案外人诉权体系进行系统构建。

关键词：案外人 涉案财物 财产权 诉权

在 2015 年"私募一哥"徐翔操纵证券市场案中，公安司法机关对包括泽熙公司的资产、徐翔父母名下以及夫妻名下所有资产在内的约 210 亿元财产进行查封、扣押、冻结、拍卖。徐翔妻子应莹及其代理律师多次提出执行异议、申请听证均无果而终。在徐翔的刑期将满之际，案件涉及的财产甄别才有所进展，但由于时间间隔过长，股权等资产已严重缩水[①]。

所谓刑事诉讼案外人是指刑事案件被追诉人及被害人之外的，与刑事诉讼的进程与结果存在利害关系的人。案外人本来是民事诉讼领域的一个重要概念，在刑事诉讼中很少被采用。但随着近年来公安司法机关不当干预甚至侵害刑事诉讼当事人之外的与刑事案件没

---

[*] 作者简介：李胥，北京工业大学文法学部法律系讲师。
[①] 参见李小平：《徐翔案现重大进展！200亿元资产甄别进入尾声，多家上市公司将卷入资产分割战》，载《证券时报》2020年6月1日第A3版。

有直接关系之人的合法权益这一现象不断发生,在刑事诉讼中是否应当像民事诉讼那样采用案外人这个概念,开始成为一个重要的理论课题和实践问题。尽管刑事诉讼是由控辩审三方构成的,但刑事司法活动的进程和结果可能不仅涉及双方的利益,还会对控辩双方以外的第三者的利益造成影响,其中最为突出的体现为涉案财物的处置对案外人财产权的干预。

"所谓诉权,是国家法律赋予社会主体在其权益受到侵害或与他人发生争执时,请求审判机关通过审判方式保护其合法权益的权利。"① 保证程序所涉及利益的人或者他们的代表,能够参加诉讼,对与自己的人身、财产等权利相关的事项有知悉权和发表意见权,是实现诉讼公正的基本要求②。受涉案财物处置影响的案外人的正当程序保障,主要是通过诉权来实现的。作为一项宪法性的基本权利,诉权在本质上是对实体权益或者实体争议的司法救济权。为确保案外人财产权在受到干预或可能受到干预的情况下,能够通过正当的途径获得公正的裁决,刑事诉讼在程序上必须赋予案外人受宪法保障的程序权利,尤其是参与庭审权及请求法院救济的权利。

需要申明的是,文中的"案外人",仅指涉普通刑事诉讼程序的案外人。在我国刑事诉讼中,案外人还包括附带民事诉讼中的案外人和独立没收程序中的案外人,但由于这两种诉讼的结构不具有刑事诉讼的典型性,且案外人在这两种诉讼中的诉权类似于民事诉权,因此本文未予涉及。

一、刑事诉讼案外人诉权保护的现实动因

在传统的刑事司法场域中,构成客观关系的主体主要包括:犯罪嫌疑人、被告人、被害人、辩护人、代理人、侦查人员、检察人员、法官、陪审员,以及包括证人、鉴定人在内的其他诉讼参与人员③。这些主体依据各自的职能、法律地位、权利义务,搭建起传统刑事司法场域的关系网络。但由于刑事审判权扩及民事问题、刑事没收和强制措施干预对象的范围扩及被追诉人以外的主体,刑事司法已突破了传统的场域范围。这也构成了刑事诉讼案外人诉权保护的现实基础。

(一)刑事审判权的扩张

出于司法专业化的考量,现代社会通常依据案件性质的不同而对法院审判权进行划分。刑事审判庭、民事审判庭、行政审判庭分别在各自的权限范围内,对刑事案件、民事案件和行政案件独立行使审判权。然而,在司法实践中,各审判庭的权限行使却并未如此"泾渭分明"。其中尤以刑事审判权向民事审判权扩张表现得最为明显。在刑事诉讼中涉及民事争

---

① 参见徐静村、谢佑平:《刑事诉讼中的诉权初探》,载《现代法学》1992年第1期。
② 参见宋英辉:《刑事诉讼原理》(第三版),北京大学出版社2014年版,第65页。
③ 参见宋志军:《论刑事证据场域及其构造》,载《太原师范学院学报(社会科学版)》2010年第3期。

议问题的情况下,为确保审判权的顺利行使,刑事审判庭往往会对该民事问题作出事实上或法律上的认定。有学者将这一现象归纳为刑事审判权的广泛性或超越性[1]。例如,在对涉财类犯罪案件(如盗窃、诈骗、侵占等)进行审理的过程中,刑事审判庭首先需要对财产归属进行认定。只有在涉案财产确非被告人所有的情况下,被告人才有可能构成相应犯罪。再如,在涉案财物处置过程中,刑事审判庭可能就财物的转让是否成立、有效的问题作出认定,并以此决定案外人的财产是否应予追缴和没收。无论是财产归属的认定,还是对财产转让是否成立的法律评价,其在本质上都涉及了民事法律的问题。在这种情况下,刑事审判庭对相关问题的处理,实际上已经突破了理论上的权限范围。

刑事审判权的扩张在一定程度上带来了判决效力的扩张。在司法实践中,民事法律关系主体[2]范围与刑事法律关系主体[3]范围存在着较大差异。例如,在一起挪用资金案中,被告人 A 代表其单位为另一公司向银行借款的合同提供担保。后因该公司未能清偿借款本息而由 A 所在的单位承担连带清偿责任,A 同意用其单位的某一财产来清偿。此后,A 以挪用资金罪而受到刑事追诉,银行因 A 同意而获得的 A 所在单位承担担保责任的财产便被作为赃款而被侦查机关冻结[4]。在就 A 所涉的挪用资金罪进行审判的过程中,为确定是否对银行所获清偿的财产进行没收,法院不仅需要对 A 行为的性质进行认定,还需要对财产的具体权属、A 与银行所签署的借款合同的合法性,以及清偿行为的合法性进行认定。在该案中,刑事法律关系的主体仅包括实施犯罪行为的行为人 A 和行使刑罚权的国家,而受到该刑事审判权影响的民事法律关系主体包括 A、A 所在的单位以及银行。刑事审判权的扩张可能导致刑事法律关系和受到影响的民事法律关系在同一审判程序中出现耦合,从而在一定程度上使刑事判决的效力扩张至尚未参与犯罪活动,但与犯罪行为人存在民事法律关系的民事主体。在刑事诉讼的"手臂"已不可避免地触及其他民事法律关系主体基本权利的情况下,如何通过诉讼程序的建构对相关主体的实体权利进行保障则成为人们不可回避的问题。

(二)刑事没收范围的扩张

刑事没收制度在英美法系早已有之,但随着 20 世纪中后期经济社会的快速发展,特别是贩毒、洗钱、走私、恐怖活动等犯罪的出现,刑事没收在预防、应对犯罪中的作用日益凸显,

---

[1] 参见张卫平:《民刑交叉诉讼关系处理的规则与法理》,载《法学研究》2018 年第 3 期。
[2] 民事法律关系是民事主体之间就一定的物或其他对象(客体)而发生的由国家强制力保证其实现的民事权利义务关系。民事法律关系主体是指参与民事法律关系,享受民事权利和负担民事义务的人,包括自然人、法人、其他组织和国家。
[3] 刑事法律关系亦称刑法关系,是由刑法规范所调整的,因以犯罪为核心的法定事实为依据而产生、变更、消灭的,国家与犯罪人之间受制约的刑罚权与有限度的刑事责任的关系。作为刑事法律关系的一方应该而且必须是国家,另一方是实施犯罪行为的特定个人。参见张小虎:《刑事法律关系的构造与价值》,中国方正出版社 1999 年版,第 29 页。
[4] 参见乔宇:《执行中利害关系人对刑事涉案财物主张权利的处理》,载《人民司法(案例)》2017 年第 20 期。

没收对象的广泛性、适用条件的宽泛性，以及没收程序的独立性都较之前发生了深刻的改变。

第一，刑事没收对财产与犯罪行为和刑事定罪之间的关系要求更为宽松。除未定罪没收在世界领域广泛适用外，传统的刑事没收对没收标的与犯罪行为之间关系的要求更为宽松。例如，为有效应对有组织犯罪，欧盟 2014 年《关于冻结和没收犯罪工具和犯罪所得的指令》（Directive 2014/42/EU of the European Parliament and of the Council of 3 April 2014 on the freezing and confiscation of instrumentalities and proceeds of crime in the European Union）增加了扩张没收（extended confiscation）的规定。依据这一规定，在刑事定罪之后，法院不仅可以裁定没收与某一特定罪行有关的财产，还可以裁定没收可能构成其他犯罪收益的财产。扩张没收制度的适用，进一步切断了刑事定罪与刑事没收之间的必然关系。

第二，刑事没收可以对案外人进行。在美国，基于回溯规则（relation-back doctrine），除非存在无辜所有者抗辩情形，没收自可对案外人进行。在欧盟地区，欧盟 2014 年《关于冻结和没收犯罪工具和犯罪所得的指令》第 6 条规定，成员国应采取必要措施，至少在根据具体的事实和情况，第三人知道或应当知道财产的转让或取得是为了避免没收的情况下，能够对犯罪嫌疑人或被告人直接或间接转让，或第三人从犯罪嫌疑人或被告人处取得的财产，或价值相对应的其他财产进行没收。在我国，依据 2014 年《最高人民法院关于刑事裁判涉财产部分执行的若干规定》第十一条，被执行人将刑事裁判认定为赃款赃物的涉案财物用于清偿债务、转让或者设置其他权利负担，除第三人可以证明其符合"善意取得"的规定，人民法院对该财物应予追缴。

第三，刑事没收对象范围的扩张。世界范围内，为强化刑事没收在打击犯罪方面的重要作用，应对实践中犯罪收益流转快、形态多为没收对象识别带来的困难，刑事没收的对象范围已远不限于供犯罪所用或犯罪所得财物本身。例如，2000 年《联合国打击跨国有组织犯罪公约》第 12 条规定对没收的对象作出了极为广义的解读。明确将直接受益、转化物、混同物、替代物等纳入没收的范围①。

可以说，在新的没收形式下，没收采取的形式更为灵活，刑事没收所辐射的财产范围与权利主体范围也愈加广泛。在案外人财产可能受到刑事没收影响的情况下，保证其享有充分的参诉机会，是程序公正的必然要求。

（三）强制措施干预范围的扩张

犯罪发生后，为了厘清真相，追诉犯罪，查获涉案财物，国家专门机关可以启动相应的强

---

① 2000年《联合国打击跨国有组织犯罪公约》第12条规定，公约没收与扣押的对象不仅包括犯罪的直接收益或价值与其相当的财产，还包括上述财产部分或全部转化后的其他财产、犯罪收益与合法财产混同后的相关价值，以及由上述财产所产生的收入和其他利益。

制措施,以保证刑事司法活动的顺利进行。在刑事司法活动中,国家专门机关权力的行使主要以犯罪嫌疑人、被告人为"着力点",但也可能会波及被追诉人以外的第三人。根据关联方式的不同,可以将强制措施波及案外人的情况分为两类:第一,直接关联,即国家专门机关直接针对案外人的人身或财产采取强制措施,如对案外人的人身、住所进行搜查,或者对案外人所有的财物进行扣押。第二,间接关联,即国家专门机关虽然并没有对案外人的人身或财产直接采取强制措施,但其对被追诉人采取的相关措施可能会对案外人产生不利后果。例如,在被扣押财产上存在着案外人的担保物权的情况下,国家专门机关所采取的强制措施可能对案外人的担保物权产生影响。为确保案外人财产权在受到强制措施干预的情况下,能够获得正当程序保障,程序上就必须赋予其获得法院救济的权利,这一点也为域外刑事诉讼理论和实践所认可。

二、刑事诉讼案外人诉权的理论依据

传统的刑事司法主要是围绕被告人的责任追究和权利保护展开的,而司法公正则主要体现为对被追诉人诉权的保障。在这种司法哲学的影响下,案外人一直被视为刑事诉讼的"局外人"。但由于刑事审判权扩及被追诉人以外的主体,刑事司法已突破了传统的场域范围。在这种情况下,从实体与程序双重层面上满足涉及权利人最低限度的正义要求便成为刑事司法公正的重要衡量指标。具体来说,刑事诉讼案外人诉权保护的理论依据可以从四个方面予以解读。

(一)案外人基本权利之平等保障

依据《布莱克维尔政治学百科全书》的解释,基本权利是指"个人拥有的较为重要的权利;人们认为,这些权利应当受到保护,不容侵犯和剥夺"[①]。基本权利是对人权的法律上的严肃承认,"是要求人权在法律上不仅仅以施恩的、随时都可以取消的宽容形式而存在",而且是必须通过法律的形式明确予以确认的,那些在任何条件下均应予无条件维护的公民所享有的最根本、最重要的权利。从国际社会的通行标准来看,基本权利主要分为六类:生命权,自由权,财产权,关于国民个人地位的各项权利,涉及政府行为的权利,社会、经济和文化权利[②]。基本权利的固有性决定了基本权利的普遍性。基本权利是人之所以为人所享有的神圣而不可侵犯的权利,国家对于基本权利的保障应当是平等的。

一方面,作为基本权利的基础性救济手段,诉权应当受到平等保护。总体来说,刑事法律所允许的基本权利干预手段是所有法律领域最为严厉的。实体法层面,刑事实体法所规

---

① [英]戴维·米勒、[英]韦农·波格丹诺:《布莱克维尔政治学百科全书》,邓正来译,中国政法大学出版社1992年版,第283页。
② 参见张文显:《二十世纪西方法哲学思潮研究》,法律出版社1996年版,第511页。

定的刑罚措施和刑事没收措施可能导致基本权利的永久性丧失。程序法层面，刑事程序法规定的搜查、扣押等强制处分措施可能在相当长的一段时间内限制公民基本权的行使和实现。而如上所述，实践中，受到刑事司法活动干预的基本权利主体不仅仅包括被追诉人，甚至包括未参与犯罪活动的案外人。"权利"与"救济"如影随形，缺一不可。作为启动诉讼这一公力救济的基础性权利，诉权的赋予与保障，是公民能够请求国家对自己的合法权利予以确认，对侵害自己权利的行为予以认定和追究的重要前提。基于基本权利的普适性和保障的平等性，无论是国家专门机关对公民受宪法保障的基本权暂时性限制，还是永久性剥夺，都应受正当程序原则等合宪性正当化事由制约，并保障相关权利人诉权之充分行使，否则即属违法、违宪之基本权利干预。

另一方面，作为救济性的"基本权利"，诉权应当受到平等保护。诉讼是最主要的公力救济方式，而诉权的赋予与保障，是公民能够请求国家对自己的合法权利予以确认，对侵害自己权利的行为予以认定和追究的前提和基础。"要使生命、自由、财产等宪法权利不仅仅只是纸面上的'规范权利'，而是在受到侵犯后可以诉请司法救济的'现实权利'，就应当将诉权置于与生命权、自由权同等的法律效力层次。"① 现阶段，《世界人权宣言》《公民权利和政治权利国际公约》等国际公约已经对诉权作出明确规定②，诉权作为公民的基本权利也为许多国家的宪法所认可和保障③。传统的刑事司法主要是围绕着被告人的责任追究和权利保护展开的，而司法公正也主要体现为对被追诉人基本权利的保护。但由于刑事审判权扩及民事问题、刑事没收和强制措施干预对象的范围扩及被追诉人以外的主体，刑事司法已突破了传统的刑事司法场域范围，进而对控辩双方以外的第三者的利益造成影响。案外人也因其基本权利受到刑事司法干预而享有通过诉讼获得救济的诉之现实利益。诉权是公民平等享有的程序基本权。诉权的保护不因权利主体是被追诉人还是被追诉人以外的人而有所差别。刑事诉讼案外人的诉权保护是刑事司法场域扩张这一大背景下人权保障的应有之义。

（二）实体正义之扩张与实现

法学家们对正义的解释众说纷纭。西塞罗从主观层面，将正义解释为人类对于公平的一种精神态度；亚里士多德将平等视为正义的土壤；赫伯特·斯宾塞将自由视为正义的最高价值；而博登海默则认为无论正义的内涵如何变换，在个人权利和社会福利之间创设适

---

① 韩流：《被害人当事人地位的根据和限度——公诉程序中被害人诉权问题研究》，北京大学出版社2010年版，第71页。
② 《世界人权宣言》第7条规定，人人于其宪法或法律所赋予的基本权利被侵害时，有权享有国家管辖法院之有效救济；第10条规定，人人于其权利与义务及被刑事控告时，有权享有独立无私法庭的绝对平等不偏且公开之听审。《公民权利和政治权利国际公约》第14条第1项规定，人人在法院或法庭面前，悉属平等。任何人受刑事控告或因权利义务涉讼须予判定时，有权受依法设立的、合格的、独立的和无私的法庭公正、公开审判。
③ 参见刘敏：《论裁判请求权——民事诉讼的宪法理念》，载《中国法学》2002年第6期。

当的平衡永远是人们在探讨正义时主要考虑的主要问题[①]。尽管有关正义内涵的解读不一而足,但究其根本来说,实体正义主要关注于社会实体性价值(如财富、权利、自由等)的分配和保护问题。在传统的刑事司法场域中,实体正义主要包括:实施犯罪行为的人被判决有罪;无辜的人不受定罪;有罪的人得到与其罪相当的惩罚[②]。但实践中,伴随着刑事司法场域范围的扩张,传统的实体正义理念显然无法满足相关权利主体的利益需求。例如,对于涉案财物的相关权利人来说,其所关注的并非被追诉人是否罚当其罪,而是涉案财物的"归属正义"和"交换正义"[③]。基于此,保障公民的合法权利(无论是自由权、财产权,还是生命权)不受刑事裁判无故剥夺,利益需求得到刑事裁判的合理满足,也应逐渐成为刑事司法领域实体正义的应然要求。易言之,随着刑事司法场域的不断扩张,刑事司法实体正义的理论内涵也逐渐趋于多元化。伴随着刑事实体正义理论内涵的扩张,确保与案件处理结果有法律上利害关系的所有主体能够平等地参与到诉讼之中,充分地陈述主张、提出证据和进行辩论,能够使法院兼听则明,最大限度地再现案件真实,保证裁判在多元实体正义面向上的正当性和可接受性。

(三)公权力行使之民主监督

刑事司法具有浓厚的国家权力色彩。在刑事司法活动中,为实现追诉犯罪的目标,国家公权力的行使通常具有极为明显的主动性和普遍性。可以说,国家公权力的强有力行使贯穿了刑事司法活动的全程。但与此同时,受到国家公权力影响的个人却是相对无权力的、孤立的。这种实力上的鲜明对比,与国家权力扩张的固有本性相辅相成,使公民个人的合法权利在刑事司法活动中极易受到公权力运作的威胁与侵犯。基于此,对国家权力的运行加以规范,在充分发挥国家专门机关能动性的同时,将其对公民基本权利的干预限定在法律的框架之内,则是在刑事司法场域扩张这一大背景下司法公正的基本要求。

国家公权力的滥用往往对案外人的合法权益构成极大的威胁。司法实践中,"概括性扣押"的广泛运用、审前财物的随意处置、庭审对涉案财物性质和权属的虚化审理、涉案财物执行主体的混乱,均有可能对案外人的合法财产权造成难以弥补的损害。这便要求相关法律对国家专门机关进行的可能对案外人合法权益产生影响的诉讼行为进行合理规制,以限制公权力恣意扩张的本质。诉权是公民的合法权利遭到某种侵害或者不利益时向代行国家司法权的法院寻求救济的基本人权。在公民合法权利受到公权力不当干预的情况下,诉权的行使是法院启动对权力运行合法性进行中立审查的前提条件。基于此,诉权的法律保障能够给予案外人从制度上自由表达意志的权利,进而通过个体意志的制度性外化实现对

---

① [美]博登海默:《法理学:法律哲学和法律方法》,邓正来译,中国政法大学出版社1999年版,第251-298页。
② 参见宋英辉:《刑事诉讼原理》(第三版),北京大学出版社2014年版,第10页。
③ 参见吕洪刚:《正义:〈物权法〉的伦理抉择》,载《广东教育学院学报》2009年第2期。

刑事诉讼中公权力运行的外部制约和民主监督。

（四）程序公正与诉讼效率之平衡

程序公正是程序正义的最基本要求，其主要指涉处理纷争应当采取的最低限度的公平标准。程序公正强调程序的公开性、参与性，以及裁判者的中立性，即应赋予程序所涉及利益的人或者他们的代表，参与程序、主张权利的机会，并由中立、合格的裁判者经过法定的司法程序对相关问题作出决定[①]。换言之，如若使一个人法律上的权利地位受特定诉讼行为或判决拘束，其正当性之基础应奠基在受诉讼行为或判决约束之人已被赋予参与该关涉其权利义务之程序的机会，并能合理地预测该程序所将发生拘束力之内容及范围，借以向中立的裁判者提出足以影响该程序结果的意见、事实和证据。在传统的刑事司法活动中，由于案外人并非刑罚权行使之对象，亦非刑事诉讼的参与主体，故国家专门机关权力的行使原则上以犯罪嫌疑人、被告人为"着力点"，受刑事判决效力拘束者，原则上也仅限于参与诉讼的控辩双方。

然而，随着社会经济关系的日益复杂，刑事司法活动所波及的主体范围和涉及的法律关系也逐渐呈现出宽泛化和复杂化的趋势。受刑事诉讼行为或判决影响的不再限于诉讼程序上的控辩双方，还可能包括尚未参与犯罪活动，但与犯罪行为人存在民事法律关系的民事主体。为确保刑事诉讼的顺利进行、强化通过刑事诉讼活动打击犯罪的力度、减少重复诉讼对法秩序统一及诉讼效率产生的影响，人们希望透过刑事诉讼，能一举地应对更多的权利主体，解决尽可能多的相关纠纷。亦即在客观面向上，扩大刑事裁判所能产生拘束力的事项范围，使其扩展至相关的民事法律问题；在主观面向上，使公权力的行使范围和裁判的拘束力尽可能扩及所有与诉讼有关的权利主体，以提高诉讼效率，扩充诉讼程序解决纠纷的功能。

基于现代刑事诉讼的基本理念，对诉讼效率的追求和实现必须以满足程序公正的基本保障为前提。诉权的享有和行使是权利主体将其主张引入诉讼程序的前提和基础。基于此，在传统刑事司法场域被不断突破的大背景下，使案外人的基本权利受到公权力的干预和刑事裁判的拘束，必须在制度设计上赋予案外人诉权行使的程序保障，充实刑事诉讼效力范围扩张的正当性基础。

三、刑事诉讼案外人诉权的基本内容及其限制

为了在刑事司法场域扩张的大背景下，均衡保护刑事诉讼案外人的利益，基于案外人受刑事诉讼干预的实体法律关系而赋予其相应的诉权是必然选择。由于案外人在各诉讼阶段中的利益保护需求不同，不同诉讼阶段中案外人享有的诉权内容亦应有所不同。同时，为平

---

① 参见肖建国：《程序公正的理念及其实现》，载《法学研究》1999年第3期。

衡案外人诉权行使和保障诉讼效率两方面的要求,对案外人诉权体系的构建应遵循一定的条件限制,以避免诉讼规模的过分扩大干扰诉讼程序的顺利进行。

（一）刑事诉讼案外人诉权的基本内容

"请求法官对诉请的法律基础作出判决的权利"是诉权概念的核心范畴[①]。在诉讼中,诉权主要是通过起诉权、上诉权、再审请求权等具体诉讼权利予以具化的。结合刑事诉讼案外人在不同诉讼阶段的利益保护需求,刑事诉讼案外人的诉权内容可以分为两大类。第一类为判决形成前之诉权保护,一般包括参诉权、上诉权等权利内容;另一类为判决形成后之诉权保护,具体体现为撤销权、再审请求权等权利内容。

第一,参诉权。为使自己的合法权利不受已经启动的诉讼程序影响,而主动参与到诉讼程序之中,提出相应的诉讼主张并提供证据予以支持,是案外人参诉权的主要内容[②]。赋予案外人参诉权的作用,在于使其能够在财产权受到干预的范围内,得到程序上若干权利的保障,并加入原本为被告开启的审判程序之中,以确保其能够了解涉案财物处置的依据,并获得影响法院裁判的机会。使程序涉及利益的人获得适当通知和参与程序的机会是正当程序的基本内涵,亦是案外人诉权的核心范畴。从域外国家和地区的相关立法和司法实践来看,赋予案外人一定范围内参与刑事诉讼的权利已成为世界范围内的普遍做法。但在案外人参诉权的行使方式上,不同国家和地区却存在较大差异。

第一种是以德国为代表的完全合并模式,即案外人直接参与到刑事诉讼程序之中,法院实际是在刑事诉讼程序中同时解决被追诉人的刑事责任、涉案财物的可没收性与权属问题。依据德国《刑事诉讼法》第 98 条、第 111 条 e、第 111 条 f 规定,对扣押和假扣押的合法性和正当性,以及执行扣押或假扣押中作出的措施,所涉及人[③]可以随时申请法院裁定。依据德国《刑事诉讼法》第 431 条规定,当案外人拥有没收标的物所有权或其他权利,而此权利会因法院的没收命令而归于消灭,法院应命令案外人以没收参与人的身份参与程序。于其参与的范围内,案外人拥有相当于被告人的权利,如受审判期日通知、在场、传唤证人、向证人或鉴定人提问、最后陈述等权利。总体来看,在完全合并模式中,案外人救济程序与刑事诉讼程序完全合并。案外人通过直接参与刑事诉讼的方式提出权利主张,并可就被追诉人罪责问题,以及涉案财物性质、权属等问题发表意见。

第二种是以澳大利亚为代表的相对分离模式,即案外人救济程序与以定罪量刑为目的的刑事诉讼程序相互独立。案外人实际上仅是参与到独立于刑事诉讼程序的犯罪收益追缴

---

① 参见亨利·莫图尔斯基、巢志雄:《主观权与诉权》,载《苏州大学学报(法学版)》2019 年第 1 期。
② 崔玲玲:《第三人的诉权:参诉权、撤销权和异议权》,载《重庆理工大学学报(社会科学版)》2017 年第 12 期。
③ "所涉及人"指物被保管在某人处时,这种保管状态受到扣押影响的人,或财产权和占有权因扣押受影响的人。参见宗玉琨:《德国刑事诉讼法典》,知识产权出版社 2013 年版,第 53 页。

程序之中,其诉讼行为不会对被告人刑事责任的追究产生影响。澳大利亚的犯罪收益追缴模式有相当大的独立性。一方面,犯罪收益追缴程序并非合并于对被追诉人的刑事责任追究程序之中。即使基于某人可公诉罪的定罪而签发的没收令程序,也需要在被追诉人定罪之后独立进行①。另一方面,法庭签发的没收令可不以对有关人员的刑事定罪为前提。即使法院因某人定罪而签发没收令,而该定罪在随后被撤销,检察官也可以申请法官依据该法的其他规定②重新确认没收令。根据澳大利亚《2002年犯罪收益追缴法》(Proceeds of Crime Act 2002)的规定,案外人自法庭对限制令申请进行审理时,即可以通过直接参与犯罪收益追缴程序来保障自己的财产权。依据该法第26、30、61、64条的规定,限制令、没收令的申请与签发均必须通过合理方式及时告知对该财产享有权益的任何人。主张对财产享有权益的人可以在法院审理限制令、没收令申请时出席并举证。在相对分离模式中,犯罪收益追缴程序与刑事责任追究程序相并列,形成双层次的诉讼构造。

第三种是以美国为代表的附随模式,即案外人救济程序附随于被追诉人刑事责任追究程序的模式。在美国,国会于1984年制定了附属听证程序(ancillary proceedings)条款,为案外人主张权利提供了一个渠道,使其能够基于财产权属问题论证法官有关刑事没收的决定是否是"无效的"。依据21 U.S.C.A. § 853(n)条的规定,法官在刑事诉讼中应首先根据陪审团对被告人有罪以及涉案财物与犯罪存在关联的裁决对特定财物作出没收的初步命令(a preliminary order of forfeiture)。在没收的初步命令生效后,政府应以总检察长指示的方式发布没收通知③。案外人应自收到通知或没收公告发布的最后一天起30日内,向法院提出举行附属听证程序的申请④。附属听证程序在本质上是确权诉讼。被告方和陪审团均不会参与附属听证程序。在附属听证程序中,案外人可以主张:(1)在导致没收的罪行发生时,财产属于他们,而不是被告;(2)他们在犯罪行为发生后向被告购买财产,且没有理由知道该财产将被没收⑤。案外人不应以有关财产不应没收为理由对没收提出质疑,因为财产的可没收性不属于案外人应当考虑的范围⑥。在附随模式中,案外人实际上是通过专门设置的附属听证程序主张权利的。与澳大利亚相对分离模式中案外人所享有的广泛的参与诉讼的权利不同,在美国,案外人对诉讼程序的参与主要集中于附属听证程序之中,其对刑事诉讼审前程序、审判程序的介入是极为有限的。

---

① 参见澳大利亚《2002年犯罪收益追缴法》第59条。
② 如澳大利亚《2002年犯罪收益追缴法》第47条和第49条规定的基于行为构成严重犯罪而签发的没收令,和基于构成可公诉罪等的行为而签发的没收令。
③ 21 U.S.C.A. § 853(n)(1).
④ 21 U.S.C.A. § 853(n)(2).
⑤ 21 U.S.C.A. § 853(n)(6).
⑥ See Stefan D. Cassella. Criminal Forfeiture Procedure: An Analysis of Developments in the Law Regarding the Inclusion of a Forfeiture Judgment in the Sentence Imposed in a Criminal Case. American Journal of Criminal Law, Vol.32(2004), p.95.

第二,上诉权。"上诉权是法律赋予当事人及其家属或辩护人或代理人因不服一审裁判而向上级法院提起上诉的一项权利。"[1] 上诉程序是上级法院监督下级法院审判活动的主要途径。通过上诉程序,上级法院可以对下级法院作出的错误裁判进行纠正,以保证裁判的公正性和法律适用的正确性。当事人也可以通过上级法院对案件的重复审判,获得充分陈述的机会,以增加判决的正当性和可接纳度。为了避免不适当的未生效裁判对当事人合法权益造成侵犯,现代法治国家无不明确规定当事人对未生效裁判享有上诉的诉讼权利。上诉权是当事人诉权的重要组成部分,亦是当事人在诉讼活动中一项不可或缺的实体性救济权利。在域外国家和地区,法律普遍赋予案外人提出上诉的权利。例如,根据澳大利亚《2002年犯罪收益追缴法》第322条的规定,对被没收财产享有权益的人,可以针对目标命令提起上诉。德国《刑事诉讼法》第437条亦赋予案外人针对没收是否有正当理由提出上诉的权利。对于主判决的上诉程序与案外人的上诉程序的关系,域外采取了两种不同的做法。一种是以日本为代表的一并上诉模式。在这种模式中,对于主判决的上诉,其效力及于相关没收之判决。法官需要在上诉程序中,对没收问题进行审查。日本《刑事案件中的第三人所有物品没收程序的紧急措施法》规定,在检察官或被告人提出上诉的情况下,作为参与人的案外人自动取得参与人的地位。另一种是以澳大利亚为代表的独立模式。在澳大利亚,犯罪收益追缴程序具有较强的独立性。对主判决提出的上诉,该上诉效力并不及于相关的没收判决。如果相关定罪在上诉程序中被撤销,则法院应另行撤销基于该定罪而签发的没收令[2]。

第三,撤销权。撤销权系赋予未在任何诉讼程序中实际行使参与人权利的案外人事后对前诉判决的正确性提出异议的机会,亦即在前诉判决确定之后,使受该判决影响的案外人得以将该确定判决中与其有利害关系的部分加以撤销,并提出相应的权利主张,变更该确定判决的内容,以"事后地"赋予案外人相应的诉权保障[3]。与再审请求权不同,撤销权在实质上仍属于一种起诉权,撤销权的行使属于案外人获得的初次救济,其可以得到完整的审级程序保障。此外,撤销权的行使仅及于生效裁判的一部,不会产生彻底动摇生效裁判的效果[4]。赋予案外人撤销权是法律正当程序的要求,也是保障未实际参与到诉讼程序中的案外人事后参与诉讼和陈述意见的权利。从域外国家和地区的相关法律来看,赋予案外人于事后对生效裁判提出异议的撤销权已受到普遍认可。德国《刑事诉讼法》第439条规定,如果已经具有确定力的命令没收标的,而某人释明:(1)在裁判具有确定力时,对标的享有权利,此权

---

[1] 潘庸鲁、孙晔:《上诉权的现实与理想》,载《中国刑事法杂志》2011年第8期。
[2] 参见澳大利亚《2002年犯罪收益追缴法》第81条。
[3] 参见林钰雄:《德国刑事没收程序逐条释义(续)——第三人参与、单独宣告及事后程序》,载《法学丛刊》2017年第3期。
[4] 参见崔玲玲:《论民事诉讼中第三人撤销权的行使方式》,载《西北大学学报(哲学社会科学版)》2019年第5期。

利因裁判受到了侵害而不复存在;(2)其无可归责地,既未能在第一审程序中又未能在上诉程序中行使没收参与人的权利,此人可以在事后程序中主张没收对其无正当理由。在澳大利亚,案外人撤销权的行使,主要是通过申请排除令的方式实现的。澳大利亚《2002 年犯罪收益追缴法》第 74 条规定,如果涉及个人财产的没收令已经签发,且该人有合理理由没有出庭,或该人现在有在审理时所不掌握的、与其申请相关的证据,或该人没有申请不是由于他本人的疏忽,或存在其他许可的特殊理由,则法院可以许可该人提出的排除令申请。在美国,依据美国《联邦刑事诉讼实践与程序》(Federal Practice & Procedure Criminal)第 574 条以及《联邦刑事诉讼规则》(Federal Rules of Criminal Procedure)第 32.2 条的规定,如果作为第三方的申请者没有收到有关没收程序的足够通知,则该申请者可以依据《联邦民事诉讼规则》(Federal Rule of Civil Procedure)第 60 条 b 项的规定提出重新开启附属听证程序的动议。

第四,再审请求权。再审,是指法院对已经发生法律效力的判决和裁定,发现在认定事实或适用法律上确有错误时,依法提起并对案件进行重新审判的一种特别审判程序[①]。再审制度的确立是在维护法的安定性和追求诉讼公正之间寻求平衡的结果,其体现了法治社会既要维护裁判权威,又要追求裁判公正的价值取向。在刑事诉讼中,当事人是与生效裁判结果存在直接利害关系的主体,其合法权益可能受到裁判结果的直接影响。基于此,以依照法定程序提出申请,请求法院对已审结的案件进行再次审理和重新裁判为核心内容的再审请求权是当事人享有的一项重要的诉讼权利。伴随着刑事审判权的扩张,刑事判决的拘束力已经扩及传统刑事诉讼当事人以外的其他相关民事主体。在这种情况下,赋予并保障受生效裁判影响的案外人再审请求权,是充实裁判效力主观范围扩张之正当性的必然要求。现阶段,案外人的再审请求权也为一些国家的法律和司法实践所认可。例如,依据德国《刑事诉讼法》第 439 条第 6 项的规定,在案外人撤销权行使的范围内,排除再审程序的适用。但德国司法实践一般认为,该规定仅是在澄清若案外人可提起撤销之诉,则没有必要再行给予其以新事实或新证据为由提起再审程序的权利,而非否定案外人再审请求权。换言之,案外人享有提起再审的权利,仅是在当其权利可通过撤销之诉得以维护时,其不得再以新事实或新证据为由申请再审,至于其他情形的再审可能性则不受影响[②]。

(二)刑事诉讼案外人诉权的限制

公正是程序设计的最基本价值取向而非唯一取向。程序经济要求程序成本与纠纷解决的结果之间应当满足一定的比例关系,在尽可能保证公正的情况下提高纠纷解决的效率。

---

① 参见宋英辉、甄贞主编:《刑事诉讼法学》(第六版),中国人民大学出版社 2019 年版,第 422 页。
② 参见林钰雄:《德国刑事没收程序逐条释义(续)——第三人参与、单独宣告及事后程序》,载《法学丛刊》2017 年第 3 期。

刑事司法场域的扩张必然导致法律关系的复杂化和权利主体的多元化。如果在同一诉讼程序中同时解决不同权力（利）主体的诉讼请求，极有可能造成案件规模的过分扩大，从而导致庭审过程虚化或诉讼进行困难。为了保障刑事司法活动的公正和效率，需要对有权参与诉讼的主体范围和争点范围进行必要限缩。

首先，案外人获得诉权的前提具有一定的限制。案外人获得救济的前提是相关财物的扣押和处置可能侵害其财产权。如果相关的诉讼活动根本不涉及财物的认定或处理，或者虽然涉及财物的认定与处理，但不可能侵害案外人的利益，案外人也就失去了寻求救济的基础。例如，德国《刑事诉讼法》第431条规定，只有刑事诉讼程序需要对是否没收作出裁判，且认为没收对象属于或应当属于案外人，或案外人对没收对象拥有其他的、可能被没收裁判剥夺的权利时，法院才能命令案外人参与诉讼程序。在美国刑事没收程序中，只有案外人对拟没收的特定财物享有特定权利时，才可提出权利申请。

其次，案外人诉权的主体范围具有一定的限制。法院审判权的运用与实体权利保护的需求相适应。诉权的行使前提是权利主体认为其合法权益受到侵害或者有纠纷需要解决。基于此，如果案外人的权益处于正常状态，没有受到现实的侵害或处于现实的危险，就不存在诉诸法院以寻求司法救济的问题。一般认为，在刑事诉讼中享有诉权的案外人范围限于与涉案财物存在直接利害关系的权利主体。至于被追诉人的债权人、涉案财物名义上的权利人等，由于其对涉案财物不享有排他的支配性权利，刑事诉讼的进行不会导致其权利的消失或无法实现，故不具备诉权行使的前提条件。例如，美国18 U.S.C.A. § 983(d)条第6项，明确对可以提出权利申请的第三人范围作出了限定。根据该规定，只有对所要没收的特定财产具有所有权（ownership interest）的人才可以在民事没收程序中提出权利申请，具体包括租赁权（leasehold）、留置权（lien）、抵押权（mortgage）、有记录的担保权益（record security interest）或有效的所有权转让（valid assignment of an ownership interest）。只是对另一人的财产享有无担保债权（general unsecured interest）的人、受托人（bailee），或对财产没有支配权或控制权的名义上的权利持有人（nominee），不属于可以提出权利申请的所有权人范畴。该规定同样适用于附属听证程序。在德国，对没收客体有权利，系对特定的物及权利而言。通说认为，单纯的债权人不能参与审判程序，也不能启动事后撤销程序[①]。

最后，案外人诉权行使范围具有一定的限制。在案外人参与诉讼的情况下，诉讼程序往往会呈现多重法律关系的交织，诉讼结构较为复杂。通常来说，案外人仅是因为涉案财物的处置可能影响其合法权利而参与到诉讼程序之中，其诉讼权利的行使范围自然也应围绕着涉案财物处置进行。例如，在美国，案外人在附属听证程序中仅能就财物的权属和自身是否

---

① 参见林钰雄：《没收之程序问题（下）——德国法之鸟瞰与借镜》，载《月旦法学教室》2015年第152期。

存在可非难的行为进行论证。在德国,依据德国《刑事诉讼法》第431条的规定,基于不拖延原诉讼的目的,法官可以在必要的情况下,对案外人的参诉范围进行限缩,将罪责问题排除于参诉行为延伸的范围之外①。在上诉程序中,案外人原则上无权要求法院对判决中的有罪宣告进行事后审查,即救济法院若认为上诉有理由,也只能针对没收本身撤销,不会改变被告的有罪认定②。

四、我国刑事诉讼案外人诉权保护的结构性异化

从现有规定看,在我国,案外人实际上是直接参与到刑事诉讼程序中寻求司法救济的,且案外人诉权的行使贯穿于审判、执行、再审等多个诉讼阶段。但从实践来看,由于相关规定缺乏必要的明确性和规定之间的协同性,案外人的诉权行使极度困难,由此带来的后果是在案外人财产权受到威胁或损害时,诉讼内救济途径往往难以发挥应有的效果。

(一)我国刑事诉讼案外人诉权保护的历史沿革

我国《中华人民共和国刑法》和《中华人民共和国刑事诉讼法》(以下简称《刑事诉讼法》)对案外人这一概念的关注起步较晚。虽然1979年《刑事诉讼法》已经对案外人的相关问题有所涉及,但在2012年《刑事诉讼法》出台前,我国尚未形成独立于当事人的"案外人"或"利害关系人"的概念。相关法律及司法解释对案外人的相关规定通常混同于《刑事诉讼法》关于当事人财产权保障的相关规定之中。依据《刑事诉讼法》及相关司法解释的规定,案外人作为"扣押物持有人""原主""权利人",仅享有获取扣押清单③、申请出售扣押、冻结股票等权利④。可以说,在这一阶段,案外人并非刑事诉讼程序的参与主体,也不享有向法院寻求救济的权利。

2012年《刑事诉讼法》在有关案外人的相关规定方面作出了两方面的修改:第一,增加了第一百一十五条(现《刑事诉讼法》第一百一十七条)的"申诉、控告"规定,赋予利害关系人就查封、扣押、冻结措施提出申诉、控告的权利⑤。第二,增加了"对犯罪嫌疑人、被告人逃匿、死亡案件违法所得的没收程序",并在该程序中赋予利害关系人参与诉讼的权利。由此,

---

① 德国《刑事诉讼法》第431条第2项。
② 参见德国《刑事诉讼法》第437条。
③ 1979年《刑事诉讼法》第八十五条规定,对于扣押的物品和文件,应当会同在场见证人和被扣押物品持有人查点清楚,当场开列清单一式二份,由侦查人员、见证人和持有人签名或者盖章,一份交给持有人,另一份附卷备查。
④ 2006年3月27日最高人民检察院《人民检察院扣押、冻结款物工作规定》第二十三条规定,对于扣押、冻结的股票,权利人申请出售并且不损害国家利益、被害人利益的,经检察长批准或者检察委员会讨论决定,可以依法出售,所得价款由管理部门保管。
⑤ 2012年《刑事诉讼法》第一百一十五条(现第一百一十七条)规定,在司法机关及其工作人员对与案件无关的财物采取查封、扣押、冻结措施的,或者应当解除查封、扣押、冻结不解除的,当事人和辩护人、诉讼代理人、利害关系人有权向该机关申诉或者控告。

《刑事诉讼法》层面逐渐出现独立于当事人和诉讼参与人的"利害关系人"概念,司法解释及相关规范性文件针对"利害关系人""案外人"的权利构建也逐渐起步。

2012 年《最高人民法院关于适用〈中华人民共和国刑事诉讼法〉的解释》(以下简称《解释》)在《刑事诉讼法》的基础上,分别于第三百六十四条、第三百七十一条和第四百四十四条(现第二百七十九、四百五十一、五百二十八条)进一步赋予案外人参与法庭审理、提起审判监督程序,以及提出执行异议的权利。2014 年 12 月 30 日,为响应十八届三中、四中全会的号召,规范刑事涉案财物处置工作,中央全面深化改革领导小组审议通过了《关于进一步规范刑事诉讼涉案财物处置工作的意见》。该意见对案外人的诉讼权利和案外人权利行使渠道进行了细化和强调①。2014 年《最高人民法院关于刑事裁判涉财产部分执行的若干规定》专门就刑事执行阶段案外人财产权救济机制进行规定,并对法院处理案外人异议的程序适用等问题作出详细指引②。2015 年最高人民检察院和公安部先后印发《人民检察院刑事诉讼涉案财物管理规定》和《公安机关涉案财物管理若干规定》。这两个规定在《刑事诉讼法》及相关规范性文件的基础上,进一步完善了案外人权利行使的信息保障机制,厘清了案外人的权利行使途径。

随着诉讼理论和司法实践的不断发展,我国相关法律和司法解释已经逐渐形成了独立的案外人概念。案外人的主体地位和权利保护已经受到我国刑事司法的一定关注。现阶段,我国的刑事诉讼案外人救济体系属于一种比较典型的法院救济与检察机关、公安机关救济"三线并行"的复合型构造。单就案外人的诉权行使渠道而言,在刑事诉讼中,案外人的诉权行使方式主要有以下三种:

第一,在庭审阶段提出异议。根据最高法《解释》第二百七十九条第二款的规定,法庭审理过程中,案外人对查封、扣押、冻结的财物及其孳息提出权属异议的,人民法院应当审查并依法处理;必要时,可以通知案外人出庭。

第二,提出执行异议。根据 2014 年《最高人民法院关于刑事裁判涉财产部分执行的若干规定》第十四条的规定,执行过程中,当事人、利害关系人认为执行行为违反法律规定,或者案外人对执行标的主张足以阻止执行的实体权利,向执行法院提出书面异议的,执行

---

① 2015 年 1 月 24 日发布的中共中央办公厅、国务院办公厅《关于进一步规范刑事诉讼涉案财物处置工作的意见》要求,人民法院、人民检察院、公安机关、国家安全机关对于当事人、利害关系人提出异议、复议、申诉、投诉或者举报的,应当依法及时受理并反馈处理结果。

② 2014 年 10 月 30 日发布的《最高人民法院关于刑事裁判涉财产部分执行的若干规定》第十四条指出,执行过程中,当事人、利害关系人认为执行行为违反法律规定,或者案外人对执行标的主张足以阻止执行的实体权利,向执行法院提出书面异议的,执行法院应当依照《中华人民共和国民事诉讼法》第二百二十五条有关执行异议的规定处理。人民法院审查案外人异议、复议,应当公开听证。第十五条进一步对案外人就涉案财物性质认定提出异议的处理程序作出规定,指出案外人认为涉案财物是否属于赃款赃物认定错误或应予认定而未认定,向执行法院提出书面异议,可以通过裁定补正的,执行机构应当将异议材料移送刑事审判部门处理,无法通过裁定补正的,应当告知异议人通过审判监督程序处理。

法院应当依照《中华人民共和国民事诉讼法》(简称《民事诉讼法》)第二百二十七条(现第二百三十二条)的规定处理。同法第十五条规定,执行过程中,案外人或被害人认为刑事裁判中对涉案财物是否属于赃款赃物认定错误或者应予认定而未认定,向执行法院提出书面异议,可以通过裁定补正的,执行机构应当将异议材料移送刑事审判部门处理;无法通过裁定补正的,应当告知异议人通过审判监督程序处理。

第三,提起审判监督程序。根据最高法《解释》第四百五十一条第二款的规定,当案外人认为已经发生法律效力的判决、裁定侵害其合法权益时,其有权自行或委托律师提出申诉,人民法院对其申诉应当审查处理。

(二) 我国刑事诉讼案外人诉权行使的异化与虚置

1. 审前阶段诉权行使机制缺位

在法治发达国家的刑事诉讼中,由于司法机关对审前程序的参与,无论是被追诉人还是案外人均可以获得充分的程序参与权,能够充分发表自己的意见,提出异议和申辩。但我国的审前程序缺乏司法机关的介入,并呈现出超职权主义的倾向。作为相对人的被追诉人和案外人,在审前阶段不能与追诉机关平等对话。当其认为追诉机关及其工作人员侵犯其合法的权益时,只能向该机关申诉或控告,不存在中立的裁判者进行审查裁判和机制保障。而申诉、控告均非真正的诉权行使机制,缺乏正当程序的依托。此外,2007年《国务院关于同意建立处置非法集资部际联席会议制度的批复》在重大非法集资案件中,设置了通过行政部门联席会议对非法集资进行处置的工作模式。实践中,很多非法集资案件的涉案财物在法院审判前就已经被行政机关主导的工作组先行处置,法院既无法在事前予以干预,也缺乏事后审查的合理途径。可以说,审前阶段司法权的缺位,使得审前程序呈现出追诉方和相对人的"双主体"结构,也使得案外人在审前阶段获得司法救济的可能性微乎其微。

2. 审判阶段案外人参与受限

尽管最高法《解释》规定了案外人在普通刑事诉讼程序中的庭审参与权,但由于缺乏参与程序的系统构建,实践中,案外人直接出庭就涉案财物处置问题发表意见的情况极为少见。即使允许案外人参与审判程序,案外人的诉讼地位、参诉方式等在实践中均无统一做法,也难以保证案外人的诉讼权利得到充分实现。总体来说,实践中,案外人主要通过以下几种方式参与诉讼:第一,直接以案外人或利害关系人的身份参与诉讼[①]。第二,以证人的身份参与诉讼[②]。直接以案外人或利害关系人的身份参与诉讼自然有利于案外人充分行使诉讼权

[①] 参见海口市美兰区人民法院(2015)美刑初字第292号刑事判决书;江西省吉安市中级人民法院(2019)赣08刑终47号刑事裁定书。

[②] 参见江西省九江市中级人民法院(2018)赣04刑终446号刑事判决书;辽宁省大连经济技术开发区人民法院(2018)辽0291刑初390号刑事判决书;四川省北川羌族自治县人民法院(2018)川0726刑初11号刑事判决书。

利,但在现有的"控辩审"三方组成的刑事诉讼构造中,这种参诉方式却显得有些名不正、言不顺。另外,以案外人或利害关系人的身份参与诉讼,案外人可以在庭审的哪一阶段参与诉讼、可以提出哪些抗辩事由、需要承担哪些证明责任、证明责任的承担应达到何种标准、案外人是否享有上诉权等问题均处于法律规定的空白地带。可以说,对案外人诉讼主张的处理在很大程度上处于法院自由裁量的范围,很难保证案外人权利能够得到充分保障。以证人的身份参与庭审程序固然符合我国《刑事诉讼法》现行规定的诉讼构造,但出庭作证并非诉权行使方式。证人仅能就自己所知道的案件情况向法庭进行陈述。案外人在证言中提出的相关权利主张对裁判的范围并不具有约束力,刑事裁判并不必然需要对证人提出的异议予以回应,对于法庭作出的裁判,案外人也不享有继续上诉的权利。案外人以证人的身份参与庭审,也难以实现获得司法救济的目的。总体来说,实践中,除非被告人在庭审的过程中提出案外人对涉案财物存在合法权益,否则案外人的财产权很难受到庭审的重视。而且在一些案件中,即使被告人提出案外人对涉案财物存在合法权益,法院也有可能以该事项属于其他法律关系为由,对此不予审查①。

综上所述,尽管我国《刑事诉讼法》及相关司法解释赋予了案外人参与庭审的权利,但由于相关规定的内容较为空泛,以及涉案财物处置问题在庭审程序中的边缘化倾向较为严重,案外人的参审权在实践中极有可能沦为一纸空文。

3. 执行阶段诉权行使机制虚化

2014年《最高人民法院关于刑事裁判涉财产部分执行的若干规定》第十四条规定案外人对执行标的主张足以阻止执行的实体权利的,应按照《民事诉讼法》第二百二十五条(现第二百三十二条)有关执行异议的规定处理。同法第十五条也对案外人主张涉案财物定性错误的情况,规定了相应的处理机制。由于审前阶段和审判阶段司法救济缺失,许多案外人是在执行程序中,通过异议、复议程序寻求救济的。但由于相关规定的矛盾和疏漏,执行阶段的异议、复议也难以使案外人的救济权得到充分实现。

首先,执行阶段的救济范围具有局限性。2014年《最高人民法院关于刑事裁判涉财产部分执行的若干规定》第十四条规定的执行异议程序,是案外人在执行阶段获得司法救济的主要程序。但是以执行异议作为案外人的救济路径颇有"权宜之计"的意味,与案外人排除执行的真实意愿存在较大差距。一方面,我国采取的是刑事执行机构多元化的配置,对涉案财物的执行由公安机关、检察机关、人民法院共同承担。《最高人民法院关于刑事裁判涉财产部分执行的若干规定》仅限于法院行使执行权的情况。在案外人对公安机关、检察机

---

① 例如,在广东省佛山市中级人民法院审理的一起走私案件中,辩护人提出案外人在被告人账户被侦查机关冻结后,误汇入人民币7万元,该款应退还案外人。但法院认为,该事项属于其他法律关系,当事人可另寻法律途径解决。参见广东省佛山市中级人民法院(2018)粤06刑初171号刑事判决书。

关的执行标的存在实体性权利的情况下，只能自行与公安机关和检察机关进行沟通，而无法通过向法院提出执行异议获得救济。另一方面，执行异议本质上是案外人对执行机关针对特定标的实施的执行行为存在异议而启动的诉讼程序，其本身并不具有阻断刑事裁判既判力的效力。从实践来看，案外人只有在执行标的未被刑事裁判认定为需要追缴、没收的涉案财物时，才可以较为顺利地通过执行异议程序主张实体性权利或执行机关执行行为违法。一旦执行标的已被刑事裁判认定为需要追缴、没收的涉案财物，法院极有可能通过法律解释将案外人针对该财物提出的实体性权利纳入对原裁判存在异议的范畴，而对案外人的主张不予支持①。有些法院更是明确指出，只有在确认案外人提出主张的执行标的不属于刑事裁判中的"涉案财物"的前提下，才可以按照执行异议的审查程序进行审查处理②。由此可见，由于受到刑事裁判既判力的约束，执行异议程序的救济范围受到了很大的限制。

其次，刑事裁判对涉案财物的概括性认定进一步限缩了执行阶段的救济范围。司法实践中，法院往往不会围绕涉案财物的性质和权属问题展开专门的裁判活动。相关的刑事裁判也只是对在案财物作出笼统的认定。法院对于涉案财物的概括性裁判缺乏对执行标的范围的具体限制，即使案外人通过执行异议程序对执行标的主张实体性权利，执行法院也可以将该执行标的纳入已被刑事裁判确认的"涉案财物"范畴，从而排除案外人通过执行异议程序获得救济的可能。实践中，对于刑事裁判就涉案财物的处置问题作出概括性判决的执行异议案件，执行法院存在着不同的处理方法。第一，将案外人异议材料移送刑事审判部门处理，在刑事审判部门未予明确前，中止财物的执行。例如，在2019年遂宁市中级人民法院办理的一起执行异议案件中，法院认为刑事判决既没有确认涉案查封的房屋为被告人违法所得，也未明确是否应予以追缴。依照《最高人民法院关于刑事裁判涉财产部分执行的若干规定》第十五条，执行机构应当将案外人提出的异议材料移送刑事审判部门处理。在刑事审判部门未予明确之前，执行机构对该房屋予以查封并执行缺乏充分的执行依据③。第二，将执行标的作为已被刑事裁判决定的涉案财物予以执行，案外人主张实体权利的，告知其应通过审判监督程序解决。例如，在2011年徐州市中级人民法院办理的一起合同诈骗案中，徐州市公安局在侦查阶段即对案外人利群公司的银行存款368.88万元予以冻结。审判阶段，法院并没有对涉案财物的权属进行具体调查，而是在判决书中概括性认定"对已查封、扣押、冻结的涉案财物依照法律规定予以追缴和处理"。在徐州市中级人民法院依据刑事判

---

① 参见最高人民法院(2016)最高法执监401号执行裁定书；平顶山市中级人民法院(2020)豫04执复20号执行裁定书；湖北省孝感市中级人民法院(2019)鄂09执异46号执行裁定书；云南省曲靖市中级人民法院(2018)云03执异50号执行裁定书。
② 参见眉山市中级人民法院(2019)川14执复35号执行裁定书。
③ 参见遂宁市中级人民法院(2019)川09执复39号执行裁定书。

决对冻结的368.88万元予以执行后,利群公司先后向徐州市中级人民法院、江苏省高级人民法院提出执行异议、复议。但受理异议、复议的法院均认为,利群公司368.88万元系市公安局冻结款项,显然属于刑事判决所称"已查封、扣押、冻结的涉案财物",徐州中院的执行行为合法有据。利群公司主张该笔款项不属于应当追缴的涉案财物,实质上是对刑事裁判本身存在异议,应当通过审判监督程序解决①。刑事裁判的概括性认定与执行异议程序的固有局限相结合,形成恶性循环,使以提供救济为目的而设置的执行异议程序,实际上难以发挥应有的作用。

再次,案外人实体异议的"降格"处理导致异议审查程序混乱。刑事涉案财物执行程序在很大程度上借鉴了《民事诉讼法》执行程序的相关规定。但事实上,《民事诉讼法》对执行救济体系中程序性救济与实体性救济采取的是区别规定的模式。2012年《民事诉讼法》第二百二十五条(现第二百三十二条)规定的"执行异议"是基于执行行为违法而启动的程序性救济。实体性救济主要规定于《民事诉讼法》第二百二十七条(现第二百三十四条)"案外人异议"之中②。《最高人民法院关于刑事裁判涉财产部分执行的若干规定》第十四条规定实际上将案外人的程序性异议和实体性异议混同于程序性救济程序,将案外人实体性执行异议"降格"为对执行行为的异议。这一做法可能导致以下几方面的问题:第一,后续救济途径的缺失。案外人对根据《民事诉讼法》第二百二十七条(现第二百三十四条)作出的裁定不服的,可以提出执行异议之诉或提起审判监督程序。但如果案外人根据《民事诉讼法》第二百二十五条(现第二百三十二条)的规定提出异议,则当其不服时,只能通过复议的方式再行寻求救济。这显然限制了案外人获得后续救济的可能性,不利于案外人财产权的保护。基于现实中案外人大都提出实体性执行异议,《最高人民法院关于刑事裁判涉财产部分执行的若干规定》第十四条的"降格"处理实际上难以为案外人提供充分、彻底之救济。第二,各机关衔接不畅。由于缺乏类似于民事执行程序中针对案外人实体异议而形成的有序衔接的处理机制③,刑事执行程序中,案外人实体性异议一旦涉及赃款赃物认定的内容,就需要在法院系统内部的各部门之间流转,极有可能产生部门之间流转不畅使案外人难以有效救济的问题。"刑事执行中案外人能否得到充分救济取决于执行部门、刑事审判部门、

---

① 参见最高人民法院(2018)最高法委赔监208号赔偿决定书;江苏高院(2014)执申字第30号执行裁定书。
② 2012年《民事诉讼法》第二百二十七条(现第二百三十四条)规定:执行过程中,案外人对执行标的提出书面异议的,人民法院应当自收到书面异议之日起十五日内审查,理由成立的,裁定中止对该标的的执行;理由不成立的,裁定驳回。案外人、当事人对裁定不服,认为原判决、裁定错误的,依照审判监督程序办理;与原判决、裁定无关的,可以自裁定送达之日起十五日内向人民法院提起诉讼。
③ 案外人异议—执行异议之诉/审判监督程序。

最后,审执不分使案外人难以获得公正的救济。在民事诉讼中,权利人提出申请是启动民事强制执行程序的前提条件。为使自己的权利通过执行程序得到充分实现,申请人通常会积极调查义务人的财产情况,并向法院执行部门提供相关财产线索。但移送执行是刑事涉财部分执行的主要方式。这便意味着,在刑事执行程序中,申请执行人处于缺位的状态,无法提供有关被执行财产管理、转移的信息。再加上刑事裁判往往对涉案财物的处理作出"继续追缴违法所得"等概括性认定,实践中,财产的合法性和归属往往需要由执行机构进行积极主动的实质性审查。这不仅加重了执行机构的负担,而且使执行与审判的权限发生重叠。在这种情况下,法院执行机构对案外人权利主张的审查在本质上属于一种"自我纠错"模式,缺乏公正的合理外观,也极易导致对案外人权利主张的错误处理。

4. 再审阶段法院救济限制

2014年《最高人民法院关于刑事裁判涉财产部分执行的若干规定》第十五条赋予了案外人对涉案财物处置通过审判监督程序进行救济的权利[②]。司法实践中,对于案外人就已为刑事裁判确认的执行标的主张实体性权利的情况,法院也大都会告知案外人通过审判监督的程序予以解决。但审判监督程序是否能为案外人提供有效救济呢？实际情况可能并不乐观。第一,作为一种特殊救济程序,司法机关对审判监督程序的启动往往持谨慎态度。审判监督程序的旨趣在于对原裁判进行全面审查以纠正错误,其纠错效果将及于整个刑事案件。出于维护裁判既判力和法的稳定性的考量,司法机关对启动审判监督程序的管控程度较为严格。加之我国刑事审判监督程序本身存在的"自我纠错"式的审理模式、追责体系和评价体系的缺失等固有缺陷,司法机关对再审申请的支持率普遍偏低。可以说,即便对于刑事诉讼当事人来说,审判监督程序也是极为特殊的救济。寄希望于审判监督程序为案外人提供救济,更是难上加难。第二,即使司法机关启动审判监督程序对案外人的实体权利主张进行审理,受审判监督程序本身性质的影响,案外人通常也难以获得完整的诉权保障。一般而言,诉权包括起诉权、上诉权和再审请求权等。如果案外人没有参与刑事案件的庭审活动,则审判监督程序是对案外人实体权利的初次救济。为保证司法的公正性、法律适用的统一性,以及案外人的合法权利能够获得充分保护,在案外人对法院作出的裁判不服的情况下,其理应获得通过上诉再行救济的途径。但限制于审判监督程序的性质定位,对于法院通过审判监

[①] 袁楠、王晓东：《人民法院刑事涉案财物处置难现状审视与处置机制完善——以100件刑事涉案财物为研究样本》,载胡云腾主编：《司法体制综合配套改革与刑事审判问题研究——全国法院第30届学术讨论会获奖论文集(下)》,人民法院出版社2019年版,第1815页。

[②] 2014年《最高人民法院关于刑事裁判涉财产部分执行的若干规定》第十五条规定,执行过程中,案外人认为刑事裁判中对涉案财物是否属于赃款赃物认定错误或者应予认定而未认定,向执行法院提出书面异议,无法通过裁定补正的,应当告知异议人通过审判监督程序处理。

督程序作出的裁判,案外人没有再行上诉的权利。这无疑不当限缩了案外人诉权的行使范围,使有关案外人实体权利问题的处理以原审法院一审终审的形式告终。第三,审判监督程序的审理周期较长,通常难以为案外人提供及时救济。审判监督程序的启动需要经过再审事由审查和本案再审两个阶段。相较于一般诉讼程序而言,审判监督程序对再审事由的审查更为严格,案件的办理周期更为漫长。单纯依靠审判监督程序为案外人提供救济,很难使案外人的诉求得以及时实现。

5. 其他诉讼途径缺位

在审判监督程序外,案外人也很难通过民事诉讼、行政诉讼等其他诉讼途径获得救济。一方面,案外人难以提起民事诉讼。一般来说,对于已被国家专门机关查封、扣押、冻结、处置的涉案财物,案外人可能启动两种民事诉讼程序。第一,确权之诉,即请求法院通过民事诉讼程序确认涉案财物的权属,并由扣押机关将涉案财产返还案外人。第二,特定物给付之诉,即请求法院确认涉案财物权属,并要求被追诉人或已获得返还的人返还涉案财物。但由于"先刑后民"理念的桎梏和实践中刑事审判权的广泛性和超越性①,在刑事诉讼进程中或判决生效后,案外人很难将主张权利的希望寄托于民事诉讼程序。例如,在2019年营口市鲅鱼圈区人民法院审理的一起案件中,营口港公安局以犯罪嫌疑人涉嫌合同诈骗罪为由扣押了2684.58吨玉米,且这些玉米已因被害人中国林业物资总公司申请执行而被划至营口市中级人民法院。案外人嘉里粮油公司提起民事确权之诉,主张该玉米实为该公司所有,请求法院确认权属。但法院认为案外人应当通过《最高人民法院关于刑事裁判涉财产部分执行的若干规定》规定的执行异议或审判监督的程序主张权利。故对于案外人的请求,法院不予支持②。再如,在2020年海南省高级人民法院审理的一起民事案件中,刑事诉讼案外人请求犯罪嫌疑人返还其占有的且已为公安机关查封的两套房产。但法院认为对于公安机关在刑事侦查过程中查封的涉案财产,应由公安机关依照法定程序处理,该诉讼请求不属于人民法院受理民事诉讼的范围③。另外,在涉案财物处置错误的情况下,如果财产的合法所有人与实际取得人之间不存在直接的法律关系,案外人也很难通过民事诉讼要求财物的实际取得人返还相关财产。而且,案外人难以提起行政诉讼。就人民法院、人民检察院采取的对物强制措施和涉案财物处置行为来说,由于人民法院和人民检察院属于司法机关,其依职权实施的行为自然不属于行政诉讼的受案范围。而对于公安机关实施的对物强制措施和涉案

---

① 在实践中,当民事诉讼中涉及刑事问题(对事实问题的法律评价)时,民事审判庭通常不能作出认定。民事审判通常会严格遵守审判权行使的分工原则。但在刑事诉讼中,刑事审判庭可以对民事争议问题进行审理。参见张卫平:《民刑交叉诉讼关系处理的规则与法理》,载《法学研究》2018年第3期。
② 参见营口市鲅鱼圈区人民法院(2019)辽0804民再12号民事判决书。
③ 参见海南省高级人民法院(2020)琼民终119号民事裁定书。

财物处置行为来说，由于公安机关进行相关诉讼行为的依据是《刑事诉讼法》，在性质上属于刑事司法行为，因此在公安机关采取相关强制措施和处置行为不当的情况下，行政诉讼也无适用余地。

五、我国刑事诉讼案外人诉权保护的完善思路

中国对刑事诉讼案外人诉权保护的缺陷在于缺乏对诉权的体系化构建。详言之，以传统控辩审三方建构起来的刑事诉讼诉权体系，基本的运作方式均是围绕被追诉人定罪量刑展开的。此种运作方式与涉案财物处置所要求的，在诉权主体的多元性、诉权内容的差异性上存在着相当大的距离。以传统诉讼构造为基础，对案外人的诉权进行简单规定，很难满足案外人诉权保护的需求。此外，司法最终保障机制的缺乏和审判程序中涉案财物处置问题的弱化，也成为案外人诉讼保障的障碍。因此，改革中国刑事涉案财物处置程序中案外人诉权保护的基本思路，即在于依据刑事诉讼案外人诉权特点对案外人的诉权体系进行厘清。

（一）保障刑事诉讼案外人参诉权

从实践状况看，尽管我国《刑事诉讼法》和最高法《解释》已在一定程度上赋予了案外人参与到刑事审判程序之中的权利，但案外人参诉权被实际虚置的情况较为明显。对案外人参诉权的规定，需要围绕参与方式、参诉资格、证明责任分配等方面的内容展开。

就参与的方式来说，我国应当对案外人参与刑事诉讼的方式进行合理化改造。根据案外人救济程序与刑事诉讼程序的关系，可以将案外人的参诉权行使机制分为三种模式：完全合并模式、相对分离模式和附随模式。我国《刑事诉讼法》第二百四十五条和最高法《解释》第二百七十九条的规定，人民法院在审理刑事案件的过程中，应当对查封、扣押、冻结财物及其孳息的权属、来源、是否应当追缴、没收等情况进行调查，并听取被告人、案外人等相关权利人的意见。由此可见，我国现阶段案外人参诉权的行使方式更加类似于完全合并模式。但由于相关规定的内容较为空泛，以及涉案财物处置问题在庭审程序中的附属化、形式化倾向较为严重，我国实践中案外人参诉权行使效果并不理想。出于公平与效率的考量，笔者主张在延续我国现有通过刑事审判一并解决案外人异议的基础上，推进涉案财物庭审实质化和案外人参诉权行使实质化。第一，在定罪量刑庭审程序之外，强化法庭对涉案财物的事实调查和法庭辩论。检察机关应在起诉书中载明有关涉案财物的处置意见，法院在对定罪量刑问题进行的庭审活动结束后，就涉案财物的性质、权属，是否应当予以没收等问题组织专门的法庭调查和法庭辩论。针对涉案财物的法庭审理原则上应在定罪量刑庭审程序之后立即进行。对于一些涉案财物处置较为庞杂的案件，法庭还可以在定罪量刑程序结束后，

单独就财产处置问题开庭进行审理①。为弥补在涉案财物处理上法官专业性的不足，必要的情况下，法庭还可以委托专业人员形成涉案财物处置小组，对涉案财物的价值评估、权属关系认定、财产分配等问题进行协助。在定罪量刑庭审程序和涉案财物处置程序结束之后，法庭应当对被告人定罪量刑和涉案财物追缴等问题，一并作出裁判。第二，应当允许案外人在刑事审判程序中参与诉讼。案外人可以在法院发布涉案财物处置公告，或收到法院寄送的通知书后，向法庭主张权利。对涉案财物主张权利的案外人可以参与到法庭有关涉案财物的法庭调查和辩论程序之中。在刑事诉讼中，这些因对涉案财物主张权利而参与诉讼的案外人，提出了独立的诉讼请求，并与审判结果存在直接利害关系，其实际处于诉讼法律关系的"一极"，在刑事审判程序中具有独立的当事人地位。案外人享有作为诉讼当事人所应享有的权利。其可以全程参与涉案财物处置的法庭调查和法庭辩论过程，提出证据和发表意见，与既有的公诉方和辩护方积极对抗，维护自己的合法权益。法院应当在刑事裁判中一并对异议作出裁决，写明案外人的意见，并对案外人提出的意见和证据进行分析叙述，表明是否予以采纳并阐明理由。判决生效后，案外人可以参与到财物分配程序之中，并获得相应的财产返还。第三，应当对案外人主张的事项范围进行限制。由于现阶段我国法官在涉案财物处置问题上专业水平较为有限，为避免案外人的参与使诉讼结构和法律关系过为复杂，影响诉讼的顺利进行，法律及相关司法解释宜对案外人参与的事项范围进行明确限制。涉案财物的处置主要包括三方面的内容：犯罪事实是否发生，财物是否因与犯罪存在法定关联而具有可没收性，以及财物的权属问题。笔者认为，由于案外人通常不是犯罪行为的参与者，其对犯罪事实以及财物与犯罪的关联缺乏必要了解，允许其就罪责问题和财物与犯罪是否存在法定关联问题发表意见，并不会对案件的办理有实质性的帮助。基于此，我国应当规定案外人只能就涉案财物是否存在自己的合法权益问题提出异议。对于犯罪事实以及涉案财物是否属于应予没收的违禁物、供犯罪所用之物、违法所得之物的审理，案外人可以作为证人出庭。

就参与的主体资格来说，享有参与主体资格的案外人应当符合两方面的要求。一方面，案外人的财产权可能受到刑事裁判的干预和影响。刑事裁判涉及涉案财物的认定和处理问题，且有可能侵害案外人的合法权益，是案外人参与刑事诉讼程序的基础。我国应当规定，只有案件涉及刑事涉案财物处置，且处置该财物可能侵害案外人合法权益时，案外人才有权参与审判程序。另一方面，案外人的财产权受到刑事裁判的直接影响。2017年《最高人民法院 最高人民检察院关于适用犯罪嫌疑人、被告人逃匿、死亡案件违法所得没收程序若干

---

① 事实上，法庭在定罪量刑程序结束后，单独就较为复杂的涉案财物处置问题进行审理的方式，已在司法实践中被一些法院所适用。具体参见四川省巴中市恩阳区人民法院（2019）川1903刑初25号刑事裁判书。

问题的规定》第七条将"其他利害关系人"的范围规定为"其他对申请没收的财产主张权利的自然人和单位"。该规定可为普通刑事诉讼程序中案外人主体资格的划定提供参考。但所谓的财产权利具体包含哪些权利,仍需要进一步明确。从保障公民财产权的角度来说,财产权利范围的划定应当尽可能大,但从节约司法资源、避免案件规模过分扩大的角度来说,财产权利的范围应当受到一定限制。笔者认为,应当将财产权利限定在可能受到裁判直接影响的权利范畴。即在诉讼程序中,只有对申请没收的财产享有所有权、用益物权、担保物权、租赁权等权利,且其权利可能因刑事裁判而丧失的,才可以在审判程序中提出异议并参与到审判程序之中。仅仅对财物主张一般债权的人,不宜享有参与刑事审判程序的资格。这是因为一般债权人的利益并未特定于某个涉案财物,涉案财物的处置不会导致其债权消失或无法实现,犯罪嫌疑人、被告人还可以在日后以其他财产对其债务进行清偿。而且如果允许利用应予没收的涉案财物清偿一般债务,则相当于变相使被没收人通过犯罪获利,与刑事没收的立法原则相悖。

就证明责任分配来说,案外人行使参诉权,应当参照民事证明规则承担相应的证明责任。案外人参与诉讼主要是处理涉案财物的问题,即使裁判发生错误也不会对生命权、自由权等重大法益造成难以弥补的影响。裁判风险的不同必然会对证据规则的设置产生影响。一般来说,案外人参与刑事诉讼程序应当在一定程度上参考民事诉讼"谁主张,谁举证"的规则。公诉机关需要对犯罪事实以及财物与犯罪行为之间的关联性进行证明。而案外人应当对财物的权属问题以及其是否存在过错的问题承担证明责任。前者包括案外人对财物享有所有权、用益物权、担保物权等权利。后者主要指案外人对财物性质的主观认识情况。例如,如果财物是案外人获取的他人违法所得,则案外人应当证明其符合善意取得的标准。如果案外人未能对上述事项完成证明责任,其所提的诉讼主张就无法得到法庭的认可。就证明标准来说,在犯罪事实的证明上,检察机关对被告人实施了犯罪行为的证明自然应当达到排除合理怀疑的程度。而对于涉案财物与犯罪存在法定联系,由于不涉及人身权利,检察机关的证明达到优势证据的证明标准就可以满足要求。在案外人对财物主张权利的情况下,案外人对其主张的事实证明到优势证据的程度即可。

(二)逐步赋予刑事诉讼案外人上诉权

由于实践中涉案财物的权属关系有时较为复杂,法庭审理出现瑕疵的情况在所难免。为了保障案外人的合法权利能够得到充分救济,强化上诉审法院对一审法院行使审判上的监督权,减少涉案财物处置可能出现的错误,我国应当赋予案外人提出上诉的权利。但由于现阶段我国普通刑事诉讼程序中尚未形成相对独立的"对物之诉",上诉制度的设计也主要围绕着被告人合法权益保护而展开,案外人上诉权的赋予涉及刑事诉讼程序整体协调问题,牵一发而动全身,难以一蹴而就。基于此,笔者认为,我国对案外人上诉机制的构建可以逐步进行。

从短期来看，我国应当在现有的刑事诉讼框架内明确案外人二审程序参与权和请求抗诉权。一方面，在被告人或检察机关对主判决提出上诉或抗诉的情况下，案外人应自动获得二审程序的参与资格。由于对被告人上诉和检察院抗诉的案件，我国二审程序坚持全面审理原则，二审法院需要对案件进行全面的审查和处理，从而使原审裁判存在的错误均能得到纠正，这其中自然包括涉案财物的处置问题。基于此，对主判决提出上诉或抗诉的案件，应当一并赋予案外人参与诉讼的资格，以充分维护案外人的权利。为避免案外人的参与使诉讼构造和法律关系过分复杂，应当将案外人参诉的范围限于财物的权属问题。以此为基础，案外人一般来说也只能就涉案财物是否存在自己的合法权益事项在二审程序中发表意见，不能针对被告人的行为是否满足犯罪构成要件，定罪证据是否确实、充分、合法，以及量刑是否适当等被告人刑事责任问题提出异议。如果一审裁定程序违法，严重影响程序公正或者剥夺案外人诉讼权利的，案外人也可在二审程序中就一审程序合法性问题发表意见。案外人非因故意或重大过失在第一审期间未参加诉讼，基于程序公正及案外人诉讼权利保护等方面的需要，可参照《刑事诉讼法》第二百三十八条第（三）项，及《最高人民法院 最高人民检察院关于适用犯罪嫌疑人、被告人逃匿、死亡案件违法所得没收程序若干问题的规定》第十八条的规定进行处理，即法院应当准许案外人的申请，并裁定撤销原判，发回原审法院重新审判。另一方面，在被告人或检察机关未对主判决提出上诉或抗诉的情况下，可先行通过人民检察院履行审判监督职能的方式，在充分协调现有二审机制的同时，保障案外人的合法权利能够得到充分救济。具体来说，案外人对一审法院有关涉案财物处置的裁判存在异议的，有权请求人民检察院提出抗诉。人民检察院认为原判决、裁定对涉案财物的处理确有错误的，应当向上一级人民法院提出抗诉。需要指出的是，由于案外人请求抗诉的范围仅限于涉案财物的权属认定和处置，基于诉讼效率的考量，在人民检察院仅基于案外人的请求提出抗诉的情况下，二审法院可不受全面审理原则的约束，仅针对涉案财物处置的裁判进行审查。

从长期来看，赋予案外人请求抗诉的权利仅是权宜之计，在条件成熟的时候，我国仍应赋予案外人就涉案财物是否存在自己的合法权益事项提出上诉的权利。原因如下：第一，诉权是任何一个公民都享有的一项权利，保障当事人获得接受公正程序的权利和完整的诉权，是国家应负有的"公正司法"的义务[①]。上诉权是当事人诉权的重要组成部分，亦是当事人在诉讼活动中所享有的重要的实体性救济权利。而请求抗诉权并非真正的诉权行使方式。在我国诉讼制度的设计上，请求抗诉权仅为权利人请求人民检察院就一审裁判提出抗诉的

---

① 参见江伟、邵明、陈刚：《民事诉权研究》，法律出版社2002年版，第426页。

诉讼权利，其并不必然导致二审诉讼程序的启动，在性质上难以与"上诉权"等同。第二，检察机关代表国家履行控诉职责和法律监督职责，立足点在于维护国家整体利益，而案外人参诉是为了保证涉案财物能够获得公正的处理，以维护自身的财产性利益。二者的利益基点并不等同。受到保障被害人权利的刑事政策、"重定罪量刑、轻财产处置"的司法观念等因素的影响，检察机关与案外人在刑事诉讼中的利益取向甚至可能会出现分歧和冲突。在这种情况下，单纯赋予案外人请求抗诉权，可能会使案外人寻求法律救济的途径因其与检察机关的意见分歧而受阻，进而使案外人的合法权益难以获得充分保障。

（三）逐步赋予刑事诉讼案外人撤销权

在赋予案外人参诉权的情况下，仍然会出现案外人因无可归责的原因而未实际参与到刑事诉讼程序之中的情况。对此，就有必要继续对案外人的财产权进行保护。对没有参与到诉讼程序中的案外人，我国主要是通过执行异议程序和审判监督程序提供后续救济的。但通过上述分析，我们不难发现，由于既判力的限制，通过执行异议程序、其他诉讼程序均难以实现对原裁判的撤销和变更。而受制于审判监督程序本身的特殊性，审判监督程序为案外人财产权提供的救济渠道是极为有限的。

为使案外人获得更为全面和完善的权利保障，兼顾我国现有的刑事司法体系，笔者主张在明确刑事诉讼中案外人执行异议程序功能定位的基础上，逐步探索构建刑事诉讼案外人撤销之诉机制。一方面，鉴于我国刑事涉案财物处置具有较强依附性，刑事执行程序本身具有审执不分、申请执行主体缺失等特点，对于裁判生效后案外人就涉案财物处置问题提出异议的案件专门设立相应的程序进行诉讼化处理，短期内难以实现。基于此，我国可暂且继续通过执行异议程序为案外人提供实体性救济，并通过司法解释明确案外人在执行阶段可主张的权利范围，以及刑事诉讼中执行异议程序与民事诉讼中执行异议程序在功能定位上的差异，以防止法院基于对生效裁判既判力的宽泛认定而阻碍案外人权利的顺利行使。另一方面，从长期来看，我国应参考域外立法和《民事诉讼法》①的相关规定，在裁判确定之日起的一定期限内赋予案外人撤销权并规定相应的案外人撤销之诉机制。撤销权的行使要件为：第一，请求撤销原裁判的案外人必须提供相关材料证明其于裁判确定之时对标的物享有权利，但此权利被裁判所侵害或不复存在。第二，申请撤销原裁判的案外人还必须证明其未能参与原审程序不可归责于本人。这主要包含两种情况：一是案外人根本不知道自己有会受

---

① 我国在2012年修订的《民事诉讼法》中新设了第三人撤销之诉制度，并在2015年《最高人民法院关于适用〈中华人民共和国民事诉讼法〉的解释》中进行专章规定。依据我国现行《民事诉讼法》第五十九条第三款之规定，有独立请求权和无独立请求权的第三人，因不能归责于本人的事由未参加诉讼，但有证据证明发生法律效力的判决、裁定、调解书的部分或全部内容错误，损害其民事权益的，可以自知道或应当知道其民事权益受损之日起6个月内，向作出该判决、裁定、调解书的人民法院提起诉讼。《民事诉讼法》的相关规定可以为《刑事诉讼法》的完善提供一定借鉴。

裁判影响的标的物,因此根本未曾参与到诉讼程序之中;二是案外人对诉讼程序的参与受到不可归责于其自身的阻碍。案外人提出撤销原裁判申请的,法院应当对案外人提交的起诉状、证据材料等进行审查,对于符合规定的案外人撤销申请应当由原审合议庭按照一审程序进行开庭审理。对原审程序的当事人来说,定罪量刑部分以及涉案财物处置裁判中与案外人利益无关的部分依然有效。撤销之诉是案外人的初次救济,如果案外人对法院的裁判不服,可以继续行使上诉权。案外人撤销权的行使并非当然中止没收的执行,而是交由法院依据案件的具体情况作出裁定。这主要是为了防止案外人撤销之诉被用来实现阻碍执行、转移财产等不正当目的。另外,在撤销权行使的范围内,案外人不得申请启动再审程序,以防止不同程序同时进行导致的司法资源浪费和裁判矛盾。

(四)案外人诉权保护的配套机制建设

在我国刑事诉讼中,法院并不参与审判前的诉讼活动,对涉案财物的实体性处置,很多情况下也是由公安机关、检察机关以及其他行政机关自行决定、自行实施。涉案财物处置过程中权力的分散和司法权的弱化极大地压缩了案外人诉权行使的空间。基于此,在未来,我国需要逐步对涉案财物处置的权力进行整合,并建立司法权终局保障机制。

第一,强化审前阶段司法保障机制。虽然审前由法院通过司法审查的方式对涉案财物处置的相关问题进行处理,可以最大程度保证结果的公正性和程序的正义性,但我国现阶段尚不具备由法院对审前程序进行司法控制的条件。为平衡被追诉人、被害人、案外人财产权保护的需要,笔者认为,我国可先将审前阶段对涉案财物采取强制措施或进行实体性处分的决定权交由检察机关行使。但与强制措施不同的是,由于涉案财物的实体性处分涉及实体权利义务的变更。在这种情况下,司法权的终局保障不可或缺。基于此,在将涉案财物实体性处分权力交由检察机关行使的同时,需要结合我国司法实践,在一定范围内构建法院的事后审查机制。例如,对于检察机关作出的涉案财物处置决定,涉及权利人不服的,可以向上级检察机关提出复议,或在庭审阶段就财物的处置问题提出异议。涉及权利人提出异议的,法院应当在庭审阶段对审前阶段财物的处理问题进行审查,认为财物处理不当的,应当撤销检察机关作出的涉案财物处置决定。对于已返还的财物,应当执行回转。对于被撤销、不起诉的案件,由于刑事诉讼程序实际已经终止,即使被追诉人仍保有从被害人处获得的财产,他们的关系也只是一种民事关系,在此种情况下,检察机关不宜直接对财物作出处理。此时,法律及相关司法解释应当对刑事程序向行政程序、民事程序转化时的涉案财物处置问题予以明确规定,以保障实践中程序衔接流畅。

第二,扩充法院在执行阶段的司法审查职能。在对涉案财物进行执行的过程中仍然会产生相应的法律纠纷(如财产分配等),只要存在纠纷,就需要权威中立的裁判者通过公正的司法程序作出裁判结论。在执行阶段,法院执行庭在涉案财物执行程序中行使部分的司法审查职能,我国可进一步对其职能范围进行扩充。将公安机关、检察机关作为执行主体的案件纳入法院司法审查的范畴,允许法院对公安机关和检察机关的执行行为和由此产生的法律纠纷进行司法审查。此外,在法院作为执行主体的案件中,也应逐步探索审执分离机制,实现法院内部执行主体与司法审查主体的分化。

第三,逐步取消非法集资部际联席会议制度。在我国当前非法集资等金融犯罪活动频发、集资款项认定困难、法院"案多人少"矛盾突出的大背景下,非法集资部际联席会议制度的存在,确实能够有效整合资源,提高财产处置的效率和专业性。但联席会议并不是审判机关,由其对集资款项的性质和权属进行认定,并赋予其在涉案财物处置中主导决策的权力,与刑事诉讼的基本原理相悖。同时,由于非法集资部际联席会议并不受正当程序规则的限制,权利人对财产处置程序的参与、处置主体的中立性、处置结果的公正性等均难以得到保障[①]。基于此,我国应当在强化法院对涉案财物处置职能的基础上,逐步取消非法集资部际联席会议制度,将对涉案财物进行实体性处置的权力统归于法院行使。

六、结语

在现代法治社会,诉权作为公民寻求司法救济的权利,具有人权的属性。诉权的行使是权利人在实体上的正当利益受到侵害后,寻求救济、表达个人利益诉求的重要方式。作为合法权利受到刑事诉讼程序干预的利益相关人,刑事立法应当通过相关的制度设计和完善来保障案外人的合法诉权。针对我国现阶段案外人诉权保护存在结构性缺陷的问题,我国宜在保障刑事诉讼案外人参诉权、上诉权、撤销权的基础上,进一步强化司法终局保障机制,以实现诉讼程序本身的公正和和谐。

---

① 实践中,非法集资部际联席会议对集资款项的处置会受到更多政策性因素的影响,社会稳定、被害人权利救济成为该程序主要关注的因素。

性犯罪网络传播行为刑罚裁量的功能主义诠释

吴进娥[**]

摘　要："性犯罪网络传播行为"是性犯罪行为人将性犯罪过程通过互联网平台予以公开的行为，主要表现为性犯罪网络直播行为和性犯罪网络录播行为两种类型。性犯罪网络传播行为是传统性犯罪的网络化发展，其公开性对被害人的身心健康以及社会伦理秩序所造成的冲击远大于一般性犯罪，而与性犯罪的加重情节相当。但由于缺乏明确的科刑规则，在司法实践中，性犯罪网络传播行为的刑罚裁量普遍存在与一般性犯罪无实质区别的现象，明显偏离了刑罚的大众正义直觉。为实现法律效果与社会效果的统一，司法机关可以以功能主义刑法观为导向，对性犯罪网络传播行为按照一罪加重处断，以实现刑罚裁量的适当性。

关键词：网络传播　性犯罪　刑罚裁量　大众正义直觉　功能主义

性犯罪是典型的人身侵害类犯罪，具体包括强奸罪，负有照护职责人员性侵罪，强制猥亵、侮辱罪，猥亵儿童罪四个亚类型。负有照护职责人员性侵罪，如果没有违背被害人的意志，对被害人造成的心理伤害与其他性犯罪显著不同，如果违背了被害人的意志，则与强奸罪发生竞合，因此，该罪不在本文的研究范围内，本文仅围绕强奸罪，强制猥亵、侮辱罪和猥亵儿童罪展开。随着网络技术的发展和社交网络的不断普及，很多国家都出现了犯罪人将性犯罪过程在互联网平台予以公开的现象，这种"性犯罪网络传播行为"主要表现为性犯罪

---

[*] 基金项目：江苏省社科基金项目"刑事缺席审判诉讼结构平衡机制研究"（项目号：20FXC003）；2020年江苏高校哲学社会科学研究项目"外逃人员刑事缺席审判证明难题研究"（项目号：2020SJA2048）。

[**] 作者简介：吴进娥，江苏大学法学院讲师。

网络直播行为和性犯罪网络录播行为两种类型。性犯罪网络直播行为是犯罪行为人将性犯罪过程在网络平台上同步直播的犯罪行为类型。性犯罪网络录播行为是犯罪行为人将性犯罪过程拍摄成视频、图片，并传至网络平台予以公开的犯罪行为类型。性犯罪网络传播行为的公开性对被害人的身心健康以及社会伦理秩序所造成的冲击远大于传统一般性犯罪，而与"公共场所当众"性犯罪相当。但司法机关并未对性犯罪网络传播行为与传统一般性犯罪的刑罚裁量作明显的区分，不仅背离了罪刑相当原则，也无法回应大众正义直觉的期待。为此，理论上有必要对性犯罪网络传播行为的刑罚裁量进行功能主义诠释和探讨。

一、性犯罪网络传播行为刑罚裁量的现状考察

"性犯罪网络传播行为"是一种新兴犯罪行为类型，法律对其定罪量刑尚没有明确规定。司法实务中，法官对性犯罪网络传播行为的处罚所适用的规则各异，也没有形成统一的标准，在刑罚裁量上与一般性犯罪亦未作严格区分。

（一）性犯罪网络传播行为刑罚裁量的典型案例分析

性犯罪网络传播行为在现实中大量存在，2016年北京市公安局网络安全保卫总队民警在办案过程中发现大量奸淫猥亵女童视频并上报公安部，公安部成立调查组，在全国抓获17名强奸猥亵儿童并将视频上传网络的犯罪嫌疑人，被害女童达30多人[①]。然而，要全面统计性犯罪网络传播行为的数据和定罪量刑情况却十分困难。因为性犯罪存在大量的犯罪黑数，性犯罪网络传播行为作为性犯罪的一种类型同样也存在大量的犯罪黑数。虽然性犯罪网络传播行为的公开度比较高，但公开的渠道常常是暗网或特殊的色情服务平台，与日常生活接触的网络有所区别，因此网络公开并不必然导致案发。对于已经案发的性犯罪网络传播行为，由于司法机关的保密处理，能查询的判决信息也十分有限，如果被告人系未成年人，犯罪记录还可能会被全面封存。

例如，2021年4月，网络上流传一段暴力强奸视频，后沈阳市公安局皇姑分局发布警情通报，证实被害人于某某与犯罪嫌疑人姜某某等人相互认识，姜某某自认是于某某的男朋友，案发当日，姜某某听说有其他男子在于某某的房间后，纠集多人来到于某某的出租房，对于某某、李某某等人进行殴打，强迫李某某与于某某发生性关系，并将视频上传至网络。案发以后，沈阳市公安局皇姑分局对姜某某等7名犯罪嫌疑人依法予以刑事拘留。由于该案件的涉案人员均系未成年人，且涉及个人隐私，案件的审理进程和判决结果均无法查询[②]。

尽管全面查询、统计性犯罪网络传播案件的难度很大，但通过中国裁判文书网、Alpha

---

① 参见郭正杰：《团伙猥亵强奸幼女录制视频盈利 QQ群内传授经验》，http://www.northnews.cn/p/1476759.html，最后访问日期：2022年11月30日。

② 参见沈阳市公安局皇姑分局警情通报，2021年4月30日。

检索系统等案例平台,依然可以提取到多份性犯罪网络传播案件的司法判决①。本文拟通过对这些个案展开研究,以实现管中窥豹的效果。

1. 网络传播强奸案件裁判实例

案例一:2011年,河南省犯罪人郭某将被害人董某约至学校附近的小树林,并与其发生性关系,后又伙同他人将被害人董某骗至高新区秦庄村一旅馆内,将董某多次轮奸,并用QQ进行视频直播。法院以强奸罪和另一起寻衅滋事罪数罪并罚判处被告人郭某有期徒刑13年②。

案例二:2018年12月30日,被告人刘某在下药导致前女友何某神智不清醒失去性防卫能力后,与其发生性关系,并在实施犯罪行为时录制不雅视频,最终该视频流入社会,在网络上广泛传播且无法删除,造成了恶劣的社会影响。由于被告人有自首情节,法院对其从轻处罚,以强奸罪判处被告人刘某有期徒刑5年③。

依据《中华人民共和国刑法》(简称《刑法》)规定,强奸罪有两个量刑档次。一般强奸行为的量刑档次在"三年以上十年以下有期徒刑",对于情节恶劣,有轮奸、强奸妇女多人,在公共场所当众强奸等情形的强奸行为,可以判处"十年以上有期徒刑、无期徒刑或者死刑"。案例一中虽然对被告人判处13年有期徒刑,但被告人有轮奸情节,且是数罪并罚的结果,并没有凸显出网络直播行为对刑罚的影响;案例二中,二审法院明确表示在"三年以上十年以下有期徒刑"幅度内量刑,并确认将作案时录制视频、作案后造成视频外泄且无法删除等严重后果作为从重量刑情节具有合理性。由此可见,网络传播强奸犯罪的刑罚裁量与传统强奸罪的基本情节差别不大,同强奸罪的加重情节明显不对等。

2. 网络传播强制猥亵、猥亵儿童案件裁判实例

案例三:2016年9月21日凌晨2时多,王某某、王某、申某驾车将×某3、×某2、×某1带至"虎山"上刘某的坟墓前,王某某强奸了×某2,王某强奸×某3两次,申某强奸×某1两次。被告人王某某等人实施强奸后又驾车将×某3、×某2、×某1带到潮南区陈店镇一住宿店的七楼房间,王某、王某某、申某利用手机进行直播,分别对×某3、×某2、×某1亲吻、抚摸猥亵。当天上午7时多,王某某又对×某1实施强奸。经鉴定,×某1所受损伤符合被钝器作用所致,损伤致其面部软组织挫伤,其损伤程度为轻微伤;×某2、×某3的损伤程度未达轻微伤。法院对直播强制猥亵妇女的行为均以强制猥亵罪判处3

---

① Alpha检索系统是法律智能操作系统,提供1亿多个裁判文书,是一个全面、专业的法律数据库,2021年4月通过该数据库以"网络""强奸""强制猥亵""猥亵儿童"等关键词进行查询、筛选,得到性犯罪网络传播案例样本。
② 参见河南省焦作市中级人民法院(2018)豫08刑更678号裁定书。
③ 参见四川省成都市郫都区人民法院(2019)川0124刑初914号刑事判决书。

名被告人有期徒刑2年6个月①。

案例四：2007年，被告人万某采取用迷昏药将她人迷昏的手段，先后伙同韩某或单独对被害人袁某某等人多次实施猥亵，并将猥亵过程拍照、录像，后又将部分淫秽裸露视频、图片通过自己的QQ上传至其加入的UU群中供网友浏览。

2006年被告人万某加入互联网上的QQ群与UU群，通过QQ空间浏览、下载、复制色情视频或录像、图片等，并长期通过QQ群与UU群与该群中的网友上传交流涉及幼女的淫秽视频或录像、图片，还将自己单独或者伙同他人强制猥亵妇女、聚众淫乱过程中拍摄的录像、照片予以保存或者网上传播。案发时，公安机关查扣的被告人万某制作、复制、下载的淫秽图片9 524张，视频或录像636个。对于网络传播强制猥亵行为，法院以强制猥亵罪、传播淫秽物品罪，对万某分别判处有期徒刑3年和有期徒刑1年6个月，没收电脑、相机等作案工具②。

案例五：2019年5月至6月期间，被告人王某某在集贤县福利镇体育馆住宅楼26号门市，组织张某（男，12岁）、李某（男，13岁）等多名未成年男童，通过Gboy平台进行淫秽色情直播数十次，非法获利29 718元。被告人王某某在组织未成年人进行淫秽色情直播期间，对被害人张某（男，12岁）、李某（男，13岁）、胡某（男，13岁）等人实施猥亵行为，检察院以传播淫秽物品牟利罪、猥亵儿童罪对王某某提起公诉，后法院以组织淫秽表演罪判处被告人王某某有期徒刑6年，并处罚金10万元，以猥亵儿童罪判处被告人王某某有期徒刑4年，决定执行有期徒刑9年，并处罚金10万元，没收被告人王某某违法所得29 718元上缴国库③。

我国《刑法》对强制猥亵罪、猥亵儿童罪设置了两个量刑幅度，一般强制猥亵行为可判处5年以下有期徒刑，"聚众或者在公共场所当众强制猥亵"应判处5年以上有期徒刑，猥亵儿童罪比照强制猥亵罪从重处罚。案例三、案例四对被告人的量刑均在强制猥亵罪基本情节的量刑幅度内。案例五中，法院对多次网络直播猥亵儿童的行为，以猥亵儿童罪判处被告人王某某有期徒刑4年，也在猥亵儿童罪基本情节的量刑幅度内。

（二）性犯罪网络传播行为刑罚裁量的模式

基于上述案例定罪量刑的情况，可以发现司法机关对"性犯罪网络传播行为"的处理主要有以下两种模式：

第一，数罪并罚模式。该模式对实施性侵害的行为和传播性侵害过程的行为分别定罪量刑，数罪并罚。这种模式认为：客观上，性犯罪网络传播行为实施了两个行为，一个是侵

---

① 参见广东省汕头市朝阳区人民法院(2017)粤0513刑初372号刑事判决书。
② 参见河南省光山县人民法院(2010)光刑初字第187号刑事判决书。
③ 参见黑龙江省集贤县人民法院(2019)黑0521刑初212号刑事判决书。本案有多名被告人被判处组织淫秽表演罪，因与本文探讨的内容无关，本文只截取王某某的犯罪事实及定性予以探讨。

犯性自主权的行为，一个是网络公开行为；造成了两个法益受侵害的后果，一个是侵害了公民的人身权利，一个是侵害了社会管理秩序。主观上，有两个犯罪故意，一个是性犯罪的故意，一个是传播色情信息的故意；有两个犯罪目的，一个是满足生理需求的目的，一个是牟取经济利益或者是其他目的。因此，性犯罪网络传播行为符合两个犯罪构成，应该对行为人依据性犯罪的具体罪名和传播行为触犯的具体罪名数罪并罚，例如前文的案例四就是采取这一定罪量刑模式。

第二，一罪酌定从重处罚模式。该模式将网络传播性犯罪过程的行为视为酌定从重处罚情节，对被告人以一般性犯罪从重处罚。案例二采用了这一处断模式。在该案中，法院仅对被告人刘某实施强奸的行为定罪处罚，对于网络传播不雅视频的行为并未单独定罪，而是将网络传播行为纳入了量刑情节考虑，对被告人酌定从重处罚，一审宣判后，被告人以量刑过重为由提起上诉，被二审法院驳回，维持原判[①]。案例三对网络直播强制猥亵行为也是按照一罪处断，但是否将直播行为作为从重处罚情节，在判决书中没有明确表明。

（三）性犯罪网络传播行为的量刑幅度与一般性犯罪相当

从以上几起典型案例来看，除案例一因被告人存在轮奸情节，在性犯罪加重情节的量刑幅度内判处刑罚外，其他案件无论采用数罪并罚模式还是酌定从重处罚模式均在一般性犯罪量刑幅度内量刑。酌定从重处罚模式虽然在量刑上有所增加，但仍然没有跨越一般性犯罪的量刑幅度。数罪并罚模式虽然能够有效解决财产刑的问题，但也存在不可调和的难题，因为数罪并罚须受制于"禁止重复评价"规则，为避免将网络公开行为作两次刑法上的否定性评价，性犯罪网络传播行为只能按照传统一般性犯罪和网络传播行为触犯的具体罪名数罪并罚。

在数罪并罚模式中，以是否具有牟利目的的区分，传播性犯罪视频、图片的行为可能构成传播淫秽物品罪和传播淫秽物品牟利罪。如果被告人涉嫌传播淫秽物品罪，数罪并罚的结果一般不会超出一般性犯罪的刑罚裁量。因为依据我国法律规定，传播淫秽物品罪的刑罚幅度是2年以下有期徒刑、拘役或者管制，即使按照顶格刑计算，与一般性犯罪数罪并罚的结果，也会大概率低于性犯罪加重情节的起点刑。例如，案例四中，对网络录播强制猥亵的被告人依据强制猥亵罪一般情节和传播淫秽物品罪数罪并罚，但刑期的总和相加不足5年，而强制猥亵罪加重情节的起点刑在5年以上，在量刑的梯度上与强制猥亵的加重情节明显不具有相当性。况且依据我国《刑法》的规定，传播淫秽物品罪需达到情节严重才构成犯罪，如果传播性犯罪视频、图片的行为达不到具体个罪的标准，便无法对其给予刑法上的否定评

[①] 参见成都市郫都区人民法院(2019)川0124刑初914号刑事判决书；四川省成都市中级人民法院(2020)川01刑终39号刑事裁定书。

价,导致性犯罪网络传播行为在刑罚裁量上与一般性犯罪没有任何区别。如果被告人涉嫌传播淫秽物品牟利罪,一般刑罚裁量是3年以下有期徒刑、拘役或者管制,并处罚金;情节严重的,处3年以上10年以下有期徒刑并处罚金;情节特别严重的,可以处10年以上有期徒刑或者无期徒刑,并处罚金或者没收财产。如果达到情节严重或者情节特别严重,与一般性犯罪数罪并罚的结果在主刑上可能会与性犯罪的加重情节相当;一般情节下,传播淫秽物品牟利罪与性犯罪数罪并罚的结果仍然在一般性犯罪的刑罚幅度内。

二、性犯罪网络传播行为刑罚裁量面临社会认同困境

"犯罪对公共利益的危害越大,促使人们犯罪的力量越强,制止人们犯罪的手段就应该越强有力。"[①] 如果对两种不同程度侵犯社会的犯罪处以同等的刑罚,人们就找不到更有力的手段去制止实施能带来较大好处的较大犯罪了,这是大众的正义直觉。同类案件中,性犯罪网络传播行为的社会危害性显然要比一般性犯罪更大,因此刑事处罚幅度的选择也应该与一般性犯罪有所区别,当前司法实务中对性犯罪网络传播行为的处罚显然偏离了大众正义直觉的期待,因此面临社会认同困境。

(一)大众正义直觉符合性是刑罚获得社会认同的基础

"量刑不但应该符合刑罚目的需要,而且也应符合社会公正观念,与此相适应,公正性也是量刑的原则之一。"[②] 司法公正具有较广泛的道德可行性和可能性,反映了人们对现代司法的基本道德共识。在司法裁判中,法官追求的目标是实现社会的正义,而法律仅仅维护个人与他人以及个人与国家之间的关系的规范化。也就是道德关心的是行为背后的一些价值观而非行为本身。与之相反的是,法律仅仅关注行为,只有在行为人的思想和情感能够提示行为特征并决定了该行为对公共安全的威胁时,才对其进行考虑[③]。

法官裁判的直觉应该隐藏在"法治功能理论"的背后:维护现有社会关系,通过裁决纠纷维护公正。这既是法律职业共同体生存和发展的根本,也是其价值实现的社会承载。正义与刑罚的合理性判断某种程度上来说无法脱离主观性评价,但这种主观性之间的差异性并非无章可循,在没有任何协商的情况下,对于人身侵害类犯罪行为应该受到的刑罚阶梯,社会存在着共有的正义直觉。这一论断曾得到大量实证研究结果证实。例如,美国学者托马斯、凯奇等人对3 334户家庭进行实证调查的结果显示,对于犯罪行为的相对严重性及其应当接受的合理刑罚,受访者无论基于性别、种族、年龄、收入、职业、教育水平等何种分类,

---

① [意]切萨雷·贝卡里亚:《论犯罪与刑罚》,黄风译,北京大学出版社2008年版,第18-19页。
② 邱兴隆、许章润:《刑罚学》,中国政法大学出版社1999年版,第246页。
③ 参见[美]罗斯科·庞德:《法理学(第二卷)》,封丽霞译,法律出版社2007年版,第205页。

均体现出高度的一致性[①]。

当然,实践中不可能所有人对每个刑事案件的具体刑罚形成共识,但人们倾向于在一系列案件中就犯罪行为的相对可责性程度达成共识,即对案件在刑罚连续区间的相对位置具有相同的看法[②]。刑事责任、刑罚规则是否符合大众的正义直觉与刑法的道德可信赖性密不可分,且公众对刑法的尊重与刑法的道德可信赖性成正比。"如果法律体系偏离于大众正义直觉,则刑法体系的有效性就必然受到破坏,犯罪控制也会失效。要让刑事法律体系具有更大的有效性,就必须遵从社群的大众正义直觉,这样才能获得道德的有效性。"[③] 大众正义直觉是刑罚的道德有效性的基础,蕴含着司法裁判能否获得社会认同的内在逻辑。

(二)性犯罪网络传播行为刑罚裁量的大众正义直觉衡量

性犯罪网络传播行为无论是对被害人造成的心理创伤,还是对社会伦理秩序造成的破坏,都明显比传统一般性犯罪要严重。因此,司法裁判要想获得社会大众的普遍认同,应该充分考虑刑罚的大众正义直觉符合性。不过,性犯罪网络传播行为量刑的大众正义直觉评估并非绝对数量的刑罚匹配,而是一种序数或连续区间的测度。为评估性犯罪网络传播行为刑罚裁量的大众正义直觉,笔者随机对 200 余人进行了访谈调研,这些人的年龄分布在 18 岁至 50 岁之间,男女比例相当,均是大学以上学历,是应用网络的主要人群,对网络犯罪的认知相对更加深刻,意见也具有很强的代表性。调研结果显示,所有人一致认为性犯罪网络传播行为比一般性犯罪更具有社会危险性,在刑罚裁量上,性犯罪网络传播行为应该与传统一般性犯罪相区别。绝大部分人认为,性犯罪网络传播行为的量刑至少应该与性犯罪的加重情节相当,甚至更重。极少部分人认为,在刑罚裁量的选择上应该综合考虑公开的程度,以及产生的社会影响。

大众的正义直觉不代表正义的理性,但至少可以说明性犯罪网络传播行为刑罚裁量的社会认可度。根据性犯罪网络传播行为的特点,结合我国性犯罪的刑罚规则,性犯罪网络传播行为的量刑要获得社会公众的普遍认同,在刑罚裁量的选择上应该遵循以下原则:

1. 性犯罪网络传播行为的量刑应当与一般性犯罪有实质区别

性犯罪网络传播行为的量刑应该与一般性犯罪有实质性区别,因为性犯罪网络传播行为的社会危害性远大于一般性犯罪。首先,性犯罪网络传播行为的公开性对被害人造成的精神损害难以估量。性犯罪网络传播行为的公开性给被害人造成的精神创伤要比传统性犯

[①] Charles W. Thomas, Robin J. Cage and Samuel C. Foster. Public Opinion on Criminal Law and Legal Sanctions: An Examination of Two Conceptual Models. The Journal of Criminal Law and Criminology, Vol.67 (1976), pp.110-112.

[②] 参见[美]保罗·罗宾逊:《正义的直觉》,谢杰、金翼翔、祖琼译,上海人民出版社 2018 年版,第 15 页。

[③] [美]保罗·罗宾逊:《大众的正义直觉与刑事司法》,载梁根林主编:《当代刑法思潮论坛(第三卷):刑事政策与刑法变迁》,北京大学出版社 2016 年版,第 273-279 页。

罪更大、更持久，被害人重复被害问题也更加凸显。在传统性犯罪中，虽然也存在"重复被害"问题，比如司法机关侦查过程中对被害人反复的询问会迫使被害人不得不反复回忆犯罪现场。但在性犯罪网络传播案件中，"重复被害"除了可能来自司法的不当询问以外，更多地会来自社会舆论，频率远高于传统性犯罪。因为网络公开以后，被害人遭遇性侵害的过程会被不同网站、不同新闻媒体反复转播、报道，也会被社会公众反复观看、讨论，甚至会成为被害人身边熟人社会饭后茶余的谈资，社会的高度关注、议论对被害人都可能会造成新的精神损害，导致被害人患上创伤后应激障碍的可能性更大，甚至可能终生生活在对性的高度恐惧中。如果说在传统性侵案件中，可以通过改变生活环境、建立新型社会关系来修复被害人的心理创伤，那么性犯罪网络传播行为的开放性几乎关闭了被害人心理康复的大门。

其次，性犯罪网络传播行为常常附随牟利性，促使性犯罪走向网络黑产业。犯罪目的受到犯罪行为可能达成的结果的制约。对于传统性犯罪而言，犯罪目的基本都是为了满足生理需求，具有单一性，即使超出这一范围，也几乎不会与获得经济利益的目的存在关联。然而，性犯罪网络传播行为颠覆了传统性犯罪犯罪目的的单一性而转向复合性。

从已发生的案例和视频直播平台的产业化发展现状来看，性犯罪网络传播行为的目的常常与牟取不正当的物质利益息息相关。例如，2020年韩国发生的"N号房"事件，犯罪人通过威逼利诱将受害者一步步沦为"性奴"，直播性犯罪过程或者将性犯罪过程拍摄下来发布到"阅后即焚"式聊天群（Telegram）。公开数据显示，约有27万人进入"N号房"参与观看犯罪视频[1]。参与者想要加入"N号房"，人均需缴纳数十万韩元乃至上百万韩元[2]。在我国，同样也充斥着大量类似网站，例如，网友举报"芽苗论坛""萝莉网""次元公馆"等多家色情网站长期散布儿童色情信息，包含性侵儿童的视频，至少有上千万人次注册观看，注册费用从30元至3000元不等[3]。

性犯罪网络传播行为的牟利性容易促使性犯罪由传统的个别、偶然事件演变成有预谋的、产业化的犯罪形态，并由此催生更多的"犯罪再生产"。因为性犯罪网络传播行为的利益空间让敏锐的资本市场嗅到性犯罪的"商品"属性，在将传统性犯罪推向"交易市场"的同时，贪婪的犯罪人为攫取更多的犯罪利润，需要寻找更多"商品"加工的机会。这种不良需求的刺激，导致上游"供应商"应运而生。这些"供应商"通过各种途径猎取可能实现交换价值的被害人，来分羹性犯罪交易市场的牙慧，就此产生了一个完整的"人口拐卖—性犯

---

[1] 参见从易：《韩国N号房事件不仅仅止于性犯罪，也是一场人性灾难》，https://www.360kuai.com/pc/924d82ea300ca8ec2?cota=3&kuai_so=1&sign=360_57c3bbd1&refer_scene=so_1，最后访问日期：2020年8月4日。
[2] 参见俞飞：《韩国"N号房"之罪与罚》，载《方圆》2020年第8期。
[3] 参见刘名洋：《国内版"N号房"乱象调查：八百余万注册会员，存大量儿童不雅影像》，https://baijiahao.baidu.com/s?id=1662378320298131342&wfr=spider&for=pc，最后访问日期：2021年12月6日。

罪"产业链,这在韩国"N号房"事件中同样能够得到较好的验证。

最后,性犯罪网络传播行为的群体性更容易刺激犯罪文化的传播。性犯罪网络传播行为一般会借助会员聊天平台或公共聊天平台公开性犯罪视频。在这些聊天平台上,个人已被匿名化、数字化,个体与个体之间并不相识,但又能通过在线人数统计感知到他人的存在,从而形成一个临时性的社会群体。这个临时性的社会群体虽然不是为了实施犯罪行为聚集在一起,但常常会对性犯罪网络传播行为的发展、传播发挥着不可估量的作用力。因为很多情况下,参与围观性犯罪网络传播行为的个体常常以付费会员的身份出现,从而为犯罪人提供了物资上的支持。即使不是付费会员,围观者本身也会给群体带来"数字正义"的心理暗示,强化他人的从众心理。

围观者对犯罪人物质上和精神上的支持,使性犯罪网络传播行为不再是行为人一人或者几人所实施的犯罪,而是由沉默的大多数提供了物质性与非物质性帮助的群体性犯罪。性犯罪网络传播行为的群体化特征会刺激犯罪文化的传播,让越来越多的人对性犯罪麻木不仁。根据心理学理论,孤立的个人即使受到诱惑,也很容易抵制诱惑,但在群体中,就会意识到人数赋予的力量,并立刻屈从于诱惑①。这种屈从,在性犯罪网络传播案件中主要表现为围观者对"性犯罪"的接纳,并在潜意识中逐渐弱化性犯罪的罪恶感。正如美国学者所研究的那样,"长期接触色情作品的男性可能不会把强奸当回事。接触色情一段时间后,这些研究中的男性提议减轻对强奸犯的惩罚,并且对被害人的同情越来越少"②。韩国"N号房"事件中,参与围观犯罪者多达二十几万人,却无一人选择报警也较好地印证了这一点。

2. 性犯罪网络传播行为的量刑应该与性犯罪的加重情节相当

我国《刑法》对性犯罪均规定了加重情节,无论在强奸罪中还是在强制猥亵罪、猥亵儿童罪中,都将"公共场所当众"犯罪作为加重处罚的关键要素,主要是由于公共场所当众强奸、猥亵的行为给被害人和社会秩序所造成的冲击明显大于在隐蔽场所实施的性犯罪。而性犯罪网络传播行为的公开程度和危害性与"公共场所当众"性犯罪相当。因此,性犯罪网络传播行为的量刑至少应该与性犯罪的加重情节具有相当性。

首先,网络平台的开放性、延展性要大于"公共场所"。"网络平台具有的虚拟开放、匿名互通、瞬息传递、全球互联、无中心新型社会场域等特征"③,在互联网社会里,"每一个人都可以成为信息的创造者,而每一个人又同时是信息的消费者和传播者"④,网络资源具有的超时空性、可复制性、可共享性,使得性犯罪过程一旦被上传网络,无论是在何种平台以何

---

① 参见[法]古斯塔夫·勒庞:《乌合之众:大众心理研究》,冯克利译,中央编译出版社2004年版,第10-11页。
② [美]亚历克斯·梯尔:《越轨社会学》,王海霞、范文明、马翠兰等译,中国人民大学出版社2011年版,第60页。
③ 张新平:《理论与进路:网络平台治理立法研究》,社会科学文献出版社2020年版,第89页。
④ 张康之、向玉琼:《网络空间中的政策问题建构》,载《中国社会科学》2015年第2期。

种形式予以公开，都会被永久保存并无限传导下去，被循环不断地"传播—复制—传播"，而且很难通过技术性手段加以阻断、清除，这是传统"公共场所"的公开性不可比拟的。

其次，性犯罪网络传播行为比公共场所当众性犯罪的"涉众"性更强。对公共场所当众性犯罪加重处罚的主要依据在于，将性活动公之于众的行为严重挑战了人类的性伦理。而性犯罪网络传播行为的涉众性比公共场所当众性犯罪的涉众性更强，因为网络平台上的"众"具有不可控性，甚至难以估测，这在性犯罪网络录播案件中体现得淋漓尽致。在性犯罪网络直播案件中，虽然有些网络平台对入场设定了限制，例如 QQ 聊天室、会员直播间等，进入平台需要管理者认证，但每台计算机都可以成为围观犯罪现场的"中心"，等同于一个犯罪现场被复制 N 倍，参与围观的人数因此也难以估测。

"刑罚的正当化根据是报应的正当性与预防犯罪目的的合理性（并合主义）。根据并合主义与责任主义原理，定刑升格的根据只能是责任的加重。"[①] 性犯罪网络传播行为的社会危害性明显提升，犯罪人的责任也应该有所加重，因此刑罚的升格具备合理性和正当性，刑罚裁量的选择至少应当与"公共场所当众"性犯罪具有相当性。

3. 禁止犯罪人从性犯罪活动中获得物质利益

爱尔维修认为，世界是一个物质的世界，人就是物质世界中的一部分，作为具有物质属性的人，利益是一切行为的推动力，当然，这里的利益并不完全是指物质利益，而是能够增进快乐、减少痛苦的行为[②]。按照这一逻辑，如果犯罪能够带来的收益远远大于可能付出的成本或代价，犯罪便会增进行为人的快乐，进而推动行为人犯罪欲望的膨胀，最终导向个人作出不当的选择。性犯罪网络传播行为所能获得的利益，除了感官性利益以外，还可能存在物质利益，尤其是后者，已经成为性犯罪网络传播行为的重要诱因。一旦物质利益大于受到刑罚所减损的利益，根据资本的特性和人性的弱点，性犯罪网络传播行为便存在不断反复发生的市场空间。正如马克思在《资本论》所言，一旦有适当的利润，资本就大胆起来……为了100% 的利润，它就敢践踏一切人间法律，有 300% 的利润，它就敢犯任何罪行，甚至冒绞首的危险。性犯罪网络传播行为所获得的物质利益一旦被法律忽略，刑罚的威慑力达不到抑制攫取资本的内在冲动，就会有更多的人选择铤而走险。

（三）性犯罪网络传播行为的量刑偏离大众正义直觉

基于大众正义直觉衡量，性犯罪网络传播行为的量刑至少应该与性犯罪的加重情节具有相当性，对于以牟利为目的的性犯罪网络传播行为，还应确保犯罪人不能从性犯罪中获得物质利益。然而，众多案例表明，司法实务中，性犯罪网络传播行为的刑罚裁量普遍偏离这

---

① 张明楷：《论升格法定刑的适用根据》，载《法学论坛》2015 年第 4 期。
② 参见唐代兴：《利益伦理》，北京大学出版社 2002 年版，第 43-53 页。

一大众正义直觉的期待。在酌定从重处罚模式下,量刑结果并没有突破一般性犯罪的量刑幅度;在数罪并罚模式下,同样存在难以调和的矛盾。因此,司法机关适用的两种裁量模式,都无法实现性犯罪网络传播行为量刑的大众正义直觉符合性。

三、性犯罪网络传播行为刑罚裁量偏离大众正义直觉的成因

性犯罪网络传播行为的刑事处罚与大众正义直觉期待存在较大的偏差,原因比较复杂,既有规范性因素,也有制度性因素。规范性因素体现在法律对性犯罪的网络异化现象兼容性不足,没有明确性犯罪网络传播行为的处罚规则;制度性因素则主要是法官的司法能动性不足。

(一)性犯罪网络传播行为的刑罚裁量规则不明

"传统犯罪以网络为犯罪工具或犯罪空间后,产生了不同于现实空间中犯罪的特点,即在很多方面产生异化,为网络犯罪的刑法规制或治理提出了不小的挑战。"[1]立法者应该谙熟并表达普遍的期望,以使所制定的规则符合法律的善。为了使一个法律体系满足普遍期望或具备法律的善,立法者所制定的法律应该走在期望前面[2]。"立法是基于一定社会历史条件的产物、经验的总结,有稳定性和普遍性。但是,社会是不断发展变化的,问题的不断出现会使得刑法的规定总是滞后。"[3]网络传播性犯罪应该如何处罚,我国刑事立法没有作出明确规定,成为刑法上的漏洞。"根据刑法解释论,'法律漏洞'可以划分为'真正的法律漏洞'与'非真正的法律漏洞'、犯罪化功能性的法律漏洞与非犯罪化功能性的法律漏洞。"[4]真正漏洞是指法律对应予规范的类型没有加以规范;非真正漏洞是指法律对应予规范的类型没有作出不同于一般规定的特别规定而形成漏洞的情形。真正的法律漏洞需要通过立法填补,非真正的法律漏洞可以通过法律解释填补。

性犯罪网络传播行为是犯罪行为要件发生变化引发的法律漏洞,相较于传统性犯罪行为类型,属于特别犯罪类型,但立法上并没有针对这种特殊的犯罪行为作出不同于一般规定的特别规定,从而形成法律漏洞,属于非真正的法律漏洞,既可以通过立法修补解决,也可以通过司法解释解决。国外针对网络犯罪新特点和本国法律制度的特点,"有的采用的是直接制定新法律的形式,有的采用的是判例法形式,有的采用的是修改现行法律的方式。"[5]立法模式虽然可以有效解决性犯罪网络传播行为的定罪处罚问题,但存在资源消耗过多,法律体系交叉繁杂的弊端,通过法律解释结合案例指导来应对性犯罪的网络异化现象,不失为更

---

[1] 任彦君:《犯罪的网络异化与治理研究》,中国政法大学出版社2017年版,第24页。
[2] 参见张建军:《刑法中不明确概念类型化研究》,法律出版社2016年版,第3页。
[3] 任彦君:《论我国刑法漏洞之填补》,载《法商研究》2015年第4期。
[4] 魏东:《从首例"男男强奸案"司法裁判看刑法解释的保守性》,载《当代法学》2014年第2期。
[5] 周汉华:《论互联网法》,载《中国法学》2015年第3期。

加简便有效的方案。

（二）法官对性犯罪网络传播行为的自由裁量偏向机械正义

"自由裁量不仅是英美法系背景下的法官造法,更是法官根据法律(包括司法解释),依据法庭查明的事实,在个人法律意识支配下做出裁判的过程。"[1]当面临司法漏洞,没有法律或司法解释可依据时,法官自由裁量权至关重要。然而自由裁量是把双刃剑,合理行使能够实现司法公正,不当行使也会带来司法不公。因此,为了防止司法擅断,近十几年来,我国法院系统积极探索量刑规范化改革。但在挤压法官自由裁量权的基础上追求所谓的同案同判,本质上是以"机械正义"取代"个案正义"[2]。量刑规范化改革虽然一定程度上能缩小同类案件审判结果的差异,却容易使法官忽略个案的特殊性,产生量刑机械化倾向。

在量刑规范化、精细化、数字化的背景下,量刑自由受到压缩的同时,法官能动司法的热情也相应有所降低。对于有量刑规范指导的罪名,法官常常会依赖量刑指导意见中的量刑公式,通过加减计算获得量刑结果。对于新情况、新问题,法官常常会采取保守的态度,以规避当事人的质疑,减少裁判的不确定性,这同样体现在性犯罪网络传播行为的判例中。

从前文列举的司法判例来看,法院对性犯罪网络传播行为的量刑普遍不会超出一般性犯罪的量刑幅度。可能有观点认为,在法律上没有明确规定性犯罪网络传播行为刑罚裁量的情况下,适用一般性犯罪条款对性犯罪网络传播行为定罪量刑是在遵从罪刑法定原则。本文对这一观点持不同的态度,因为法律上虽然没有对性犯罪网络传播行为的定罪量刑作出明确规定,但对性犯罪的定罪量刑有明确的规范体系。在现行法律框架内,根据性犯罪网络传播行为处罚的必要性、刑法条文的协调性以及大众预测的可能性,对性犯罪网络传播行为的定罪量刑作出合理解释,使其罚当其罪、罪刑相适,恰恰是司法机关适用法律的根本要义,也是对法官裁量能力的考验。法官忽视性犯罪的网络化发展及其对社会造成的不良影响,作出罪刑不相适的判决,本质上不是遵循罪刑法定原则,而是惰性司法、机械司法的体现。

四、性犯罪网络传播行为刑罚裁量的功能主义应对

为有效解决性犯罪网络传播行为的定罪量刑模式明显存在罪刑不相当,偏离大众正义直觉的问题,我国司法机关有必要在功能主义刑法观的导向下,改变性犯罪网络传播行为的处断模式,并通过追缴违法所得等手段确保犯罪行为人无法从性犯罪中获得物质性利益。

---

[1] 张军:《法官的自由裁量权与司法正义》,载《法律科学(西北政法大学学报)》2015年第4期。
[2] 参见倪震:《量刑改革中"机械正义"之纠正——兼论人工智能运用的边界及前景》,载《江西社会科学》2018年第2期。

（一）性犯罪网络传播行为刑罚裁量需引入功能主义刑法观

"当我们根据应受惩罚性来考量刑罚的正当性，那么刑罚就是一个道德问题，法学也是一种关于权利与义务的科学，法律在原则上不能超越社会良知的约束，每个人都有权利发表看法。"① 为了破除机械司法导致的性犯罪网络传播行为刑罚裁量与大众正义直觉的背离，提高刑罚的社会认同度，性犯罪网络传播行为的刑事处罚应该充分发挥司法的能动性。

司法能动主义与司法克制主义相对应，是指法官在审理案件时不应局限于法律条文的字面意义和立法者的原初意图，而应当密切关注现实社会的发展和需要，解决社会的实际问题②。司法能动主义起源于宪法理论，在刑事司法领域，与司法能动主义一脉相承的是功能主义刑法解释观。功能主义的刑法解释"偏好于客观目的解释，强调在不违背罪刑法定的前提下对处罚漏洞进行弥补，认为概念本身并无固定不变的含义，其内涵取决于相应规范的保护目的"③。功能主义刑法解释观呈现出四个面向，分别是实质性、目的性、回应性与后果性。实质性追求实质正义，采取结果导向主义；目的性则突破法律的形式要件，将利益衡平、政策判断、价值诉求及大众认同等法外要素融入规范解释中；回应性要求刑法诠释与社会诉求联系起来，推动刑法规范的生长和完善；后果性则注重结果考量对构成要件的制约④。

功能主义刑法解释观有利于积极应对新型犯罪，弥补刑法规范滞后性，因此可以作为性犯罪网络传播行为刑罚裁判的重要解释方法。但是功能主义刑法观也天然带有司法权的扩张性，为避免与罪刑法定原则产生冲突，将功能主义刑法观应用于性犯罪网络传播案件的刑事审判过程中，应该严格把控解释的融贯性，在现行法律体系和概念涵摄范畴内，找到更合理的解释方案，以实现逻辑、事实与价值三方法律构造的平衡。根据功能主义刑法解释观，性犯罪网络传播行为的刑罚裁量需要积极回应大众正义直觉的诉求，这需要根据当前的刑罚论改造犯罪论，使其适应刑罚目的的需要，因为"一个科学的犯罪论，应当与刑罚论协调一致"⑤。

（二）性犯罪网络传播行为一罪加重处断模式的合理性辨析

罪刑关系是一种相互影响的交叉关系，而不是单向的关系，犯罪的认定会影响量刑，反之，刑罚的正当性也会对犯罪论的解释产生影响。基于性犯罪网络传播行为刑罚裁量的大众正义诉求，在现行法律框架内，性犯罪网络传播行为可以适用"一罪加重处断"模式。

---

① 罗翔：《刑法学讲义》，云南人民出版社2020年版，第125页。
② 参见周珂：《适度能动司法推进双碳达标——基于实然与应然研究》，载《政法论丛》2021年第4期。
③ 劳东燕：《功能主义刑法解释的体系性控制》，载《清华法学》2020年第2期。
④ 参见赵运锋：《功能主义刑法解释论的评析与反思——与劳东燕教授商榷》，载《江西社会科学》2018年第2期。
⑤ ［德］沃尔夫冈·弗里施：《变迁中的刑罚、犯罪与犯罪论体系》，陈璇译，载《法学评论》2016年第4期。

1. 性犯罪网络直播行为可认定为"公共场所当众"性犯罪

把性犯罪网络直播行为认定为"公共场所当众"性犯罪，具有解释学意义上的合理性。

首先，在司法解释中，网络平台已经被视为"公共场所"的网络化延伸。虽然在理论上，有学者对此持有异议，认为网络空间属于公共空间但不等于公共场所，空间是场所的上位概念，公共场所是公众可以在其中活动的场地、公众可以自由出入的场所，这种出入应该是身体上的活动而非言论等行为，从而将网络空间认定为公共场所属于用"上位概念替换下位"[①]。2013年出台的《最高人民法院 最高人民检察院关于办理利用信息网络实施诽谤等刑事案件适用法律若干问题的解释》第五条第二款规定，"编造虚假信息，或者明知是编造的虚假信息，在信息网络上散布，或者组织、指使人员在信息网络上散布，起哄闹事，造成公共秩序严重混乱的，依照刑法第二百九十三条第一款第（四）项的规定，以寻衅滋事罪定罪处罚。"而《刑法》第二百九十三条第一款第（四）项规定的内容是"在公共场所起哄闹事，造成公共场所秩序严重混乱的"。可见该司法解释已经将信息网络平台拟制为"公共场所"。

本文认为，把网络平台拟制为"公共场所"具有合理性，网络空间与现实空间具有交叉性，是现实空间的延伸，把"公共场所"局限于身体活动的场地，是对概念的物理限缩，而这一限缩并没有词源上的合理根据。随着数字社会的发展、元宇宙概念的提出，网络已经成为公众活动的重要场域，而且早已突破了言论的框架，成为现实生活的一部分，除了人的身体不能自由进出以外，几乎所有的日常生产、生活活动均可以在网络上进行。因此，将其纳入公共场所的范畴并不违背公众的认知，法律的这一拟制并无不妥。

其次，性犯罪网络直播行为具有"当众"的现实可能性。性犯罪网络直播行为在现实中可能不一定"当众"进行，但"网络直播超越了视距，声音和视频的形式使旁观者和受害者有着身临其境的感知，而实现了'当众'条件"[②]。性犯罪网络直播行为的"当众"是借助网络实现的，在具体的判断中，不仅要融合传统刑法理论对"当众"的解释，而且要结合网络的特征。在传统刑法理论上，"当众"并不局限于在场的人数，主要强调性犯罪场所的开放性、性犯罪过程被感知的可能性。只要在不特定的或者任何可能看到、感觉到的公共场所实施性犯罪，就属于"当众"性犯罪[③]。而在网络场域，同样也存在面临"众人"的现实性与"当面"的可能性。性犯罪与公开同步是"公共场所当众"性犯罪的重要特征，也是将其作为加重处罚情节的重要缘由。性犯罪网络直播行为也具备这一特征。

综上所述，将性犯罪网络直播行为认定为"公共场所当众"性犯罪既没有超出概念涵摄范围，也符合法律规范的体系架构。网络直播强奸犯罪，可认定为在公共场所当众强奸妇女、

---

① 参见张明楷：《刑法学》，法律出版社2016年版，第1066页。

② 张秉政：《网络直播性侵行为加重情节的认定》，载《中国检察官》2021年第6期。

③ 参见张明楷：《刑法学》，法律出版社2016年版，第876页。

奸淫幼女，对被告人判处10年以上有期徒刑、无期徒刑或者死刑。量刑幅度需要根据直播强奸产生的社会影响，对被害人造成的身心伤害等方面综合衡量。网络直播强制猥亵、猥亵儿童的，可认定在公共场所当众强制猥亵、猥亵儿童，对被告人处5年以上有期徒刑。

2. 性犯罪网络录播行为可适用性犯罪的"情节恶劣"条款

性犯罪网络录播行为可能比性犯罪网络直播行为的传播范围更广、传播时间更持久，因此在法益侵害性上，性犯罪网络录播行为与性犯罪网络直播行为具有相当性。根据"举轻以明重"的司法原则，在刑罚裁量的选择上，性犯罪网络录播行为也应当与性犯罪的加重情节相当，才符合刑罚的大众正义直觉。但性犯罪网络录播行为与性犯罪网络直播行为不同，性犯罪行为与网络公开性犯罪行为不是同步发生，性犯罪行为发生时既没有公开，也没有"当众"实施性行为，因此不能与性犯罪网络直播行为适用同一法律条款。

从罪数形态上看，性犯罪网络录播行为似乎更符合数罪的特征，司法实践中，也惯于对其进行数罪并罚，但是数罪并罚不仅在刑罚梯度上存在不可调和的矛盾，也无法展现性犯罪行为与传播行为之间的关联性。网络传播性犯罪行为是拍摄性犯罪行为的延续，在性犯罪过程中拍摄视频或照片时，犯罪行为人就应该认识到存在泄露的风险，而选择容认的态度，实际上已经形成了传播的概括故意，甚至在很多拍摄性犯罪视频的案件中，犯罪行为人明确表达了传播的故意。例如，在张某强奸案中，被告人张某通过快手软件认识了被害人马某，见面当天，张某将被害人领至自己的租房内，与马某发生了性关系，并将发生性关系的过程拍摄视频储存在自己的手机中。之后张某将拍摄的视频截图发给马某，想再次和马某发生性关系，遭到拒绝后，张某以将拍摄的视频发布到网上为由要挟马某再次发生性关系。马某害怕视频泄露，被迫答应与张某发生了一次性关系，之后张某又使用视频要挟的手段与马某强行发生了两次性关系[①]。

由此可见，拍摄性犯罪视频、照片的行为已经构成了对传统一般性犯罪的挑战，而且与性犯罪同步发生，可以作为性犯罪的"恶劣情节"，而后发生的传播行为，无论是主动上传网络还是因数据丢失等原因而导致相关视频、照片被传播，都是拍摄行为的一种可预见后果，可以被加重情节吸收。

综上所述，性犯罪网络录播行为可以依据性犯罪的"情节恶劣"定罪处罚，在性犯罪加重情节的量刑幅度内裁量，实现罪刑相当。对于性犯罪过程中拍摄视频或者照片，但没有流入网络的情况，可以酌情从轻处罚；对于流入网络的情况，根据流入网络的原因、所造成的社会影响、给被害人造成的精神损害等情况酌情从重处罚。

---

① 参见甘肃省定西市中级人民法院(2020)甘11刑终38号二审刑事裁定书。

（三）追缴性犯罪网络传播行为产生的违法所得

传统性犯罪不涉及违法所得的问题，刑罚的种类只有自由刑而没有财产刑。但网络传播性犯罪不同，有些直播性犯罪和录播性犯罪是以获取财物为目的的，在一罪加重处断模式下，无法对这类性犯罪施加财产刑。为了确保犯罪人不能从性犯罪中获得物质利益，对这类案件应依据《刑法》第六十四条的规定，追缴犯罪分子违法所得的一切财物，同时没收犯罪所用的工具，如拍摄视频所用的设备等。

五、结语

传统性犯罪以满足人的生理欲望为动机，犯罪过程隐蔽，无论是行为人还是被害人都不愿公开犯罪过程。但随着网络信息技术的高度发展，性犯罪在世界范围内开始出现网络异化现象——犯罪人不仅对被害人实施性侵害，还将侵害过程在网络上公然传播——对被害人的身心健康以及社会伦理秩序都造成了极大冲击。大众正义直觉理论认为，人们对于人身侵害类犯罪行为应该受到的刑罚水平和梯度存在共同的正义直觉，只有遵循这一正义直觉的指引，刑罚才能得到社会的普遍认同，并有效实现惩罚与预防功能。为此，性犯罪网络传播行为的科刑规则需要进一步的调整和明确。基于性犯罪网络传播行为的特点，在遵循罪刑法定的前提下，可以适用"一罪加重处断"模式，实现罪刑相适，推动性犯罪网络传播案件法律效果与社会效果的有机统一。

"以受害人为中心"的侵权归责之检讨[*]

张 超[**]

摘　要： 在当下的侵权司法实务中，存在一种以受害人及其损害为中心的归责推理模式，其不关注行为人的过错，而着眼于对受害人损害的实质填补，从而倾向于作出受害人胜诉的判决。此种归责推理并非毫无理据，无论功能主义还是正义理论的归责观，都可为此提供不同的辩护形式。然而，通过梳理和揭示它们各自的证成逻辑，可表明这些辩护在受害人偏向性保护上均无法获得成功。对一种可获正确理解的矫正正义观的进一步阐明，能够初步确证侵权归责推理中有关行为人过错之考量的不可或缺性。

关键词： 归责　受害人　功能主义　矫正正义　过错

一、问题的提出

在现代社会，随着经济、科技和社会的发展以及人际交往的加剧，侵权损害赔偿争议层出不穷，已俨然成为当前司法实践的焦点。简要来说，侵权法在实践中呈现出的问题为：被告是否应被予以归责来承担原告的损害？按照侵权法的一般教义理论，系于归责问题展开的实践推理通常取决于对行为人"过错"之认定。然而，不可不察的是，在侵权司法实务中，存在对过错的认定趋于宽松或过错概念外延扩张的现象，甚至过错阙如情形下的归责也并不稀奇，这不啻透露出一种偏向于支持受害人赔偿请求的司法风格抑或司法意识形态。例如在共同饮酒导致醉酒死亡的案件中，由共同饮酒者对受害人承担损害赔偿责任的判决屡

---

[*]　基金项目：国家社科基金青年项目"法律方法在类案检索中的运用及其改进研究"（项目号：22CFX049）。
[**]　作者简介：张超，山东工商学院法学院副教授。

见不鲜;在金融消费者在银行取款机取款时因误信诈骗信息而导致账户受损的案件中,即便银行已在取款机屏幕设有显著防诈骗提示的情况下,法院几乎都会判决银行承担部分责任;在高空抛掷物、坠落物的损害责任认定中,法院通常按现有法律之规定,对难以确定具体侵权人的,由可能加害的建筑物使用人给予赔偿。诸如此类,不一而足。

相较于侵权法的传统教义学说,侵权司法实务中显现出的这种归责推理实践较为激进,其不囿于过错与归责之间的关联,而是着重以受害人所遭受的损害为出发点来寻求归责的基础。质言之,受害人被置于侵权归责的核心地位,作为损害发生方式的过错概念变得相对不重要,乃至于损害变得无所不包,赔偿变得没有边界。然而,"要求他人赔偿每个人所遭受的任何损失,无论该损失是如何发生的,缺乏可信的道德理由,并且无论是侵权法还是一般法律均未实现这种无所不包的赔偿"[①]。对于熟知侵权法教义规则者来说,以受害人为中心来毫无边界地扩张侵权责任很难获得充分的理论根基,故貌似可直接打发掉这种偏颇的推理模式。

笔者以为,这里倒不可过于仓促给出否定的断言。固然侵权损害赔偿责任的成立需要符合常规的教义学说,尤其是要在过错与归责之间建立合理关联,而非以受害人之损害作为单一关注点,但是以受害人为中心的归责推理似乎正契合了侵权法自身的进化和发展趋势。一般而言,现代侵权法的发展被认为已不限于强调行为的过错以及行为人的义务,而是更加关注受害人损失的实质填补,出现了所谓从行为人过错到受害人损害的关注点转移。例如无过错责任作为一种现代社会的归责原则典型地反映出对受害人的特殊保护,弥补了传统的过错责任对受害人保护之不足。再如公平责任原则,其出发点也不外乎考虑对于受害人损害的"合理"分担,从而体现了一种"社会"公平和正义的理念。以此来看,认真对待以受害人为中心的归责推理是有其必要的,何况如果它确属谬误,通过梳理和分析其背后的理据也能更有力地给予批评性回应。

那么,究竟是否有坚实的理由来接纳这样一种以受害人为中心的归责推理呢?它究竟会把侵权法引入歧途还是为侵权法的发展指明正确的方向?站在实践理性的立场上,要回答此一问题,必然要求为侵权法上的此种推理模式寻求相应的证立基础,即便强烈的直觉把我们引向对受害人的同情和积极赔偿,我们也需加以理性反思和检验。本文的讨论将主要涉及如下两种不同类型的证立性考量:其一是基于功能主义的论证;其二是来自正义理论的论证。这两种论证虽然在归责的性质以及归责推理的话语形式上有着基本的差异,却不约而同地为以受害人为中心的推理模式提供了可能的辩护。本文将会对这两类论证的不同

[①] [美]理查德·赖特:《法权、正义与侵权法》,载[美]戴维·G.欧文:《侵权法的哲学基础》,张金海等译,北京大学出版社2016年版,第159页。

形式加以分析,揭示它们各自何以具体展现和支持了一种以受害人为中心的归责推理模式,指出它们的某些可能谬误,并进一步透过对矫正正义归责观的关联性概念分析,重新强调过错概念在归责实践推理中的重要性。

二、"受害人为中心"与归责的功能主义进路

在司法实践中,以受害人为中心的归责推理首先可以透过侵权法的功能主义进路来加以审视。根据功能主义,归责判断取决于对侵权法所服务之社会目标的厘定,也就是说,个案裁判妥当与否要看其是否成功服务于某种外在的社会目标。按照所诉诸社会目标的内容差异,至少可区分三种典型的功能主义形式:其一是以实现司法"社会效果"为目标的实用主义;其二是主张实现"最大多数人的最大幸福"之伦理原则的功利主义;其三是以"财富最大化"为目标的法律经济学。功能主义的这三种形式都会从各自的逻辑导向对受害人赔偿的特定支持,下面分别予以探讨。

(一)来自"实用主义"的辩护

在以受害人为中心的推理模式中,实用主义可以提供一个现成的哲学基础,作为一种一定程度上嵌入社会文化的辩护方式,实用主义易于激发一种"拼命讨好受害者"的司法裁判风格。在当下中国社会的文化背景和社会观念下,不乏有观点认为,司法裁判不仅要实现"法律效果",而且承担着获得特定"社会效果"的功能,后者的判断标准主要在于个案裁判的结果能否与社会公众舆论相互呼应。无疑,扩张受害人损害赔偿的范围在很大程度上会具有安抚受害人的作用,尤其面对生活境地窘迫的受害人,对其给予有效赔偿符合社会公众的道德直觉,进而能够化解矛盾,从而"息事宁人""案结事了",达致社会和谐之目的。

以受害人为中心的裁判取向暗含了一种反教条的、试验性的和结果导向的实用主义方法。无论这样做是否符合常规的侵权法教义,只要能够把案件"对付"过去,让当事人尤其是处于窘境之中的受害人满意,那就无需质疑。质言之,实用主义的论证方式企图让法律实践摆脱规范性道德理论的证立框架,以事实上的受害人满意和社会接受作为侵权案件裁判基准。但是,实用主义的辩护策略具有极弱的说服力。一方面,不加限制扩大责任来让受害人满意,未必能获得社会和谐稳定的效果,反倒很可能事与愿违,裁判的偏颇性会增加潜在的社会矛盾,加剧社会关系的对抗性。另一方面,实用主义最大的问题是它混淆了裁判可接受性在事实和规范上的区分,实用主义以事实层面的可接受性作为裁判依据使得司法实践彻底逃离了规范层面本应有的证立负担。在侵权案件中,且不论事实上满意如何在经验上得以确认这一技术难题,引发关切的并不是当事人是否事实上满意,而是怎样妥当划定行动自由与承担责任的边界或者如何证立归责裁判对特定被告施加的强制性权威,这在性质上乃是一个是否"应该"满意的问题。如果以事实上满意为标准,那么损害概念在逻辑上会变

得彻底无所不包,赔偿漫无边际,乃至出现只要有损害就要有赔偿的裁判准则,而且完全取决于事实性接受的司法裁判也会使得裁判所依据的规则变得游离不定,无法稳固地形成一套融贯性的证立体系。

(二)来自"功利主义"的辩护

较之实用主义,功利主义有着更为明确的外在目标和道德基础。在边沁有关功利主义的经典阐述中,功利主义被认为承诺了"最大多数人的最大幸福"这一伦理原则。"功利原理是指这样的原理:它按照看来势必增大或减少利益有关者之幸福的倾向,亦即促进或妨碍此种幸福的倾向,来赞成或非难任何一项行动。"[①] 在功利主义那里,无论是个人行动,还是包含立法或司法判决在内的社会行动都需根据社会的幸福总和来加以评判,其最高的伦理标准即是努力实现幸福的最大化。

20世纪初期,霍姆斯对侵权法的界定明显反映了功利主义的伦理原则。霍姆斯大法官认为,法律无非是现实各种特定公共目标的工具,侵权法则具体被认为,通过颁布并实施各种行为的公共标准以旨在达到如下目的,即阻止各种极为有害的、高成本的社会行为形式并对受害者进行赔偿[②]。要言之,在功利主义观念之下,侵权法被看成实现对"有害行为"进行社会控制的特定工具。当然,这个看法并没有完全否定过错要件对归责的重要性,相反,通过过错来认定侵权行为并以归责来对行为人施加压力,能够迫使行为人履行义务,从而有效防范那些有害社会行为的发生。但是,无可否认,从功利主义的内在逻辑可推论得出,侵权法作为一种公共规范的私人实施机制,重在贯彻一种客观的公共行为标准,从而获致相应的社会控制这一集体目标的实现;由于侵权法的社会控制功能是首要的,以过错来归责仅具有工具性,因此相对于公共目标的实现来说过错并非不可或缺的归责要件。换言之,如果通过无过错的归责可以达成社会控制的目标,减少社会所不希望发生的有害活动,那么行为本身的可责性就变得相对不重要。所以,霍姆斯所在意的有害的、高成本的社会行为形式其实扩张了过错的规范性内涵,过错的概念被放大,甚至为行为人在无过错之下承担责任留下了空间。这样,在最大多数人的最大幸福成为侵权案件裁判指引性原则的情形下,为了达成功利主义的目的,维护客观的公共行为标准,原告的赔偿请求便相对容易获得支持。

以国内近年来频繁发生的"共同饮酒"损害赔偿侵权案件争议为例,能够颇具代表性地说明以受害人为中心的推理模式如何从功利主义这里获得了一定的支持。共同饮酒看上去正是一种不怎么符合功利主义伦理要求的活动,因为这类行为容易使人陷入醉酒的危险状态,带来较为严重的人身或者财产损害,算得上是一种霍姆斯所言的极为有害的、高成本的

---

① [英]边沁:《道德与立法原理导论》,时殷弘译,商务印书馆2005年版,第58页。
② See Gerald J. Postema. Philosophy and the Law of Torts. Cambridge University Press, 2001, p.4.

社会行为形式；而对行为人予以归责以及对受害人给以赔偿则能够有效发挥侵权法的社会控制功能，阻却这种有害行为形式的频繁产生。在这个问题上，有学者曾通过调研指出，导致多数法官支持共同饮酒者承担责任的一个重要因素就是意图遏制恶性饮酒的行为，强化大家少饮酒的意识，进而修正大家的饮酒文明[①]。

此外，功利主义也会主张运用苦乐的微积分来更准确地处理和解决归责问题。在共同饮酒案件中，被告往往不止一人，在人数众多的情况下，如果让诸多被告来为单一的受害人分担损失，那自然会减轻受害人的痛苦，而这些被告虽然也不免会遭受一定程度的痛苦，但这些被分担的痛苦相比于受害人独自承担的痛苦而言，完全是可容忍和忽略的，其加总也小于受害人独自承担的巨大痛苦。况且如若扩展到更大的共同体视角，让原告获得赔偿还可以带来公众对受害人的同情心之满足。

然而，众所周知，功利主义的一个困难在于苦乐微积分很难加以实际操作。边沁将幸福理解为快乐减去痛苦，而西季维克将幸福理解为快乐的知觉与令人厌烦的知觉的差额，但是每个人对苦乐或快乐与厌恶的感受并不具有客观性，不同的人对相同的事，其苦和乐的主观判断并不尽相同。特别是在分殊化的侵权个案中，任何一个原告与被告基于自身的特定情形都存在对痛苦不同的感受程度，对此进行事无巨细的考察是不现实的，也是不可能的。也许，功利主义者在此强调的不单纯是痛苦在量上的多少，更是指痛苦种类的比较，对于人身损害案件，受害人的痛苦看似要远大于被告因赔偿而承担的物质损失，这就显得有理由支持原告的赔偿请求。但是，这个辩解不仅仍会面临痛苦（以及快乐）不可公度的指责，而且原告的身体和精神上的痛苦是否会因得到赔偿金而得以全部消除是颇受怀疑的。如此来看，在共同饮酒案中简单地把受害人的痛苦转移到多数被告身上并不一定符合最大多数人的最大幸福这一功利主义的目标，功利计算的模糊性使其丧失了在司法裁判领域应用的可能性。

功利主义计算的可靠性只是其困境之一，更关键的是，对功利主义的一般性哲学批评同样适用于侵权法功利主义理论。功利主义最大问题便是未能承诺个人作为权利主体的道德地位，权利被简单地扔进功利主义的计算之中。从"权利作为王牌"的个人权利论来看，权利是一种能够压倒集体决定的某种正当性根据[②]，无论是侵权案件中的原告还是被告，作为权利主体都没有理由成为集体目标的当然牺牲品。在侵权系争案件中，比较而言，原告作为已然遭受损失的一方，可能不会被轻易否认其在诉争中的权利性主张，然而不能忽视被告同样是享有平等权利的主体，仅是为了实现最大多数人的最大幸福而让其承担赔偿责任无疑相当于舍弃了被告的正当权利，个人权利也就丧失了压倒一般性效用的王牌地位。

---

① 胡岩：《共同饮酒法律责任实证研究》，载《法律适用（司法案例）》2017年第2期，第78页。
② See Ronald Dworkin. Rights as Trumps. in Jeremy Waldron（ed.）. Theories of Rights. Oxford University Press, 1984, p.153.

（三）来自"法律经济学"的辩护

法律经济学在对侵权法的解释和证立上与功利主义具有相当的一致性，都属于诉诸外在目标的典型功能主义进路，也都强调侵权法吓阻和预防损害发生之功能①。不过，法律经济学明确将侵权法视为贯彻财富最大化这一目标的工具，以财富最大化或效率来尝试对归责问题给以更精确有效的分析，从而克服功利主义对幸福量化的不确定性②。根据侵权法的经济学进路，支持原告的损害赔偿请求还是任其留在原处其实是一个成本收益之间的衡量问题，是否能够将损害事故的发生降至最低并付出更少的预防成本是归责判断的基准。

法律经济学在侵权法中的一个经典应用便是著名的汉德公式。按照汉德公式的经济学解读，对过错的界定主要依赖于被告安全预防措施的成本与防止损害发生的收益之间进行比较。当采取预防措施的边际成本低于降低风险的边际收益时，被告就被认定为有过错并承担责任，反之则否。在经济学的理论逻辑下，对过错和归责的判断主要是考虑一方是否能够以另一方为代价或成本而获得盈余，因此往往被批评这种权衡的结果会对遭受损害的原告造成不公。然而，必须进一步注意到，至少从范围上说，被告安全预防措施所付出的成本相较于损害减少而带来的可能收益相对显得微小。在成本收益的衡量中，安全预防措施的成本比较确定，而由此带来的收益则不仅涉及防止预期损害发生的收益，还包括风险厌恶成本的降低，后者指的是原告在直接、有形的损害之外需支付的费用，例如侵权行为导致的时间浪费、人身伤亡带来的生活乐趣的丧失等等③。这种成本收益的不对称性暗示，在大多数情形下行为人有义务来采取安全预防措施。如是观之，被告则通常会成为成本最低的事故避免者，一个较为擅长侵权法经济分析的法官因此会基于事故成本最优化的考虑而作出偏向受害人赔偿请求的个案判决。

此外，值得注意的是，在卡拉布雷西（Guido Calabresi）的经济分析理论框架里，侵权法的功能既包括减少首要事故成本又包括减少次要事故成本。首要事故成本为预期事故损害与预防成本之和，而次要事故成本是指当损害发生后受害人之损失无法被任何机制分散时，受害人因为陷入社会和经济上的困窘而引发的社会成本④。依此分析框架，在侵权司法实务中，为了实现财富最大化的目标，就需要同时考虑减少次要事故成本，这样，根据边际效用递减的经济学原理，可能会导致在无过错的情况下让更具有风险承担能力的被告来分担无辜

---

① See William M. Landes and Richard A. Posner. The Economic Structure of Tort Law. Harvard University Press, 1987, pp.6-8.
② 波斯纳极为反对把法律经济学混同于功利主义，并且对功利主义的缺陷进行了系统分析，参见［美］理查德·A. 波斯纳：《正义／司法的经济学》，苏力译，中国政法大学出版社2002年版，第60-86页。
③ ［美］格斯特菲尔德：《经济学、道德哲学及对侵权行为法的实证主义分析》，载［美］格瑞尔德·J. 波斯特马：《哲学与侵权行为法》，陈敏、云建芳译，北京大学出版社2005年版，第332页。
④ See Guido Calabresi. Does the Fault System Optimary Accident Costs? Law and Contemporary Problems, Vol.33, No.3 (1968), pp.429-464.

原告的损失。实际上，我国侵权法中公平责任的规定较为明显地体现出一种为无过错的行为人分担无辜受害人损失的制度安排，减少次要事故成本这一目标堪当其背后的理论依据，有学者也曾就此指出公平责任所体现的即是一种经济学上的损失分担功能[①]。

当然，侵权法的法律经济学分析是一套复杂而精致的理论，其内部自身存在不同理论解释的竞争，其也并非一定会导向对受害人的支持。但是，对本文的讨论目的来说，仅限于初步揭示出一种偏向受害人的归责实践背后有可能暗含的法律经济学思考方式就足够了。同时，重要的是，经济分析的进路实则面临与功利主义相同的诘问。正如没有人体验总体效用一样，也没有人享有总体财富，在财富最大化这一目标下加害人与受害人、原告和被告都可能沦为纯粹的手段和工具。法律经济学主张运用一种计算理性（rational）来厘定过错和注意义务，但这种成本收益的效率语言不能解决人际间风险施加的问题，行为人的义务毕竟属于合理性（reasonable）的规范性范畴。的确，在法律经济学的视角下，处于损害痛苦之中的原告其福利显著下降，但是这只意味着原告现在的状况，其无法与引起这种状况的被告角色建立恰当的规范性联系[②]。因此，财富最大化的目标难以为任何一种归责判断提供充分的证立性基础，它为受害人胜诉的支持性辩护也是不成功的。

（四）归责的工具性观念

综合而论，上述三种不同形式的功能主义进路代表了一种归责的工具性观念，它们关注个案裁判随之而来的社会后果，基于各自的特定立场共同透露出一种以受害人为中心的实践推理模式。归责的工具性观念所聚焦的是，归责的结果是否能达到某一外在的目的——例如幸福总量的最大化或财富最大化，却忽视了侵权法的内在概念结构和推理逻辑。在这个问题上，温里布（Ernest J. Weinrib）强调指出，"不可忽视的是，私法含有一系列概念、一种特定的制度框架和独特的推理模式。这些面向是私法内在结构的有机组成，而非随意映射到功能主义的诸种外在目标之上"[③]。当然，功能主义并不否认侵权法是一个包括责任、过错、可预见性、注意义务、因果关系、赔偿等等关键概念在内的体系，却强调要刺穿这些概念的面纱，求助于外在目标来说明和解释这些概念。不得不说，这种归责的工具性理解使得司法裁判容易满足于个案结果对外在目标的实现，而忽视对过错或不法行为要件等关键概念给以精当分析，从而带来归责判断的结构性失衡。

---

① 余小伟：《"公平责任"是否"公平"——以二十世纪新侵权法理论为视角》，载《政治与法律》2017年第12期，第120页。
② Ernest J. Weinrib. The Idea of Private Law. Oxford University Press, 2012, p.133.
③ Ernest J. Weinrib. The Idea of Private Law. Oxford University Press, 2012, p.5.

三、"受害人为中心"与归责的正义理论进路

对归责的证立,除了功能主义之外,还存在正义理论的论证进路。一般而言,正义理论建立在平等的个人自由这一基本道德承诺的基础上,但侵权法中的正义理论本身也是一套复杂且多元化的哲学理论,由于本文的任务是聚焦于以受害人为中心的推理模式背后可能的证立根据,因此这里仅限于在此目的的限制下来讨论如下几种有所区分的正义理论进路,即自由至上论、契约论、分配正义以及社会正义。在侵权法的诸多哲学理论中,这四种正义观都可能导向支持受害人获得赔偿的司法偏好,因此需要给予检视并加以评判。

(一) 来自"自由至上论"的辩护

自由至上论是一种以政治上的自由放任主义为基础的权利理论,由于权利和正义概念的家族近似性,因此可视为一种特定的正义观念[①]。与功能主义的进路相反,自由至上论反对提升和促进社会效用或总体财富的侵权法目标,深信侵权法应以个人权利保护为内在目的,通过对权利的绝对保护以实现个人之至上自由。自由至上论支持一种个人对自身的绝对支配力,强调我们每个人都有一种维护人身完整性的不受侵犯之权利,无论政府还是他人都不得通过非自愿手段剥夺之,不过,自由至上论还意味着行动者绝对地拥有他的"厌恶品",当行为人伤害他人的人身、财产或名誉时,其便拥有了此损害,并且必须基于正义的要求来赔偿受害人[②]。

不难理解,自由至上论会塑造一种以受害人为中心的推理模式,因为一旦行为人造成了损害,基于对损害的绝对支配权,行为人必须对受害人给予赔偿,这种权利逻辑容易引发一种支持受害人的无过错归责原则。对自由至上论来说,归责的推理过程须围绕以下几点展开:一是权利受损的事实;二是这一事实与行为人之间的因果关系;三是权利受损的事实只要能在事实上追溯到行为人,即存在事实上的因果关系,那么侵权责任即可成立并使得损害转移回行为人。

然而,自由至上论的权利逻辑很难成立。它的绝对支配型权利观实际上建立在一种典型的所有权概念之上[③],可是在诸多权利之中即便是所有权也非绝对之物。权利是有边界的,而且这一边界取决于义务人所负有的相应义务。我们不能因为每个人都有生命权,便禁止他人驾驶汽车,虽然汽车驾驶往往带来相当重大的风险,但是基于生命权我们可以正确主

[①] 有学者认为权利和正义这两个概念的所指并不相同,例如加德纳认为,正义只是一种独特的道德规范,处理分配性的道德问题,像禁止酷刑这样的权利主张却不涉及分配性事项。See John Gardner. What is Tort Law For? Part1: The Place of Corrective Justice,http://ssrn.com/abstract=153842,最后访问日期:2021年4月20日。

[②] Jules L. Coleman and Arthur Ripstein. Mischief and Misfortune. McGill Law Journal,Vol.41,No.1(1995),p.102.

[③] John C. P. Goldberg. Twentieth Century Tort Theory,http://ssrn.com/abstract_id=347340,最后访问日期:2021年3月14日。

张他人负有谨慎驾驶的义务。反观归责问题,权利如果被视为没有边界,那么责任也就失去了边界。假设甲开设餐厅吸引了大量顾客从而导致周边乙所经营的餐厅生意冷清并遭受重大经济损失,此时如果认为乙的财产所有权受到甲的侵害显然是荒谬的,甲对乙的财产权并不负此种特定义务,其行为无过错,侵权归责无从成立。因此,归责不能以事实上的因果关系为基础,权利受损的事实不仅须追溯到行为人,而且还要判断行为人是否有违法义务之事实,也即是否存有过错,缺乏这种判定,侵权责任就会被盲目扩张。

特别要指出的是,当下中国社会正处于一个"权利的时代",公民权利意识不断增强,权利话语主张具有前所未有的强度,大量侵权诉讼的出现体现了人们寻求权利保护的强烈意识,受害人向法院"讨个说法"的现象普遍存在。在这一特定社会语境下,侵权司法实务自然会受到以自由至上论为基础的权利观的影响,进而展现出偏向受害人的裁判风格。权利肯定了个人作为道德主体的地位,具有无可否认的重要性,但是承认这一点不等于任由权利膨胀和失衡,在侵权司法实务中,必须正确认识特定权利的概念内容,在受害人权利与行为人义务之间探寻归责的合理边界。

(二)来自"契约论"的辩护

在侵权法诸多正义理论中,契约论的主张极具特色。众所周知,契约论对公法领域具有较强的解释力,有学者尝试用契约论来处理侵权法中归责问题的理论争议。这一进路为侵权法的制度建构和规则适用问题提供了独特的视角,但契约论中的某些版本确实在一定程度上易于导向以受害人为中心的归责推理模式。

根据契约论,在政治共同体中,持有不同人生观的人们为了追求各自的目的,不可避免会从事可能给他人带来损害的风险活动,侵权法的目的即在于确保风险施加的行动"自由"与他人的"安全"之间达成平衡,这种平衡方案作为一种公平合作条件能够被平等主体自由而合理地接受。从契约论的公平视角出发,在归责原则这一问题上,弗莱彻(George P. Fletcher)最早对无过错的严格责任给出了辩护[①]。在他看来,是否适用严格责任取决于风险施加的对等性。如果风险活动具有对等性,即人们彼此间施加和遭受相同的风险,那就适用过错责任,反之则适用严格责任。不关注行为过错要件的严格责任之所以为人所接受的理由在于,在非对等性风险存在的情形下,可能的受害人承受了一种单向度的风险,而这显然并非正常生活的一部分,行为人为其特定的获益承担成本则理所当然,因此适用严格责任才算得上公平。

本来,在弗莱彻那里,严格责任的适用范围还比较有限,因为只有在风险不对等的情形下此原则才有适用余地。然而,同样以契约论为理论框架,克廷(Gregory C. Keating)则激

---

① George P. Fletcher. Fairness and Utility in Tort Theory. Harvard Law Review. Vol.85, No.3(1972), pp.544-549.

进地给出了不同的看法。在他看来,就对等性的风险活动而言,也同样有严格责任充分适用的空间,由此而主张侵权归责中严格责任的吸引力。克廷认为,作为人们之间公平合作的条件,一个可证立的归责原则之达成必须考虑是否符合那些处于最不利地位之人的利益①。这样,无论风险是否具有对等性,当风险巨大时,较之自由,考虑到危险足以造成人之伤亡或伤残的情形,安全的利益格外地被普遍欲求。因此,处于最不利地位的可能受害人必然要求适用严格责任,严格责任而非过错责任才能达致契约论念兹在兹的公平合作条件。

  按照克廷的契约论逻辑,不免会存在这样的进一步推论,即一旦出现严重的损害后果,由于安全利益的紧迫性,那就要对受害人给以保护,对被告加以无过错的归责。克廷自己甚至认为,由于机动车导致的损害具有实质性,故机动车之间的交通事故应适用严格责任②。这个理论无疑是让人费解的。这不仅是因为它不符合侵权法的通常规定,例如按《中华人民共和国道路交通安全法》第七十六条第一款第(一)项规定,"机动车之间发生交通事故的,由有过错的一方承担赔偿责任";更重要的是,在风险对等的情形下,特定的损害结果总要有人承担,要么是原告,要么是被告,就像物质中的能量不可能凭空消失一样,损害只能被"转移"而并没有"消失",适用严格责任来归责相当于加害人反而取代了受害人成为"最不地位之人"。所以,风险对等的情况下,只因为损害重大就去除过错的规则要件而让被告人承担损害结果,是没有合理根据的,也不见得符合公平的价值。

  克廷当然也意识到了这个契约论版本的问题。因此,又引入责任保险制度来进一步确保严格责任的公平性。责任保险具有快捷、损害补偿有保障的特点,这样原告承受的沉重负担可透过被告参与的保险机制而予以分散,而非以单一的被告来承担责任,这就会显得更为公平。然而,且不论全面的责任保险制度是否可覆盖各类损害赔偿,就责任保险本身来说,其运行机理已经溢出侵权法甚至私法体系,属于侵权法外的救济手段③。这无法表明在侵权法制度框架内严格责任相较于过错责任的优先性。

  在过错责任领域,克廷的契约论则运用"比例原则"来解决注意义务的厘定难题。比例原则要求,一种为人们所普遍接受的注意义务能够具有自由和安全两种价值的相称性从而符合公平的要求。反过来说,违背比例原则会出现两种不公平的情形:一是注意义务的程度要求过低,受害人的安全缺乏适当的保护;一是注意义务的程度要求太过严格,行为人的

---

  ① See Gregory C. Keating. A Social Contract Conception of the Tort Law of Accidents. in Gerald J. Postema(eds.). Philosophy and the Law of Torts. Cambridge University Press,2001,pp.34-35.
  ② Gregory C. Keating. A Social Contract Conception of the Tort Law of Accidents. in Gerald J. Postema(eds.). Philosophy and the Law of Torts. Cambridge University Press,2001,p.38.
  ③ 无可否认,在人类活动的某些领域保险制度已经变得必不可少。例如在急速发展中的人工智能自动驾驶领域,事故发生原因主要不在于产品质量问题,而在于伦理或科技的限制所致,制造商、服务商和车主都难以成为侵权法上的归责对象,因此更好的解决方式是通过建立和运用完备的保险体系来对受害人进行赔偿。

自由受到一定折损。克廷特别强调,要妥当把握自由和安全之间的合比例性,务必要考虑安全对于自由的价值优先性,一般而言,除非对自由施加的注意义务使得活动本身难以维系,否则有理由为行为人确立较高的注意义务。这种偏向安全的比例原则倒也不难理解,在追求自己各种目的的活动中,人们更为珍视安全,离开了安全价值无论何种人生目标殊难实现。

的确,建立在公平价值之上的比例原则在对注意义务的厘定上有较强的说服力,对于司法实践也有较高的方法论意义。但是,必须指出,在具体操作问题上,比例原则并不容易把握,反而可能带来一定的偏颇性。当适用比例原则的推理模式时,在天平的两端需要比较衡量的是自由和安全,在计算方式上,前者可转换为注意义务对行为人的负担,尤其是经济成本,后者则可分化为某一特定风险所产生的损害之大小和可能性这两个变量要素。这样,如果行为可能导致严重的人身损害并且这种可能性概率相当高,那就要赋予高度的注意义务,这一点不难理解。但是,注意义务认定的争议通常是发生在损害结果严重但概率较小的情形下。由于克廷把安全价值置于优先性的位置,因此即便在损害发生可能性较小的情况下,只要损害的严重程度大,那么也应课加高程度的注意义务,这种情形下对被告进行归责也才符合比例原则的公平要求。然而,不可忽视的是,损害发生的可能性是个事实上的概率问题,在逻辑上不可能等于零,特别是在具体的侵权个案中,法官所面对的必定是已经实现了损害可能性的案件,否则诉争也不会发生。这样,如果损害结果极为严重,按照克廷的理论逻辑,无论被告行为性质如何都应承担责任。故在契约论的实务操作中,基于"公平"的理由,严重事故中的受害人就很有可能基于被告的"过错"而获得赔偿。

实际上,克廷的比例原则所打造的"公平算式"在性质上仅仅是一个"定量"判断而非"定性"判断。然而,只有在损害结果具备"合理可预见性"的情况下,损害产生的概率和损害程度才能发挥定量的衡量作用;换言之,如果损害结果根本不具备"合理可预见性",那么就很难单凭损害实际发生的概率和其严重程度来对被告进行归责。在这个意义上,缺乏对"合理可预见性"的规范性分析,比例原则的运用就很可能会出问题,行为人与受害人之间损害分担的公平性诉求反而会落空。

不过,比例原则的支持者或许是有意遗漏"合理可预见性"这个规范性要件,即反对该要件在过错归责中的不可或缺性。其中的理由在于,作为注意义务产生前提要件的可预见性实际上太过抽象,难以识别,因此在过错归责中损害结果的严重程度及可能性与避免损害的可能措施成本之间的权衡比较正是对可预见性要件的取代。但是,这里存在一个逻辑谬误。在过错责任的框架下,注意义务是过错之构成要件这一点显然无法否认,假如被告对于损害无法预见,那如何又可能要求被告承担注意义务呢?质言之,只要承认注意义务属于过错归责的构成要件,可预见性就必然成为过错的前提。"这是一个无法否认的法的逻辑理论关系。"①

(三) 来自"分配正义"的辩护

所谓分配正义,是指在某一群体中根据特定的标准以比例平等的原则来分配资源或负担。在分配正义的逻辑结构中,比较重要的是根据何种标准来分配损害负担。例如,在最早提出这一概念的亚里士多德那里,他认为按照美德来分配城邦政治职位是符合分配正义的。具体到侵权法领域,透过分配正义来处理归责问题就是根据某一标准在原告和被告之间选取一方来承担损害负担。实际上,在侵权法领域可以存在若干不同的分配标准,例如应责性、行为预防、损失分散等等。这里以"应责性"(culpability)标准为例来说明分配正义如何展示出一种以受害人为中心的辩护结构。

在过错责任领域,过错与损害结果无疑都是不可或缺的归责构成要件,并且根据侵权法的教义学说,过错与损害结果之间尚需存在一定关联。不过,对这种关联该作何种理解并非自明。有一种看法倾向于认为,责任的产生的重心在于过错行为带来的应责性观念,至于损害的产生不过是归责的另一个特定条件,它与过错行为两者相互独立,过错与损害结果并不需要建立内在关系。换言之,对于一个实际的损害而言,无论其是否与过错行为之间存在内在的规范性联系,只要在事实上具有一定的关联性,那么有过错方就要对无辜者承担责任。

上述的侵权归责推理依赖于一种特定的分配正义框架,即依据应责性的标准来对损害进行分配。对此,可用2020年全国法硕联考的热议题目"棺材避雨案"来加以说明。该题目中的具体事实为,"甲驾驶一辆拖拉机,车上载着个空棺材。中途顺路的乙要求搭车,甲好心就同意了,并告知其车上有棺材;途中下雨,乙进入棺材躲雨,还把棺材板盖上了。后来甲又偶遇求躲雨搭车的丙,于是也同意让他上车;没想到的是,雨停了乙推开棺材板透气,丙被吓到,大叫'有鬼'于是跳车,摔成骨折;问丙摔断腿的责任该由谁承担?"这个题目源于一个真实案例,而法院经审理作出的判决是,甲承担事故责任的70%、丙承担20%、乙承担10%。判决理由在于,发生事故前拖拉机超员,且拖拉机上人货混载,甲严重违犯了道路交通管理规定,负有过错,应承担事故主要责任;乙已经看到车上放有棺材还硬要乘坐,也违反了交通管理有关规定;伤者乘坐人货混载的车,同样违反了交通法规,也有过错。概言之,法院的观点是按照过错比例来承担责任的。

另外一个值得援引的案例是普通法中的一个经典判例——"帕斯格拉芙诉长岛火车站案"(Palsgraf v. Long Island Railroad)。1924年的某一天,帕斯格拉芙太太站在纽约长岛火车站的站台上候车。当火车站的工作人员帮一位旅客登上一列火车时,不小心碰掉了旅客

---

① [日]森岛昭夫:《不法行为讲义》,有斐阁1987年版,第184-186页。转引自夏芸:《医疗事故赔偿法——来自日本法的启示》,法律出版社2007年版,第57页。

携带的一个包裹。孰料包裹内竟是违禁的烟花爆竹,烟花爆竹掉在铁轨上发生爆炸。爆炸的冲击力将据称有数英尺远的一杆秤击倒,砸在了帕斯格拉芙头上。受到伤害和惊吓之后,帕斯格拉芙患上了严重的口吃症,而那位旅客去向不明,于是,帕斯格拉芙诉长岛火车站,要求侵权赔偿。在纽约上诉法院的审理中,以卡多佐为首的多数意见认为被告遭受的损失与原告的过错之间缺乏规范性联系,从而否认了原告的责任。但是,异见者安德鲁法官则认为,避免创造不合理风险的义务在性质上是一种普遍的对世义务,只要损害是过错行为的自然后果,行为与损害之间具有某种连续的先后次序,那么被告的责任即会成立。

无论是棺材避雨案中法院的判决还是安德鲁法官的异议在一定程度上都表达了一种特定的分配正义观,即将责任的成立主要归结于具有普遍性质的过错观念,这种过错观念反映出的应责性考量使得被告负有赔偿的义务,纵然损害结果缺乏"可预见性"或者不具有"相当性因果关系"。在第一个案件中,负有重大过错比例的甲应对过错程度较小并且摔断腿的丙承担责任;在第二个案件中,相较于无辜的受害者帕斯格拉芙太太,存在过错行为的原告则更应该承担损害的成本。根据比较当事人"谁有过错"或者"谁为无辜"来分配损害负担反映出了一种特定的分配正义观。

诚然,在侵权过错责任中,过错这一概念作为侵权者承担责任的一个基本依据往往意味着道义上的可非难性。但是,需要强调的是,单仅过错自身并不能成为施加责任的理由,除了过错行为之外还需在过错与损害结果之间建立规范性联系。如果原告遭受的损害在事实上源自被告的过错行为,但两者之间却不存在规范上的关联,或者说过错虽然存在,但并非相对于被告的过错,那么对被告的归责便缺乏合理性。而从权利和义务的关系来说,在帕斯格拉芙案中,从原告的身体健康权并不能必然导出禁止被告把另一位乘客推倒,两者并不存在一一对应的关系。因此,基于单一的过错标准来分配损害负担,使得过错与因果关系之间的联系太过宽松化,不符合侵权法的常规学说,缺乏足够的理由来确立其正当性。

(四)来自"社会正义"的辩护

有学者指出,"伴随社会的突进和时代的变迁,侵权法的道德基础早已超越亚里士多德的矫正正义和康德的权利哲学,以理性为基础所凝练的道德共识——分配正义、共同体正义和社会正义已稳稳地高坐于侵权法的理念大堂"[①]。如其所言,在侵权法领域诉诸社会正义来解决归责问题具有一定的普遍性,这亦反映了一种支持受害人赔偿请求的归责推理模式。

实际上,就社会正义这个概念来说,因其涉及的是资源分配的问题,故仍然属于典型的分配正义理论范畴。不过,在侵权法的语境下,分配正义和社会正义之间仍可做出两点区分。

---

① 张铁薇:《关于侵权法的几点哲学性思考》,载《政法论坛》2012年第1期,第130页。

一方面,分配正义可视为一种在原被告之间损害负担分配的"局部正义"问题,而社会正义关切的是整个社会的资源分配结构;另一方面,对于局部的分配正义问题,其分配标准不限于根据社会需求来分配,换言之,分配标准具有多元性,但是社会正义更多的是考虑社会中每个人的需求,含有"每个人都应该过上物质不匮乏的生活"[①]这一基本预设。

以社会正义为出发点,侵权法上的归责作为一种人际性的概念和实践,突破加害人与受害人的双向结构,不限于原被告之间,而是关注行为人、受害人以及更为广泛的共同体和社会等多方面的关系。关注个体基本需求的社会正义要求包括侵权法在内的任何制度安排都应有助于那些弱者或穷人的利益,在这个意义上,我国侵权法中"公平责任"的规定也可视为对社会正义的某种彰显。当然,社会正义本身有一套复杂且多元化的哲学说明,不过较为普遍的看法认为,社会正义主张,在人人平等和自由这个道德承诺的基础上,个体的平等自由须依赖于国家所保障的一定程度的物质生活条件。此外,除了理论上的支持之外,情感尤其是同情心也往往会驱使采取有助于实现社会正义的制度性或个别的举措。这样,在侵权司法实务中,基于对贫弱原告的同情来认定或扩大处于强势地位的被告的责任就并非稀奇之事。

除了公平责任之外,众所周知的"深口袋责任"也是一种反映社会正义诉求的典型归责方式,这一归责原则指的是不管被告是否有过错,因其具有相对于原告(个人或企业)的雄厚财力且有赔偿能力,而对损害负担承担责任。现代社会在财富上巨大的两极分化以及个人和企业之间的地位悬殊往往会驱动法院在损害负担分配问题上偏向遭遇不幸的原告一方。特别是企业的活动对个人带来了极大的风险,作为企业的施害方与作为个人的受害方之间横亘着社会地位与能量的巨大差别,适当的赔偿既能抚慰原告的无辜伤痛,又几乎无损于作为一家有实力公司的被告的利益,因此即便损害结果难以预料,也有理由让强势的一方来对弱者给以赔偿。

无论是"公平责任"还是"深口袋责任"无疑都体现了法律对弱者的保护,这也可能符合大多数人让原告胜诉的道德偏好。然而,这里却存在一个严重的法律悖论。从性质上看,这些责任形式实际上是一种"事后性责任",在个案裁判中,法官在注意义务上所持标准的高低与损害后果的严重性直接相关,面对那种对原告造成巨大人身和经济损失的严重损害结果,强势的被告方往往就会承担更多的责任。然而,众所周知,法律的性质和目的主要在于事先的行为指引功能,责任承担不能离开义务违反这一前提,在缺乏对相应的注意义务作出合理说明的情形下,仅仅以原被告双方的经济状况来分配责任并不具有充分的说服力。

社会正义虽然听起来有足够的规范吸引力,却暗含了一种国家和政府要为所有的痛苦

---

① [美]塞缪尔·弗莱施哈克尔:《分配正义简史》,吴万伟译,译林出版社2010年版,第2页。

负责并能解决所有问题的不切实际的观点。它有意忽视了有时某些损害的发生的的确确完全是意外和纯粹运气使然。更重要的是,且不论社会正义本身内容得当与否,在侵权法领域落实这一诉求不免要面对这样的诘问:侵权法是否是实现社会正义的妥当手段?打个比喻来说,如果捕鱼是一项被我们欲求的目的,那么用双手而非用渔网来捕鱼合理吗?指望贫富差距的社会正义问题通过偶然、个别的司法裁判来系统解决,其作用可能是微乎其微的,而且还付出了侵蚀侵权法内在机理的代价。

最后,要指出的是,社会正义还面临着与其他分配正义模式的竞争,这引出了包括社会正义在内的所有侵权法分配正义理论的共同问题。我们知道,任何一种分配正义的方案至少含有分配标准这个概念要素,此外也涉及目标群体和分配事项两个要素。具体到侵权法语境,目标群体可限定为原被告,分配事项则为损害负担,争议点主要就聚焦于分配标准。这样,分配正义在侵权司法实务中的基本推理逻辑是,以比例平等为原则,按照某种特定的标准,对作为目标群体的原告与被告就损害负担这一分配事项来加以分配。然而,值得再次强调的是,作为一种形式构造,分配正义概念本身并不能决定采用何种分配标准。这意味着运用分配正义的法律推理框架不得不援用一个外在的目的考量,而这个考量本身又会出现分歧。例如,这里提及的"应责性"和"经济状况好坏"即明显代表了两种不同分配标准,它们之间虽然可能会偶然达成一致,但也会出现竞争,例如被告拥有优势经济地位却不具有应责性,抑或考虑相反的情形,此时就自然要求法官来作出某种政策性决定。然而,这样一来至少会带来两个问题。其一,是不同的政策诉求选择会带来裁判的不融贯性,出现所谓"同案不同判"的司法窘境。其二,更重要的是,法官既无制度能力又欠缺民主责任来从事这种政策性决定,换言之,权威立法机构才更有能力和权威来评价可能的分配方案,而且这也必定会涉及整个共同体范围内的利益。法官所从事的工作应限于在诉讼两造之间来根据规则和学说厘定彼此之间的权利义务,而非直接取代立法者的工作。

四、矫正正义、关联性与过错

到目前为止,围绕着以受害人为中心的归责推理模式,我们分别检讨了功能主义和正义理论的各种辩护形式。就侵权法正义理论的范畴而言,还尚未提及一种重要的归责观,这就是矫正正义。侵权法的矫正正义论有着各种繁杂的解释和版本。其中,对矫正正义的某些特定理解同样会展现出以受害人为中心的推理模式。但是,一种正确理解的侵权法矫正正义观将会勾勒出归责推理的基本结构,揭示当事人之间权利义务的关联性,确立过错在侵权归责中的关键位置,从而纠正以受害人为中心的归责推理之谬误。

(一)"受害人为中心"与矫正正义论

矫正正义是一种对他人遭受的不法损失负责的人有义务赔偿的观念[①]。矫正正义的理论源头可追溯到亚里士多德有关矫正正义的经典解释。与寻求"比例平等"的分配正义不同,矫正正义被认为代表了"数量平等",其旨在消除一方侵害另一方所带来的不平等,在双方之间重新建立均衡。由于侵权法通常被视为其目的在于寻求恢复受损害原告所处的原有状态,因此侵权法的矫正正义观念获得了较为普遍的认同。

矫正正义论的核心看法是通过"矫正"或"赔偿"这一概念强调行为人与受害人之间以数量平等为基准的内在关联性。关联性的概念提供了一种内在视角的侵权法理论,从而避免了那些基于外在视角的功能主义理论。例如,作为外在视角理论的法律经济学无法说明何以侵权法只给予被行为人伤害的原告以赔偿请求权且只有被告必须对原告进行赔偿。不过,由于侵权法的各种实体规则和程序设置明白无疑地向我们反映了此一关联性,因此矫正正义论通常被指责似乎仅仅是在重复常识,显得乏味而平庸。实际上,关联性是一个复杂的概念,本身需要给出进一步说明。对关联性的概念理解正是矫正正义论内部分歧的一个焦点,而那种倾向于对关联性作宽松认定的理论则会为以受害人为中心的推理模式提供潜在支持。

这里可以考虑两种有关关联性概念的宽松化理解。首先,一种最富弹性的关联性概念仅需通过行为人的行为来在行为人与受害人之间确立事实上的因果联系;换言之,如果因为行为人的特定行为导致受害人损害,那么受害人就具有矫正正义的赔偿请求权。其次,不那么宽松的一种关联性概念则主张行为的不法性特征,通过不法行为造成的事实来在行为人与受害人之间建立紧密关系。这一看法认为只要行为人确实作出了不法行为,无辜受害人又不应负担损害,那么后者即具有矫正正义的请求权。但要注意的是,这里的不法行为并不要求与损害的发生具有直接相关性,即便在不法行为非针对受害人的情形下,矫正正义的赔偿义务亦告成立。上文所提到的帕斯格拉芙案件即属于适用此一矫正正义关联性概念来支持原告的例子。

建立在上述两种关联性概念之上的矫正正义观都误解了关联性的真正内涵。其中,第一个概念遗漏了行为的不法性,第二个概念虽然强调了行为的不法性或过错,却未在行为人之过错与损害之间建立有机的联系。因此,这两种关联性的概念理解貌似符合矫正正义的形式要求,却没有在当事人之间建立真正的双边平等关系,在侵权司法实务中都不免会执着于损害赔偿的单向度思维,并导致对原告利益的单方面保护。

[①] 参见[美]朱尔斯·L.科尔曼:《矫正正义的实践》,载[美]戴维·G.欧文:《侵权法的哲学基础》,张金海等译,北京大学出版社2016年版,第54页。

（二）关联性的结构与过错

一种得到正确理解的矫正正义观必须正确阐明归责实践中的关联性结构。这里，可以通过区分两种对侵权法实践进行观察的视角——所谓的"补偿性视角"与"规定性视角"——来对关联性加以厘定，而这两种视角的联结将展示出过错要件在归责中的不可或缺性。

补偿性视角以受害人及损失为中心，关注具体个案事实特定原告遭受的不幸。与补偿性视角不同，规定性视角更多地考虑法律对人际交往的规范意义，把侵权法理解为对各种风险性社会活动提供基本准则的规范体系，即通过实质性的规则寻求为人之行为提供确定性的指引并以侵权诉讼机制对此予以保障实施。显然，宽松化的关联性概念形成的原因很大程度上在于仅仅强调了以原告为中心的补偿性视角，而忽视了规定性视角。具有事后性质的补偿性视角固然尊重了诉讼两造之间独特的私法程序，却遗漏了侵权法实体规则的部分，在限于针对具体个案的补偿性视角之下，行为人的过错认定问题被边缘化，甚至被简单等同于行为造成的受害人损害本身，归责判断中的关联性结构变得松散和单薄。

补偿性视角和规定性视角的区分标示出侵权法中的两种相互关联的义务类型。补偿性视角体现了加害人对受害人应负有的赔偿义务，而规定性视角则突出了侵权法加诸加害人身上的注意义务。这里的要点是，对侵权法的正确阐释离不开这两种视角的交互运用，透过对侵权法的完整观察，不难发现和确证补偿性义务实乃以注意义务为前提和预设，因此是第二性义务，注意义务则构成了第一性义务，这两种义务类型处在相互依赖关系之中，无法分割。反观以受害人为中心的归责推理，其仅专注于补偿性视角而遗漏了规定性视角，因此错过了对两种义务关系的把握，并导致对矫正正义关联性的不完整理解。

更进一步来说，行为人对受害人所负的第一性义务意味着单凭受害人自身的权利和利益并不能单方面决定归责的判断，否则矫正正义所确立的平等双边关系就会失衡。这就好比是注意义务应遵循客观标准而非主观标准一样，主观标准会使得行为人单方面依据其自身的评价能力来决定受害人的命运，正义的天平滑向了相反的方向。当然，这里的重点是，以受害人为中心的归责推理其缺陷主要体现在过于强调受害人的权利，而忽视了行为人所负义务的范围。因此，矫正正义观所确立的关联性结构不仅是一种形式平等的主张，更重要的是体现了一种以权利与义务为内容的关联性结构。在归责问题上，矫正正义要求聚焦作为第二性义务预设的第一性义务，并充分厘定被告义务与原告权利之间的内在联系，此种情形下，有关被告相对于原告之过错的认定便成为侵权归责推理中的重中之重，一种可理解性的过错概念并非抽象的存在，其构成基础即在于"权利侵犯"及"义务违反"此一相互关联之事实。

矫正正义的归责观表明，存在一种补救和过错之间的关系，法院并非把有待裁判的侵权案件视为道德中立的情形,并进而权衡利弊寻求最佳的应对策略,而是要通过矫正措施来回应"不正义"[1]。当然,对矫正正义的这种特定理解不免会引发一个质疑,即如果矫正正义意味着一种对过错或不法行为的矫正,那似乎难以解释为何要以履行损害赔偿义务的方式来进行矫正,体现报应正义的刑事惩罚反而是更为适当,换言之,行为的过错性质与赔偿损失的归责方式无法相匹配。其实,对此质疑的回应已蕴含在上文所述的权利与义务关联性结构之中。这是因为,此一结构直接指涉了有关过错的关联性,这正如有学者所强调的,侵权法中的过错乃是一种"关系性过错"[2],其不同于针对社会公共秩序的犯罪行为,而是针对特定他人的过错,矫正过错的方式即是通过私人诉讼程序寻求被告的赔偿。

总而言之,在矫正正义的视角下,侵权法不仅仅是一种"赔偿体系",更是一种有关何为正当行为的"规则体系"。从根本上说,基于矫正正义的关联性结构体现了原告与被告之间对应性的权利义务关系,对被告违反义务或侵犯权利的厘定显示了过错要件在归责推理中的不可或缺性。温里布(Ernest J. Weinrib)就此指出,把过错从归责中去除违背了康德式权利或自由原则,即根据普遍的法则,行动者的自由能够和所有人的自由共存。"对原告权利的保护切断了被告实现其目的性禀赋的道德权力,以至于原告行为能力(agency)的实现以否认被告的行为能力(agency)为代价。"[3]

(三)严格责任中的过错要素

强调过错在归责推理中不可或缺的地位,不免和当今侵权法实践中普遍存在和承认的严格责任原则相悖。"严格责任关注的重点不是诸如汽车、产品制造这些所谓的'反社会性行为',因为它们是社会发展的必需,不可以称之不法。"[4]面对各种社会风险,严格责任许诺了一种广泛的分散损失机制,在这种机制下受害人的损害成为责任分配的中心,至于被告的行为性质则无须强调,被告的行为只要产生了特定的损害后果,就需对此承担责任。严格责任的归责形式淡化了侵权人及过错要素,而突出强调了受害人及其损害,这无疑为以受害人为中心的归责推理提供了有力的例证。

然而,认为严格责任与过错完全无关可能是个误解。严格责任并非完全去除过错要素,对严格责任的界定更准确的表达应是"不顾及过错的归责"(liability regardless of fault),而非"缺乏过错的归责"(liability in the absence of fault)[5]。之所以说严格责任并非完全排除过错,是因为在某些侵权领域确立严格责任原则的一个重要理由在于诉讼程序上的考量,即于

---

[1] See Ernest J. Weinrib. Corrective Justice. Oxford University Press, 2012, p.16.
[2] See John C. P. Goldberg and Benjamin C. Zipursky. Tort Law and Responsibility, http://www.ssrn.com/abstract=2268683,最后访问日期:2021年2月10日。
[3] Ernest J. Weinrib. The Idea of Private Law. Oxford University Press, 2012, p.183.
[4] 王泽鉴:《民法学说与判例研究(第二册)》,中国政法大学出版社1998年版,第95页。
[5] Peter Cane. Responsibility in Law and Morality. Hart Publishing, 2002, p.84.

举证困难的情形下提高有过错者被归责的概率。再有,受害人之过错通常也可以作为被告减免责任的有效抗辩理由。此外,科尔曼(Jules Coleman)颇具启发性地提出了一种两者互为镜像(mirror-images of one another)的理论[1]。这个理论强调,过错责任和严格责任彼此含有对方的成分,形成一种相互嵌入和映射的关系。一方面,侵权责任中的客观过错标准意味着被告不能以其自身的秉性能力之不足来加以抗辩,因此过错归责中含有严格归责的成分;另一方面,过错归责其实可以视为一种对受害人而言的严格归责,因为如果受害人无法证立被告的过错,那么无论他本人是否具有过错,都要自承损失。

实际上,严格责任不是废弃了过错,而是对过错作出了独特的理解和新的阐释。作为一种特殊的责任规则,严格责任拓展和延伸了过错的概念。例如适用严格责任原则的高度危险活动,侵权法不要求产生损害的这类活动本身是有过错的,减轻了原告对具体过错行为的举证的负担,其不必证明一个特定的过错行为。但是,这并不意味着严格责任完全消除了过错的相关性,过错的要素依然在归责推理中发挥潜在的作用。不可否认,高度危险活动带来的巨大风险要求被告更为审慎地履行注意义务,避免风险的现实化。高度危险行为给行为人带来了超常的注意义务,此时,过错的概念适用于作为整体的活动,而非在该活动范围中任何特定行为的实施。由于巨大风险带来的严重损害后果,这就会产生除非被告有过错,否则事故就不会发生的预设,损害的产生往往意味着被告的行为没有安全地予以实施,质言之,风险的现实化证明了被告疏于履行义务。同理,产品责任也未与过错的观念分离,因为从一种整体活动的角度说,产品责任中的生产者和销售者把一种含有缺陷或者危险的产品投入流通是有过错的,他们并没有尽到保障其产品日常性使用安全的义务。

固然,现代社会的急速变化导致传统的侵权法教义受到动摇,各种事故层出不穷,过错责任则更像是彩票一样的救济制度,受害人无法获得充分有效的救济。但是,过错造成损害才应承担责任的这一启蒙时期的自然法原理不能因此被放弃,在过错责任的理论框架下仍然可以获得一种有关严格责任的可理解性[2]。过错、注意义务与因果关系等传统的侵权法概念仍然构成了侵权司法实务避不开的推理工具。

五、结语

本文的工作主要在于梳理以受害人为中心的归责推理模式所可能诉诸的众多证立性资源,并透过反思性检视表明,各种形式的功能主义与正义理论,均无法成功给出一种合理的辩护。另外,透过对侵权法矫正正义论中关联性概念的澄清,可以确立过错在归责推理基本

---

[1] Jules L. Coleman. Risks and Wrongs. Cambridge University Press, 1992, p.232.
[2] Jules L. Coleman. Risks and Wrongs. Cambridge University Press, 1992, p.232.

结构中的关键地位,初步弥补以受害人为中心的推理模式的缺陷,以达成原告与被告之间的真正权益均衡。

这里有必要对本文的讨论作出两个限定和一个补充。第一个限定是,作为一种需要反思的司法现象,法官受到让受害人胜诉的偏向性支配多少是一个程度问题,司法实践绝非完全受此影响且立法政策也已有所转向,例如《中华人民共和国民法典》第一千二百五十四条明确要求有关机关应当依法及时调查,最大限度查找确定直接侵权人并依法判决其承担侵权责任。第二个限定是,为以受害人为中心的推理模式提供论证的这些理论资源自身亦存在不同的建构和理解,在某种特定的推理逻辑下未必导向侵权责任的扩张或膨胀化。以自由至上论为例,其主张在医疗事故和产品责任领域,病人和消费者因谋求更廉价产品和服务的利益,基于自愿性交易而反对侵权法对损害赔偿问题的家长主义干预,这就反而起到了缩小侵权责任的推理后果[1]。

最后要给出的一个补充是,很难说在支持以受害人为中心的推理模式的这些理论资源中,哪一个更具优势地位,但可以确定的是,通常它们非单一性地支配法官的个案裁判,而是彼此相互纠缠在一起形成"重叠共识",产生一种整体性的叠加效应,从而透过一种网络化的论证结构强化了以受害人为中心的归责推理模式。对这些理论作分别讨论的好处是可以剥离出它们各自独有的论证形式,从而更好地展示它们各自的论证强度和弱点。

毫无疑问,侵权法与人类生活紧密相关,随着人类交往的日益扩展,侵权法的适用范围触及社会的各个层面,侵权法在构筑市民社会生活秩序上发挥着愈来愈重要的作用。然而,一味以受害人为侵权损害赔偿裁判的中心,有使被告承担不合理责任之嫌,阻碍个人对合法权益的追求,带来行为自由与安全保障失衡的风险,无法促进一种公平有序私法秩序的生成,如此运作的侵权法乃至造成"一个讨价还价的赔偿市场"和过度膨胀的"诉讼社会"[2]。须知,我们既无法在归责推理实践中忽视受害人一方的权利和利益,也不能从天平的一端走向另一端,罔顾过错的归责要件,盲目扩大侵权责任的范围,使得侵权法逾越其边界演变为救济法,丧失其平等调整市民社会自由人际交往的基本职分。

---

[1] See John C. P. Goldberg. Twentieth Century Tort Theory, http://ssrn.com/abstract_id=347340,最后访问日期:2021年3月14日。

[2] [美]理查德·L.阿倍尔:《侵权法》,载[美]戴维·凯瑞斯编:《法律中的政治:一个进步性批评》,信春鹰译,中国政法大学出版社2008年版,第319页。

《民法典》第一千零九条的规范逻辑与适用规则[*]

石 晶[**]

摘 要:《民法典》第一千零九条的规范逻辑存在民事权利自足型与宪法价值辐射型两种模式,二者均存在理论缺陷且会导致实践困境。民事权利自足型规范逻辑恪守公私法界限,但弱化了基本权利规范效力,不仅阻隔了宪法与民法在法律适用层面的价值沟通,而且会导致"顾此失彼"和"公益优先"的权利保障困境。宪法价值辐射型规范逻辑借助主观权利抽象化的方式强化了基本权利的规范效力,但其对公私法界限的突破会威胁私法自治、增强裁判任意性。以客观公共价值秩序理论为基础对宪法价值辐射型规范逻辑进行公共性条件限定,具有克服《民法典》第一千零九条适用困境的实践优势,以及宪法与法律的规范依据。在公共性条件限定之下,《民法典》第一千零九条通过公共性条件的识别规则与合宪性解释规则予以适用。

关键词:民事权利自足型 宪法价值辐射型 公共性条件 合宪性解释

一、问题的提出:《民法典》第一千零九条的适用困境与理论争议

近年来,人体基因科技的发展引发了利益冲突的困境,尤其自 2018 年基因编辑婴儿事

---

[*] 基金项目:吉林省社会科学基金博士和青年扶持项目"《民法典》视野下基因科研自由权的私法效力研究"(项目号:2022C061223);吉林大学"学科交叉融合创新"培育项目"人类基因编辑的伦理与法律规制"(项目号:JLUXKJC 2020304)。

[**] 作者简介:石晶,东北师范大学政法学院博士后研究人员。

件发生后①，学界普遍呼吁加强人体基因科技立法②。《中华人民共和国民法典》(以下简称《民法典》)的立法回应了此项诉求。《民法典》第一千零九条规定："从事与人体基因、人体胚胎等有关的医学和科研活动，应当遵守法律、行政法规和国家有关规定，不得危害人体健康，不得违背伦理道德，不得损害公共利益。"该条款从民事基本法的角度对人体基因科技活动作了回应，但不能忽视的是，该条款在司法适用中存在以下困境：第一，《民法典》第一千零九条对人体基因科研自由作了限制，而人体基因科研自由属于科研自由的具体范畴，科研自由同时具有基本权利属性。忽视人体基因科研自由的基本权利属性，会导致在司法实践中对科研自由权保障不足。第二，《民法典》第一千零九条对人体基因科研活动设定了引致规范和行为禁令，将这些具有概括性的限制性规定缺乏限度地应用于平等的民事主体之间，会威胁私法自治。第三，《民法典》第一千零九条中蕴含"伦理道德""公共利益"等不确定法律概念，缺乏对这些抽象、限制性法律概念的界定，会导致司法裁判任意性的增强。

当前，学界对《民法典》第一千零九条的内涵及其规制功能予以关注。有学者从民事新兴权利的角度解释了该法条对基因人格权的创设、证成与实现③；还有学者探讨了该法条对人体基因编辑活动的私法规制与多维度治理功能④。学界从新兴权利和私法治理的角度探讨该法条的内涵和功能，对该法条的司法适用大有助益。然而，学界既未针对《民法典》第一千零九条的适用困境挖掘其规范逻辑的理论根源，也未就人体基因科研自由的限制问题给出妥适的解释方案。尽管关于人体基因科研自由的规定被置于《民法典》人格权编中的"生命权、身体权和健康权"一章，但是，该法条中引致规范、行为禁令的结构与内涵已经突破了纯粹的私法逻辑，被视为"比较纯粹的公法规范"⑤。科研自由作为一项基本权利被规定在《中华人民共和国宪法》(以下简称《宪法》)第四十七条中。在司法适用中，是否考虑宪法基本权利对人格权条款适用的作用，不仅影响科研自由权的保障程度、公法与私法的界分，而且影响不确定法律概念的解释规则。《民法典》第一千零九条中的基本权利效力问题蕴含于不同的规范逻辑中，决定了不同的裁判规则，从而会导致大相径庭的裁判结果。化解《民法典》第一千零九条适用困境的根源在于，对该条款规范逻辑背后的理论争议进行反思与重构。

---

① See CRISPR-baby Scientist Fails to Satisfy Critics, https://www.nature.com/articles/d41586-018-07573-w, 最后访问日期：2022年11月28日。
② See Xiao Peng. The Perfection of Legal Regulation of Human Genome Editing Research and Application in China. China Legal Science, Vol.6(2019), pp.59-81.
③ 参见崔丽：《民法典第1009条：基因人格权的创设、证成与实现》，载《东方法学》2021年第1期，第154-165页。
④ 参见石佳友、庞伟伟：《人体基因编辑活动的民法规制：以〈民法典〉第1009条的适用为例》，载《西北大学学报(哲学社会科学版)》2020年第6期，第39-49页；石佳友、刘忠炫：《人体基因编辑的多维度治理——以〈民法典〉第1009条的解释为出发点》，载《中国应用法学》2021年第1期，第171-188页。
⑤ 张翔：《民法人格权规范的宪法意涵》，载《法制与社会发展》2020年第4期，第127页。

学界对于该条款的规范逻辑主要存在两种理解：第一种理解是，在人格权条款适用中不考虑人体基因科研自由权的基本权利性质，否认人格权条款适用中的宪法考量。这种理解将"从事与人体基因、人体胚胎等有关的医学和科研活动"视为民事权利[①]。据此，《民法典》第一千零九条涉及的人体基因科研自由权与生命权、身体权、健康权等人格权的冲突属于法律适用层面的民事权利冲突，该条款中的限制性规范属于对法律权利的限制。第二种理解是，在民事条款适用中考虑人体基因科研自由权与生命权、身体权和健康权的基本权利性质，承认宪法价值对人格权条款适用的影响。这种理解将"从事与人体基因、人体胚胎等有关的医学和科研活动"视为基本权利，生命权、身体权和健康权等人格权也属于宪法未列举的基本权利范畴。按此逻辑，《民法典》第一千零九条涉及的人体基因科研自由权与人格权的冲突属于宪法层面的基本权利冲突，该条款中的限制性规范内容属于对基本权利的限制[②]。第一种理解属于民事权利自足型规范逻辑，遵循着宪法中基本权利对民法适用无效力的理论逻辑，将法律适用中的民法规范与宪法规范视为相互独立的规范体系，并未在法律适用层面展开民法与宪法的沟通与互动。第二种理解属于宪法价值辐射型规范逻辑，遵循着将宪法价值辐射到民事规范中以影响人格权适用的理论逻辑，主张在法律适用层面对人格权条款进行合宪性考量。

虽然《民法典》已设置了人格权编，但是人格权涉及的民法与宪法关系问题盘根错节，宪法基本权利对民事法律规范适用的影响颇具争议，宪法上基本权利在人格权条款中发挥效力的方式有待厘清。《民法典》第一千零九条的规范逻辑决定该条款的具体解释规则，影响该法条适用困境的化解。本文以《民法典》第一千零九条的适用困境为切入点，通过对民事权利自足型规范逻辑与宪法价值辐射型规范逻辑进行反思，从理论基础、实践优势与规范依据方面证明对宪法价值辐射型规范逻辑进行公共性条件限定的可行性，并在此基础上建构公共性条件的识别规则与合宪性解释规则。

二、民事权利自足型规范逻辑的反思

民事权利自足型规范逻辑将民法规范视为一个在法律适用中能够自足的法律体系，注重民法与宪法的法律性质、民事权利与基本权利的权利结构等方面的区别。尽管这种观点在民法与宪法之间的沟通与互动尚未得到充分重视的时期较为普遍，但是部分学者仍秉持

---

① 参见朱晓峰：《人类基因编辑研究自由的法律界限与责任》，载《武汉大学学报（哲学社会科学版）》2019年第4期，第22页。

② 参见张翔：《民法人格权规范的宪法意涵》，载《法制与社会发展》2020年第4期，第127页。

民事权利自足型规范逻辑①,且持有此种观点的法官在作出民事裁判时不会进行基本权利考量。民事权利自足型规范逻辑的核心特征是严格恪守公法与私法界限,但由于其在民事规范适用中欠缺基本权利考量会导致权利保障的困境。

（一）公法与私法界限的恪守

民事权利自足型规范逻辑坚持基本权利与民事权利分属不同的法领域,强调二者具有不同的公私法属性。基本权利在宪法领域,具有公法属性,约束国家与公民之间的关系,且宪法调整具有管理性质的国家与公民之间的关系,对权利义务配置具有倾斜性,强调最大限度保护公民权利;民事权利在民法领域,具有私法属性,约束私主体之间的关系,且民法调整平等民事主体之间的人身或财产关系,对私主体实行平等保护②。虽然"所有的民事权利都能在宪法中找到其立法渊源和依据"③,但是,不同法律体系下名称相同的权利在权利结构、权利边界、权利内容和权利效力等方面截然不同④。有观点认为,民事权利是经过立法机关法定化、具体化的法律权利,而宪法权利或基本权利是"整体性的个人"的母权利和抽象权利,是针对立法机关产生的权利⑤。基本权利作为抽象权利,欠缺公民个体提起诉求的主观请求权性质,"宪法关于公民基本权利的规定与表述其实都带有宣示意义","必须由《民法典》进行规范才能成为真正的法定权利"⑥。此种规范逻辑在一定程度上弱化了基本权利的规范效力。

在严格界分公私法属性的前提下,民事权利与基本权利在法律适用层面亦被严格区分,基本权利难以介入私法规范中,宪法基本权利在民法的司法适用中不发挥效力。据此,《民法典》第一千零九条中的人体基因科研自由权,以及生命权、身体权和健康权等人格权只具有民法属性,而不具有基本权利属性,也无法发挥基本权利功能。《民法典》第一千零九条中的人体基因科研自由被视为"民法上的行动自由",是民事一般人格权中"人身自由"的下位概念⑦。根据《民法典》第九百九十条第二款之规定,自然人享有基于人身自由和人格尊严产生的其他人格权益,故蕴含科研自由价值的科研自由权益在民事法律规范中属于"其他

---

① 例如,部分学者主张宪法基本权利在民事法律关系中不发挥效力,经由立法后,民事权利在私法规范逻辑中得以自足。参见黄宇骁:《论宪法基本权利对第三人无效力》,载《清华法学》2018年第3期,第186-206页；[日]高桥和之:《"宪法上人权"的效力不及于私人间——对人权第三人效力上的"无效力说"的再评价》,陈道英译,载《财经法学》2018年第5期,第64-77页。

② 参见李海平、石晶:《民事裁判援引宪法的条件任意主义批判——以援引言论自由条款的案件为例》,载《政治与法律》2020年第8期,第141页。

③ 刘凯湘:《民法典人格权编几个重要理论问题评析》,载《中外法学》2020年第4期,第895页。

④ 参见张善斌:《民法人格权和宪法人格权的独立与互动》,载《法学评论》2016年第6期,第52-53页。

⑤ 参见马岭:《宪法权利与法律权利:区别何在?》,载《环球法律评论》2008年第1期,第69-70页。

⑥ 刘凯湘:《民法典人格权编几个重要理论问题评析》,载《中外法学》2020年第4期,第895-896页。

⑦ 参见朱晓峰:《人类基因编辑研究自由的法律界限与责任》,载《武汉大学学报(哲学社会科学版)》2019年第4期,第22页。

人格权益"的范畴。鉴于人体基因科研自由与其他民事权益能够进行区分、具有民事利益保护的独立性,在实践中将其作为权利保护无障碍[①]。且为避免民事主体权益界限模糊使得权利人行使权利的范围和义务人履行义务的范围处于不确定状态,学界通常以限缩权益范围的方式将民事权利的内涵与边界明晰化,使其作为一项具有更明确边界的民事权利[②],故人体基因科研自由被视为民事权利。民事私主体之间只可能产生具体的法律权利冲突,不会产生抽象的宪法权利冲突或基本权利冲突,因此,在法律适用时并不要求司法裁判者在具体案件中进行宪法考量,只有立法者才可能在立法过程中对基本权利冲突问题予以化解[③]。

公法与私法的界分被视为现代法治国家的基本原则[④]。恪守公法与私法的界限能够确保国家与社会分属不同领域,以保障私主体在社会领域的意思自治。尽管这种二分论具有上述优势,但同样不能忽视,其阻碍了基本权利的宪法价值对民事权利的指引。在法律适用层面,基本权利与民事权利被公法私法严格界分的"屏障"区隔,通过宪法原则、价值解释民事法律规范的路径被阻断。

（二）"顾此失彼"的权利保障困境

在民事权利自足型规范逻辑下,科研自由权益被界定为民事权利,仅能在民法范畴内发挥效力,其边界止于其他私主体的人格权。这导致人体基因科研自由活动的多重价值被掩盖,且其效力低于基本权利[⑤]。法官处理人格权纠纷无须结合基本权利的价值遵循和规范意旨进行宪法考量,由此会导致对公民科研自由权保障不足的实践困境。遵循民事权利自足型规范逻辑适用《民法典》第一千零九条时,原告以生命、身体、健康受损为由向法院提出民事诉求,法院审查的范围集中于原告人格权的受损状态、行为人的主观过错、侵害行为以及科研行为与损害结果的因果关系,被告只能以人体基因科研自由作为抗辩理由。如果法官仅将科研自由视为纯粹的民事权利而不考虑其基本权利地位,则会基于对生命权、身体权和健康权等人格权的高位保护限制被告当事人的科研自由。从目前的价值导向看,我国《民法典》人格权规范被视为民法典体系的重大创新,裁判者需要"突出对生命权、身体权、健康权的优先保护"[⑥]。可见,从权利的价值位阶上看,对生命权、身体权、健康权的价值权重高于科研自由。保障人格权被视为解决人格权纠纷的主要任务,这种根据权利的价值位阶进行取舍衡量的方法在《民法典》生效后更具生命力。这便形成对人格权保护优于对科研自由

---

① 关于民法学者对法益和民事权利的界分标准,参见杨立新:《个人信息:法益抑或民事权利——对〈民法总则〉第111条规定的"个人信息"之解读》,载《法学论坛》2018年第1期,第38-40页。
② 参见张善斌:《民法人格权和宪法人格权的独立与互动》,载《法学评论》2016年第6期,第52页。
③ 参见马岭:《宪法权利冲突与法律权利冲突之区别——兼与张翔博士商榷》,载《法商研究》2006年第6期,第3-4页。
④ 参见[日]美浓部达吉:《公法与私法》,黄冯明译,中国政法大学出版社2003年版,第3页。
⑤ 参见张善斌:《民法人格权和宪法人格权的独立与互动》,载《法学评论》2016年第6期,第53页。
⑥ 王利明:《民法典人格权编的亮点与创新》,载《中国法学》2020年第4期,第5页。

保护的价值预设，由此造成对被告当事人科研自由保护不足的后果。而事实上，与人体基因、人体胚胎相关的医学和科研活动往往是基于挽救生命和治愈疾病的目的的，人体基因科研自由与公民的生命权、身体权和健康权具有内在关联。司法实践不能仅根据对生命权、身体权和健康权优先保护的价值预设而忽略对人体基因科研自由的内在价值与社会效益的考量。人体基因科研自由不仅体现了个体的自由，还承载着国家社会伦理、社会义务，具有公共属性。当人体基因科研自由与人格权被作为民事权利冲突予以裁判时，会产生"顾此失彼"的权利保障困境。

（三）"公益优先"的权利保障困境

民事权利自足型规范逻辑产生的弱化基本权利规范效力的后果，同样会导致对公民科研自由权保障不足的实践困境。当人体基因科研自由作为民事权利受到《民法典》第一千零九条中的"公共利益""伦理道德"限制时，会产生"公益优先"的权利保障困境。一方面，作为民事权利的科研自由在司法情境下仅能约束对方当事人，无法对公共性的权力或利益产生约束力。司法裁判者只对法律意义上的平等民事主体之间的纠纷进行居中裁断。当该项权利受到限制时，基本权利受保障的宪法价值无法对司法裁判者构成羁束义务。且在只承认科研自由民事权利属性的情况下，科研自由因无法作为基本权利发挥防御权功能[①]而难以防御基于公益的限制。另一方面，伦理道德和公共利益均是极为抽象的概念，伦理道德指向了具有特定人伦性和道德内涵的价值观念，目前《中华人民共和国生物安全法》（以下简称《生物安全法》）以及《生物技术研究开发安全管理条例（征求意见稿）》均提及了不得违反伦理道德的要求，但是，伦理道德的内涵以及范围、违反伦理道德的判断标准并不明确。与伦理道德类似，公共利益同样存在过度抽象的问题。这意味着，在伦理道德和公共利益的判断方面，当权利的限制比被限制的权利更加模糊时，便会造成"只剩下限制，而没有权利"的局面[②]。而我国法院在进行人格权纠纷的裁判时往往会承认"公共利益优先原则"[③]。如果司法裁判者在判断人体基因科研活动是否违反伦理道德和公共利益时仅将人体基因科研自由权视为民事权利，而不进行合宪性考量，便可能将事关伦理道德和公共利益的任何因素作为限制当事人科研自由的正当事由。在作为民事权利的科研自由不具备防御功能的情况下，司法裁判者对伦理道德和公共利益的界定缺乏基本权利限制的宪法限度，会过度限制公民科研自由。可见，民事权利自足型规范逻辑不仅无法化解公益限制的抽象性，而且因不具有私益与公益衡量比较的宪法视角而欠缺基于公益限制的约束，进而导致"公益优先"的权利

[①] 参见徐振东：《基本权利冲突认识的几个误区——兼与张翔博士、马岭教授商榷》，载《法商研究》2007年第6期，第38页。

[②] 参见张翔：《公共利益限制基本权利的逻辑》，载《法学论坛》2005年第1期，第26页。

[③] 北京市第一中级人民法院(2015)一中民终字第07485号民事判决书。

保障困境。

三、宪法价值辐射型规范逻辑的反思

与民事权利自足型规范逻辑不同,宪法价值辐射型规范逻辑承认基本权利在人格权条款适用中的私法效力,且发挥效力的方式为通过民事概括性条款进行基本权利的宪法价值辐射。宪法价值辐射型规范逻辑注重宪法与民法的价值沟通,是基本权利客观价值秩序功能下国家保护义务和基本权利间接第三人效力的体现,在强调宪法与部门法互动、推动宪法实施的当下发展为比较主流的观点。不仅我国多数宪法学者秉持这一观点,而且我国部分民法学者同样主张,宪法可以通过"伦理道德"和"公共利益"等"通道"影响司法裁判,由此干预人体基因活动①。尽管宪法价值辐射型规范逻辑具有一定影响力,但仍须对其理论逻辑和实践困境进行理性反思。

(一)主观权利的抽象化

宪法价值辐射型规范逻辑强调宪法上的基本权利价值能够辐射到民事条款的适用中,进而对国家权力(包括司法权)及民事私主体产生约束力。其理论根源在于基本权利的客观价值秩序功能及与其对应的国家保护义务。客观价值秩序是由德国联邦宪法法院判决所确定的基本权利功能。不同于基本权利对抗国家的防御权,基本权利也被视为一种"客观的价值秩序"(或客观价值决定),其表现出对基本权利规范效力的强化,能够作为宪法的基本决定适用于所有法律领域②。客观价值秩序功能之下的国家保护义务是指,"国家负有保护其国民之法益及宪法上所承认之制度的义务,特别是指国家负有保护国民之生命和健康、自由及财产等之义务"③。国家保护义务包含国家保护公民免受来自第三方侵害的狭义保护义务,即"保护公民免受私法关系中其他私人侵害的义务,也就是说在私法案件审判中,排除其他私主体对公民基本权利侵害的义务"④。在宪法价值辐射型规范逻辑之下,部门法中的权利冲突呈现为"加害人—国家—被害人"的三角关系,基本权利冲突的问题将被普遍化⑤。

具体而言,宪法价值辐射型规范逻辑通过脱离权利结构、突出基本权利价值内涵的方式使公民的主观权利抽象化。公民在法律上的主观请求权包括防御国家的主观公权利(基本

---

① 参见石佳友、庞伟伟:《人体基因编辑活动的协同规制——以〈民法典〉第1009条为切入点》,载《法学论坛》2021年第4期,第114-115页。
② 参见李建良:《基本权利与国家保护义务》,载李建良:《宪法理论与实践(二)》,学林文化事业有限公司2000年版,第64页。
③ [德]Christian Starck:《基本权利之保护义务》,李建良译,载李建良:《宪法理论与实践(一)》,学林文化事业有限公司1999年版,第103页。
④ 张翔:《基本权利的规范建构》(增订版),法律出版社2017年版,第247页。
⑤ 参见张翔:《基本权利冲突的规范结构与解决模式》,载《法商研究》2006年第4期,第95-96页。

权利)和防御私主体的主观私权利(民事权利)。客观价值秩序理论将民事诉讼中的主观权利赋予宪法价值决定(或称为"客观法价值决定""价值决定的原则规范"[①])的抽象意义,将权利抽象化为价值诉求。在基本权利的抽象化方面,客观价值秩序理论将具有主观公权利性质的基本权利从权利主体、权利客体、义务主体方面进行"三重抽象",最终形成"公民基本权利应当受到保护"的抽象命题[②]。在民事权利的抽象化方面,客观价值秩序理论通过提取权利中的法益内涵,将民事权利作抽象化理解[③]。在"人格权的性质""已然形成基本权利属性之通说"[④]的情况下,《民法典》第一千零九条中生命权、身体权、健康权与科研自由权的冲突"避无可避"地被视为"基本权利冲突"的"宪法问题"[⑤]。客观价值秩序理论将主观权利客观化和抽象化、使主观公权利丧失"公"的属性,导致民事权利的内涵与外延更模糊。这种抽象的价值被辐射到全部法领域,使基本权利与民事权利、法定权利与自然权利的国家保护混沌难分[⑥]。

(二)私法自治的威胁

主观权利抽象化导致基本权利的适用突破了公法与私法的界限,造成了"基本权利客观法的内涵脱序",使基本权利脱离了"公权利"的秩序轨道。基本权利的客观价值不再仅适用于调整国家行为的公法领域,而对所有法律领域产生约束力[⑦]。当基本权利突破公法领域,对私法领域中的私主体产生法律效力,即发挥基本权利第三人效力时,便存在私法自治的威胁。尽管学界普遍主张以基本权利、宪法价值、客观价值等填充民事概括性条款,通过《民法典》第八条要求民事主体从事民事活动不得违背公序良俗的规定,将宪法的价值注入民事裁判中,使宪法基本权利借助"公序良俗"的"通道"影响民事活动、发挥间接第三人效力[⑧]。这看似只承认基本权利通过公序良俗等概括性民事条款发挥间接效力[⑨],但实际上,"直接"与"间接"只是法院裁判时援引宪法形式的差异[⑩]。宪法价值辐射型规范逻辑之下的基本权利作为价值被辐射到民事法律关系后,会对私主体产生类似于对抗国家权力的约束

---

① [德]罗伯特·阿列克西:《法·理性·商谈:法哲学研究》,朱光、雷磊译,中国法制出版社2011年版,第266页。
② 例如,作为防御权的言论自由基本权利的规范结构为"公民有对抗国家侵害的言论自由基本权利",将其进行"三重抽象"后,即抽离权利主体、权利客体、义务主体之后,则转变为在全部法领域具有普遍约束力的命题"言论自由不受侵害"。参见[德]罗伯特·阿列克西:《法·理性·商谈:法哲学研究》,朱光、雷磊译,中国法制出版社2011年版,第267-268页。
③ 参见熊谞龙:《权利,抑或法益?——一般人格权本质的再讨论》,载《比较法研究》2005年第2期,第52、55页。
④ 刘练军:《人格权:宪法与民法的对话》,载《浙江社会科学》2020年第2期,第14页。
⑤ 张翔:《民法人格权规范的宪法意涵》,载《法制与社会发展》2020年第4期,第130页。
⑥ 参见李海平:《基本权利的国家保护:从客观价值到主观权利》,载《法学研究》2021年第4期,第43-44页。
⑦ 参见李海平:《基本权利客观价值秩序理论的反思与重构》,载《中外法学》2020年第4期,第1065-1066、1070页。
⑧ Vgl. Theodor Maunz/Günter Dürig, Grundgesetz Kommentar, Art. 14, 2017, Rn. 219-221.转引自许瑞超:《基本权利第三人效力的范畴与本质》,载《交大法学》2021年第1期,第48页。
⑨ 参见陈新民:《德国公法学基础理论》(增订新版·上卷),法律出版社2010年版,第351-354页。
⑩ 参见李海平:《基本权利间接效力理论批判》,载《当代法学》2016年第4期,第49页。

力,进而影响平等民事主体之间以自由意思表示为基础的私法自治。

《民法典》第一千零九条虽然采用引致规范和行为禁令对人体基因科技活动进行了公法式的限制,却仍不失保障意思自治的私法本色,科研自由与人格权蕴含民事行为的私法自治价值依然需要《民法典》承认与保障。当人体基因科研活动为了研制或发展新型治疗疾病方案,需要展开临床试验,身体、健康存在缺陷的受试者与科研活动者之间通过意思自治形成合意,而后临床试验并未取得预期治疗效果,或者对受试者的生命、身体、健康构成潜在威胁或实体损害。在此情形下,若遵循宪法价值辐射型规范逻辑进行民事裁判,则会依据生命权、身体权、健康权等人格权,抑或是人体基因科研自由权蕴含的基本权利客观价值,对民事主体之间的合意行为发挥效力,产生民事私主体基于真实意思表示达成的合意无效的法律后果。基本权利发挥效力的机理在于,若将基本权利价值辐射到生命权等人格权中,则要求科研试验结果无害于人体健康;若将基本权利价值辐射到人体基因科研自由权中,则会对人格权构成限制。而实际上,在平等民事主体之间恪守科研自由与人格权的基本权利属性,与人体基因治疗试验的私人意思自治相抵牾,科研自由的试验行为并不必然达到治疗的预期效果,受试者在身体和健康本就处于不圆满状态之下参加试验属于风险自担。若将基本权利对公权力主体的约束效力运用到私主体上,则会侵害私法自治。

(三)裁判任意性的增强

宪法价值辐射型规范逻辑遵循客观价值秩序理论,试图强化基本权利的规范效力,但会对公民权益保障带来更大的不确定性。基本权利经过抽象之后具有客观法的约束力,这种约束力不仅对另一方民事私主体产生约束力,也对保护公民基本权利免受其他私主体侵害的法院具有约束力。这无疑强化了基本权利的规范效力。法院在司法裁判中承担保护公民免受其他主体侵害的义务。当法院诉诸抽象的客观价值秩序来寻求对不同类型基本权利的不同保护程度之依据,进行抽象的价值判断时,便会陷入处理权利冲突的主观任意,甚至会根据基本权利的价值位阶排序[1]。在宪法价值辐射型规范逻辑之下,法官能够通过公序良俗的制度载体,将自身价值判断注入对公序良俗的解释中,便会形成一种所谓"法官自我价值理念逻辑走私"的司法现象[2],使得"法官名义上是在解释公序良俗,但实际上是对它进行价值填充"[3],增强裁判的任意性。

在适用《民法典》第一千零九条时,若将宪法科研自由基本权利的价值辐射到人体基因科研的民事活动中,则人体基因科研自由权与生命、身体、健康等人格权的争议具有基本权

---

[1] 参见李震山:《基本权利之冲突》,载《月旦法学杂志》1995年第1期,第60-61页;熊静波:《表达自由和人格权的冲突与调和——从基本权利限制理论角度观察》,载《法律科学(西北政法大学学报)》2007年第1期,第55页。

[2] 参见刘志刚:《基本权利对民事法律行为效力的影响及其限度》,载《中国法学》2017年第2期,第101页。

[3] 刘练军:《公序良俗的地方性与谦抑性及其司法适用》,载《求索》2019年第3期,第122页。

利冲突的属性。法院对任何一项权利均负有保护义务。不论裁判者保护何种基本权利,都会在宪法的客观价值层面寻求到正当依据。在超越公法和私法界限的基本权利普遍价值指引下,司法裁判者会因抽象的价值判断而影响裁判的确定性。这会使公民权益的保障存在更大的不确定性,不仅不利于科研自由的保障,也不利于公民生命权、身体权、健康权的保障。为了克服司法裁判者对基本权利冲突作出抽象化价值判断,支持宪法价值辐射的学者也主张,"人格权领域的基本权利冲突的协调往往极为微妙,在《民法典》提供的协调规则之外,往往还要诉诸个案正义的考量","不作抽象比较,而是在个案中进行具体衡量"①。然而,个案正义的考量并未解决宪法价值辐射"既没有限定适用的法律领域范围,也没有限定适用的条件"②这一问题。司法裁判者是否以及在何种条件下进行基本权利客观价值辐射,均没有任何限定条件,而是否进行宪法价值辐射又会导致截然不同的裁判结果。因此,对宪法价值辐射型规范逻辑的条件限定是理论完善的突破口。

四、宪法价值辐射型规范逻辑的公共性条件限定

宪法价值辐射型规范逻辑是对民事权利自足型规范逻辑的补充和改进,但由前者的理论缺陷与实践困境可知,此种改进不免存在矫枉过正之嫌。对《民法典》第一千零九条规范逻辑的进一步完善需要吸收二者优长并克服二者弊端。相较之下,宪法价值辐射型规范逻辑比民事权利自足型规范逻辑更能勾连宪法规范与民法规范,更具有理论生命力。宪法价值辐射存在的威胁私法自治与增强裁判任意性等实践困境,需要通过对超越公私法界限的普遍客观价值予以限定来克服。司法实践中言论自由与名誉权的人格权纠纷体现了通过公共性条件限定宪法规范介入民法规范的门槛。在此类人格权纠纷中,法官或者根据一方当事人的公众人物身份增强其言论自由的注意义务,或者基于公共利益克减公众人物的名誉权③。公共性条件不失为限定宪法价值辐射的有益尝试。

(一)公共性条件限定的理论推导

宪法价值辐射型规范逻辑在客观价值秩序理论指引下,将适用范围具有普遍性的基本权利价值注入民事规范中。其理论症结乃是对普遍性的客观价值缺乏限定。而民事权利自足型规范逻辑则强调在法律适用层面主张民法与宪法的严格二分论。尽管民事权利自足型规范逻辑过度依赖民法,使基本权利在司法层面难以对宪法和民法进行沟通,但是其体现的公私法属性界分思路能够为涵摄全部法领域的宪法价值提供借鉴。民事权利自足型规范逻

---

① 张翔:《民法人格权规范的宪法意涵》,载《法制与社会发展》2020年第4期,第130-131页。
② 李海平:《基本权利客观价值秩序理论的反思与重构》,载《中外法学》2020年第4期,第1073页。
③ 参见北京市高级人民法院(2007)高民终字第1146号民事判决书、北京市第一中级人民法院(2011)一中民终09328号民事判决书、北京市海淀区人民法院(2014)海民初字第8684号民事判决书、北京市朝阳区人民法院(2015)朝民初字第02534号民事判决书、浙江省高级人民法院(2017)浙民终903号民事判决书。

辑提供的可借鉴之处在于，遵循公私法界限划分是宪法价值介入民法规范的前提。民事权利自足型规范逻辑无法解决的难题在于超越纯粹私法领域中平等民事主体的纠纷。只有当私法不足以保障公民权利时才需要引入基本权利，由此才能体现出基本权利介入私法领域的必要性。

关键问题是，需判断何种情形超越了民法调整限度导致难以充分保障权利，进而使宪法基本权利保障的逻辑在私法适用中具备必要性。具有国家权力属性的纠纷无法被民法涵盖，需要借助宪法规范调整，与之类似，在社会领域中同样存在能够产生与国家权力几乎相同效果的社会权力，导致民事主体之间的平等失衡，使民法调整方式不足以进行充分的权利保障。除此之外，当民事纠纷中蕴含公共性利益，需要衡量个体权利与公共性利益时，则突破了纯粹的私法逻辑。主体方面体现出高位的社会权力，内容方面涉及公共性利益，均可被视为具有社会公共性。由此推论，社会公共性条件在主体上体现为具有政治、经济、技术等方面优势，能够对其他不特定私主体产生事实支配力的社会公权力主体[①]，在内容上体现为包含公共性利益。这是公共性条件得以作为基本权利介入私法逻辑的标准。通过公共性条件限定宪法价值辐射，明确了基本权利介入私法规范的条件，使宪法价值辐射型规范逻辑转变为了公共性条件限定之下的宪法价值辐射。以公共性条件为标准对宪法价值辐射进行限定，体现出客观公共价值秩序的理论逻辑。客观公共价值秩序理论通过反思客观价值秩序在理论定位、理论逻辑和理论效用方面的缺陷，对客观价值的普遍性进行限缩，将基本权利客观价值秩序限缩为基本权利客观公共价值秩序，使客观价值的适用范围从所有法律领域限缩至具有公共性的法律领域[②]。

在《民法典》第一千零九条中，基于"公共利益"和"伦理道德"对公民人体基因科技活动进行限制时，需要考虑科研自由的基本权利属性，发挥科研自由作为基本权利的防御功能来抵御基于公共性理由的限制。《民法典》第一千零九条中的"不得违背伦理道德""不得损害公共利益"属于根据基本权利客观价值进行解释的必要情形。在被视为具有平等地位的民事主体之间，进行人体基因科研活动的主体因科研自由承载着改善生命健康的内在价值与社会效益而可能具备公共性条件。只有当公民科研自由与生命健康的冲突之间存在公共性条件时，才需要将宪法上的基本权利保障逻辑运用于民事规范中，用以防御蕴含公共性因素主体的侵犯。由此才能够使基本权利回归公法属性，与民法的调整对象、规范内容和规范效力相区别，避免其在全部法领域发挥效力。

---

① 参见李海平：《论基本权利对社会公权力主体的直接效力》，载《政治与法律》2018年第10期，第111-112页。
② 参见李海平：《基本权利客观价值秩序理论的反思与重构》，载《中外法学》2020年第4期，第1075-1079页。

（二）公共性条件限定的实践优势

公共性条件限定乃是对普遍的宪法价值辐射的限定，即在公共性条件之下承认基本权利客观价值，而非立足于民法内部体系的限定。宪法价值辐射的公共性条件限定内涵是，存在社会公权力主体、公共性利益等公共性因素的条件下，司法裁判者应当遵循基本权利保障的逻辑，发挥基本权利的防御功能，在私权与公益之间进行宪法考量。反之，在不存在公共性条件的情况下，则应当基于公法私法二分和私法自治原则，依照民事规则进行裁判。公共性条件是宪法与私法、国家与社会之间的链接。公共性条件限定具有以下实践优势：

第一，利于充分保障司法实践中的人体基因科研自由权。由于民法与宪法具有不同公私法性质，民法权利与基本权利的保障方式存在差异。当出现公共性因素，则打破了民事主体之间的平衡，导致民事主体在事实上不平等，私法领域的纠纷便因具有公法属性而超越了民法调整范围。若仍在民法体系内部进行调整，则无法对一方主体的权利予以充分保障。私法对于打破平等主体关系的权利保障并不自足。"虽然在法律发展史上民法先于宪法而存在、民事权利体系是现代法律权利体系的原型，但正是因为民法不能有效保护私权而产生了宪法，并由宪法构成了民事权利体系和整个权利体系的人权和物权基石。"[1] 在《民法典》第一千零九条中基于"公共利益""伦理道德"对公民权利进行限制的情况下，只有在基本权利与民事权利之间进行"互释"与"反哺"[2]，发挥基本权利的防御功能，才能使公民权益免于受到公共性理由的过度限制，实现对人体基因科研自由权的充分保障。从我国法院运用《民法典》第一千零九条进行裁判的总体情况看，该条款并未实质发挥保障公民权利的功能，仅起到了宣示作用。法院用该条款进行裁判的情形均是支持当事人请求返还冷冻胚胎的诉请后，作出不具有法律约束力的训诫[3]。即便如此，也应通过公共性条件限定发挥该条款的权利保障功能，为回应此类人格权纠纷作准备。

第二，利于维持民法体系内部的私法自治。民事法律规范调整平等主体之间的民事行为是常态，在民事法律化解人格权纠纷不足以保障公民权利时，则意味着出现了公共性因素打破了民事主体之间的平衡，此时便需要借助基本权利客观价值对人格权条款进行合宪性考量。然而，这种合宪性考量并非"泛宪法化"，而是在坚持公法私法二分论的基础上展开，通过公共性条件限定基本权利对私法领域的介入。当不存在公共性条件时，对民事主体之间基于合意达成的意思自治予以充分尊重，最大程度维持民法体系内部的私法自治，使其免

---

[1] 张文显：《制定一部21世纪的中国民法典》，载《法制与社会发展》2015年第4期，第1页。
[2] "互释"与"反哺"指宪法权利与民事权利之间的交叉解释和正当性支撑。参见任喜荣：《"支撑""互释"与"回应"——民法典编纂中的宪法观与问题意识》，载《法学评论》2016年第5期，第5-7页。
[3] 参见广东省东莞市第一人民法院(2020)粤1971民初32070号民事判决书、沈阳市和平区人民法院(2021)辽0102民初20952号民事判决书。

受公共性条件的干预。公共性条件既是基本权利发挥私法效力的前提,也是为私法自治划定一道免于被任意干预的屏障。我国司法实践在适用《民法典》第一千零九条时同样遵循了公法与私法的区分,指出"被告不得基于部门规章的行政管理规定对抗当事人基于私法所享有的正当权利"①。只有在公法与私法二分论的基础上进行民事裁判才有利于维持私法自治。

第三,利于约束司法自由裁量的范围。公共性条件作为基本权利介入民事裁判的标准,能够为人体基因科研自由权与生命权、身体权、健康权的人格权纠纷提供符合宪法考量的裁判规则。在一方民事主体蕴含公共性因素的情况下,司法裁判应当突破民事平等保护,对事实上处于不平等状态的民事主体进行倾斜保护,以充分保障弱势主体的权利。在基于公共利益和伦理道德限制公民人体基因科研自由的情况下,司法裁判应当遵循公法上的比例原则,对所限制的权利和所保障的公益进行权衡。但如果仅存在违背伦理道德和损害公共利益的风险,则不能基于可能存在的风险否定当事人的正当权利。这在我国法院运用《民法典》第一千零九条裁判时得到了印证②。基本权利发挥私法效力的标准被限定在现实的公共性条件之下,这使宪法上的基本权利在《民法典》第一千零九条中发挥防御功能存在必要限度,以克服宪法价值辐射型规范逻辑增强裁判任意性的实践困境。

(三)公共性条件限定的规范依据

宪法价值辐射的公共性条件限定具有规范依据。其在《宪法》与法律上的规范依据包含两类:第一类为法院尊重和保障人权的义务规范,第二类为基本权利行使的限制性规范。

第一,法院尊重和保障人权的义务规范体现为《宪法》第三十三条国家尊重和保障人权条款,以及《中华人民共和国人民法院组织法》第六条人民法院依法保护个人合法权益、尊重和保障人权的规定。这两个条款对法院尊重和保障公民的基本权利提出了概括性要求。法院履行裁判职能时对基本权利的尊重和保障具有内在一致性,"尊重"要求"保障"须遵循必要限度,否则便不符合国家为基本权利保留必要空间的"尊重"内涵。法院对承担尊重与保障人权的义务具有特殊意义。一方面,蕴含公共性因素的人体基因科研自由权与生命权、身体权、健康权的人格权纠纷的化解需要法院进行裁判,法院应当基于人权保障的义务性要求作出有利于实现基本权利保障的裁决。另一方面,法院进行司法裁判时不得任意侵犯私法自治空间。私法自治本身也被视为重要的宪法价值和基本权利③。只有在出现公共性条件,打破私主体之间的平衡,导致遵循民法规范无法充分保障权利的情况下,才能突破

---

① 广东省湛江市麻章区人民法院(2021)粤0811民初406号民事判决书。
② 参见广州市越秀区人民法院(2021)粤0104民初23961号民事判决书。
③ 参见[德]本德·吕特斯、[德]阿斯特丽德·施塔德勒:《德国民法总论》(第18版),于馨淼、张姝译,法律出版社2017年版,第28页。

私法逻辑。基本权利"保障"的公共性条件限定体现了对私法自治的"尊重"。

第二,基本权利行使的限制性规范体现为《宪法》第五十一条。该条款要求,公民在行使权利和自由时不得损害国家的、社会的、集体的利益和其他公民的合法的自由和权利。该条款为基本权利行使设定了限度,这说明基本权利的行使并非个体自由的无限延伸,而应当以其他主体的利益和权利作为边界和限度。"不得损害国家的、社会的、集体的利益"直接体现了基本权利行使所需遵循的公共性界限。"国家的、社会的、集体的利益"可被概括为不指向特定个体的公共利益。以公共利益为基本权利行使界限突出了我国宪法的公共性意涵。公共性是我国宪法中基本权利的行使界限,也是国家与社会的链接。为实现基本权利保障与私法自治的平衡,基本权利在私法中发挥效力也需要遵循公共性限度。基本权利行使的公共性限制规范为宪法的价值决定进入私法秩序提供了规范依据。

五、公共性条件限定下《民法典》第一千零九条的适用规则

通过上述两种规范逻辑的比较,《民法典》第一千零九条应当遵循公共性条件限定下的宪法价值辐射型规范逻辑。此种规范逻辑的实现需要借助于具体裁判规则。首先,存在公共性条件是将宪法基本权利价值辐射到民事规范的前提,而公共性条件存在与否需要司法裁判者识别。其次,经过司法裁判者识别,若存在公共性条件,则应按照基本权利的保障逻辑适用人格权条款。司法裁判者在公共性条件下发挥基本权利功能需要通过合宪性解释予以实现[①]。

(一)公共性条件的识别规则

司法裁判者对人体基因科研自由权与生命权、身体权、健康权的人格权纠纷中公共性条件的识别包含主体与内容两方面。

从民事法律关系主体方面的公共性条件看,需要司法裁判者识别民事主体是否包含社会公权力因素。由权利内容的主体指向可知,每个公民的生命、健康和身体相较于其他个体而言具有相对独立性,因此,生命权、身体权、健康权这三种人格权主体并不存在依附于社会公权力的可能性。这意味着,社会公权力只可能与人体基因科研自由权主体形成内在关联。人体基因科研自由权的主体往往依托于医疗机构、科研机构等公共性组织。当医疗机构、科研机构蕴含社会公权力因素时,即可认定民事主体符合社会公共性条件。人体基因科研主体蕴含社会公权力因素主要存在于以下两种情形中:第一,人体基因科研主体根据国家权力机关授权或委托实施与人体基因、人体胚胎等有关的医学和科研活动。此种情况下,虽然

[①] 参见石晶:《基本权利第三人效力理论的实证检验及路径探索》,载齐延平主编:《人权研究(第二十二卷)》,社会科学文献出版社2020年版,第425-426页。

科研自由权利主体被视为法律上的民事主体，但其实施的医疗或科研行为依托于国家权力机关或者与国家权力存在授权、委托关系，这便需要对此类医疗和科研行为进行公法约束。第二，人体基因科研主体在基因医疗领域从事相关活动，拥有关于人体胚胎、人体基因的巨大科技优势，以至于能够对其他民事主体产生事实上的支配力。此种情况下，具有科技优势的社会公权力主体与人格权主体虽然在法律上被视为平等的民事主体，但二者在事实上并不平等，社会公权力主体对民事主体形成的事实支配力打破了民法上的平等，这种技术性社会公权力主体的行为同样应当通过合宪性解释受到公法约束[①]。正如在英国连体婴儿分离案中，医院向法院申请执行令，希望通过法院裁决给连体婴儿做分离手术，医院作为公共机关（public authority）相较于被申请人而言具有绝对技术优势[②]。此案在主体方面便符合公共性条件，法院从基本权利的视角对诉争行为作出解释。

从民事法律关系内容方面的公共性条件看，需要司法裁判者在民事行为中识别是否蕴含公共性利益。人体基因科研行为既蕴含探索生命科技、攻克人类顽疾方面的公共性利益，也关涉社会秩序稳定、伦理价值和谐、国家安全等内容的公共性利益，且后者可以作为限制公民人体基因科研自由的理由。基于不特定多数个体的国家或社会公共性利益，对公民人体基因科研自由进行限制时，人体基因科研自由需要抗衡的便是不特定多数个体的公共性利益，而非与之处于平等地位主体的人格权。此时便需要在利益主体不对等的情况下发挥具有基本权利属性的人体基因科研自由权之防御功能。一旦司法裁判者在个案中识别出可能对公民人体基因科研自由构成约束的公共性利益，则符合公共性条件。正如在我国部分民事裁判涉及公共利益的人格权纠纷中，法官会对当事人权利所体现的"宪法保护的公民基本权利"性质予以考量，进而得出当事人是否构成侵权的结论[③]。

（二）合宪性解释规则

当存在公共性条件时，法官应当对《民法典》第一千零九条包含的不确定法律概念进行合宪性解释，根据宪法基本权利的价值、原则和规范确定民事规范的内涵。在公共性条件下，合宪性解释对法官构成羁束义务[④]。

合宪性解释规则体现为根据基本权利规范对法律解释设定符合宪法价值和原则的限度[⑤]，具有保障公民基本权利的价值取向，在方法论上属于根据宪法价值展开的"衡量性解

[①] 需要说明的是，民事主体方面公共性因素的存在，使强势主体通过合宪性解释受到公法约束，其不仅适用于无民事主体真实意思表示的事实行为中，而且适用于具有双方合意但显失公平的法律行为中。这更有利于保障公民的生命权、身体权和健康权。

[②] See R. v. Re A (conjoined twins), Ch 254 (2000).

[③] 参见深圳市福田区人民法院(2019)粤0304民初48844号民事判决书。

[④] 参见李海平：《民法合宪性解释的事实条件》，载《法学研究》2019年第3期，第28-29页。

[⑤] 参见时延安：《刑法规范的合宪性解释》，载《国家检察官学院学报》2015年第1期，第70页；苏永生：《刑法合宪性解释的意义重构与关系重建——一个罪刑法定主义的理论逻辑》，载《现代法学》2015年第3期，第137页。

释方法"①。当法律条文高度抽象时,可将宪法价值作为法律解释的目的因素,对抽象的法律规范予以具体化②。然而,作为法律解释目的的宪法价值不能诉诸纯粹的价值判断,司法裁判者对基本权利限制的案件进行解释时应使用法律上的概念和规则。而基本权利的限制规则存在法教义学上的稳定结构,体现为比例原则③。法官应当以比例原则为基础细化合宪性解释规则。除了公民科研自由基本权利被限制的情形外,当公民科研自由权与生命权、身体权、健康权等人格权存在冲突时,比例原则在具有明显强弱实力差距的私主体之间也存在适用空间④。正如拉伦茨所言,当被牵涉的法益之间判若云泥、无法作抽象比较时,则应当考虑受保护的利益被影响的程度,通过适用比例原则作出尽可能轻微的限制⑤。合宪性解释规则的运用将在人体基因科研自由权与人格权冲突,以及人体基因科研自由权限制两种情况下分别展开:

第一,在蕴含公共性因素的人体基因科研自由行为影响人格权的情况下,应当对《民法典》第一千零九条中的"危害人体健康"作合宪性解释。在不超越文义限度的前提下,应当对"人体健康"作尽量周延的扩张解释,使得"人体健康"作为一个内涵丰富的厚概念,从而使"危害人体健康"的多种行为类型可被囊括于人格权纠纷中。相较于纯粹民事侵权行为,对包含公共性因素的民事行为的侵权认定标准应当更低,进而矫正民事主体之间事实不平等的状态。其一,就包含公共性因素的科研行为而言,行为主体的主观过错不仅应当包含故意和重大过失,也应当包含科研行为中的一般过失。其二,就对人体健康的危害结果而言,危害结果不仅限于对公民生命、身体和健康造成的现实损害。在既有医疗和科研认知范围内,医疗和科研行为对人体健康具有重大风险的威胁也属于"危害人体健康"的范畴。"损害"与"威胁"均可被纳入"危害"的文义解释范畴,且将对人体健康具有重大风险的威胁作为结果要件,并不超出法律规范的文义范围。这在其他国家的司法裁判中得到了实践。例如,在英国连体婴儿分离案中,法院基于联结的一个生命体对另一生命体健康状况的威胁,对生命体的各方利益进行权衡⑥。其三,就限制人体基因科研自由的方式而言,根据《民法典》第九百九十七条和第一千条的规定,对公民科研自由限制的方式包括停止侵害(责令行为人停止有关行为的措施)、消除影响、恢复名誉、赔礼道歉、赔偿损失等。法官应当选择足以排除危害但不过度的限制方式。若不足以排除危害,则需要诉诸其他法律规范(如《生物安全

---

① 刘召成:《法律规范合宪性解释的方法论构造》,载《法学研究》2020年第6期,第88页。
② 参见张翔:《两种宪法案件:从合宪性解释看宪法对司法的可能影响》,载《中国法学》2008年第3期,第116页。
③ 参见杜强强:《合宪性解释在我国法院的实践》,载《法学研究》2016年第6期,第120-121页。
④ 参见李海平:《比例原则在民法中适用的条件和路径——以民事审判实践为中心》,载《法制与社会发展》2018年第5期,第173-179页。
⑤ 参见[德]卡尔·拉伦茨:《法学方法论》(全本·第六版),黄家镇译,商务印书馆2020年版,第517-518页。
⑥ See R. v. Re A (conjoined twins), Ch 254 (2000).

法》)对人体基因科研行为予以行政规制。其四,就举证责任而言,关于尚未转化为实害的重大风险或威胁的举证责任应当配置给强势一方的民事主体,即由包含公共性因素、进行人体基因医疗或科研行为的主体,证明其行为在既有医疗和科技认知水平下不存在威胁生命、身体和健康的重大风险。由于关于医疗行为与损害结果的因果关系举证责任属于科技难题,故有必要在双方当事人之间进行平衡分配①,突破"谁主张谁举证"的民事举证责任配置方式。在我国司法实践中,对于科技原因导致行为与损害之间因果关系不明的案件,法院会将举证责任更多地配置给医疗机构一方,而非不具有相应证明能力的自然人一方②。

蕴含公共性因素的科研自由权民事主体相较于人格权民事主体具有压倒性优势和技术支配力,通过对"危害人体健康"作合宪性解释能够矫正民事主体在事实上的不平等状态,突出了对蕴含公民生命权、身体权和健康权等具有基本权利价值的人格权的保护。法院对"危害人体健康"所作的合宪性解释,符合客观公共价值秩序下的倾斜保护义务。

第二,在基于公共性利益限制公民科研自由的情况下,应当对《民法典》第一千零九条中的"违背伦理道德""损害公共利益"作合宪性解释。按照现代宪法的原理,对公民基本权利的限制属于"法律保留"的事项③,而我国法律并未对限制人体基因科研自由的伦理道德和公共利益予以明确界定,故需要借助比例原则对这种"不确定性概念"进行限缩解释,使得权利的限制比权利本身更明确。

"违背伦理道德"的合宪性解释体现为:在人体基因科技所引起的伦理争议中,诸多观点主张维护伦理道德是反对人体基因科技的重要论据,即经由人工辅助生殖技术改造的生命会导致人类社会身份关系的混乱,人的同一性与自我认同有被颠覆之虞,导致伦理道德受到侵犯。这种观点认为伦理道德涵括"多数民众所秉持的生命伦理观念"以及"社会公众对生命的认知和情感"④。然而,一旦将"伦理道德"理解为宽泛的具有道德价值的风俗或伦理,那么任何抽象的价值观均能够以"违背伦理道德"之名限制科研自由,科研自由将名存实亡。因此,不能够以抽象的人道观念或多数人的伦理观限制公民的人体基因科研自由。伦理道德指涉人们共同生活及其行为在社会意识方面的准则和规范⑤。基于伦理道德的内涵,以及基本权利限制的明确性要求和科研自由的价值,"伦理道德"应当被限缩解释为潜在生命体的生命伦理、行为主体的职业伦理、潜在生命体关联者的基础伦理。其中,潜在生命体的生命伦理应被限缩解释为人性尊严,注重人的主体性和自主决定的可能性。"人性尊严

---

① 参见陈甦、谢鸿飞主编:《民法典评注·人格权编》,中国法制出版社2020年版,第166页。
② 参见湖南省娄底市中级人民法院(2020)湘13民终294号民事判决书。
③ 参见张翔:《公共利益限制基本权利的逻辑》,载《法学论坛》2005年第1期,第27页。
④ 石佳友、庞伟伟:《人体基因编辑活动的民法规制:以〈民法典〉第1009条的适用为例》,载《西北大学学报(哲学社会科学版)》2020年第6期,第47页
⑤ 参见中国社会科学院语言研究所词典编辑室:《现代汉语词典》(第7版),商务印书馆2017年版,第269页。

的侵害乃是存在对于个人之主体性、自我决定的否定上,而非只是一般社会人伦观念上的不适与嫌恶,更不能据此用社会主流伦理观的反射,来限制个人之人格形成自由。'人性尊严'之保障是为避免个人的人格独立性与自主性受到侵夺,不是在保障社会多数人的道德观。"① 行为主体的职业伦理指涉行业规范,具体体现在本条款所设定的"国家有关规定"这一具有开放性的引致规范中。潜在生命体关联者的基础伦理指代胚胎提供者对于生命科技应用的知情同意。尊重关联者的意愿已经在司法实践中获得欧洲人权法院的支持与承认②。需要明确的是,违背伦理道德的行为需要实际发生才承担法律责任,"可能存在违反法律和伦理道德的风险问题,这是可能的概率,不是实际发生或必然发生的事实,应当尊重当事人的权利,不应主观判定其行为"③。此种解释体现了约束司法裁量的作用。

"损害公共利益"的合宪性解释体现为:"国家的利益""社会的利益""集体的利益",以及"公共秩序""社会秩序""国家安全"等都属于公共利益的下位概念④。尽管公共利益属于不确定法律概念,但由于此条款中公共利益与伦理道德处于并列关系,公共利益不再涵括伦理道德方面的内容。不宜采取如同我国名誉权纠纷司法裁判将"社会公众的传统观念和主流价值观"视为公共利益的做法⑤。且此处对公共利益的"损害"仅包含现实损害,并不包含"威胁",与"危害人体健康"中的"危害"相区别。基于公共利益限制公民基本权利并非在任何情况下都具备正当性,只有符合公法上的比例原则才能确保对基本权利的限制不过度。与此同时,为避免比例原则可能带来的对私法自治的过度干预,民法中适用比例原则宜坚持必要性与均衡性构成的二阶段说⑥。具体而言,从限制科研自由的方式看,对人体基因科研自由的限制蕴含于《民法典》第一千零九条引致条款的其他法律规范中("法律、行政法规和国家有关规定")。当限制人体基因科研自由权的手段存在多种选择时,应当结合个案选择对权利限制较小的方式,以确保基本权利限制的具体方式与损害公共利益的程度相当。不能要求民事主体承担超出其行为负担范围的责任,否则将构成对公民科研自由基本权利的不当限制。从限制科研自由的效果看,利益权衡的均衡性体现出对人体基因科研自由基本权利的倾斜性保护。如果限制科研自由与所维护的公共利益不相当,换言之,当所侵

---

① 蔡维音:《人类基因科技下之法益保护体系——"拟似权利主体"之提案与相关法制雏型》,载翁岳生教授祝寿论文编辑委员会:《当代公法新论(中)——翁岳生教授七秩诞辰祝寿论文集》,元照出版有限公司2002年版,第741页。
② See Evans v. The United Kingdom, E.C.H.R. 6339/05(2007).
③ 临沂市罗庄区人民法院(2022)鲁1311民初2647号民事判决书。
④ 参见胡锦光、王锴:《论我国宪法中"公共利益"的界定》,载《中国法学》2005年第1期,第21-23页。
⑤ 参见北京市海淀区人民法院(2016)京0108民初36072号民事判决书。
⑥ 参见李海平:《比例原则在民法中适用的条件和路径——以民事审判实践为中心》,载《法制与社会发展》2018年第5期,第178页。

害的公民利益"大于"所保护的公共利益,便不符合比例原则的均衡性要求①,则不应当基于损害公共利益的理由限制公民的人体基因科研自由权。

六、结论

《民法典》第一千零九条规范逻辑的厘清与解释规则的建构对于该条款的司法适用尤为必要。从学界的既有观点看,严格恪守公法与私法界限的民事权利自足型规范逻辑,不仅阻隔了宪法与民法的价值沟通、弱化了基本权利的规范效力,而且会产生"顾此失彼"与"公益优先"的实践困境,无法在司法实践中实现对公民权利的周延保护。以客观价值秩序为理论基点的宪法价值辐射型规范逻辑,虽然试图强化基本权利的规范效力,但由于其脱离了权利结构、诉诸抽象价值而突破了公法与私法的界限,会带来威胁私法自治、增强司法裁判任意性的后果。通过对二者进行比较,宪法价值辐射型规范逻辑能够为宪法价值与民事规范的沟通提供理论通道,与民事法律规范中的公序良俗构成衔接,更利于在司法情境下保障公民权利。在宪法价值辐射型规范逻辑基础上限定公共性条件,为基本权利适用的法领域划定公法界限,能够吸收二者优长、克服二者弊端。适用《民法典》第一千零九条首先应当识别案件中的公共性条件,即识别民事主体是否包含社会公权力因素、民事行为是否包含公共性利益。当存在公共性条件时,法官具有合宪性解释的义务,即根据宪法基本权利的价值、原则和规范确定民事规范的内涵。具体的解释规则体现为:"危害人体健康"包含对人体造成的现实损害和重大风险,"危害人体健康"的主观过错、危害结果、因果关系的举证责任应倾斜性地配置给存在社会公权力的一方主体;"违背伦理道德"被限缩解释为违反人性尊严、行业规范和知情同意;基于公共利益限制公民科研自由时应引入公法上的比例原则,使限制科研自由的方式满足必要性要求,限制科研自由的效果满足均衡性要求。

人格权的法律属性、保护方式与宪法基本权利的关系问题一直被学界热议。在人格权编独立成编、《民法典》正式实施后,人格权条款的规范逻辑问题则不仅停留在理论层面,也将对司法裁判产生关键影响。鉴于此,对《民法典》第一千零九条规范逻辑与适用规则的讨论殊为必要。在后《民法典》时代,人格权条款涉及的权利属性、价值遵循、理论支撑、解释路径等问题的解决既有待于理论的创新,也依托于实践的深化,是理论界和实务界、宪法学界和民法学界共同面临的重要课题。

---

① 参见蔡宗珍:《公法上之比例原则初论——以德国法的发展为中心》,载《政大法学评论》第62期(1999年),第90-91页。

· 青年法苑 ·

殊堪矜式:"狱贵初情"的传统司法经验及其传承意义*

邱玉强**

摘　要: "狱贵初情"可谓是中国传统司法实践中的经验智识,在传世司法文献中多有其相关内容的表述。"初情"为司法官在案发之初所获知的案情,或是以直接言辞阐释案情,或是原始实物证据佐证案情,又或是两者结合并由原审官作以处断的案牍呈报。"初情"对于案件的审看定拟具有基础性作用,这依赖于据证惟实。当将"狱贵初情"应用于案件的覆审实践时,既可指引案情的驳正,又便于确核案情,乃是有益的经验准则。"初情"有可为确情铁案的一面,也有成案无拘的一面,以之为"贵",旨在告诫初审者要在案情发端时避免差错,也寄托了覆审者审(看)得确情之心愿。"狱贵初情"的规制意蕴包含了"敬""慎""勤""速""详""实"等司法理念,同时也要注意"初情"呈报"简而不明"所带来的弊端。审视"狱贵初情"的传统司法经验,亦是为现代司法工作者开启传统司法文化宝库的路径之一。

关键词: 狱贵初情　官箴书　覆审　确情

"狱贵初情"是我国古代司法官治狱理讼过程中的一则经验,在传世司法文献中多有其相关内容的表述。基于"狱贵初情"在传统司法文化中定位性的考量,武树臣教授、李力教

---

* 基金项目:国家社科基金重点项目"清朝经营西北边疆成败得失研究"(项目号:20AFX006);国家社科基金重点项目"传统中国的祥刑追求研究"(项目号:21AFX005);北京市社科基金重点项目"清代法制之腹边文化互动研究"(项目号:20FXA004)。

** 作者简介:邱玉强,清华大学法学院博士后流动站研究人员、法学博士。

授在概括我国古代司法官审理案件的方法和技术时,曾将"重初情"视为首要①。学界亦多有学者从不同层面展开了对"狱贵初情"的探讨②。在这些研究成果中,既有对"狱贵初情"经验价值的肯定,如赵晓耕教授、阮致远总结了"狱贵初情"的传统司法办案经验,认为古人重视"初情",是基于从"狱贵情断"到"狱贵初情"的发展中,发现依据"人情""情理"等主观因素断狱并不如依"初情"断狱更为准确③。由此以强调案情认定的客观真实性。也有对"狱贵初情"具体效用的否定性评价,如张程教授曾指出:"恰恰是狱贵初情,把司法压力都转嫁到了基层官员身上,造成了基层压力过大。"④蒋铁初教授梳理了"狱贵初情"的历史沿革,通过对制度与实践的相关考察,提出了"狱贵初情"存在"异化"的观点,即上级司法机关刻意的驳诘与下级司法机关审转的拖延、迟疑⑤。

上述考察与分析均具有重要意义,但是令人困惑的是,为何在学者们的相关论述中会形成对"狱贵初情"褒贬不一的认识?究其缘由在于人们解读"狱贵初情"时,未能明晰其价值意蕴。现有的研究成果中缺少了对"狱贵初情"具体内涵的解读,同时也多有"狱贵初情"经验价值与实践应用之间的背离。在传世官箴书以及判牍案例等司法文献中多有"狱贵初情"相关内容的表述,其具体内涵并非简单的陈陈相因。若要明晰"狱贵初情"之要义,不应仅仅局限于所载文本的字面含义,还应体察到"狱贵初情"所载行文的具体语境以及文献撰写之初衷。本文拟从历代官箴书文本所述"狱贵初情"之要义出发,结合清代司法官治狱理讼的过程中,遵循于"狱贵初情"的经验准则而形成的判牍案例,以期对"狱贵初情"的经验内涵进行解读,挖掘其背后所展现的传统司法文明。

一、治狱要道:官箴书中的"狱贵初情"

作为官员读物的官箴书,其核心价值在于实用性。清代任山西巡抚的卢坤认为:"顾居

---

① "审判艺术,即法官审理案件的方法和技术,主要有:重初情,重勘验,重证据,察情词,慎刑讯,辨曲直。"参见武树臣,李力:《法家思想与法家精神》,中国广播电视出版社2007年版,第176页。

② 基于"狱贵初情"的程序属性,戴建国先生指出:"'狱贵初情',县为第一审,州之复审乃在县审判的基础上进行,第一审不重视,则第二审、第三审便不能保证无枉滥的可能。"由此以"狱贵初情",凸显第一审的重要性。戴建国:《宋代刑事审判制度研究》,载《文史》第三十一辑,中华书局1988年版,第138页。也有基于"狱贵初情"在司法官治狱理讼时所产生行为规制性的考察,如张正印教授考察了传统司法实践的人员参与性,认为"狱贵初情"是督促正印司法官掌握第一手案情,防止胥吏变乱情节。参见张正印:《宋代狱讼胥吏研究》,中国政法大学出版社2012年版,第259页。龚汝富教授基于传统讼学的研究,认为"狱贵初情"是要求官方一定要在讼师教唆之前,在两造未被教供的情况下,把相关的事实真相和证据调查清楚。参见龚汝富:《浅议明清讼学对地方司法审判的双重影响》,载《法律科学(西北政法大学学报)》2009年第2期。那思陆先生分析了传统司法实践中状式的投递过程,认为在呈状之外防止投状(投词)的混淆案情,乃是为了实现"狱贵初情"。参见那思陆:《清代州县衙门审判制度》,范忠信、尤陈俊校,中国政法大学出版社2006年版,第56-57页。等等。

③ 参见赵晓耕、阮致远:《"狱贵初情":传统司法办案经验》,《检察日报》2021年7月29日第3版。

④ 张程:《制度与人情:中国古代政治文化》,陕西人民出版社2016年版,第225页。

⑤ 参见蒋铁初:《中国传统证据制度的价值基础研究》,法律出版社2014年版,第115-142页。

是官者,大抵皆初登仕籍之人,不习为吏,一旦临民治事,无所依据,欲其无忝厥职,往往难之。"①对于那些虽然饱读诗书满腔抱负,但又初登仕途不谙世事的官员们,若想要能够尽快胜任本职,先贤能臣所撰的官箴书则是其智慧助力的源泉。官箴书的产生,并非辑录撰著者们逞一时的美锦学制之欢,而是作为治世能臣,笔墨记之阅历甘苦心得,或是自镜自省,或是裨益后世,其良苦用心,实乃益国济人情怀的有效见证。流传甚广的官箴书大多条理详明、言词剀切,其内容更是彰显了务实之用,即囊括了地方官所遇到的所有公务难题,如到任、关防、弭盗、催科、劝农桑、防胥吏、待绅士、讲读律条等。"狱贵初情"作为古代官箴书中的一则箴式,流传已久。

(一)治狱要道的表达

据笔者所见的司法文本中,最先提出"狱贵初情"之规劝的是北宋时期的地方官宋若谷。

胡珵问曰:"筮狱之初,遽领推勘,不知治狱要道何如?"公曰:"在常注意,而一事不如意敬。安世有一同年宋若谷,在洺州同官,留意狱讼,当时遂以治狱有声,监司交荐,其后官至中散大夫。尝曰:'狱贵初情。'每有系狱者一行若干人,即时分牢异处,亲往遍问,私置一簿子,随所通说笔记之。"因以手指画膝上教喻曰:"题云某日送到某某事若干人,列各人姓名其后,行间相去可三寸许,以初讯问所得语列疏姓名左方。其后结正,无能出初语者。盖人乍入犴狴,既仓卒,又异处不能相谋,此时可以得其情耳。狱贵初情,此要道也。"②

此则文本讲述的是初入仕途的胡珵向治世能臣刘元城先生虚心请教治狱要道,刘元城先生特向胡珵作以告诫。治狱理讼"在常注意",其中,"常"是希望官员能够恪守于"勤","注意"是要求官员对待讼狱之事要秉持"敬""慎"之心而不疏忽。刘元城先生以同年宋若谷的事迹为例,借用宋若谷先生治狱理讼时"狱贵初情"的主张,希望胡珵也能够从中受益并效仿,要使案犯"分牢异处"并不辞辛劳地"亲往遍问"。刘元诚先生在向胡珵表述"狱贵初情"的适用的同时,甚至还耳提面命地亲自为胡珵讲授初讯记簿之法,通过以书面的形式将案件最后的"结正"与最初的"初语"进行对比,使得审讯内容环环相扣、因果得实。此"得情"之法的实际效用,充分诠释了"狱贵初情"乃是治狱要道。

自宋若谷首提"狱贵初情",后世官箴书中以"狱贵初情"为治狱要道的表达不胜枚举。笔者试以黄山书社1997年影印出版的《官箴书集成》(全十册)为例,对该书收录的历代官

---

① [清]田文镜:《州县事宜》原跋,载官箴书集成编纂委员会编:《官箴书集成》(第三册),黄山书社1997年版,第690页。
② [宋]朱熹:《朱子全书》(第十二册),朱杰人、严佐之、刘永翔主编,上海古籍出版社、安徽教育出版社2002年版,第798-799页。另外,此则文本内容亦为多人所收录,如宋代张镃所撰的《皇朝仕学规范》、明代黄宗羲所著《黄宗羲全集》以及清代金庸斋所撰的《居官必览》等。

箴书中"狱贵初情"的直接表述进行整理(见表1),并进一步探究以"初情"为"贵"所蕴含的规劝价值。

表1 《官箴书集成》中的"狱贵初情"

朝代	辑纂作者	对于"狱贵初情"的直接表述	出处
宋	佚名	昔刘公安世谓宋若谷治狱有声,惟曰"狱贵初情,分牢处问"而已。今之县狱,初词乃讼之权舆,郡狱悉凭之以勘鞫。	《州县提纲》
元	张养浩	狱问初情,人之常言也。盖狱之初发,犯者不暇藻饰,问者不暇锻炼,其情必真而易见。威以临之,虚心以诘之,十得七八矣。少萌姑息,则其劳将有百倍厥初者。	《牧民忠告》
	汪天锡		《官箴集要》
	杨昱		《牧鉴》
明	吕坤	狱贵初情,谓事之始,智巧未生,情实易得,数审之后,买免多方,机械杂出是矣。须知初勘者何官,果检验者掌印正官乎,识见精明乎,持法廉正乎,鞫狱虚慎乎,则初情乃确案也。	《新吾吕先生实政录》
	佚名	折狱原云难事,非细务也,两造当庭曲直立辨,聪□少检则佞者舌胜讷者肺冤矣。顾狱贵初情,久则百伪日起,小事宜决之速,大事宜折之精。	《初仕要览》
	佚名	狱贵初情,参语中要说出矜疑情状,听上司详夺。	《居官必要》
清	陆陇其	未成之狱,贵乎隔越;既成之狱,贵乎初情。	《莅政摘要》
	黄六鸿	凡狱讼止贵初情。若投词之中,又添一事,又牵一人,则前告分明是诳。除投词不究外,仍将前状审理如虚反坐,严行重治,则后此诳告自除,而投词亦不致节外生枝矣。	《福惠全书》
	张鹏翮 隋人鹏	从来狱贵初情,谓犯事之始,智巧未生,而情实易得,是以人命报官之日,官即亲为相验,登记伤痕,当场审定,则初情乃确案也。	《治镜录集解》
	袁守定	狱贵初情,固也。而以得之尸场者,为至初之情,更真而易结,故相验之顷即命案之所以定局。	《图民录》
	汪辉祖	古云"狱贵初情",一犯到官,必当详慎推求,毕得其实,然后酌情理之中,权重轻之的,求其可生之道,予以能生之路,则犯自输服,谳定如岳家军,不可撼动矣。	《学治臆说》
		狱贵初情,县中初报,最关紧要。驳诘之繁,累官累民,皆初报不慎之故。	《佐治药言》
	佚名	狱无大小,贵在初情。	《治浙成规》
		口供要确,从来狱贵初情,盖因落膝之初,真情易得,既得真情,各供吻合,则向后覆讯自不敢翻异前供,只须照录即可成招,何等省力。	
	徐栋	狱贵初情,伤凭细检,不可有不尽之心,不可有不殚之力,迟则变生,速则事定。	《牧令书》
	乌尔通阿	古云"狱贵初情",一犯到官,必当详慎推求,毕得其实,然后酌情理之中,权重轻之的,求其可生之道,予以能生之路,则犯自输服,谳定如岳家军,不可撼动矣。	《居官日省录》
民国	徐世昌	王士俊云:狱贵初情,伤凭细检,不可有不尽之心,不可有不殚之力,迟则变生,速则事定。今分设审判检察二厅,而检察为审判之根,故检察尤宜详慎也。	《将吏法言》

通过考察官箴书文本中对"狱贵初情"的直接表述,不难发现,"狱贵初情"已成司法官

治狱理讼之常言,代代流传。在这古语流传的背后,所阐释的具体内容并非完全是简单的陈陈相因,而是司法官结合治狱理讼时所遇到"初情"的不同情形,特作以带有侧重性的规劝,也可谓是古代司法官的经验理性之谈。

（二）"初情"何以为贵

以"初情"为"贵",是因为"初情"与最终"得情"之间的内在关联。何谓"狱贵初情"?徐忠明教授、杜金认为"初情"包括了两层意思:"一是首次审讯获得的供词和证据,二是州县看语认定的案件事实。"①蒋铁初教授从证据的角度对"狱贵初情"作以定义,"审理案件应在案发之初认真调查证据并在事实认定时重视采信最初调查获得的证据。这两方面是统一的,因为若不能认真调查初情,则初情采信的重视便成为无源之水;若事实认定无须重视初情采信,认真调查初情便是无的放矢。"②"刑名之道,情伪分歧,虽有智者未易穷其变。"③正因为案情的扑朔迷离,南宋郑克指出:"善鞫情者,必有以证之,使不可讳也。"④结合上述官箴书文本中关于"狱贵初情"各有侧重的阐述可知,"初情"为司法官在案发之初所获知的案情,对于案件的审看定拟具有基础性作用。

"初情"或是以"智巧未生""不暇藻饰"的直接言辞阐释案情,主要包括"解至犯人,分牢处问"的供词、原告"投词"的专事供述、证人证言等相关口供。以言辞证据确定"初情",其理据在于"口供要确,从来狱贵初情,盖因落膝之初,真情易得,既得真情,各供吻合,则向后覆讯自不敢翻异前供,只须照录即可成招,何等省力"⑤。在国家"干涉主义"的立场下,讯囚甚至不惜用刑,"断罪必取输服供词"⑥,口供不仅标志着案件当事人的服（伏）判与否,还关系着案件能否审结,而"初情"即可得吻合确情之供,则大大节省了司法成本。

"初情"又或是以与案件有关的"赃""状"⑦等原始实物证据佐证案情。明代项乔在写给宪副魏立峰的信中曾提到"狱贵初情,赃须面证"⑧。实物证据以其特有的客观物质性,在司法官察情的过程中发挥着重要的证明作用。南宋的宋慈曾提出:"狱事莫重于大辟,大辟

---

① 徐忠明、杜金:《谁是真凶:清代命案的政治法律分析》,广西师范大学出版社2014年版,第40页。
② 蒋铁初:《中国古代审判中的狱贵初情》,载《法学研究》2013年第5期。
③ [清]王有孚:《折狱金箴》序,载杨一凡编:《古代折狱要览》（第六册）,社会科学文献出版社2015年版,第457页。
④ [宋]郑克:《折狱龟鉴》卷七·察贼,载杨一凡、徐立志主编:《历代判例判牍》（第一册）,中国社会科学出版社2005年版,第484页。
⑤ [清]佚名:《治浙成规》卷六·办案规则,载官箴书集成编纂委员会编:《官箴书集成》（第六册）,黄山书社1997年版,第562页。
⑥ 邱汉平编:《历代刑法志》,商务印书馆2017年版,第608页。
⑦ 关于古代"赃""状"等原始实物证据,有学者指出:"侵犯人身类的犯罪,犯罪者会留下实施犯罪行为的工具,即'赃'证,会留下脚印、血迹、血衣,以及被害人身体上的伤痕、尸体,即'状'证;侵犯财产类的犯罪,犯罪者所获得的不义之财是'赃'证,犯罪者留下的痕迹、笔迹成为'状'证;危害国家统治和社会秩序的严重犯罪,犯罪者也会留下书信、伪契、伪税凭等'状'证。"参见祖伟:《中国古代证据制度及其理据研究》,法律出版社2012年版,第185页。
⑧ [明]项乔:《项乔集》（下册）,方长山、魏得良点校,上海社会科学院出版社2006年版,第415页。

莫重于初情,初情莫重于检验。"①在司法官治狱理讼的过程中,对"赃""状"等实物证据需要进行专门的勘验、检查,并在此基础上需要人为地作出相应的推断与解释。此"初情"之"贵"在于勘验、检查作出的相应司法推断与解释的合理性,可佐证"口供"之真伪,一旦查证属实,则"信案"可成。因此,司法官得情定谳虽然以"口供至上",但"据状断之"的证据规则亦是重要的补充。

"初情"再或是表现为将前两者结合而形成的"矜疑情状,听上司详夺"的县官呈报等案牍公文。郑秦先生基于清代司法审判制度的研究指出:"'万事胚胎始于州县',州县是全部司法审判的基础,民事案件全权自理,刑事案件侦查、初审。其问供笔录被层层转引,一直引用到督抚上报皇帝的题本中,而二、三审的审录却可以略掉,可见州县第一审级的重要。"②对于一般的民间细故以及笞、杖刑罚的轻微刑案,州县司法官或息或判可自行处断,而对于那些可能判处徒刑以及徒刑以上刑罚的刑案,州县司法官则只能拟处形成"初报",以遵循"逐级审转覆核"程序。清代王又槐认为:"从来难结之案,半由报词不实而起。"③"初情呈报"之"贵"在于详慎惟实,是司法官治狱理讼时实现"案结事了"之良策,可为其省去后续的案牍驳诘之烦。

早在唐代就已确立了以"德义""清慎""公平""恪勤"各为一善,以及"善状之外,有二十七最"的官员考课令,其中,"推鞫得情,处断平允,为法官之最"④。由此也奠定了司法官治狱理讼时以"得情"为直接目标的考课依据。在官箴书文本的表达中,以"初情"为"贵",一方面,规劝司法官要对"初情"予以重视,以此作为掌握案情的突破口;另一方面,寄托了司法官治狱理讼时以"初情"即实为审看得确情的心愿,旨在告诫司法官要在案情发端时避免差错。"初情"旨在说明案件实情,这依赖于"据证惟实"的支撑。也正因如此,历代先贤将"狱贵初情"记载于官箴书文本中并流传推广,其所要传达的主旨亦多有规矩劝戒之意,可见其殊堪矜式。

二、经验准则:"狱贵初情"的覆审应用

"狱贵初情"的相关内容也可作为司法官处断案件时论情说理之依据,常常出现在判牍案例等司法公牍中。明末崇祯年间,广州府推官颜俊彦将其任职期间的判语公牍辑录整理而成《盟水斋存牍》,从其所载内容可以看出,司法官于覆审实践多次直接援用了"狱贵初

---

① [宋]宋慈:《宋提刑洗冤集录》序,载杨一凡主编:《历代珍稀司法文献》(第九册),社会科学文献出版社2012年版,第3页。
② 郑秦:《清代司法审判制度研究》,湖南教育出版社1988年版,第38页。
③ [清]王又槐:《办案要略》论详案,载杨一凡编:《古代折狱要览》(第十六册),社会科学文献出版社2015年版,第68页。
④ 参见[日]仁井田陞编:《唐令拾遗》,栗劲、王占通等编译,长春出版社1989年版,第240-249页。

情"来认定案情①。对于"狱贵初情"的实践应用,清初官员孙鲁曾作以"慎初招严覆审"的申详加以概述。

"窃见爱书中,人命以下手不真,致滋辩窦,或数人共殴一人,辄藉在逃者互相委卸,究竟有脱抵之元凶矣;盗贼以赃物未得,致碍成招,或一案挂多人,辄因无主者更肆罔诬,展转多横生之藤蔓矣。凡此总由初情之茫昧耳。夫初情何在?则人犯甫到官,造次之项安排不及,三尺临之,尚尔知畏,察词于差,庶得其真。若一系图圄,狡智百出,淹延日久,变态日生,甚至后谳与前谳绝不相蒙,虽欲为五声之听,其可得乎?窃以为人命初报,即审定某系下手、某系加功、某系余人、某系见证,或手足,或器杖,一一确注,由详中不得空请简验也;强盗初获,即迅起赃物几件,令失主认明,某人盗某家,现获某赃,经某失主认领,一一确注,由详中不得空列姓名也。初申有据则历讯难移,此后之纷呶永息矣。"②

此详文内容以律载大辟且民易触犯的盗贼与人命案件进行分析,认为司法案件的审断不明多是缘于初情的茫昧,因此确情审断尤要审慎对待初情,唯有初情确切有据,方可避免案件层级运作的迟延。若初情未确,则需承审官员据实以察核驳正,以期"谨于始则疑狱不生,断于终则滞狱一洗,是亦蔽讼之大端也"③。在古代司法实践中,案件覆审者常以"狱贵初情"为经验准则,以便于确核案情,同时也便于指引案情的驳正。

(一)以"狱贵初情"研审确核案情

司法案件凡经衙门覆审,则需由正印官对原审情节与定罪量刑之处断作以重新审视,如若原审不实,据实驳正则是其职责所在。由此,覆审之用可使得案情更明、据法更确。"狱贵初情"作为覆审者确核案情时的理论自觉,于案件覆审时所作的判牍中多有体现。笔者以清代李之芳理刑金华府时所撰的《棘听草》为例,对其中直接援用"狱贵初情"的覆审实践进行整理(见表2)。

表2 《棘听草》所载覆审实践对"狱贵初情"的援用

题名	批驳缘由	"狱贵初情"的援用	覆审处断
司道奉两院一件为沸冤事	仰体慎狱之心	当日见血渍者有人,夺倪氏者有证,言入于耳者有口,狱重初情者有案。况再四研鞫,而范氏供为十三用棍打死无异	仍照前拟,不为枉也

---

① 据笔者所见"狱贵初情"在《盟水斋存牍》中出现过二十余次之多,均为覆审者审慎析疑地肯定或否定原审案情之用。参见[明]颜俊彦:《盟水斋存牍》,中国政法大学法律古籍整理研究所整理标点,中国政法大学出版社2001年版,第163、256、263、265、266、267、278、284、286、291、292、300、304、308、316、317、479、558、607、679页。

② [清]陈枚,[清]陈德裕:《凭山阁增辑留青全集》卷二十三·详文,载本社影印室编:《明清法制史料辑刊》(第一编·第八册),国家图书馆出版社2008年版,第365-367页。

③ [清]陈枚,[清]陈德裕:《凭山阁增辑留青全集》卷二十三·详文,载本社影印室编:《明清法制史料辑刊》(第一编·第八册),国家图书馆出版社2008年版,第368页。

续表

题名	批驳缘由	"狱贵初情"的援用	覆审处断
分守道奉两院一件为人命剧冤事	胡琦一出,倏忽变端,指府词为"匿名",翻新题为"打死",以致仵作报伤难据,尸图填写难凭,此案纠缠不结	狱贵初情,则胡氏之死于缢,凿凿也	反覆播弄,节节生枝,皆系胡琦,难辞杖儆
按院一件为劈冤事	欲辗转其词,指可良为仇扳,诬刘申为抄抢	如洵其仇扳而抄抢也,何屡谳不出一词,甘心俯首?爰书既定,忽图幸脱,其谁信之?今可良虽服天刑,而狱贵初情,已成铁案,欲为本犯宽一面不可得	仍照原拟,良不为枉
按院一件为惨戮事	改供仇扳,盗口反覆	原出于蒋广之供招,锅、锄赃物出于广家,其为真盗无疑,则历历所供之人,狱贵初情,不可谓非鼠窃之朋也	仍照原拟,似不为枉
臬司奉三院一件为拿究事	但其招兵之情,原属影响	所获诸贼内,止一人供汝贞,所招又系住房者而失其名,犹是惝恍之词,狱贵初情,岂可为招兵定案乎	原拟城旦似足蔽辜
遂安县一件为挟奸逼命事		看得王四投充土兵,薄暮挟刀而入老孀幼妇之家投宿,其蓄谋固已不臧矣。睹汪氏多姿,初则谑浪调笑,冀图玉窃偷香;继则喊突咆哮,不禁蜂狂蝶闹。若非持刀之逐,何致赴水而死乎?……细阅该县原招,言之凿凿,狱贵初情,久成铁案	应从正法,以慰幽魂

对于上述府衙覆审案件的来源,前五例为府衙上司的批驳发审,第六例为州县衙门的呈报,由此亦可管窥清代府衙"承上率下"的司法职责。清人方大湜曾言:"发审案件,如原问不实,必据实平反,切勿回护原问致枉民命。倘原问处分太重,同寅之谊未可轻视,则禀求上司将原问官衔名列入详内,作为随同更正可也。"① 无论是发审案件,还是上呈案件,经由覆审衙门覆审时,承审者都应当尽责并据实,其对"狱贵初情"的遵循,并非对原审官的有心回护,而应是就案论案客观地查核案情。从上述《棘听草》援用"狱贵初情"的案件可以看出,虽然其覆审结果为"仍照原拟",没有实质性的改变,但其处断结果并非草率为之,而是基于对案情审慎详度的,此"狱贵初情"的适用是以阐明案情事理的相关证佐为依据的,并经再四研鞫加以确核。可见,覆审时"狱贵初情"的正向应用在于使得案情更确、事理更明。即使案犯在覆审时临时翻异以扳诬改供希图减免罪责,覆审者也可以"狱贵初情"核实案情,如赵舒翘任凤阳知府时承审"涡阳匪犯案",对于覆审时的供词翻异,赵舒翘指出:"卑府以武麻孜在亳州落膝,初供虽未自认上盗,已有因病在家未去同抢之语,明系与武大合等一党。

---

① [清]方大湜:《平平言》卷二·原问不实,载官箴书集成编纂委员会编:《官箴书集成》(第七册),黄山书社1997年版,第625页。

且该犯孤住僻处,行迹亦甚可疑。此时供词翻异,断难取信。"① 此"信谳"之成在于覆审者能够认真地参核卷宗以详度"初情"。

(二)以"狱贵初情"指引案情驳正

覆审案件务以确情为要,"狱贵初情"也可为承审官覆审疑难案件时获知确情提供一定的指引,并由此展开驳正。以"狱贵初情"指引案情驳正,一方面依赖于覆审者认真查核原审案牍以发现案件疑点。如清代时任嘉兴知府的卢崇兴覆审"沈起鹏等行窃石门县东庵僧人觉乘一案"时,还未审讯之前,就已经在查核案牍时发现了前后供词盗数、姓名、执持凶器及上盗情形等参差不一,故指出:"独是狱贵初情,卑府检阅全招,大有可矜而可疑者。"② 由此展开了多次审讯并对可疑之处详细查核。另一方面表现为对初审呈报与覆审案情差异之处的指驳,如清代徐士林曾临时兼任护司,在审理"俞兆锁拉张三女跌死案"时,指出此案所供"前称卧病在床,后称送饭回家,供词迥异,狱贵初情之何谓,该县何不从此诘究"③。由此以告诫原审长官要对供词前后互异的疑点进行彻查。处断案件应当切实有据,针对原审存疑未确及过误不当之处,覆审者或是驳回重审,或是径行改正,而其强调的"狱贵初情",并非意味着要直接以"初情"为定论,而是旨在说明"百种奸伪,不如一实;反覆变诈,不如慎始"④。以"初情"为出发点,详究细核从而研审确情。

审断案件要有所定断,这依赖于对证据的采信,证据质证尤要辨别虚实。对于原审未确之处,亦可遵循"狱贵初情"以审慎析疑,如徐士林任汀漳道台时承审"龙溪县民杨场告陈端等案",案情已为各犯自认,"唯陈端刀戳杨质背后一伤之处,县审虽据陈端供认,但查在场劝解之保长陈登祥并未供及",徐士林以供情游移而提犯亲讯,保长、邻右俱供未曾看见,陈端亦坚不承认,又经查阅漳州府经历司验伤原卷以及健步头役原报词,均未报验背后一伤之处,徐士林认为:"狱贵初情,岂容事后捏添?是陈端在县供认之处,显系畏刑混承。"⑤ 由此,以"狱贵初情"并结合相关证佐而否认了原审情节的认定。同样是在覆审过程中遵循"狱贵初情"以审慎析疑,甚至可以推翻原审以辨诬释冤。在徐士林任安庆知府承审的"胡阿万听唆妄告案"中,"此案要证,前系聂盛瞻,后系龙乘蟠,各执其词均难凭信,与其就龙乘蟠之后

---

① 闫晓君整理:《慎斋文集》,法律出版社2014年版,第171页。
② [清]卢崇兴:《守禾日纪》卷之六·一件失盗事,载杨一凡、徐立志主编:《历代判例判牍》(第九册),中国社会科学出版社2005年版,第474页。
③ [清]徐士林:《徐雨峰中丞勘语》卷三·俞兆锁拉张三女跌死案,载杨一凡编:《古代判牍案例新编》(第十七册),社会科学文献出版社2012年版,第577-578页。
④ [宋]吕本中:《官箴》,载闫建飞等点校:《宋代官箴书五种》,中华书局2019年版,第79页。
⑤ 参见[清]徐士林:《徐雨峰中丞勘语》卷四·龙溪县民杨场告陈端等案,载杨一凡编:《古代判牍案例新编》(第十八册),社会科学文献出版社2012年版,第23-25页。

供以定正伪,不若仍就聂盛瞻之初供以辨虚实。"① 以初供辨虚实,在于其不暇藻饰而情真易见,针对此案被告陈定远之妻胡氏上控之词及改供情形,知府徐士林认为:"狱贵初情,即此而在,该署县倘能洞浊(烛)其奸,早释冤狱,何待胡氏匍匐上诉,又何待乘蟠之代为昭雪。"② 经隔别研鞫,得知陈定远初供诬服,其牵连者皆畏刑附会;经再三推求,此案已无疑义。针对此案之经过,知府徐士林总结道:"该署县略盛瞻之初供,视为醉语,初审失实,原属粗心,奉宪台之批词体察冤抑,覆审得情尚能改过。"③

三、规制意蕴:"狱贵初情"的经验解析

"凡百学问皆必有事实或现象以开其端,然后思想有所附丽,而为精密之考察,积之既久,此事实或现象,无虑千百,恒有以观其全而会其通。"④ 既然"狱贵初情"作为司法官之治狱要道且由来已久,结合此经验在古人审断案件时所起到的实际效用,那么在这种行为规劝机制的背后,势必蕴含着一些为古人所尊崇的司法理念。从"狱贵初情"的经验意义出发,解析其中所蕴含的司法理念,亦是鉴古明今的重要前提。

(一)"狱贵初情"秉持于"敬""慎"

"敬则存于心者不敢忽,慎则见于事者不敢肆。"⑤ 理念凝聚于心,更要付诸行,"狱贵初情,谓犯事之始,智巧未生,情实易得,数审之后,买免多方,机械杂出是矣。"⑥ 对于案件初审官员而言,慎重地对待"初情"以致"情实",既可省去刑讯之劳,又可省去数审之烦。对于覆审官员而言,"须知初勘者何官,果检验者掌印正官乎,识见精明乎,持法廉正乎,鞫狱虚慎乎,则初情乃确案也。"⑦ 种种设问与核察无不体现覆审之官"不敢忽"之敬。覆审官员对"初情"的认定并非仅"确案"一种,与之相反,"倘初委佐贰、首领、阴阳、省祭、老人,才识昏短而群小轻忽,操守卑污而供招苟且,若是,而初情宁可贵乎?故招情不厌反覆,要以求当而已,成案无拘也。"⑧ 若对"初情"的考察,乃是苟且招供,则不足为信,覆审官员应不拘泥于成

---

① [清]徐士林:《徐雨峰中丞勘语》卷三·胡阿万听唆妄告案,载杨一凡编:《古代判牍案例新编》(第十七册),社会科学文献出版社2012年版,第504页。
② [清]徐士林:《徐雨峰中丞勘语》卷三·胡阿万听唆妄告案,载杨一凡编:《古代判牍案例新编》(第十七册),社会科学文献出版社2012年版,第505页。
③ [清]徐士林:《徐雨峰中丞勘语》卷三·胡阿万听唆妄告案,载杨一凡编:《古代判牍案例新编》(第十七册),社会科学文献出版社2012年版,第510-511页。
④ 王振先:《中国古代法理学》,山西人民出版社2015年版,第1页。
⑤ [明]邱浚:《大学衍义补》(下册),林冠群、周济夫校点,京华出版社1999年版,第953页。
⑥ [明]吕坤:《新吾吕先生实政录》卷六·人命,载官箴书集成编纂委员会编:《官箴书集成》(第一册),黄山书社1997年版,第544页。
⑦ [明]吕坤:《新吾吕先生实政录》卷六·人命,载官箴书集成编纂委员会编:《官箴书集成》(第一册),黄山书社1997年版,第544页。
⑧ [明]吕坤:《新吾吕先生实政录》卷六·人命,载官箴书集成编纂委员会编:《官箴书集成》(第一册),黄山书社1997年版,第544页。

案,不厌反覆地详细推鞫,以求案情的确当。

对于"狱贵初情"的经验释义:若"初情"为"情实",则贵于"确案";若"初情"为"苟且",则贵于"求当"。实践中"敬""慎"对待"初情"亦关乎着司法官的责任,如雍正六年(1728)的定例规定:"州县原拟情罪,果与律例吻合,上司偏私混驳,许承审官钞录原案供册,并批驳卷宗,直揭三法司,刑科查核是实,将偏私混驳之上司,交部议处。如所拟情罪,与律例不符,固执不改,装点情词,混行直揭,照官吏挟诈欺公妄生异议律治罪。"①"设心处事,戒之在初,不可不察。"②从司法成本的角度看,初审者以"敬""慎"之心对待"初情"以致"初情乃确案"的处理模式最为理想。同样系出于司法成本的考虑,清代汪辉祖提出:"狱贵初情,县中初报,最关紧要。驳诘之繁,累官累民,皆初报不慎之故。"③可以看出,汪辉祖所主张的"狱贵初情"不仅有初审者审慎查清"初情"之义,还包含了对"初情"慎重呈报的内涵。"初情"的呈报不仅要"简明",还要使其"入罪宜慎""出罪不易",从而使"确案"可"信",避免了案件在审转程序中的驳诘困扰。汪辉祖的这种主张虽有使"初情"过于简化、限制了覆审者判断之嫌,但其初衷仍是本之于"敬""慎"之心,可质鬼神,心如一日。秉持于"敬""慎"的"初情"呈报,应是案件易结、人无冤滥的和谐统一。清代吕芝田提出:"命案初报之文,若不论精粗美恶,尽行搬入,将来成招,必费无限洗磨,稍与前供不符,上司必以狱贵初情,驳诘不已,及至无可挽回,则惟三木从事,冤滥无辜,此所谓庸医杀人也。无论何等案件,一经详出,即要计算此案日后归结如何,稍有碍手者,务求其妥而后行,则案自易结。"④司法官研审"初情",奉行于"敬"则不可为庸吏杀人,秉持于"慎"则详出妥行,敬慎以治狱,以期案无稽滞、无冤滥。

(二)"狱贵初情"恪守于"勤""速"

讼狱之事是关系了个人生死、财产名分的大事,勤勉居官的司法者们对此尤要勤审速决。"凡狱事始至,须入狱亲鞫,冀得真情。若经久,吏受赇变乱,其实害及无辜必矣。"⑤躬亲讯问可防胥吏为奸,变乱情节,因此"凡吏呈所供,必面审其实,如言与供同,始判入案"⑥。对于需要进行检验的案件也要躬亲察验,以洗冤泽物为己任,务期"初情"为确。"检验尸伤,

---

① 柏桦编纂:《清代律例汇编通考》(第三册),人民出版社2018年版,第2156页。
② [宋]吕本中:《官箴》,载闫建飞等点校:《宋代官箴书五种》,中华书局2019年版,第75页。
③ [清]汪辉祖:《佐治药言》,载杨一凡编:《古代折狱要览》(第十册),社会科学文献出版社2015年版,第99页。
④ [清]吕芝田:《律法须知》卷上·论命案,载杨一凡主编:《历代珍稀司法文献》(第三册),社会科学文献出版社2012年版,第1368页。
⑤ [宋]陈古灵:《州县提纲》卷三·入狱亲鞫,载杨一凡主编:《历代珍稀司法文献》(第一册),社会科学文献出版社2012年版,第125页。
⑥ [宋]陈古灵:《州县提纲》卷二·面审所供,载杨一凡主编:《历代珍稀司法文献》(第一册),社会科学文献出版社2012年版,第101页。

相视人物,虽盛暑,亦必亲临谛视。"① 若不审慎对待则是居官之过,即"相验人命,憎嫌凶秽,不亲至尸前,听仵作混报者,算过"②。由于司法检验的专业性,司法官有时难免会委之于他人,但即便如此,"仵作喝报后,印官必亲验以定真伪,某伤为某殴,须取本人确供,辨其形势器物"③。此举亦是司法官防止争讼者日后图赖之凭据。明代王廷相认为:"狱贵初情,事久生变。"④ 为获真确之"初情",司法官在恪守于"勤"的同时,还要遵循于"速",使得犯者猝不及防无暇掩饰、赃状伤情未生枝变。以人命重情案件为例,司法官若要定案平允,须伤杖相符,供情明确,速得"初情"尤为重要,"盖验讯既速,则尸无发变之虞,役无贿诈之弊,凶无狡饰之情,伤无不确之患,诸弊除而信案成矣"⑤。诚如清代杨景仁主张:"相验宜速,无论寒暑远近,讯毕即往,中途犯到,即择可息足处所提犯鞫问,使其猝不及备,得情自易。"⑥ 在司法官治狱理讼的过程中,"有初词止控一事,续呈渐生枝节"⑦,甚至更有"讼师教唆,往往一事而牵他事,以为拖累张本"⑧。此时,经司法官躬亲察讯真确之"初情"则是其速断之本,勤审速断可惩治刁讼之风。也正因如此,清人汪辉祖将"勤""速"视为司法官治狱理讼之福因,"官止早费数刻心,省差房多方需索,养两造无限精神"⑨。

(三)"狱贵初情"奏效于"详""实"

"古云:狱贵初情,一犯到官,必当详慎推求,毕得其实。"⑩ 对于"初词"而言,要"威以临之,虚心以诘之"⑪,在清人所著《听讼挈要》《折狱便览》《审判要略》等文献中,多有将案件分门别类以便司法官针对个案明析问供翔实之方。早在宋代《州县提纲》中就已告诫司法

---

① [明]汪天锡:《官箴集要》卷上·慎狱篇·刑罚,载官箴书集成编纂委员会编:《官箴书集成》(第一册),黄山书社1997年版,第280页。
② [清]张鹏翮撰 [清]隋人鹏集解:《治镜录集解》下卷·过格四十六,载杨一凡编:《古代折狱要览》(第二册),社会科学文献出版社2015年版,第533页。
③ [清]杨景仁:《式敬编》,载杨一凡编:《古代折狱要览》(第二册),社会科学文献出版社2015年版,第137页。
④ [明]王廷相:《王廷相集》(第三册),王孝鱼点校,中华书局1989年版,第1032页。
⑤ [清]田文镜:《州县事宜》验伤,载官箴书集成编纂委员会编:《官箴书集成》(第三册),黄山书社1997年版,第672页。
⑥ [清]杨景仁:《式敬编》,载杨一凡编:《古代折狱要览》(第二册),社会科学文献出版社2015年版,第138页。
⑦ [清]杨景仁:《式敬编》,载杨一凡编:《古代折狱要览》(第二册),社会科学文献出版社2015年版,第152-153页。
⑧ [清]汪辉祖:《学治说赘》勤怠之分,载杨一凡编:《古代折狱要览》(第十册),社会科学文献出版社2015年版,第67页。
⑨ [清]汪辉祖:《学治说赘》勤怠之分,载杨一凡编:《古代折狱要览》(第十册),社会科学文献出版社2015年版,第67页。
⑩ [清]汪辉祖:《学治臆说》卷上·未得犯罪真情难成信谳,载杨一凡编:《古代折狱要览》(第九册),社会科学文献出版社2015年版,第458页。
⑪ [元]张养浩:《牧民忠告》卷下·慎狱,载杨一凡主编:《历代珍稀司法文献》(第一册),社会科学文献出版社2012年版,第147-148页。蒋铁初教授曾对此有解释:"此处的'威'指堂威,但不包括实施刑讯,因为'问者不暇锻炼'为'狱贵初情'的前提;'虚心'指司法者立场无偏见。"蒋铁初:《中国古代审判中的狱贵初情》,载《法学研究》2013年第5期。

官要"详审初词"①"详究初词"②,初词之可凭与否,在于是否惟实,"若夫狱囚所招,则先隐其实,旋吐真情,又不可例凭初词"③。对于"初验"而言,"倘若初验失实,必致后来覆验,为时愈久,滋弊愈多"④。因此,"初验"更要详细检验,务要从实。南宋宋慈在《洗冤集录》中提道:"初检,不得称尸首坏烂,不任检验,并须指定要害致死之因。凡初检时,如体问得是争斗分明,虽经多日,亦不得定作无凭检验,招上司问难。须仔细定当痕损致命去处。若委是经日久变动,方称尸首不任摆拨。初检尸有无伤损讫,就检处衬簟,尸首在物上,复以物盖。候毕,周围用灰印记,有若干枚,交与守尸弓手、耆正副、邻人看守。责状附案,交与覆检,免至被人残害伤损尸首也。若是疑难检验,仍不得远去,防覆检异同。"⑤可见,唯有将尸身伤处反复参看、发变情形一一辨明,才可能实现初验之翔实。实践中,初验翔实亦是防止尸亲虚诬狡展之良策。"如尸亲不服指发变为伤痕者,须细细晓谕。如系伤痕气血必然凝结则坚硬如石,如系发变则按之即陷,放手则膨胀,如故须亲自手按,令其仔细看明,自然无辞。倘言言语刁狡,切不可遽加威吓。缘人造此凶惨父母妻子正忿不欲生之时,恨不能将凶手全家抵命,其狡展乃人之常情,若骤加责斥,不但非仁恕之道,亦恐酿出意外之事。"⑥对于"初情"之呈报,"呈词宜核实也,报......

呈词宜核实也,报词为通案权舆,简明则案情切要,繁冗则词意纠蔓,从来难结之案,半由报呈不实而起"⑦。呈报虽简,并不意味着对"详""实"的忽略,清代名幕汪辉祖指出:"情节之无与罪名者,人证之无关出入者,皆宜详审节删。"⑧"详审"乃"节删"之根本,亦是呈报简明、切实之依据。在讼狱文书的呈报中,"须将原招反复参详,至情可疑处,用笔批注所以可疑之故",以此体现出司法官治狱理讼时奉秉于"详"的认真负责,因此,"狱贵初情,参语中

---

① "讼者初词,姓名、年月、节目必须详览。盖案牍动至数万言,虽若繁伙,然大率不出乎初词。傥后词与前异,前词所无而其后辄增者,皆为无理。若夫狱囚所招,则先隐其实,旋吐真情,又不可例凭初词。"[宋]陈古灵:《州县提纲》卷二·详审初词,载杨一凡主编:《历代珍稀司法文献》(第一册),社会科学文献出版社2012年版,第102页。

② "昔刘公安世谓宋若谷治狱有声,惟曰'狱贵初情,分牢处问'而已。今之县狱,初词乃讼之权舆,郡狱悉凭之以勘鞠。凡里正及巡尉解至犯人,多在外经停唆教,变乱情状。若县令不介意而辄付之主797,则受赇偏曲,一律供责,其后欲得真情难矣。如解至犯人十名,即点差他案贴吏十名,各于一处隔问责供,顷刻可毕。内有异同,互加参诘,既得大情,轻者则监,重者则禁,然后始付主792,虽欲改变情款,诬摊平人,不可得矣。"[宋]陈古灵:《州县提纲》卷二·详审初词,载杨一凡主编:《历代珍稀司法文献》(第一册),社会科学文献出版社2012年版,第125页。

③ [宋]陈古灵:《州县提纲》卷二·详审初词,载杨一凡主编:《历代珍稀司法文献》(第一册),社会科学文献出版社2012年版,第102页。

④ [清]田文镜:《州县事宜》验伤,载官箴书集成编纂委员会编:《官箴书集成》(第三册),黄山书社1997年版,第672页。

⑤ [宋]宋慈:《宋提刑洗冤集录》卷之二·初检,载杨一凡主编:《历代珍稀司法文献》(第九册),社会科学文献出版社2012年版,第33-34页。

⑥ [清]吉同钧:《审判要略》,载杨一凡编:《古代折狱要览》(第十六册),社会科学文献出版社2015年版,第475-476页。

⑦ [清]吕芝田:《律法须知》卷上·论命案,载杨一凡主编:《历代珍稀司法文献》(第三册),社会科学文献出版社2012年版,第1367页。

⑧ [清]汪辉祖:《佐治药言》,载杨一凡编:《古代折狱要览》(第十册),社会科学文献出版社2015年版,第99页。

要说出矜疑情状,听上司详夺。"① 在有关讼狱文书的审转呈报过程中,将"详""实"之理念体现在参语的"矜疑情状"中,可使得上级司法官员对案件情形一目了然。

（四）"狱贵初情"异化于"简而不明"

"狱贵初情"的异化,使其经验应用产生了一定的弊端。有学者将"狱贵初情"观念的异化归结于初报的"简明"②。笔者认为"狱贵初情"异化之缘由,与其说是初报的"简明",毋宁说是初报的"简而不明"。初报的"简而不明",是指将案情简化呈报的过程中,将原本的事实进行扭曲虚构以致不明。对于命盗案件的初报,清代名幕王又槐指出:"初报只叙尸亲,呈报一纸,其余投词诉词,概不可叙入,盗案亦然。若不论是非虚实,一概全叙述,上司以狱贵初情,日后反致驳诘,必费无限洗刷矣。故无论何等事件,初详未出,即要打算此案日后如何归结,不致棘手,务求妥协而后行,则案自易结。"③ 为使案件易于审结,"初情"的呈报本应秉持于"敬""慎",其内容务要详慎推求、得情以实。然而,常有不肖司法者为片面追求案件易于审结不棘手,特将"初情"内容进行肆意裁剪,将冲突疑点从中剔除,从而使之过于简化,甚至还会篡改记录的成文口供,使不同角色所述的案情叙事在细节、措辞及情节上保持一致④。这种刻意使"初情"简化的做法,不仅失去案件本身的客观真实属性,还在例行覆审的过程中使得上司官员"亲讯无异"难于研审确核。由此,"初情"的"简而不明"加剧了冤狱的产生,正如徐忠明教授所总结:"刻意强调'狱贵初情'的司法操作经验,同样会使上级官员过于依赖州县牧令的初审供词,而不愿意费心审理,并且随时纠正错案。这样一来,在逼不得已的情况下,牧令就会采取'固执己见'的态度;而其结果则使审转程序丧失对于牧令听讼折狱的监控功能。"⑤

四、鉴古明今:"狱贵初情"的意蕴传承

明代李天麟曾对"狱贵初情"作以经验智识的总结,"狱贵初情,谓犯事之始,智巧未生,情实易得,数审之后,买免多方,机械杂出是矣。须知勘考何官,果检验者掌印正官乎,识见精明乎,持法廉正乎,鞫狱虚慎乎,则初情乃确案也。倘初委佐贰、首领、阴阳、省祭、义民、老人,才识昏短而群小轻忽,操守卑污而供招苟且,若是而初情宁可贵乎? 故招情不厌反覆,

---

① [明]佚名:《居官必要为政便览》卷之下·刑类,载官箴书集成编纂委员会编:《官箴书集成》（第二册）,黄山书社1997年版,第65-66页。
② 参见蒋铁初:《中国古代审判中的狱贵初情》,载《法学研究》2013年第5期。
③ [清]王又槐:《刑钱必览》卷二·审详命案,载杨一凡主编:《历代珍稀司法文献》（第三册）,社会科学文献出版社2012年版,第1237页。
④ 参见[日]唐泽靖彦:《从口供到成文记录:以清代案件为例》,载黄宗智、尤陈俊主编:《从诉讼档案出发:中国的法律、社会与文化》,法律出版社2009年版,第80-104页。
⑤ 徐忠明:《清代司法的理念、制度与冤狱成因》,载《中国法律评论》2015年第2期。

要以求当而已,成案无拘也。"①"初情"有可为确情的一面,亦有成案无拘的一面,而"初情"的认定,则占据了初审者之司法精力,关乎着覆审者的司法态度与行动。"狱贵初情"的主张是基于"狱情之失,多起于发端之差"②的认识,"初情"更多地寄托了覆审者审(看)得确情之心愿,因此各级司法者宜不厌详慎、反覆推求以期得情至当,即如"夫律重人命,狱贵初情,郡县书狱即初招得情,必再三驳检,详之两院,平之廷尉,五年犹遣司寇郎充恤刑使者,分道并出,诚重之也"③。然而,"狱贵初情"于覆审实践之应用却多有曲解,或是沦为覆审官员刻意"驳诘"下级之理由,"盖初报乃通报之文,若不论精粗美恶尽已搬入,则后来成招必费无数洗磨,稍与前供不符,上司即以狱贵初情,驳诘不已,甚至无可挽回"④。又或是沦为覆审者草草结案之借口,"如上官不能耐烦,一应解审罪犯,非不躬亲问理,止云狱重初情,威严之下,犯人悉照原供,葫芦结案"⑤。这显然既有悖于"狱贵初情"的理念初衷,且尽失听讼折狱平曲直、雪冤枉之功能。作为治狱要道的"狱贵初情"应用于覆审实践,亦在于重视案情事理的查核与发现。"初情"之"贵",贵在秉持于"敬""慎",敬则不敢忽,慎则行之妥;"初情"之"贵",贵在恪守于"勤""速",勤则惠于民,速则变未生;"初情"之"贵",贵在奏效于"详""实",详则使了然,实则无不服。与此同时,也要注意"初情"呈报过程中所存在的案情裁剪问题,要保留"初情"的客观真实属性,避免因"简而不明"产生异化。

古代"狱贵初情"的经验智识亦有今人可资借鉴之处。从传统司法文献所载"狱贵初情"之规劝,以及相关案件覆审判牍对"狱贵初情"的正向应用,可以看出古代司法者对案件审理务须研审确情的高度重视,这与如今所提倡的"促使办案人员树立办案必须经得起法律检验的理念,确保侦查、审查起诉的案件事实证据经得起法律检验"⑥一脉相承。承审案件的司法官员覆审案件时对"狱贵初情"的正向应用,对于当今的司法实践具有重要的启示意义。首先,"罪因情科,案凭证定",要重视"初情"的证据表达。我国当今刑事诉讼法中的证据主要包括八种表现形式,这些法定的证据表现形式于诉讼过程中同样有着毁损、灭失等变化性因素,因此,要在案发之初尽快调查核实相关证据,以便于确审案情。其次,"百种奸伪,不如一实;反覆变诈,不如慎始。"⑦从清代知府以"狱贵初情"对原审呈报作驳正处理的覆审判牍可以看出,案件的覆审务求案情更确、事理更明,要将诉讼过程中的奸伪处之

---

① [明]李天麟:《淑问汇编》卷之一·人命,载杨一凡编:《中国律学文献》(第五辑·第二册),社会科学文献出版社2018年版,第36-37页。
② [宋]宋慈:《宋提刑洗冤集录》序,载杨一凡主编:《历代珍稀司法文献》(第九册),社会科学文献出版社2012年版,第3页。
③ [明]沈榜:《宛署杂记》,北京古籍出版社1980年版,第88页。
④ [清]佚名:《招解说》,载郭成伟,田涛点校:《明清公牍秘本五种》,中国政法大学出版社2013年版,第523页。
⑤ [清]金庸斋:《居官必览》,载元周主编:《政训实录》(第十卷),中国戏剧出版社2001年版,第3601页。
⑥ 习近平:《关于〈中共中央关于全面推进依法治国若干重大问题的决定〉的说明》,载《求是》2014年第21期。
⑦ [宋]吕本中:《官箴》,载闫建飞等点校:《宋代官箴书五种》,中华书局2019年版,第79页。

以"实",更重要的是重视"慎始"的源头性作用,这也是实现真正意义上的"案结事了"式服判。最后,"狱贵初情"的经验智识代代流传,为古人所重视,其正向应用更依赖于司法者们的自我约束。有益的传统司法智识乃是现代司法工作者重要的精神财富,对于现代的司法者,若要做到法精、理通、情达的统一,其不仅要在专业能力上精通,亦需要不断提升自己的道德修养、人文关怀和文化教养。

孟德斯鸠"宽和"的自由主义法律思想

——以《论法的精神》为中心的阐释

杨昆鹏*

摘　要：目前孟德斯鸠法律思想的研究缺乏一种整全性视角，借用与修正保罗·O.卡雷塞提出的"宽和自由主义"新观点可以整体解读《论法的精神》中的法律思想。在《论法的精神》中，"诸法"的"关系"概念因定义存在物之间的关系而有"宽和"的属性，"诸法的精神"是"法-关系"的总和，内在以"宽和"为核心、外在以"关系"为表征，又内化成立法者"宽和的精神"。该书法律思想的主要内容是保存自己的人为法，即通过国家权力之间的分离与分配而实现政制自由的政治法和因为公民感到安全而实现公民自由的公民法。宽和是自由的前提，孟德斯鸠为这种自由主义法律思想引入依情势判断的"宽和原则"，这种原则适用于宽和政体法律自由度的评判、以政治自由为目标的政治法与公民法、指导立法与确立司法体制。孟德斯鸠阐释了一种"宽和"的自由主义法律思想。这种独特的法律思想具有限定传统的自由主义法律思想的作用，并且与我国传统的"中庸"思想相合，对现代法治社会依然有重要的理论价值。

关键词：孟德斯鸠　《论法的精神》　宽和　自由主义　法律思想

一、导言

对于18世纪欧洲的启蒙哲人孟德斯鸠，大多学者只关注其政体理论、分权理论、气候地理决定论，而往往忽视他独特的法律思想。研究孟德斯鸠法律思想的论著也确实寥寥。国外学者有研究孟德斯鸠的自然法思想的，但孟德斯鸠并不在自然法学流派中占据主导，还有研究孟德斯鸠法学的自由主义哲学的，但这只看到了与公民自由相关的刑法与刑事司法程

---

* 作者简介：杨昆鹏，吉林大学司法文明协同创新中心博士研究生。

序，忽视了与政制自由相关的法律思想①；近来国内学界有学者对《论法的精神》中"法"或"法精神"进行精细解读，开始厘清孟德斯鸠的自然法思想②。但国内外的这些研究皆属于《论法的精神》的一小部分法律思想，缺乏一种整全性视角来阐释该著作全部的法律思想。而保罗·O. 卡雷塞（Paul O. Carrese）揭示出《论法的精神》中有"宽和自由主义"（moderating liberalism）的思想，他依此来研究普通法，并大力称赞英国的陪审团制度③，但本文并不认同这种思路。受卡雷塞的启发，本文基于补充完善他的"宽和"观点，来更加充分地从整体上阐释《论法的精神》中"宽和"④的自由主义法律思想，进而推动孟德斯鸠法律思想的研究。诸法的"关系"概念是孟德斯鸠法律思想的基础"元素"，这种"关系"概念因定义存在物之间的关系而呈现出相对单一武断的"宽和"；"诸法的精神"是孟德斯鸠法律思想的"魂魄"，其处理"法-关系"越多也就表示"法精神"越"宽和"，"关系"与"法-关系"即"宽和"的象征。若纵观《论法的精神》的各章节标题，我们可知这些"宽和"的象征贯通了整部著作，这两个著名概念蕴含的"宽和"因素融入进了孟德斯鸠独特的自由主义法律思想中。本文立足于《论法的精神》⑤（*De L'Esprit des Lois*，简写为 EL）的文本及学者们的既有研究成果，首先探究孟德斯鸠关于诸法的"关系"概念、"法-关系"总和的"诸法的精神"及它们所揭示出的法律内在的"宽和"属性；再爬梳《论法的精神》整部著作，可知其法律思想的主要内容是关于以政制自由与公民自由为目的的治者与被治者之间、公民之间在法律上的关系，即政治法与公民法，这具有自由主义思想的色彩，而作为自由先决条件的"宽和"成为其法律思想的实践原则，由此孟德斯鸠阐释了一种"宽和"的自由主义法律思想；最后指明孟德斯鸠的这种法律思想具有限定传统的自由主义法律思想的作用，并且与我国传统的"中庸"思想相合，在当下依然有重要的理论价值。

---

① See Mark H. Waddicor. Montesquieu and the Philosophy of Natural Law. Martinus Nijhoff, 1970; C. P. Courtney, Montesquieu and Natural Law. in David W. Carrithers, Michael A. Mosher and Paul A. Rahe (eds.). Montesquieu's Science of Politics: Essays on The Spirit of the Laws. Rowman & Littlefield Publishers, 2001, pp.41-67; David W. Carrithers. Montesquieu and the Liberal Philosophy of Jurisprudence. in David W. Carrithers, Michael A. Mosher and Paul A. Rahe (eds.). Montesquieu's Science of Politics: Essays on The Spirit of the Laws. Rowman & Littlefield Publishers, 2001, pp.291-334.

② 参见马剑银：《孟德斯鸠语境中的"法"及其"精神"——重读〈论法的精神〉》，载《清华法学》2016年第6期；张辰龙：《法的精神抑或诸法系的特质？——孟德斯鸠 De L'esprit des Lois 一书的题名解读》，载《比较法研究》2019年第3期；费明松、韩潮：《孟德斯鸠的自然法疑难》，载《政治思想史》2022年第1期。

③ See Paul O. Carrese. The Cloaking of Power: Montesquieu, Blackstone, and the Rise of Judicial Activism. The University of Chicago Press, 2003, pp.15-34.

④ "宽和"一词的法文是 modération，相对于"专制""独断"而言，指一种"宽和状态"，但在本文中该词的词性有名词、形容词、动词。作名词时直接用"宽和"，作形容词时用"宽和的"，作动词时用"使……宽和"。

⑤ 文中涉及的译文依法文直译，参见 Montesquieu. Œuvres Complètes, Roger Caillois (éd), Gallimard, 1951.同时参考 Montesquieu. The Spirit of the Laws. translated by Anne M. Cohler, Basia C. Miller and Harold S. Stone. Cambridge University Press, 1989;［法］孟德斯鸠：《论法的精神》，许明龙译，商务印书馆2012年版。其他引用根据剑桥英译本和许明龙中译本，引用时用拉丁数字和阿拉伯数字代表章节。

二、诸法的"关系"概念

法概念①是法律思想的核心内容,也可以说法概念史就是一部法律思想史。《论法的精神》开篇就提出著名的"法概念",但因孟德斯鸠的政治理论更负盛名,其法概念又与当时的主流相悖,所以孟德斯鸠的法概念一直为后世所忽视。孟德斯鸠提出了一种"法–关系"的新概念模式,他的法概念是一种"关系"概念,这是孟德斯鸠法律思想的原点与基础,并且诸法的"关系"概念因为要考虑存在物之间的关系而含有一种"宽和"的属性,这给予孟德斯鸠法律思想"宽和"的意涵。

在《论法的精神》中,孟德斯鸠明确给出了三个法(lois)概念。第一个法概念是"在最广泛意义上,诸法是源于事物的本性的必然关系"(I.1)。这个"最广泛"既指主体的广泛性,即"一切存在物",也指"法"的广泛性,只要某事物存在就有与之相关的"法"。其中"事物的本性"是从心理学角度对事物(一切存在物)内在性质的认识,"本性"作为内在原因对事物起作用。但《论法的精神》所使用的"本性"指涉的有"事物的本性""人的本性""自然本性"。在孟德斯鸠的述说中,"事物的本性"转化成"人的本性","自然本性"又往往与"人"或"人法"相连,因此在人类学的时代②,"人的本性"才是孟德斯鸠所关注的重点,"事物的本性"可以等同于"人的本性"。孟德斯鸠又吸取了"法的生产力"(la productivité des lois)导致世界变化的机械宇宙论③,用"必然关系"指代源于物质世界中事物之间的内在关联而产生的一种抽象关系。另外,在该概念中 lois 是复数形式,这说明孟德斯鸠所言绝非单个的法(loi)而是"法的集合"。国内有学者考证后将 lois 译为"诸法律""诸法系"④,这是从比较法与社会学角度将 lois 解读为各民族的法系,但未考虑孟德斯鸠在著作中对 lois 的整体使用。孟德斯鸠深受近代笛卡尔–牛顿自然科学的影响,在他论及"物质世界""智灵们"和"兽类们"时,lois 还有"法则"的含义。因此 lois 可直译为"诸法",有物质世界法则与人为法两种含义,正如阿尔都塞所言,孟德斯鸠是在两个层面上使用该词,即"根据事实在认识的所有对象中得出它们的法则"和"人类社会的人为法"⑤。

在理解这个著名的法概念时,我们需要澄清两个错误认识:第一,孟德斯鸠不是"斯宾诺莎主义者",而是用"必然关系"代替斯宾诺莎的"必然结果"。洛文塔尔认为孟德斯鸠的

---

① 本文中"法概念"指法/法律是什么,即"法的定义"。
② 参见[德]文德尔班:《哲学史教程》(下卷),罗达仁译,商务印书馆1993年版,第138-141页。
③ André Charrak. Le sens de la nécessité selon Montesquieu. Essai sur le livre I, chapitre I de L'Esprit des lois, Revue de Métaphysique et de Morale, n°77(2013), pp.10-13.
④ 参见张辰龙:《法的精神抑或诸法系的特质?——孟德斯鸠De L'esprit des Lois 一书的题名解读》,载《比较法研究》2019年第3期,第191页。
⑤ Louis Althusser. Montesquieu: La politique et l'histoire. Presses Universitaires de France, 1992, p.33.

法概念"描述的是完全的、盲目的必然的普遍性,而不是理性地达致善的统治"①,由此神学家就把孟德斯鸠归为"斯宾诺莎主义者"。斯宾诺莎认为,法律指事物根据自然的必然性或人类的命令而行动②,斯宾诺莎的"必然性"指物质世界的"自然必然性"或"必然结果",但孟德斯鸠坚决反对"智能存在物(人)"的产生来自"盲目的必然性",并将这种"必然性"转化成"必然关系"。第二,诸法不是"关系与其他事物之间的关系",而是"某物与某物之间的必然关系"。从字面上看,该概念为"法是必然关系",《论法的精神》的其他章节又多次出现"法与其他事物处于关系中",这便得出"关系与其他事物处于关系中"的同一反复,但实际上诸法应是"某物与某物之间的必然关系"。

总之,孟德斯鸠的第一个法概念是一般意义上的法,即诸法是一切存在物源于自身内在原因的必然关系。这种法概念存在于物质世界与人类社会中,但实际上是孟德斯鸠借用观察物质世界的"关系方法"来研究人类社会的"法-关系","诸法"最终是为了规范人类社会。"诸法"是多种"具体关系"的交织,这些关系背后还存在必然的、某种规律性的当然"驱动"。"这种必然形态的观念存在于某些关系中,这些关系严格地来自作为科学对象的自然","从物体的数学概念推断出的关系用于尊崇其他法的标准,这些法成为《论法的精神》的主题"③,孟德斯鸠采用这种经验认识论的方法来探究人世关系。

第二个法概念,"诸法是存在于原初理性与各种不同存在物之间的关系,和不同存在物之间的关系"(EL,I.1)。"原初理性"指"上帝"④,这是用"上帝创造宇宙"代替"上帝是万物的创造者",肯定"上帝与各种存在物之间的关系"。如此,法就分为两类,即上帝的法与其他存在物的法,这可视为对第一个法概念的进一步解释。

第三个法概念,"一般来说,法是人的理性,因为它统治着地球上所有的民族;每个国家的政治法和公民法只是适用这种人的理性的特殊情形"(EL,I.3)。这个法概念实际上是"人为法"概念,其中主要是政治法与公民法,这两类法也是用"法-关系"来界定的。"人的理性"就是对这些"法-关系"的认识,每个人都有获取这种知识的一般理性,各民族的政治法与公民法是这种一般理性的具体化,这淡化或抹去了启蒙运动时期其他作家把"理性"作为唯一或最高的法则的观点。

由此可见,孟德斯鸠的法概念有两个特点:一是诸法的主体范围逐渐压缩。诸法从"最

---

① David Lowenthal. Montesquieu. in Leo Strauss, Joseph Cropsey(eds.). History of Political Philosophy. The University of Chicago Press, 1987, p.514.

② See Benedict de Spinoza and Jonathan Israel. The Ological-Political Treatise. translated by Michael Silverthorne, Jonathan Israel. Cambridge University Press, 2007, p.57.

③ André Charrak, Le sens de la nécessité selon Montesquieu. Essai sur le livre I, chapitre I de L'Esprit des lois, Revue de Métaphysique et de Morale, n°77(2013), p.16, 17.

④ See Jean Goldzink. Reason. translated by Philip Stewart, http://dictionnaire-montesquieu.ens-lyon.fr/en/article/1377621479/en, 最后访问日期:2020年9月1日。

广泛的一般法"转变成"人为法",其中"上帝的法"变成"宗教法","物质世界的法""智灵们的法"和"兽类的法"在《论法的精神》第1章之外消失,"诸法的主体"逐渐缩小到人类,"人为法"成为论著的主题。二是"法 - 关系"的新概念模式。孟德斯鸠抛弃当时主流的"法 - 目的"概念模式,而采用自然科学经验观察的"法 - 关系"概念模式。这消解了"法的唯一性",代之"法的多样性和差异性",从而扩大了法的范围。相对于前者的"独断","法 - 关系"可以说是一种法的"宽和",因为一存在物实然上总是与多种存在物有某些关系,考虑这些"关系"越多,形成的"法 - 关系"也就越多,越有利于认清某存在物,所以某存在物的法不是绝对唯一的,而是内容"宽和"。简言之,孟德斯鸠的法概念是一种"关系"概念,也是一种"宽和"的法概念,这成为孟德斯鸠法律思想的"宽和"基础。

三、诸法的精神与宽和的精神

esprit 是《论法的精神》的核心概念之一,但孟德斯鸠绝不是 esprit 的创造者,当时的法国人都在广泛使用该词,而且该词本身就是多义的[①]。英语学界把 esprit 多译为"精神"(spirit)[②],我国有学者从社会学角度将 esprit 译为法系的"特质或特性"[③]。一般情况下,将 esprit 译为"精神"还是有一定的道理的:一方面,自《论法的精神》的 1961 年中译本出版后,我国学界公认"精神"一词;另一方面,"精神"的含义与严复的"意"字译法吻合。《说文解字》解释:"意,志也。志即识,心所识也。"[④]"精神"一词含有这种"心志"的意味,虽然没有"特性"的直接含义,但符合孟德斯鸠"让读者思考"而理解"诸法"的意图。孟德斯鸠以"精神"贯穿《论法的精神》,赋予诸法一种无形的生命力,反过来也彰显 esprit 的意涵。这种"精神"在广度上表现为诸法的特殊性与差异性,在深度上启迪和教导立法者,分别对应为"诸法的精神"(esprit des lois)与"立法者的精神"(esprit du législateur)。"诸法的精神"是"法 - 关系"的总和,其内容是诸法与其他事物之间的关系,这将整部《论法的精神》连贯起来,同时"诸法的精神"因为要处理多样的"法 - 关系"而生发出"宽和的精神",这给孟德斯鸠的法律思想带来了"宽和"的气息,而这种"宽和的精神"也成为立法者的指导精神。

"诸法的精神"是《论法的精神》的总纲。虽然《论法的精神》受到同时代和后世读者批

[①] esprit 一般指"无形的和有生命的物",还有其他13种具体含义。See Dictionnaire de l' Académie française. Esprit, https://www.dictionnaire-academie.fr/article/A3E1088, 最后访问日期:2020年9月15日。

[②] 根据孟德斯鸠话语的社会特质和智力特质, esprit 还译为"机智"(wit)、"思想"(mind)、"智慧"(intelligent)和"聪明"(smart)。See Montesquieu. The Spirit of the Laws. translated by Anne M. Cohler, Basia C. Miller and Harold S. Stone. Cambridge University Press, 1989, p.9; Montesquieu. My Thoughts. translated by Henry C. Clark. Liberty Fund, 2012, p.XX.

[③] 参见张辰龙:《法的精神抑或诸法系的特质?——孟德斯鸠 De L' esprit des Lois 一书的题名解读》,载《比较法研究》2019年第3期。

[④] 汉典:《意》,https://www.zdic.net/hans/意,最后访问日期:2020年9月17日。

评最多的就是"犹如迷宫""结构混乱""晕头转向"①，但这部花费作者二十年的作品绝非毫无体系，孟德斯鸠在第 1 章第 3 节已经明确指出这部著作的一切内容都是围绕着"诸法的精神"而展开的。他将"诸法的精神"定义为："诸法应该与已建立或人类想要建立的政体的性质和原则有关系"，"诸法应该与国家的自然条件有关系；与寒冷的、炎热的或温和的气候有关系；与土地的质量、地理位置、面积有关系；与人民（耕地者、狩猎者或放牧者）的生活方式有关系；诸法应该与政制能容忍的自由度有关系；与居民的宗教、爱好、财富、人数、交易、风俗、习惯有关系。最后诸法之间有关系；诸法与它们的起源、立法者的目标、它们赖以建立的事物秩序有关系"，"我将研究这些所有的关系：它们一起形塑我所说的'诸法的精神'"，"这种精神存在于诸法可能与各种事物之间的各种关系中"（EL,I.3）。从此定义与《论法的精神》的各章内容来看，"诸法的精神"的确是该书真正的"总纲"。首先，这个定义不是通常意义上"'诸法的精神'是什么"的表达，而是描述"'诸法的精神'存在于诸法与其他事物的关系中"。"诸法的精神"来自各种不同事物对诸法的影响，从而造成法的差异性，并成为非单一改革现存制度的务实的指导精神②，这种"精神"不仅事实上反映诸法生成的多样性，还在规范上指导立法者。再者，"诸法的精神"的构成是真实的、最合理的"法－关系"的总和③，这与"诸法"的"关系"概念密切相关，但"诸法的精神"也是研究"诸法"（作为实验材料）的普遍性与必要性的一种方法④。职是之故，"诸法的精神"用"关系"的方法来研究诸法而得到"法－关系"的实在，这种研究"诸法与其他事物的关系"的方法要求从多角度与多层面来认识"诸法"，这样诸多关系中的"法"就形塑了一种"宽和"的"法精神"，"诸法的精神"实际上也就是一种"宽和的精神"。

同时，必须将"诸法的精神"与孟德斯鸠所说的"普遍精神"（esprit général）区分开来。孟德斯鸠说："几个事物支配人类：气候、宗教、法律、施政的准则、先前事情的例子、风俗、习惯；它们在此结果形塑了一种普遍精神。"（EL, XIX.4）这种"普遍精神"是人类社会或某民族在一定时空中的一种"存在、行为、思考和感觉的方式"⑤，是不同要素融合的结果，"整合社会基本范围内的自然和人为要素"⑥。其中"普遍精神"的形成有法律的参与，"法为社会所

---

① 参见［法］洛朗·韦尔西尼：《导言》，载［法］孟德斯鸠：《论法的精神》，许明龙译，商务印书馆2012年版，第63页。
② See Dennis C. Rasmussen. The Pragmatic Enlightenment: Recovering the Liberalism of Hume, Smith, Montesquieu, and Voltaire. Cambridge University Press, 2014, p.21.
③ See David Lowenthal. Book I of Montesquieu's The Spirit of the Laws. The American Political Science Review, Vol. 53 (1959), p.498.
④ Théodore Quoniam. Introduction à une lecture de l'Esprit des lois. Minard, 1976, p.23.
⑤ Raymond Aron. Les étapes de la pensée sociologique, Gallimard, 1967, p.52.
⑥ Céline Spector. Spirit, General Spirit. translated by Philip Stewart, http://dictionnaire-montesquieu.ens-lyon.fr/en/article/1376474276/en, 最后访问日期：2020年9月16日。

塑造，同时法塑造社会"①。"诸法的精神"与"普遍精神"虽有交叉重合的方面，但彼此关注的重点还是不同的："普遍精神"是一种在自然与人为因素影响下形成的人类社会特质，更侧重于一个民族无形的、无固定的风俗习惯与性情，这其中包含法律因素，法律与这种"普遍精神"相互作用；"诸法的精神"是"法-关系"的总和，也是一种考察"诸法"的方法，其中心任务是研究"诸法与其他事物之间的关系"，指导人们正确认识这些关系，使人们根据理解的情形而采取行动②。"诸法的精神"的最终操作落到"洞察整个国家政制"的"天才立法者"手中，只有他们能掌握这种"诸法的精神"进而改造政制。

《论法的精神》给"立法者"所设定的任务是"通过政治法与公民法来使人们履行对他人的义务"（I.1），而立法者的指导思想就是"诸法的精神"。立法者首先要审查非法律的其他多样的、各时空的事物（政治、经济、道德、社会和环境要素）③，其次要能理解诸法与这些多样事物之间的相互关系。立法者按照"诸法的精神"制定法律的过程体现了一种"宽和的精神"，"宽和的精神应是立法者的精神，政治上的善如同道德上的善一样总是处于两种极限之间"（EL, XXIX.1）。在此的"立法者"分为思想层面上的立法者与现实层面上的立法者，前者如亚里士多德、柏拉图、马基雅维里、托马斯·莫尔、哈林顿，后者如图里乌斯、梭伦、莱库古，思想层面的立法者是具体为一民族或国家制定法律的现实层面的立法者的"立法者"。孟德斯鸠是作为现实层面的立法者的"立法者"而写作的，他认为这种"宽和的精神"能够使立法者减少自己的偏见，其要义便是在制定法律中把握"诸法"的多样关系，立法者考虑的"法-关系"越多，政体就越宽和、个人就越自由安全④。同时，立法者要为每类政体灌输适合的精神⑤，以"宽和的精神"为标准而使政体/政制宽和，相较于专制政体⑥使人们产生恐惧感，这种宽和政体才会使个人有安全感。所以，"诸法的精神"与"立法者的精神"始终同体，"立法者的精神"便是贯彻"诸法的精神"，使诸法与各种事物之间或诸法之间都处于一种"宽和的状态"中。"诸法的精神"实际上内在以"宽和的精神"为核心、外在以"关系"为表征，同时这种"宽和的精神"给予孟德斯鸠的法律思想一种"宽和"的"魂魄"。

四、孟德斯鸠自由主义法律思想的新特质

《论法的精神》第11、12章为"确立政治自由（liberté politique）的诸法"与"政制"

---

① Eugen Ehrlich. Montesquieu and Sociological Jurisprudence. Harvard Law Review, Vol. 29(1916), p.586.
② See Denis de Casabianca. Relations[Rapports]. translated by Philip Stewart, http://dictionnaire-montesquieu.en-s-lyon.fr/en/article/1376426916/en, 最后访问日期：2020年9月17日。
③ Joshua Bandoch. The Politics of esprit in De l'esprit des lois, Diciottesimo Secolo, anno 2(2017), p.234.
④ 在公民安全自由问题上，孟德斯鸠多用"安全"指称"自由"，两词在孟德斯鸠话语中同义。
⑤ See Peter V. Conroy. Montesquieu Revisited. Twayne Publishers, 1992, p.79.
⑥ 对于le despotique，本文按照通说还译为"专制政体"，但译为"暴君政体"更符合原意。参见许明龙：《孟德斯鸠不是封建叛逆——重读〈论法的精神〉》，载《政治学研究》1988年第6期。

（constitution）、"公民"（citoyen）的关系。这里的政治自由包括国家层面上的政制自由与个人层面上的公民自由，政制自由只存在于宽和政体中，公民自由是公民"处于安全中或自认为有安全感"，即公民感受到"政体的宽和"，但政治自由的必要条件或先决条件是宽和[①]。从这两章及其他章节我们可以看出，整部《论法的精神》蕴含一种新的法律思想，即由"法－关系"网所组成并以政治自由为目的的自由主义法律思想。另外，孟德斯鸠诸法的"关系"概念正是这种自由主义法律思想的基础"元素"，"诸法的精神"既是这种自由主义法律思想的总纲，又是其方法和"魂魄"，两者都给这种自由主义法律思想注入了"宽和"的新因素。历史和现实一再表明，自由有被滥用的可能从而出现极端自由，甚至导致专制，孟德斯鸠所言真正的自由是宽和的自由。是故，孟德斯鸠法律思想的新特质就是通过法律来维持政制自由稳定和保护个人自由安全，而"宽和"则成为其实践原则，孟德斯鸠阐释了一种"宽和"的自由主义法律思想。

（一）法与自由

《论法的精神》第1章提出从"各种存在物的法""自然法"到"人为法"的一般法，这是孟德斯鸠法律思想的"筋骨"。第1节虽讲述了5种存在物的法，但只存在上帝的法与人的法，物质世界的法、智能存在物的法、兽类的法都对衬"人的法"。人是"物质存在物""智能存在物""情感存在物"，所以对人而言就有三种不同的法：首先，人作为"物质存在物"，有不变、永恒之法对其约束。这种法可能就是出现于第1节第8~10段中的公正法或公正关系（rapports d'équité），它是裁定人类之间是非的法，同时这种"公正法"可能也是理性的法则（rational rules），是为人类社会制定人为法所必需的[②]。其次，恰如兽类因类似的情感相连接而拥有"自然法"，人作为"情感存在物"，会生发各种欲望以保存自己，当然要受情感支配下的自然法的约束。这对应第2节的自然法，而且孟德斯鸠认为在社会－政治状态中人类的情感始终存在，所以《论法的精神》多次阐述人的"情感或激情"对政治社会的影响。最后，人作为"智能存在物"，受"宗教法""道德法则"与"政治法与公民法"支配。这样的人有知识但会犯错误，会忘记上帝、自己与他人，这是人兼具理性与非理性或感性的本性使然，如孟德斯鸠所言："当本性显现时，人能够认识自己的本性；当本性遮蔽时，人直到丧失对自己本性的感知。"（EL, Préface）这样的人是有自由意志的，可以认识自身并做出选择，这种哲学意义上的自由进入政治社会和公民社会就是政治自由，其所对应的法律便是立法者所制定的政治法与公民法。但这里的宗教法规并非《论法的精神》第24、25章所提到的各国宗教的仪式法、机构法，而且在此之后孟德斯鸠也没有再论述这里的道德法则，因此政治法与公

---

① Bertrand Binoche. Introduction à De l'esprit des lois de Montesquieu. Presses Universitaires de France, 1998, p.25.

② See Michael Zuckert. Natural Law, Natural Rights, and Classical Liberalism: On Montesquieu's Critique of Hobbes. Social Philosophy and Policy, Vol. 18(2001), pp.233-239.

民法才是其自由主义法律思想的重心。总之,人受永恒法、自然法、人为法支配,永恒法用于人为法的制定,自然法是自然状态中人类相处的法则,人为法主要是社会状态与政治状态中政治体与公民之间、公民之间的"关系法"。

《论法的精神》第1章第2节列举了5条自然法,第1条"造物主观念"的自然法是最重要的,但不是孟德斯鸠阐述的重点,第2~4条自然法分别是"和平""寻求食物""两性互爱",这是自然状态中的人与兽类所共有的,第5条自然法为"生活于社会的欲望",这是人相较于兽类所独有的。孟德斯鸠的自然法适用于人从自然状态向社会状态的过渡,目的是"保存自己"。他说,"人首先想到保存自己",自然法的目的或结果是保存个体或种族[①],这与霍布斯自然法"自我保全"的目的相同[②]。孟德斯鸠通过"保存自己"将自然法与人为法相连接,《论法的精神》主要论述各时空的人为法历史地、多样地"保存个人"。孟德斯鸠的自然法偏重于人类与动物所共有的前理性和前反思的法则[③],更多地代表人的情感本性,即人的物理/自然本性(physical nature)。总之,自然法的目的是人"保存自己",这不能完全等同于社会状态中人的"自由安全",但它们的效果是一样的,在一定程度上自然法可以指导人类行为[④]。

孟德斯鸠在《论法的精神》第1章第3节描述了人进入"社会状态"即"战争状态"的情况,这实际上也是人进入一种"政治状态",依法律来制止这种国与国、人与人之间的"战争状态"。孟德斯鸠将人为法划分为万民法(国与国之间的关系法)、政治法(统治者与被统治者之间的关系法)与公民法(公民之间的关系法)以构建国际法秩序和国内法秩序。在这种政治状态中,人们通过人为法组成了政治国家与公民国家,"所有个人力量的结合构建人们所说的政治国家","所有个人意志的融合就是人们所说的公民国家"。但这个的基本前提是人有自由意志,意志的融合才能团结各公民形成内在普遍认同的公民国家,进而再将各公民的力量结合成外在强有力的政治国家来保卫公民的自由安全。这反映出人性的另一面,即智能/理性本性(intelligent nature),而人类理性地、自主地、自由地制定政治法与公民法(万民法暂且不论),其目的还是"保存自己"。孟德斯鸠承袭了洛克的"自我所有权"[⑤](self-ownership)理论,即每个人对自我人身拥有完全的所有权,这需要不受绝对权力约束的自由

---

① See Michael Zuckert. Natural Law, Natural Rights, and Classical Liberalism: On Montesquieu's Critique of Hobbes. Social Philosophy and Policy, Vol. 18(2001), p.239.

② 参见[英]霍布斯:《利维坦》,黎思复、黎廷弼译,商务印书馆1985年版,第92-108页。

③ Céline Spector. Montesquieu et la crise du droit naturel moderne. L'exégèse straussienne, Revue de Métaphysique et de Morale, n°77(2013), pp.68-69.

④ See C. P. Courtney. Montesquieu and Natural Law. in David W. Carrithers, Michael A. Mosher and Paul A. Rahe(eds.). Montesquieu's Science of Politics: Essays on The Spirit of the Laws. Rowman & Littlefield Publishers, 2001, pp.57-62.

⑤ 参见[美]迈克尔·扎科特:《自然权利与新共和主义》,王紫兴译,吉林出版集团有限责任公司2008年版,第365-380页。

来保存自我①,孟德斯鸠将"自我所有权"转化成政治术语,同时引出自由的标准②。政治法与公民法的制定需要人处于非强制的自由状态中,这些法律又绝非任意权力干涉的结果,其目的是保护个人的自由安全,孟德斯鸠试图实现普遍法律、历史实践与个人自由之间的平衡③。

概言之,在《论法的精神》第1章中,孟德斯鸠自称要研究"人的法",其目的是"保存自己",这是人在自然状态与社会状态中求取的一种自由安全状态。但孟德斯鸠更重视当下的社会状态,即一种法律之下的自由状态,"自由就是政制安全与个人有安全感"。对"人的法"的阐述为其之后全面翔实地论述他的自由主义法律思想奠定了基础,也表明了目的。

在集中论述"政治自由"之前的章节中,"自由"(liberté)一词在《论法的精神》中就已出现50余次,大多表示人(公民)的自由。这些章节关于自由与法的内容主要是:首先,古希腊政治上存在自由民与奴隶,只有自由民才能参与政治事务、享有法律上的"民事权利",孟德斯鸠明确反对奴隶制,提倡一种普遍的公民自由;其次,公民自由与司法的关系,这主要集中于第6章,他认为刑事司法程序的烦琐是保护公民自由的代价,公民的自由越受重视,司法程序就应越复杂,刑罚的数量与公民、国家和社会的自由度成反比,增加司法程序的环节可避免刑罚简单、快速、直接地施压于个人,这是以延长诉讼的时间达到保护公民自由的目的,刑罚的轻重也直接与公民自由相关,刑罚越轻,公民可感受到的自由度和安全度就越高。这些保护公民自由的刑事司法程序是"司法的宽和"的一种体现,是孟德斯鸠"宽和"的自由主义法律思想的重要内容之一。

《论法的精神》第2~8章"政体与法"中隐含自由、第9~10章国家通过防御与攻击之法维护本国外在的自由安全,而第11~12章围绕"政治自由的法"来维护国家内在的自由安全,即在政治法与公民法中实现政治自由,这些都充分展现了孟德斯鸠独特的自由主义法律思想。在孟德斯鸠的话语体系中,自由有两个层次:一是哲学意义上的自由,即哲学自由。这就是他所说的:"哲学上的自由在于自我意志的行使,或者至少(如果这应该从所有体系来说)自己是在行使自我意志。"(EL,XII.2)二是政治意义上的自由,即政治自由。他认为,"在一个国家里,即在一个有法律的社会里,自由仅仅是人能做应该想做之事和不被强迫做不应该想做之事","自由是做法律允许任何之事的权利"(XI.3)。政治自由又体现为政制自由和公民自由:一方面,政制自由指的是国家权力未被滥用并得到合理配置而形成宽和的政制。

---

① 参见[英]洛克:《政府论》(下篇),叶启芳、瞿菊农译,商务印书馆1964年版,第15-16页。
② See Michael Zuckert. Natural Law, Natural Rights, and Classical Liberalism: On Montesquieu's Critique of Hobbes. Social Philosophy and Policy, Vol. 18(2001), pp.243-250.
③ See Paul Carrese. Montesquieu's Complex Natural Right and Moderate Liberalism: The Roots of American Moderation. Polity, Vol. 36(2004), p.239.

他认为，政制自由无法与宽和相分离，真正的政制自由是宽和的，即"政治自由仅存在于宽和的政体中。……当宽和的国家没有滥用权力时，它才存在政治自由"，"为了不应滥用权力，必须通过事物的安排，权力阻止权力"（XI.4）。"在政治自由与政制的关系中，政治自由是由三种权力的某种分配形塑"（XII.1）。另一方面，公民自由是公民自认为的安全感，即"政治自由在于安全，或者至少在于某人认为自己安全。在公共或私人诉讼中安全最受威胁。因此公民的自由主要依赖于刑法的优良"（XII.2）。孟德斯鸠认为"哲学自由"是不必多言的当然存在，"政治自由"则不会自动、始终存在，因此"政治自由"才是孟德斯鸠论述阐释的核心与重点。他从人自由做法律允许之事的角度来阐释政治自由，可以说政治自由是针对人的法律自由而言的，政治自由同时要求在政治法中实现政制自由与在公民法中实现公民自由。

政治自由是人在法律之下的自由，而这些法律又是政治自由的法，它们分别对应存在并体现为两种类型：第一，政制自由是国家政治权力的法律安排使个人感受不到权力的压迫，这种政制自由的法为政治法。政制自由只存在于权力未被滥用、三种权力（立法权、行政权、司法权）合理分配制约的宽和政体中，国家权力需要合并、缓和、行使和调整①。这样的政制自由体现在英国政制/宪制中，通过法律确定三种国家权力，实现其法定化、客观化，杜绝权力行使的任意性、专断性，去除权力依附于个人或机构，这是政治自由在政治法中的表征。因为国家权力最后要落到作为公民的个人身上，所以政治法要先确定这些权力的界限再对其进行合理的分配以形成相互制约，这可以防止握有权力者对个人自由的危害，这是国家权力的法律之治。第二，公民自由是国家通过法律来保护公民免受其他公民的侵害从而使公民感受到自由安全，这种公民自由的法便是公民法。公民自由是一种心理状态，若公民如"渔网中被抓到的鱼"一样自认为是自由的，这个"渔网"则是有良法（good laws）的自由政府②。公民自由是公民享有安全或自认为安全，不因其他公民的压制而感到恐惧，良好的刑法和刑事司法程序保护公民的自由安全，这是政治自由在公民法中的表征。

总之，孟德斯鸠的政治自由是法律支配下的自由，法律限定国家政治权力且扩充公民自由空间。按照维罗里对"自由观"③的划分，孟德斯鸠的自由是在政治与法律状态中"一个与法相一致的行动领域"，所有人服从非个人意志的法律。但这只是孟德斯鸠自由观中的"公民自由"，孟德斯鸠的自由观还包括"政制自由"，政制自由与公民自由的同时实现才符合真

---

① See Montesquieu. My Thoughts. translated by Henry C. Clark. Liberty Fund, 2012, p.265.
② See Montesquieu. My Thoughts. translated by Henry C. Clark. Liberty Fund, 2012, p.252.
③ 维罗里将"自由观"分为三种，即"自由主义的自由观"（消极自由）、"共和主义的自由观"（积极自由/自主）和"民主的自由观"（社会治理的规则）。参见［意］诺伯托·博比奥、莫里奇奥·维罗里：《共和的理念》，杨立峰译，吉林出版集团有限责任公司2009年版，第28-33页。

正的政治自由，这样才能保障政制与公民在事实上和法律上都是自由的（EL, XII.1）。一方面，法律上的政制自由要转化成公民自由，政制在事实上才是自由的，政制自由最终是为了公民自由，这需要与政制相关的基本法（fundamental laws）来确保公民自由安全[①]；另一方面，事实上的公民自由需要政制的限定，公民在法律上才是自由的，若公民自由放纵至追逐政制中的权力，那就会出现无法律限制的极端自由。政治自由与法是同在的，政制自由需要政治法，即实现政制自由的三种法律权力安排；公民自由需要公民法，即通过良好的刑法与司法程序来保护公民自由。

在《论法的精神》接下来的章节中，孟德斯鸠对这种自由主义法律思想的阐述涉及税收、奴役、贸易、宗教、罗马人继承、法国封建审判制度与司法体制，其中大部分是关于公民自由的，只有最后两章论述政制自由。法与公民自由的相关内容有：第一，税法影响公民自由。税赋沉重的补偿应该是公民的自由增多（XIII.12）。第二，民事奴役法、家庭奴役法、政治奴役法剥夺公民自由。气候炎热国家用惩罚使人从事劳动，孟德斯鸠要求废除这种民事奴隶制（XV.7, 11）；针对家庭奴役的一夫多妻制，孟德斯鸠提倡法律赋予妇女"休夫权"以实现女性自由（XVI）；对比亚洲与欧洲北方民族的征服，孟德斯鸠称赞后者以自由身份征服罗马帝国后确立自由法（XVII.5）。第三，贸易法有利于公民自由。贸易是相互交往各取所需，会产生确定的真实公正感，商人们只有相信财产安全时才愿意增加投入（XX.2, 19-22），贸易法促进自由公平交易、保护公民财产。第四，关于宗教的法律与公民自由密切相关。受到压制的宗教必然会压制其他宗教，法律要容忍这些已确立的新宗教（XXV.9-10）；在宗教事务上应该避免援引刑法，否则将给人们带来身体与精神上的双重恐惧，孟德斯鸠严厉批判基督教裁判使用酷刑对待信仰其他宗教的人（XXV.12-13）。第五，罗马继承法逐渐增加公民自由。罗马公民的土地由男系单独继承到查士丁尼规定男系女系亲属都可继承（XXVII），这是遵从人的本性，扩大公民的自由空间。第六，法国封建审判制度逐渐加大对公民自由的保护。《圣路易条例》废除司法决斗，确立新的审判程序，高等法院成为公民的上诉法院，圣路易揉合法兰西的法律原则与罗马法，建立了"一种更自然的，更合理的，更符合道德、宗教、公共安宁以及人身和财产安全"的审判方式（XXVIII.38），而后罗马法复兴，职业法官和律师大量出现，司法审判成为一种理性推理，公民的自由安全逐渐得到保障。孟德斯鸠大多是在对一个个具体的法律的分析中展现"公民自由"的正反两面，加深读者对"公民自由"的感性认识，使读者更好地理解真正的"公民自由是一种安全感"。公民自由是多方面的、多维度的，但他也没有忽视历史现实中不断有侵害、剥夺公民部分自由或全部自由的事情发

[①] See Georges Benrekassa. Freedom. translated by Philip Stewart, http://dictionnaire-montesquieu.ens-lyon.fr/en/article/1376478422/en，最后访问日期：2020年10月27日。

生,他所强调的是用相应的法律来保护公民自由。

之后法与政制自由的内容主要体现在《论法的精神》第 30~31 章孟德斯鸠对日耳曼人征服高卢地区后因世俗与教会封地的逐渐永久化而形成的法国封建司法体制的分析论述中。在墨洛温王朝与加洛林王朝,领主或教会的司法权依附于封地,此时的司法权是地方性的、封闭性的、可继承的,"国家司法权"由国王、贵族、教会共同执掌。孟德斯鸠赞同布兰维利耶"法国君主制起源"的观点,即法国贵族与君主(首领)共同征服了高卢,贵族特权可制约王权。在历史上,法国君主制存在权力之间相互制约的政制自由,虽然"持剑贵族"(nobility of the sword)正在没落,但高等法院的"长袍贵族"(nobility of the robe)依然是阻止君主专制的重要力量[①],法国封建政制的一个重要因素就是贵族的独立司法权[②]。孟德斯鸠所忧思的时代问题正是法国封建君主制可能走向专制,他回溯法国封建法与君主制的历史,发现法国贵族(领主)拥有独立的司法权可对抗君主的专断权力,"高等法院"作为贵族的代表能够制约君主权力。孟德斯鸠在这两章所要表达的显然是法国君主制同样可以实现如英国一样的政治自由,因为法国封建司法体制是多种权力对抗的结果,法国的政制自由来自贵族司法权的保留,这种司法权可以成为防止君主专制而危及政制自由的"法袍"。

(二)自由主义法律思想的宽和原则

孟德斯鸠作为法国 18 世纪最著名的三位启蒙哲人之一,其重要性可能远远大于伏尔泰与卢梭,因为后两位的思想过于偏激,将自由理性推向极端而成为"法国大革命"的"鼓动者",托克维尔曾批评包括他们的这些文人脱离实际,对改革障碍无预警,没想过革命所带来的危险,对政界所知甚少,他们更相信个人的理性[③]。而孟德斯鸠的哲学兼具理性与宽和,"真正的理性"是人要克服自己的偏见,摆脱极端而达到持中公正,理性的立法需要"宽和的精神"的指导,他将宽和的精神引入政制、立法与司法,因为宽和是自由的保障,同时也能够调和"极端的自由"[④]。孟德斯鸠的理性是宽和的理性,这种"宽和"的特性使其区别于欧洲其他的启蒙哲人。孟德斯鸠的"法概念""诸法的精神"皆已显现"宽和"的特质,孟德斯鸠所主张的自由是宽和的自由,他使"宽和"成为其自由主义法律思想的实践原则。

在孟德斯鸠的时代话语中,modération 指一种对所有事物"审慎判断"(sage mesure)

---

① See Thomas L. Pangle. Montesquieu's Philosophy of Liberalism: A Commentary on The Spirit of the Laws. The University of Chicago Press,1973,pp.291-301.
② See Paul O. Carrese. The Cloaking of Power: Montesquieu, Blackstone, and the Rise of Judicial Activism. The University of Chicago Press,2003,pp.98-104.
③ 参见[法]托克维尔:《旧制度与大革命》,冯棠译,商务印书馆2013年版,第181-182页。
④ Robert Derathé. La Philosophie des Lumières en France: Raison et Modération selon Montesquieu. Revue Internationale de Philosophie,n°21(1952),pp.275-293.

的美德,不愤怒、不奢侈和不骄傲①。《论法的精神》中 modération 主要有两种含义:一指节制,作为贵族政体的原则,这是一种略低的政治美德,是贵族之间的平等,相比于极端不平等,可以说是贵族们的"宽和"美德;二指宽和,大多跟政体、立法、司法相关②。但孟德斯鸠并未对"宽和"作出明确的界定,只能根据语境具体理解,并且 modéré(宽和的)经常出现于 modération 的语境中,孟德斯鸠在使用两词时存在互换的情况。总之,"宽和"是对时间的掌握、关系的理解与计算、可能性的评估③,是为防止残酷或专制而做出的一种情势判断。在对孟德斯鸠"宽和"思想的研究中,有学者关注其"政治宽和"④,即使奥瑞利安·克拉优图(Aurelian Craiutu)把孟德斯鸠的"宽和"视为一种法的本性与各国政制复杂结合的结果⑤,他所指的还是孟德斯鸠的政治思想。实现"政治宽和"固然是《论法的精神》的主旨之一,但"宽和"既是孟德斯鸠政体或政制的原则,也是其自由主义法律思想的原则。

宽和原则不是对一般问题给予普遍性、唯一性、确定性的指引,而是决断者依具体问题的情势变化而做出的一种当下判断。宽和原则在孟德斯鸠自由主义法律思想中的实践运用主要体现为:第一,宽和原则成为评判宽和政体法律自由度的依据。宽和与孟德斯鸠的三种政体无关,相较于专制政体,共和政体、君主政体通常是宽和政体,但共和政体与君主政体中并非不存在残酷(不宽和)的法律。孟德斯鸠对罗马共和国和法国君主国的法律也多有批评,如批评罗马人民利用法律的偏袒审判与之作对的人、苏拉开创放逐制度、庞培废除限制民众权利的法律⑥,批评罗马共和国后期的秘密选举法、初期的处罚财产转让、准许官吏接受小礼物、为预防密谋制定严酷的《阿奇利亚法》《十二铜表法》中的残忍法条、平民法违背民主原则、格拉古兄弟剥夺元老院的司法权、骑士(包税人)获得司法权(EL, II.2; V.15, 17; VI.14, 15; XI.16, 18),批评约翰·劳的金融法禁止个人私藏金属货币、法国法不给被告反驳伪证的机会、法国人指控犹太人雇佣麻风病人而逐之(EL, XII.5; XXIX.6, 11)。他认为这些法律绝对是专断的,是对公民自由的侵害或削减,是对政制自由的毁灭,因此需要宽和原则来调和这些危及自由的法律。但专制政体中也可能有宽和的法律,如宗教法规可对抗专制君主的意志(EL, III.10),中华帝国虽是孟德斯鸠所说的"专制政体",但也有对残忍抢

---

① See Dictionnaire de l'Académie Française: Modération, https://www.dictionnaire-academie.fr/article/A3-M0789,最后访问日期:2020年11月9日。1762年《法兰西学院词典》第4版中该词条的基本内容未修改,只有标点和一两个词的改动。

② modération 的"宽和"含义在《论法的精神》中出现了20次。

③ See Georges Benrekassa. Moderation. translated by Philip Stewart, http://dictionnaire-montesquieu.ens-lyon.fr/en/article/1376478527/en,最后访问日期:2020年11月10日。

④ 参见潘丹:《自由、宽和与法的精神:孟德斯鸠关于政治宽和的讨论》,载《学海》2019年第4期。

⑤ See Aurelian Craiutu. A Virtue for Courageous Minds: Moderation in French Political Thought, 1748—1830. Princeton University Press, 2012, p.36.

⑥ 参见[法]孟德斯鸠:《罗马盛衰原因论》,许明龙译,商务印书馆2016年版,第59、74-75页。

劫犯处以凌迟而使强盗抢劫不杀人的法律(VI.16,VIII.21)。这反向说明宽和的法律在一定意义上也能给专制政体下的人民带来较大的自由,若将专制政体变革为宽和政体,则需要运用宽和原则改造其法律以使之趋向宽和自由。第二,宽和原则贯穿于以政治自由为目标的政治法与公民法中。政治自由存在之处必有"宽和",法律是维护这种自由的最有力的武器。这既需要政治法来构造宪制,即三种法律权力依各国的情势而分离与分配使政制宽和,还需要公民法来具体保护公民的自由安全,即刑罚的宽和与司法程序的完备(EL, VI, XII, XVI, XIX)。第三,宽和原则指导立法者制定和变革法律及确立司法体制。《论法的精神》第29章围绕"立法者的精神是宽和"而展开,这也是该书第六编的核心内容,立法者制定法律的原则便是宽和原则。《论法的精神》第27~28章分析了古罗马与法国的立法者(政治家或法官)依社会情势而变革法律,第30~31章法兰西封建法揭示了法国君主政体中存在宽和传统,贵族保留司法权使法国君主政体趋向政制宽和自由。简言之,制定宽和的法律、变革法律使之宽和、宽和的司法体制是孟德斯鸠自由主义法律思想的实践内容,也是孟德斯鸠以宽和作为实践原则的"宽和"的自由主义法律思想的新特质。

五、结语

《论法的精神》全书的内容凸显"自由主义"主题,同时孟德斯鸠通过诸法的"关系"概念与"诸法的精神"而引入"宽和"因素使其融贯于各篇章之中,作为自由前提的"宽和"成为其自由主义法律思想的实践原则,由此孟德斯鸠成功阐释了一种"宽和"的自由主义法律思想。传统的自由主义(消极自由)思想只关注个人不受国家权力或其他个人的干涉,也就是只考虑个人自由的最大化,更不会考虑影响个人自由的国家权力配置的合理性与合法性,而"宽和"的自由主义法律思想既考虑不滥用与不过度集中国家权力而形成的政制宽和,也虑及公民个人不受其他人压迫的安全感,这可以限定和调节传统的自由主义法律思想,确定政制的宽和自由,避免个人的极端自由,在实践中依具体情势来调整违背自由的法律。孟德斯鸠这种宽和持中避免极端自由的自由主义法律思想,与中国思想传统中的"中道""权衡"以"合度"——比如孟子讲的"中道而立"(《孟子·尽心上》)和荀子所说的"道之所善,中则可以,畸则不可为"(《荀子·天伦》)——的"中庸"思想,即使并不形神俱似倒也内理相合。因此,孟德斯鸠独特的自由主义法律思想关注现实多样的"法-关系"网,提出"宽和的自由"而对"自由"进行调节,这对当下更为复杂的法治社会具有重要的理论意义。

· 域外译介 ·

论承继的共同正犯[*]

[日] 高桥则夫 王昭武译[**]

摘　要：对于伤害罪的案件，最高裁判所平成二十四年（2012年）11月6日决定认为，对于共谋、参与之前已经造成的伤害结果，由于后行为人的共谋以及基于该共谋的行为与该伤害结果之间没有因果关系，其不承担作为伤害罪之共同正犯的责任，仅仅对由共谋、参与之后足以引起伤害的暴力行为对先行为人的伤害结果的发生所做出的贡献，承担作为伤害罪之共同正犯的责任。对于伤害罪、伤害致死罪能否成立承继的共犯，该问题既涉及可否对伤害（死亡）结果分开评价这种实务上的问题，也涉及是否成立承继的共犯这种理论上的问题。共同正犯的法律效果是"部分行为全部责任"，其根据必须运用共同正犯的归属原理中的"行为相互归属论"进行解释：对中途参与的后行为人而言，只可能将共谋之后的行为与结果归属于他，而不能将先行为人的行为与结果也归属于他，因而就承继的共同正犯而言，应采取全面否定说；但帮助犯的处罚根据在于针对法益的从属性侵害，如果对由先行为人的行为所引起的法益侵害施加了因果性，在此限度之内能肯定承继。不过，有关诈骗罪的案件，最高裁判所平成二十九年（2017年）12月11日决定既不要求对先行行为的效果的利用也不要求中途参与者的行为与最终结果之间存在因果性，而是以欺骗行为与财物收受行为之间的整体性为理由，肯定对整个欺骗行为的归责。

关键词：承继的共同正犯　伤害罪　部分行为全部责任　共同正犯　帮助犯

---

[*]　本文原载于《川端博先生古稀祝贺論文集（上）》，成文堂2014年，第557-577页。
[**]　作者简介：高桥则夫，日本早稻田大学法学部教授、日本早稻田大学法学博士；王昭武，云南大学法学院教授、日本同志社大学法学博士。

一、前言

一直以来，大审院昭和十三年（1938年）11月18日判决（下称"大审院昭和十三年判决"）①被视为有关承继的共同正犯的指导性案例（先导性案例）（leading case）。但是，此后的下级裁判所判例（裁判例）大多做出了与大审院昭和十三年判决不同的判断，②而且，此后的共犯理论也以共犯的处罚根据理论为核心取得了令人眩目的发展，因此可以说，"大审院昭和十三年判决"已经丧失了指导性案例的地位。在此过程中，最高裁判所平成二十四年（2012年）11月6日决定（下称"最高裁平成二十四年决定"）是最高裁判所第一次就承继的共同正犯问题做出的判断，引起了普遍关注，甚至可以说，"最高裁平成二十四年决定"已经获得了指导性案例的地位③。

关于承继的共同正犯，笔者此前也曾做过一些研究④，本文想以"最高裁平成二十四年决定"为契机，再次进行若干探讨。

二、"最高裁平成二十四年决定"的案情以及决定要旨

"最高裁平成二十四年决定"的案件的大致案情如下："（1）A与B（下称"A等人"）于平成二十二年（2010年）5月26日凌晨3时许，在爱媛县伊予市内与移动电话销售店相邻的停车场或者其附近，对被邀约至该销售店的C与D（下称"C等人"）实施了暴力行为。暴力行为的情况如下：针对D，几次用拳头殴打其面部，用膝盖顶其面部与腹部，用旗杆击打其脚，用螺丝起子戳其背部；针对C，除了用石头砸其右手大拇指之外，还几次拳打、脚踢，并用螺丝起子戳其背部。（2）A等人将D关进汽车后备箱，也让C坐上车，向松山市内的其

---

① 参见大判昭和十三年11月18日刑集第17卷第839页。
② 在近年的高等裁判所的判例中，针对后行为人参与之前先行为人实施的行为及其结果，不少判例否定后行为人成立承继的共同正犯。例如，有关监禁罪的东京高等裁判所平成十六年（2004年）5月22日判决（東京高判平成十六年5月22日東高刑時報第55卷1-12号第50页）、有关抢劫致伤罪的东京高等裁判所平成十七年（2005年）11月1日判决（東京高判平成十七年11月1日東高刑時報第56卷1-12号第75页）、有关敲诈勒索罪未遂的东京高等裁判所平成二十一年（2009年）3月10日判决（東京高判平成二十一年3月10日東高刑時報第60卷1-12号第35页）。
③ 针对"最高裁平成二十四年决定"的评析，参见豊田兼彦《判批》，《法学セミナー》697号（2013年）第133页；早渕宏毅《判批》，《研修》777号（2013年）第25页；坂田正史《判批》，《警察公論》第68卷5号（2013年）第83页；前田雅英《承继的共同正犯》，《警察学論集》第66卷1号（2013年）第139页；丸山嘉代《判批》，《警察学論集》第66卷2号（2013年）第151页；宮崎万壽夫《承继的共犯论的新展開》，《青山法務研究論集》7号（2013年）第21页；松尾誠紀《判批》，《法学教室・判例セレクト2013[Ⅰ]》401号（2014年）第28页；今井康介《承继的共同正犯について：最決平成二十四年11月6日刑集第66卷11号第1281页》，《早稲田法学》第89卷2号（2014年）第101页；松宮孝明《"承继的"共犯について：最決平成二十四年11月6日刑集第66卷11号第1281页を素材に》，《立命館法学》352号（2013年）第355页；等等。
④ 参见高橋則夫《共犯体系と共犯理論》，成文堂1988年，第339页；高橋則夫《刑法総論》，成文堂2013年第2版，第446页以下；高橋則夫《承继的共犯》，松尾浩也、芝原邦爾、西田典之编《刑法判例百選Ⅰ総論（第4版）》，有斐閣1997年，第164页。

他停车场驶去(下称"本案现场")。当时,B因很早就知道被告人一直在寻找C,遂于当日凌晨3时50分许,向被告人转达了此后将带C去本案现场的意思。(3)A等人到达本案现场之后,针对C等人,进一步实施了暴力行为。暴力行为的情况如下:针对D,用螺丝起子的柄殴打其头部,将金属梯子与方木材砸向其上半身,另外,还几次拳打、脚踢;针对C,除了用金属梯子砸之外,还几次拳打、脚踢。因这一系列的暴力行为,在被告人达到本案现场之前,已经造成C等人流血、受伤。(4)当日凌晨4时许,被告人到达本案现场,认识到C等人因遭受A等人的暴力,已经难以逃走、抵抗,经过与A等人的共谋,继续对C等人实施暴力行为。暴力行为的情况如下:针对D,被告人用方木材殴打其背部、腹部、脚部,用脚踢其头部、腹部,几次用金属梯子砸,此外,A等人还用脚踢,B用金属梯子敲打;针对C,被告人几次用金属梯子、方木材、拳头殴打其头部、肩部、背部等,还用金属梯子殴打被A摁住的C的脚,此外,A还用方木材敲打其肩部。被告人等的暴力一直持续至当日凌晨5时许,共谋、参与之后加入的被告人等的暴力程度,与此前的暴力相比更为激烈。(5)被告人共谋、参与前后的一系列暴力造成的结果是:D遭受了大约需要静养与治疗3周的伤害,具体是头部遭受跌打伤、擦伤等外伤,面部、双耳与鼻子遭受跌打伤、擦伤,双上肢、背部右侧肋骨与右肩甲遭受跌打伤、擦伤,双膝、双下腿与右脚遭受跌打伤、擦伤,颈椎挫伤、腰椎挫伤;C遭受了大约需要静养与治疗6周的伤害,具体是右手拇指基节骨骨折,全身跌打伤、头部挫伤、双膝挫伤。"

对于承继的共同正犯,一审判决(松山地判平成二十三年3月24日)与原判决(二审判决)(高松高判平成二十三年11月15日)均以下判断为前提:限于后行为人不仅对先行为人的行为及其造成的结果存在认识、放任,而且在将这种行为及其结果作为实现自己犯罪的手段的意思之下,中途共谋、参与构成实体法上之一罪(不限于狭义的单纯一罪)的先行为人的犯罪,将以上行为及其结果等实际作为实现自己犯罪的手段而利用的情形,才对共谋成立之前的先行为人的行为也承担责任。在此基础上针对本案认为,能够认定以下事实:(1)由于被告人参与前后的暴力行为是基于单一犯意的、具有强烈的整体性的行为,因而针对每个被害人分别构成一罪;(2)A等人之所以与被告人联系,在实现自己的制裁意图的同时,更是为了实现被告人的制裁目的才将C等人交给被告人;(3)在接到A等人的联系的时点,对于A等人对C等人实施了暴力行为,此后还有进一步实施的可能性,被告人是存在认识的;(4)被告人共谋、参与之后,对C等人实施了激烈的暴力行为,C等人遭受的伤害由此被加重。基于这种事实认定进一步判定,被告人对于A等人的行为以及由此造成的结果存在认识、放任,并将这种行为及其结果作为实现自己犯罪的手段(即出于制裁被害人的目的而实施暴力行为)而积极地利用的意思之下共谋、参与,并且作为实现自己犯罪的手段实际利用了这种行为等,因此,被告人应该作为伤害罪的承继的共同正犯对整个行为承担罪责。

对此,最高裁判所做出了以下判决:"在 A 等人共谋对 C 等人实施暴力行为且造成伤害之后,被告人在共谋、参与 A 等人的行为的基础上,使用金属梯子、方木材,殴打 D 的背部、脚部,以及 C 的头部、肩部、背部、脚部,并且实施了踢 D 的头部等强度更大的暴力行为,至少能够认定,就共谋、参与之后被施加暴力的上述部位,相当程度上加重了 C 等人的伤害程度(因此,在一审判决所认定的伤害之中,D 的面部、双耳、鼻子等部位的跌打伤与擦伤,以及 C 的右手拇指基节骨骨折被排除在外。下同)。在该场合下,对于共谋、参与之前 A 等人已经造成的伤害结果,由于被告人的共谋以及基于该共谋的行为与该伤害结果之间没有因果关系,因此,被告人不承担作为伤害罪之共同正犯的责任,仅仅对由共谋、参与之后足以引起伤害的暴力对 C 等人的伤害结果的发生所做出的贡献,承担作为伤害罪之共同正犯的责任,这样理解是相当的。原判决的……认定被理解为,其旨趣在于就被告人而言,利用 C 等人因 A 等人的暴力行为而受伤、处于难以逃走或者抵抗的状态,进一步实施了暴力。但即便存在这种事实,那也不过是被告人共谋、参与之后进一步实施暴力行为的动机或者契机,不能说,那是得以就共谋参与之前的伤害结果追究刑事责任的理由、是能够左右有关伤害罪之共同正犯成立范围的上述判断的情况。这样的话,就不得不说,包括被告人共谋、参与之前 A 等人已经造成的伤害结果在内,认定被告人成立伤害罪之共同正犯的原判决,存在错误解释、适用有关伤害罪之共同正犯的成立范围的《刑法》第 60 条、第 204 条之法令违反。"

"最高裁平成二十四年决定"的特点在于:是有关伤害罪(包括的一罪)的案件、后行为人的暴力加重了伤害结果、谈到了《刑法》第 207 条①的适用、附加了裁判官的补充意见。下面想在对这些问题进行若干探讨的基础上,进一步考察承继的共同正犯的成立与否的问题。

三、有关伤害罪、伤害致死罪的判例

针对承继的共同正犯的成立与否,下级裁判所的判例根据犯罪类型的不同呈现出不同的态度②,在有关伤害罪与伤害致死罪的下级裁判所判例中,能够看到以下两个倾向:

第一个倾向是,为了救济因果关系之举证的困难,也有判例肯定承继的共同正犯的成立。例如,在 A 等人对被害人施加暴力、胁迫的时点,B 参与进来,此后 C 也加入进来,一起实施了更为激烈的暴力、伤害,造成了被害人死亡的结果(致死原因不明,但由后行为引起的可能性更大)。对此,名古屋高等裁判所昭和四十七年(1972 年)7 月 27 日判决判定:

---

① 日本《刑法》第 207 条[同时伤害的特例]二人以上实施暴力伤害他人的,在不能辨别各人暴力所造成的伤害的轻重或者不能辨认何人造成了伤害时,即便不是共同实行者,也依照共犯的规定处断。——译者注

② 参见大越義久《共犯論再考》,成文堂 1989 年,第 90 页以下;西田典之《共犯理論の展開》,成文堂 2010 年,第 214 页以下。有关各种犯罪类型的下级裁判所判例的概述,参见今井康介《承继的共同正犯について:最决平成二十四年 11 月 6 日刑集第 66 卷 11 号 1281 页》,《早稲田法学》第 89 卷第 2 号(2014 年)第 102 页注 4。

"作为共同正犯之成立要件,除了成立共谋共同正犯的情形之外,以共同实行的意思与共同实行的事实为必要,并且还以共同实行的意思与共同实行的事实同时存在为必要,因此一般而言,不是说因为存在事后的认识、放任,先行为人所做的事情就当然被归责于后行为人,而是说后行为人只有对出于共同实行的意思介入之后的共同实行,才会被追究作为共同正犯的责任,这样理解是相当的。然而,在结果加重犯的场合,中途介入该加重结果发生之前的基本行为,只要能认定先行为人的行为以及介入之后的后行为人的行为均对结果的发生给予了原因,即便认为应对整个结果加重犯成立共同正犯,也可以根据承担实行行为的程度考虑量刑,因此,应该说不会产生任何的不合适。在本案中,被告人中途介入属于结果加重犯之伤害致死的基本行为的暴力、伤害,并且没有证据能够证明由先行行为引起了死亡结果,反而是由介入之后的共犯行为引起了死亡结果在证据上盖然性极高,因此,应该对属于结果犯之整个伤害致死承担作为共同正犯的责任。"[1] 又如,认识到先行为人实施了暴力,在该人试图进一步实施暴力之际,被告人加入进来并实施了暴力,对此,名古屋高等裁判所昭和五十年(1975年)7月1日判决判定,不管伤害结果是由被告人介入前后的哪一个暴力行为所引起,被告人也应承担伤害罪的罪责[2]。再如,札幌地方裁判所昭和五十五年(1980年)12月24日判决判定,明明已经认识到其他人正在对被害人实施暴力,仍然与这些还会进一步实施暴力的人达成共谋的,应该就共谋成立前后概括地构成一罪的暴力行为承担责任,因此,即便被害人所遭受的伤害究竟是由共谋成立前后的哪一个暴力行为所引起并不明确,也不能免于承担伤害罪的刑事责任[3][4]。

第二个倾向是,也有判例依据的是下述"对先行为人的行为与结果的认识+积极地利用"这种限制肯定说(利用说)的立场。例如,对于先行为人的一系列暴力致被害人受伤之后,后行为人进一步实施了暴力行为的案件,大阪高等裁判所昭和六十二年(1987年)7月

---

[1] 参见名古屋高判昭和四十七年7月27日刑月第4卷7号第1284页。
[2] 参见名古屋高判昭和五十年7月1日判时806号第108页。
[3] 参见札幌地判昭和五十五年12月24日刑月第12卷12号第1279页。
[4] 先行为人对被害人实施暴力,给被害人造成了相当程度的损伤,行为人认识到这一点之后参与进来,但被告人实施的暴力在很大范围内与先行为人造成的伤害竞合,无法识别、分开何种伤害是由被告人所造成的,对此,东京高等裁判所平成八年(1996年)8月7日判决判定,作为共同正犯就整个伤害结果承担罪责(参见東京高判平成八年8月7日判夕1308号第45页)。另外,该判决还判定,在能够分别认定参与之前与参与之后的伤害的场合,只要不是能够被评价为,后行为人作为完成自己的犯罪行为的手段而利用了先行为人的行为与结果的特别情况,中途参与者就不对参与之前的行为承担责任。

10日判决撤销判定成立伤害罪之共同正犯的一审判决,最终判定只成立暴行罪①②。其理由在于,"想来,对于从先行为人之犯罪实施途中共谋、参与其中的后行为人,能够认定就包括先行为人的行为等在内的该犯罪之整体成立共同正犯的实质性根据,就在于后行为人将先行为人的行为等作为实施自己的犯罪的手段而积极地加以利用,除此之外没有其他根据。因此,成立所谓承继的共同正犯的情形是,限于后行为人不仅对先行为人的行为以及由此造成的结果存在认识、放任,而且在将其作为实现自己的犯罪的手段积极地加以利用的意思之下,中途共谋、参与了构成实体法上之一罪(不限于狭义的单纯一罪)的先行为人的犯罪,并且实际将以上行为等作为这种手段加以利用了的情形,这样理解是适当的",具体就本案之适用,该判决进一步判定,"后行为人依然抱着暴力行为的故意中途共谋、参与了先行为人正在实施中的一系列暴力行为的场合,一个暴力行为原本构成一个犯罪,后行为人不是参与一个暴力行为本身,而且,后行为人不存在对被害人实施暴力行为的目的之外的其他目的,因此,即便后行为人对先行为人的行为等存在认识、放任,只要没有其他特别情况,就不能认定将先行为人的暴力行为作为实现自己的犯罪的手段积极地予以了利用"③。

四、后行为人的暴力行为引起了伤害结果的加重——是否适用《刑法》第207条

大阪高等裁判所昭和六十二年(1987年)7月10日判决虽立足于限制肯定说(利用说)的立场否定了承继,但在该案中,后行为人的行为只是二三次顶被害人的下颚,因而如果不能肯定对由先行为人的暴力行为所造成的伤害的承继,就不能认定后行为人成立伤害罪。当时,就是采取"对先行为人的行为或者结果的认识+积极地利用"这种框架,以不可能从

---

① 参见大阪高判昭和六十二年7月10日高刑集第40卷3号第720页。
② 大阪高等裁判所昭和六十二年(1987年)7月10日判决是有关承继的共同正犯的典型判例。该案大致案情为:(1)先行为人A等在被害人的居室与出租车内,以及在暴力团的办公室内,对被害人实施了暴力。之后,出现在现场的被告人察觉到事态动向,除了殴打被害人下颚之外,(2)明知A等人是出于敲诈勒索目的胁迫被害人,且已经使之处于畏惧状态,被告人仍然提出由自己去收受钱款,并从被害人处实际收受了钱款。对于此案,大阪高等裁判所认为,"所有实体法上的一罪均是绝对不可能分割的,必须说这种说法过于武断",因此,全面肯定承继的立场是不妥当的,"成立所谓承继的共同正犯的情形是,限于后行为人不仅对先行为人的行为以及由此造成的结果存在认识、放任,而且在将其作为实现自己的犯罪的手段积极地加以利用的意思之下,中途共谋、参与了构成实体法上之一罪(不限于狭义的单纯一罪)的先行为人的犯罪,并且实际将以上行为等作为这种手段加以利用了的情形,这样理解是适当的"。基于这种前提,对于上述第(1)点事实,大阪高等裁判所认为,尚不能谓之为,被告人将先行为人的行为等作为实现自己犯罪的手段而实际加以了利用,进而否定就伤害罪成立承继的共同正犯;对于上述第(2)点事实,裁判所以"(被告人)自己也产生了参与分配敲诈所得钱款的想法,主动提出由自己从该人(被害人)处收受钱款,虽知道该人(被害人)已经因A等人的胁迫而处于畏惧状态,却积极地利用这一点,共谋且实际参与了勒索钱款的犯罪行为"为理由,判定成立敲诈勒索罪的共同正犯。——译者注
③ 相反,大阪地方裁判所昭和六十三年(1988年)7月28日判决则对同类型的案件采取全面肯定说,判定包括由先行为人的暴力行为引起的伤害结果在内,就整体行为成立伤害罪的共同正犯(参见大阪地判昭和六十三年7月28日判夕702号第269页)。

后面参与一个暴力行为为理由,否定成立伤害罪。

下级裁判所判例的倾向是,在由参与之前的暴力行为引起了伤害结果的场合,不能将伤害结果归属于后行为人,可以说,"最高裁平成二十四年决定"也原则上确认了这一点。不过,本案的原判决(二审判决)是通过适用大阪高等裁判所昭和六十二年(1987年)7月10日判决的标准,就包括参与之前的伤害在内的整个犯罪,肯定成立承继的共同正犯,而"最高裁平成二十四年决定"则是以不存在针对先行为人的行为、结果的因果关系为理由,没有将参与之前的伤害结果归属于后行为人,考虑到这一点,能够将最高裁判所决定评价为是以因果性的判断为核心的①。

相反,在不清楚伤害结果究竟是由后行为人参与之前的暴力所引起还是由参与之后的暴力行为所引起的场合,如上所述,下级裁判所判例是将作为一个整体的伤害结果归属于后行为人,肯定其成立共同正犯,最终结果就是肯定了承继的共同正犯的成立。另外,即便是否定承继,对于伤害罪、伤害致死罪,仍然存在通过适用《刑法》第207条,肯定成立共同正犯的余地,尽管大阪高等裁判所昭和六十二年(1987年)7月10日判决否定了这一点,但大阪地方裁判所平成九年(1997年)8月20日判决则肯定了这一点②。

对此,大阪高等裁判所昭和六十二年(1987年)7月10日判决判定:"在二人以上对人实施暴力致人伤害的场合,无法特定引起伤害的行为人,或者虽能特定行为人但无法知晓伤害之轻重之时,明明该伤害是由上面的某一人的暴力(或者双方的暴力)所引起这一点很清楚,但只要对共谋不能举证,就不能让任何一个行为人承担伤害的刑责,《刑法》第207条的规定正是着眼于这种明显的不合理,为了消除这种不合理而特别设置的例外规定。相反,在后行为人乙基于与先行为人甲的共谋实施了暴力行为的场合,即便不能特定引起了伤害结果的行为人,至少能够对甲追究伤害罪的刑事责任,不会出现必须通过适用刑法的该特别规定来予以消除的那种明显的不合理。因此在该场合下不适用该特别规定,对于无法认定参与之后的行为与伤害之间的因果关系的后行为人乙而言,就应该在暴行罪的限度之内追究其刑事责任。"大阪地方裁判所平成九年(1997年)8月20日判决的大致案情是,被告人甲、乙与朋友丙酒后一同走在人行道上(甲与乙走在前面,丙走在其后约2~3米的地方)。被害人V因前面曾看到甲与丙恶作剧,扯坏了公用电话的听筒,为了要求他们赔偿而追赶被告人等人,由于一直在喊走在后面的丙,丙突然对V实施了用头、膝盖顶V的脸部等相当激烈的暴力。走在前面的甲与乙察觉到后面的异常后,转头看见丙正在对V实施暴力,以为丙与V发生了争吵,随出于帮助丙的意思赶到暴力行为的现场,此后,三人经过共谋,分别对

---

① 不过,本案是即便采取大阪高等裁判所昭和六十二年(1987年)7月10日判决的标准,也有可能否定伤害结果之归属的案件。

② 参见大阪地判平成九年8月20日判夕995号第286页。

V实施了脚踢其头部的暴力,而且丙此后还单独继续实施了暴力。因这一系列的暴力行为,被害人遭受了鼻梁骨骨折的伤害,但不能确定该伤害究竟是甲、乙参与丙的暴力行为之前的行为所引起还是之后的行为所引起的。对于该案,大阪地方裁判所平成九年(1997年)8月20日判决立足于与大阪高等裁判所昭和六十二年(1987年)7月10日判决同样的观点,以不能认定甲、乙存在将先行为人丙的暴力"作为实现自己的犯罪的手段积极地加以利用的意思"为由,否定成立承继的共同正犯,但做出以下判定,肯定适用《刑法》第207条:"一般而言,伤害的结果是由完全没有意思联络的2名以上的人在同一机会之下的各个暴力所引起这一点很明确,但无法确定究竟是由哪一暴力所引起的场合,就作为同时犯的特例通过适用《刑法》第207条作为伤害罪的共同正犯予以处断。与这种情况进行对比之后再考虑的话,像本案那样,由涉及共谋成立前后的一系列暴力引起了伤害结果这一点很明确,但无法确定究竟是由共谋成立前后的哪一暴力所引起的场合,只要这一系列暴力是在同一机会之下所实施的,适用《刑法》第207条,整体作为伤害罪的共同正犯予以处罚,这样理解就是相当的。"那么,作为适用《刑法》第207条的情形,首先能够想到的是像大阪地方裁判所平成九年(1997年)8月20日判决的案件那样,由涉及共谋成立前后的一系列暴力引起了伤害结果这一点很明确,但无法确定究竟是由共谋成立前后的哪一暴力所引起的案件。相反,在大阪高等裁判所昭和六十二年(1987年)7月10日判决的案件中,后行为人的暴力行为仅限于顶了被害人的下颚二、三次的程度,在此意义上,由于也能够特定伤害结果是由哪一行为所引起的,因此该案原本是否属于能够适用《刑法》第207条的情形,也是存在疑问的。

那么,"最高裁平成二十四年决定"如何呢?本案案情可以说是由先行为人的暴力行为与后行为人的暴力行为相结合而引起了伤害结果,但问题在于,究竟属于不能将参与之前的伤害结果与参与之后的伤害结果分别评价的情形,还是因为后行为人的暴力加重了伤害结果,在此限度之内属于能够将参与之前的伤害结果与参与之后的伤害结果分别评价的情形呢?"最高裁平成二十四年决定"没有言及《刑法》第207条,针对这一点,如果是前者,就可以理解为,该决定否定适用《刑法》第207条;如果是后者,则可以理解为,该决定判定本案并非可以适用《刑法》第207条的案件。本文以为,"最高裁平成二十四年决定"应该属于后一类型的案件①。

五、可否对伤害结果进行分开评价——构成要件结果的特定

如上所述,对于伤害罪、伤害致死罪能否成立承继的共犯的问题,可以将其定位于交叉领域的问题:一方面是可否对伤害(死亡)结果分开评价这种实务上的问题②;另一方面是是否成立承继的共犯这种理论上的问题③。

就前一问题而言,由于不能将伤害结果予以分开,前述东京高等裁判所平成八年(1996年)8月7日判决判定:"虽然用一句话来说都是参与之后的行为,但有时候未必容易确定其范围,对于无法明确地予以识别、分开的情形,能够想到,让后行为人对先行为人的行为以及基于该行为的伤害结果作为整体承担作为共同正犯的刑责,应该说这也是迫不得已的,除此之外也没有合适的处理方法(相反,在能够明确地区分参与之前的行为以及由此所引起的结果等的场合,就能够想到,如伤害罪那样,在先行为人的结果等对后行为施加了影响这种关系相对缺乏,不过所谓个别的伤害行为聚集在一起的犯罪中,只要不存在能够评价为中途参与的后行为人将先行为人的行为乃至结果等作为实现自己犯罪的手段加以了利用这种特别情况,对于中途参与者,就缺乏将有关参与之前的行为以及由此所产生的结果等的刑责归属于他的实质性根据)。"

这属于如何确定构成要件的结果的问题。关于这一点,最高裁判所平成二十四年(2012年)11月6日决定中的下述补充意见具有重要意义:"如法庭意见所述,对于共谋参与前其他共犯已经给被害人造成的伤害结果,由于被告人的共谋以及基于这种共谋的行为与该伤害结果之间没有因果关系,因此,被告人不承担作为伤害罪之共同正犯的责任,仅仅应该对由共谋参与之后的暴力行为对伤害结果的发生的贡献(共谋参与之后的伤害)承担责任。不过,在该场合下,应该如何认定、特定共谋参与之后的伤害就成为问题。(改行)一般而言,

---

① 对于"最高裁平成二十四年决定"没有谈及《刑法》第207条这一点,既有观点认为该决定的旨趣是否定适用《刑法》第207条,参见豊田兼彦《判批》,《法学セミナー》697号(2013年)第133页;也有观点主张本案原本就不属于能够适用《刑法》第207条的案件,参见松尾誠紀《判批》,《法学教室・判例セレクト 2013〔Ⅰ〕》401号(2014年)第30页;今井康介《承継的共同正犯について:最决平成二十四年11月6日刑集第66卷11号1281页》,《早稻田法学》第89卷2号(2014年)第110页。不过,这一点可能是起因于一审与原审都没有通过适用《刑法》第207条来处理该案,总之,"最高裁平成二十四年决定"的旨趣不在于否定适用《刑法》第207条。对此,本文认为,《刑法》第207条是为了避免出现谁也不对伤害结果承担罪责的情形的一种政策性的例外规定,而且,在存在共谋的场合,先行为人对后行为人的行为与结果也承担责任,因而对先行为与后行为都追究了责任(成立伤害罪),因此,这种情形应该否定适用《刑法》第207条,参见高橋則夫《刑法各論》,成文堂2011年,第57页。

② 基于这种问题意识的论文,参见松尾誠紀《事後的な関与と傷害結果の帰責》,《法と政治》第64卷1号(2013年)第1页以下。在诉讼法上,这属于《刑事诉讼法》第256条第2款之"诉因"与"应罪事实"、第335条第1款之"应罪事实"的特定程度的问题,也属于《刑事诉讼法》第256条第2款之"尽可能"的解释问题。

③ 有关承继的共同正犯的最近的论文,参见十河太朗《承継の共犯の一考察》,《同志社法学》第64卷3号(2012年)第345页以下。

是从共谋参与前后的一系列暴力行为所造成的伤害之中,提取由后行者的共谋参与之后的暴力对伤害的发生所做出的贡献,让检察官就此进行主张、举证,特定其内容,但很容易想到,也存在实际上很难具体地进行特定的情形。作为这种场合的处理,不应该简单地在暴行罪的限度之内认定成立犯罪;与之相反,也不应该作为针对这种举证上困难的权宜之策,超出因果关系,针对连共谋参与之前的伤害结果也包括在内的伤害罪,认定成立承继的共同正犯。(改行)在这种场合下,在实务中应该探讨以下处理方式:就伤害罪的伤害结果而言,很多时候是通过暴力行为的样态、伤害的发生部位、伤病名、需要治疗的时间等来予以特定。如上所述,其中的部分情况,有时候未必能够在证据上得到明确。例如,针对共谋参与之后的伤害的治疗时间,很多时候难以仅仅将这一点予以分开认定、特定。关于这一点,尽管也取决于具体案情,但在证据上能够认定的限度之内,如果采取适当的方式进行主张、举证,判定应该入罪的事实,那么应该说,在很多场合下,(对应罪事实的)特定是够的,不缺少针对诉因、应罪事实的特定。当然,治疗所需要的时间是量刑上的重要考量因素,但如果能够在某种程度上对其他项目予以特定,理应也允许在作为'需要的治疗时间不确定的伤害'加以认定、判定的基础上,设定一个从整体上来看有利于被告人的需要的治疗时间,再决定量刑。以本案为例,针对共谋参与之后的被告人的暴力行为,在对有无使用凶器及其样态、暴力行为的施加部位、暴力行为的次数与程度、伤病名等予以认定的基础上,就被告人的共谋参与之后的暴力加重了伤害这一点,进行'在大约需要静养与治疗3周的背部右侧肋骨、右肩甲部跌打伤擦伤等之中,使之遭受了伤害即相当程度上加重了针对背部与右肩甲部的伤害'这种认定,在具体量刑之际具体确定通过有无使用凶器及其样态等事实所推定的、共谋参与之后的暴力行为所引起的、与加重被害人之伤害程度相适应的刑罚。而且,不同于本案,在不能说共谋参与之后的伤害程度被加重了的场合(例如,伤害的程度很轻,能认定大约需要3周静养与治疗时间的场合),就应该是先通过证据认定共谋参与之后的被告人的暴力行为对伤害结果的发生做出了贡献,再认定'让被害人遭受了需要静养治疗3周的共谋参与前后的整个伤害之中的部分伤害(尽可能地判定伤害程度)'。实际上只能如此认定且如此认定即可。(改行)如果共谋参与之后的暴力行为是否对伤害的发生做出了贡献并不明确(无法认定发生了与共谋参与之前的暴力行为所造成的伤害不同的其他伤害的场合),在此场合下,当然不是成立伤害罪,而是只在暴行罪的限度之内成立共同正犯。"

与行为之特定的情形一样,构成要件结果的特定的问题尤其出现于由数个行为引起了结果的场合。这不仅是承继的共同正犯的情形下的问题,也是一般共犯的情形下容易发生的问题。例如,共犯X通过作弊行为窃取"弹子店"的弹子,被告人在邻桌以正常方式打游戏,但其目的完全在于扮演从店内的监控器以及店员的监视之下掩护X的作弊行为的"配合作弊者"的角色。在案发当时,在X的台子的(接弹子的)容器内有72枚弹子,放在被告人大腿上的"弹子篮"内有 414 枚弹子。对于该案,原判决(二审)以被告人打游戏的行为也能被评价为本案犯罪行为的一部分,受害店铺显然不会允许被告人获取这种弹子为理由,认定被告人获取的弹子也属于本案的受害财物,判定就(接弹子的)容器与"弹子篮"内的总计 486 枚弹子成立盗窃罪。相反,最高裁判所平成二十一年(2009 年)6 月 29 日决定则认为,"尽管可以说,X 因自己通过作弊行为所取得的弹子而成立盗窃罪,被告人也属于 X 的共同正犯,但对被告人自己取得的弹子而言,由于是通过受害店铺允许的正常的游戏方式所取得,不能说也应成立盗窃罪。原判决对于被告人通过正常的游戏方法取得的弹子与 X 通过作弊行为取得的弹子混在一起的上述'弹子篮'内的所有 414 枚弹子判定成立盗窃罪,在盗窃罪中有关占有侵害的法令的解释适用上存在错误,并且是事实认定错误。应该说,在本案中,盗窃罪的成立范围是除了上述(接弹子的)容器内的 72 枚弹子之外,限于上述'弹子篮'内的 414 枚弹子中的一部分。"①② 显然不能对通过正常的游戏方法获得的弹子认定成立盗窃罪,因而本案判决是妥当的。另外,由于难以确定通过正常的游戏方法所获得的弹子的具体数量,想必也只能是采取"414 枚弹子中的一部分"这种表述。

单独犯反复实施同种行为而发生了结果的情形也存在问题。例如,被告人自 2004 年 10 月至 12 月,雇用大量不知情的钟点工,谎称要筹款医治患有疑难病的小孩,在大阪、京都、神户街头向不特定多数的行人募捐,除了从 9 名行人处共募得 21 120 日元之外,还在捐款的名义下从多数人处接受现金交付,一共募得资金 2 493 万余日元。对此,一审、二审均判定成立诈骗罪,处 5 年惩役,并处 200 万日元罚金。被告人以"被害人的数量与各自的金额均无法特定,不属于诈骗"为理由,向最高裁判所提出上告主张无罪。对此,最高裁判所平成二十二年(2010 年)3 月 17 日决定认为,本案街头募捐诈骗"能够被认定为不是向个别被害人分别实施欺骗行为,而是针对属于不特定多数的一般路人,统括性地在合适的日子与地点,连日实施同样内容的、定型性的劝诱行为,并且是基于被告人的一个意思、企图而开展的活动。再加上在这种街头募捐中,回应募捐的被害人通常是向捐款箱投入相对小额的现金,不留姓名地就此离开,投入捐款箱中的现金马上与其他被害人投入的现金混在一起丧失特定性,而不属于分别收受的现金。鉴于本案街头募捐诈骗的上述特征,将其评价为整体行为、理解为包括的一罪的原判决的判断是能得到肯定的。并且,在将回应募捐的多数人当作被害人的基础上,再指出被告人实施募捐的方法,以及通过该方法进行募捐的时间段、地点与

---

① 参见最决平成二十一年 6 月 29 日刑集第 63 卷 5 号第 461 页。
② 针对本案的评析,参见三浦透《判解》,《最高裁判所判例解説刑事篇(平成二十一年度)》,法曹会 2013 年,第 143 页;内田幸隆《判評》,《判例評論》648 号第 160 页;飯島暢《判評》,《刑事法ジャーナル》20 号第 79 页。

由此获得的总金额，应该说，就不缺少对于应罪事实的特定。"①② 诈骗罪是针对个人法益的犯罪，即便是街头募捐诈骗，也是针对每个回应募捐的路人分别成立犯罪，因此一般应该属于并合罪，但在本案中，由于难以特定个别的被害人、个别的受害金额，因而这种特定就是不需要的，而且由于至少能就通过诈骗获得了该受害金额这一事实进行举证，因此，最高裁判所才判定成立包括的一罪。

根据犯罪的种类、性质等，构成要件结果的法律评价会不一样，有关其特定，其范围、程度也自然会被分别判断。

六、承继的共同正犯的成立与否

（一）"最高裁平成二十四年决定"的态度

对于是否应肯定承继的共同正犯的问题，学界存在以下观点：(1)全面肯定说主张，包括先行为人已经实施的行为在内，后行为人成立针对整个犯罪的共犯③。(2)全面否定说主张，后行为人仅就自己参与之后的行为成立共犯④。(3)限制肯定说主张，后行为人积极利用了先行为人的行为效果的场合，在此限度之内成立共犯（"利用说"）⑤；或者在先行为人的行为效果尚在持续的场合，在此限度之内肯定因果性的贡献（"因果效果说"）⑥；或者就共同正犯不成立承继的共同正犯，但就帮助行为在一定限度内成立承继的帮助犯（"二分说"）⑦。那么，"最高裁平成二十四年决定"的态度更接近于哪一种观点呢？

首先，"最高裁平成二十四年决定"尽管认定，在被告人到达第二现场的时点，在认识到被害人等已经因先行为人的暴力行为难以逃走与抵抗之后，仍然实施了共谋与参与，却仍然否定成立承继的共同正犯，显然没有采取全面肯定说。因此，大审院昭和十三年判决的态度

---

① 参见最决平成二十二年3月17日刑集第64卷2号第111页。
② 针对本案的评析，参见島田聡一郎《判批》，《ジュリスト》1429号第144页；家令和典《判解》，《最高裁判所判例解説刑事篇（平成二十二年度）》，法曹会2013年，第28页。
③ 参见植松正《再訂刑法概論Ⅰ総論》，勁草書房1977年補正版，第354页；西原春夫《犯罪総論》（上卷·改訂版），成文堂1993年，第386页。
④ 参见中山研一《刑法総論》，成文堂1982年，第460页；曽根威彦《刑法総論》，弘文堂2008年第4版，第258页；松原芳博《刑法総論》，日本評論社2022年第3版，第449页以下。
⑤ 参见藤木英雄《刑法講義総論》，弘文堂1975年，第291页；福田平《全訂刑法総論》，有斐閣2011年第5版，第272页；大塚仁《刑法概説·総論》，有斐閣2008年第4版，第295页；大谷實《刑法講義総論》，成文堂2019年第5版，第420页；前田雅英《刑法総論講義》，東京大学出版会2019年第7版，第361页以下；川端博《刑法総論講義》，成文堂2013年第3版，第570页。
⑥ 参见平野龍一《刑法総論Ⅱ》，有斐閣1975年，第383页；西田典之（橋爪隆補訂）《刑法総論》，弘文堂2019年第3版，第396页以下。
⑦ 参见中野次雄《刑法総論概要》，成文堂1997年第3版補正版，第203页；齊藤誠二《特別講義刑法》，法学書院1991年，第203页；井田良《講義刑法学·総論》，有斐閣2018年第2版，第523页以下；照沼亮介《体系的共犯論と刑事不法論》，弘文堂2005年，第290页以下。

被完全否定。这一点很大程度上是基于共犯论的发展尤其是因果共犯论的日趋有力。按照因果共犯论的观点,后行为人必须对先行为人的行为及其结果给予因果性,因此对于作为先行为人的暴力行为之结果的伤害,就不能归属于后行为人。不过,根据对先行为人所引起的"结果"的理解,仍然留有肯定承继的余地。例如,如果将结果理解为法益侵害,在法益状况因后行为人的行为而更加恶化的场合,就可以解释为对于作为整体的伤害结果给予了因果性。这样的话,在本案中,被告人的暴力行为加重了伤害程度,包括由先行为人的暴力引起的伤害在内,能够将作为整体的伤害归属于被告人。不过,针对共谋参与之前已经发生的伤害结果,"最高裁平成二十四年决定"已经明确表示,后行为人不承担作为伤害罪之共同正犯的罪责,因此,可以将"最高裁平成二十四年决定"的态度理解为,对于伤害罪,不是理解为作为整体的伤害,而是如上所述,将结果分离开来,探讨的是因果性的有无,在此限度之内,彻底贯彻了因果共犯论,对承继的共同正犯采取的是全面否定说。

原判决(二审)认定的事实是被告人利用被害人处于难以逃走、难以抵抗的状态而进一步实施了暴力行为,但是"最高裁平成二十四年决定"对此却判定,"即便存在这种事实,那也不过是被告人共谋参与之后进一步实施暴力行为的动机或者契机"。问题在于,"最高裁平成二十四年决定"的该判断的旨趣是什么呢? 具体而言,只是在本案中未能认定存在"积极的利用",因而与原判决之间不过是在针对事实的评价上存在差异而已,抑或仅仅是将"对先行为人的行为与结果的利用"理解为"动机或者契机"而已呢? 关于这一点,补充意见中的以下意见值得参考:"针对在所谓承继的共同正犯中后行者是否承担作为共同正犯的责任的问题,在让其承担抢劫、敲诈勒索、诈骗等罪责的场合,通过利用共谋参与之前的先行者的行为效果而对犯罪的结果具有因果关系,进而成立犯罪,这种情形是有可能存在的,因此,是有可能认定成立承继的共同正犯的,但至少就伤害罪而言,难以认定这种因果关系(正如法庭意见指出的那样,先行者所实施的暴力、伤害,不过是会成为后行者的暴力行为的动机或者契机而已),能够认定成立承继的共犯的情形,并不是容易想到的。"

包括补充意见在内,如果对法庭意见进行解释的话,对这一问题可以理解为,就"对先行为人的行为与结果的利用","最高裁平成二十四年决定"不是将其理解为不过是一种"动机或者契机"而已,而是肯定有可能通过"对先行为人的行为与结果的利用"而承继。在此意义上可以说,其态度最接近于大阪高等裁判所昭和六十二年(1987年)7月10日判决等的"限制肯定说"中的"利用说"。不过,对此也有可能理解为,就伤害罪而言,"最高裁平成二十四年决定"基本否定了承继的可能性[①];而且,对此还有可能理解为,由于该决定强调需

[①] 也有观点认为,关于这一点,法庭意见与补充意见之间存在细微差别,法庭意见采取的是全面否定说,而补充意见则采取的是限制肯定说(利用说)。参见宫崎万壽夫《承继的共犯论的新展开》,《青山法務研究論集》7号(2013年)第34页。

要通过"对先行为人的行为与结果的利用"而对犯罪结果产生因果性，因此采取的是以因果性为标准，将"对先行为人的行为与结果的利用"定位于对因果性效果的参与的"因果效果说"。

（二）共同正犯的归属原理

共同正犯的法律效果是"部分行为全部责任"，这种法律效果的根据必须从共同正犯的归属原理进行解释。有关共同正犯的归属原理，曾存在"因果的结果归属论"与"行为相互归属论"之间的对立，但笔者的结论是后者更为妥当[①]。亦即，针对他人的行为及其结果，自己的行为被作为"共同正犯"归属的根据，不（仅仅）在于自己的行为与犯罪结果整体之间存在因果关系，而在于他人的行为被作为自己的行为而相互归属。例如，甲、乙共谋抢劫，甲、乙分别实施了暴力、夺取财物的行为，对此要解释为"甲也实施了夺取财物的行为、乙也实施了暴力行为"，是无法通过"乙引起了甲的暴力行为的结果、甲引起了乙的夺取财物的结果"这种因果关系来提供根据的，而只能通过"甲的暴力行为本身被作为乙的行为归属于乙、乙的夺取财物行为被作为甲的行为归属于甲"这种相互的归属来提供根据。这样，作为用于肯定这种相互的行为归属的文理上的根据，《刑法》第60条就具有构成性质的意义。相反，如果采取因果的结果归属论，就会将共同正犯解释为与单独正犯并存的间接正犯或者相互的间接正犯，《刑法》第60条就不过是一种注意性规定而已。

那么，形成这种相互的归属的实质性根据何在呢？对此有必要从规范论进行探讨[②]。亦即，法规范被认为是行为规范与制裁规范的结合，例如，杀人罪（第199条）的行为规范（不得杀人）共通于正犯与共犯，但制裁规范则仅仅预定的是单独正犯，对于共犯，由《刑法》第60条以下的规定形成制裁规范。但是，仅仅凭借第60条以下的规定还不能成为制裁规范，只有与第199条的制裁规范相结合才能形成完整的制裁规范。在此意义上，第60条以下的规定可以被称为所谓制裁媒介规范。也就是说，第60条以下的制裁媒介规范将第199条的行为规范违反与制裁规范结合在一起，共犯的行为规范是为了发动这种制裁媒介规范（第60条以下的规定）的规范，而非直接发动第199条之制裁规范的规范。

从这种制裁媒介规范派生出结果归属，但共同正犯中的相互的行为归属则由行为规范所派生。由于行为规范是涉及一般人的行为预期的规范，必须进行事前判断。具有这种机能的是"共谋"。正因为通过共谋能够理解此后所要实施的行为的意义、存在对该行为所可能产生的结果的预期，能确认自己在该行为整体中的地位与作用，因此能认定"部分行为全

[①] 参见高橋則夫《共犯体系と共犯理論》，成文堂1988年，第325页以下；高橋則夫《共同正犯の帰属原理》，《西原春夫先生古稀祝賀論文集(2)》，成文堂1998年，第341页以下；高橋則夫《共同正犯の帰属原理》，《規範論と理論刑法学》，成文堂2021年，第389页以下。

[②] 参见高橋則夫《規範論と理論刑法学》，成文堂2021年，第1页以下。

部责任"这种法律效果。

如上所述，如果通过共谋能够认定相互的行为归属，就会得出这样的结论：对中途参与的后行为人而言，只可能将共谋之后的行为与结果归属于他，而根本不能将先行为人的行为与结果也归属于他。因此，就承继的共同正犯而言，可以说全面否定说是妥当的。

相反，帮助犯的处罚根据在于针对法益的从属性侵害，如果对由先行为人的行为所引起的法益侵害施加了因果性，在此限度之内能肯定承继（因果效果说）。例如，在抢劫致死伤罪中仅仅参与了夺取财物的，在成立盗窃罪的共同正犯的同时，由于能认定对于抢劫部分存在因果性贡献（反抗压制状态的持续），也成立抢劫罪的帮助犯，二罪属于想象竞合。

那么，如何处理伤害罪的情形呢？对于由参与之后的暴力行为引起的伤害，当然应成立共同正犯，如果对由先行为人的暴力所引起的伤害结果的部分能认定存在因果性贡献（作为构成要件结果的伤害不能被分开的情形），也成立伤害罪的帮助犯（二者属于想象竞合），如果不能认定因果性贡献（作为构成要件结果的伤害能够被分开的情形），则不成立伤害罪的帮助犯。

七、结语

可否对构成要件结果分别进行评价这种实务上的问题，与是否成立承继的共同正犯这种理论上的问题之间的交错，不仅是伤害罪、伤害致死罪，在其他犯罪类型中也会出现，因而有必要考虑到这一点一并探讨。按照限制肯定说中的"利用说"，无论是构成要件结果能够分开的情形还是不能分开的情形，在实际适用中，既有可能肯定承继也有可能否定承继。相反，按照限制肯定说中的"因果效果说"，在构成要件结果有可能分开的场合应否定承继，而在构成要件结果不可能分开的场合则仍然存在肯定承继的余地。按照本文观点即"行为相互归属论"，不管是否可以将共谋之后的结果与构成要件的结果分开，都应否定承继。相反，在帮助的场合，由于能够在因果性地做出贡献的限度之内肯定承继，因此在构成要件结果不可能分开的场合，就能肯定对先行为人的行为及其结果的承继[①]。

八、追补[②]

此后，对于特殊诈骗（采取假装受骗的策略）的案件，最高裁判所平成二十九年（2017年）12月11日决定判定，"就本案诈骗，在由共犯实施了本案欺骗行为之后，被告人没有认

[①] 例如，在抢劫致死伤罪的场合，尽管死亡或者伤害结果有可能分开，但由于反抗压制状态这种中间结果不可能分开，因此能成立抢劫罪的帮助；在诈骗罪的场合，由于错误状态这种中间结果不可能分开，因此能肯定成立诈骗罪的帮助。

[②] 此追补内容参见高橋則夫《規範論と理論刑法学》，成文堂2021年，第428-429页以下。

识到（被害人）已经开始采取假装受骗的策略，经过与共犯等人的共谋，参与了为了完成本案诈骗而预定作为与本案诈骗行为属于整体性行为的本案收受行为。这样的话，不管（被害人）是如何开始采取假装受骗策略的，针对包括其参与之前的本案欺骗行为在内的本案（全部）欺骗，认为被告人应承担诈骗罪未遂的共同正犯的罪责是合适的。"①②③

对于一审与二审均作为问题进行探讨的、既不要求对先行行为的效果的利用也不要求中途参与者的行为与最终结果之间存在因果性，而是以欺骗行为与收受行为之间的整体性为理由，最高裁判所平成二十九年（2017 年）12 月 11 日决定肯定对包括参与之前的欺骗行为在内的整个欺骗行为的归责。问题在于本决定的"参与了为了完成诈骗而预定作为与诈骗行为属于整体性行为的本案收受行为"的旨趣。

---

① 最决平成二十九年 12 月 11 日刑集第 71 卷 10 号第 535 页。
② 针对本案的评析，参见佐藤拓磨《判批》，《刑事法ジャーナル》55 号（2018 年）第 99 页；川田宏一《判解》，《ジュリスト》1520 号（2018 年）第 112 页；安田拓人《判批》，《法学教室》451 号（2018 年）第 143 页；松宫孝明《判批》，《法学セミナー》759 号（2018 年）第 123 页；水落伸介《判批》，《法学新報》第 125 卷 9、10 号（2019 年）第 167 页；松原芳博《詐欺罪と承継の共犯》，《法曹時報》第 70 卷 9 号（2018 年）第 1 页以下；十河太朗《騙されたふり作戦と詐欺未遂罪の共犯》，《同志社法学》第 70 卷 2 号（2018 年）第 1 页以下；山田慧《だまされたふり作戦が行われた特殊詐欺事案における受け子の罪責》，《同志社法学》第 70 卷 2 号（2018 年）第 95 页以下。
③ 该案事实大致如下：谎称 Y 的姓名不详者于平成二十七年（2015 年）3 月 16 日前后，虽然真实情况是 A 没有被特别抽奖抽中，也不存在违反合同的事实，更没有必要支付违约金，却装作存在这种事实的样子，打电话给身处福冈县大野城市内的 A，谎称"因为你（A）的 100 万元没来得及汇款，我替你垫付了 100 万元"，"D 银行已经发现不是你（A）本人汇款，这次的特别抽奖也被取消了。不过，由于存在非法行为，我和你（A）必须向 D 银行缴纳 297 万元的违约金。如果不付违约金，下次就没法再参加抽奖，你能准备其中的一半 150 万元吗？" Y 通过上述谎言要求 A 支付 150 万元现金（下称"本案欺骗行为"）。随后该谎言被 A 识破，A 经过与警察商议之后，决定采取"假装受骗策略"，将实际并没有装入现金的箱子寄到了指定地点。另外，自同月 24 日以后，被告人并没有意识到对方已经开始采取"假装受骗策略"，在 Y 答应支付报酬的情况下，受 Y 之托去领取包裹。被告人虽然已经意识到自己可能起到的是代收诈骗赃款的作用，却仍然答应了 Y 的要求，并于同月 25 日在本案公诉事实记载的空房间内，签收了 A 寄送的并未装入现金的包裹（下称"本案收受行为"）。
对此，作为一审判决的福冈地方裁判所平成二十八年（2016 年）9 月 12 日判决否定了检察官的"（被告人与 Y 之间）存在事前共谋"的主张，认定在"本案欺骗行为"之后，被告人与 Y 之间就本案诈骗进行了共谋，在此基础上基于下述理由判定被告人无罪：对于共谋参与之前由先行行为人的欺骗行为所引起的、发生诈骗结果的危险性，不能归责于被告人；而且，也不能认定存在被告人共谋参与之后又实施了新的欺骗行为的事实。的确，就诈骗罪而言，在诈骗的犯罪行为尚未结束的阶段，在后行为人通过利用共谋参与之前的先行为人的行为的效果而对结果具有因果关系的场合，是有可能认定成立承继的共犯的。但是，由于本案包裹不是基于由 Y 的欺骗行为所引起的错误而寄送的，因而"本案收受行为"与 Y 的欺骗行为之间没有因果关系。诈骗罪未遂的处罚根据在于发生了诈骗结果的危险，对于该危险，应该以一般人能够认识到的情况以及行为人认识到的情况为基础进行判断。这里所称一般人，必须是除了犯罪人一方的情况之外，还能观察被害人一方的情况的一般人。基于这一前提，从一般人的角度来看，"本案收受行为"也非与 Y 的欺骗行为之间存在因果关系的行为。为此，就不能说，被告人在共谋参与之后对发生诈骗结果的危险施加了因果性（参见福冈地判平成二十八年 9 月 12 日刑集第 71 卷 10 号第 551 页）。
对于一审判决，检察官主张存在事实认定错误，并提出了控诉。作为控诉审的福冈高等裁判所平成二十九年（2017 年）5 月 31 日判决以一审认定的事实为前提，基于以下理由判定被告人成立诈骗罪未遂的共同正犯，判处被告人 3 年惩役，缓期 5 年执行。控诉审认为，本案的问题在于，在被告人共谋、参与的阶段能否说已经存在法益受侵害的现实的危险。在判断之际，应该以在该时点被置于该情形下的一般人所能够认识到的情况以及行为人所特别认识到的情况为基础进行判断。对于被害人正在采取"假装受骗策略"这一点，一般人无法认识到，被告人乃至 Y 等人也都没有认识到，因此如果从外形上观察"本案收受行为"，可以说已经存在发展至诈骗既遂的现实的危险（参见福冈高判平成二十九年 5 月 31 日刑集第 71 卷 10 号第 562 页）。

对于是否成立诈骗罪的承继的共同正犯,二审以"即便是在这种时间的、通过这种方式的参与,也显然有可能与先行的欺骗行为相结合,对财产性损失的发生做出贡献。而且,诈骗罪中的本质性保护法益是个人的财产,应该说欺骗行为(本身)不会直接侵害这种法益,而是在从陷入错误者那里接受财物之交付这一点上,存在该罪的法益侵害性。这样的话,对于欺骗行为结束之后仅参与财物交付部分的参与者,既然对本质性的法益侵害具有因果性,也可以认定为诈骗罪的共犯,比照其作用的重要性,还能肯定正犯性"为理由,认定有成立承继的共同正犯的余地。但是,最高裁判所平成二十九年(2017年)12月11日决定则完全没有提及这一点。因此,不得不说,本决定对于"承继的共同正犯与因果共犯论之间的关联"的态度并不明确①。原本来说,"欺骗行为与收受行为的整体性"的问题,与中途参与者是否"成立共犯"的问题属于不同的问题。亦即,后者属于针对何种事态施加了因果性的问题,对此问题的探讨是不可或缺的。

而且,如果以"最高裁平成二十四年决定"显示的"承继的共同正犯与因果共犯论之间的关联"为基础,收受行为是否存在发生诈骗罪之结果的危险性就成为重要的考量因素。要成立承继的共犯,后行为人至迟也要在犯罪实行的结束时点之前参与进来,在已经开始"采取假装受骗策略"的场合,犯罪已经结束,因而已经无法承继,这种观点也是有可能的。即便是在此意义上,不能犯论的展开也是不可或缺的。如果不需要讨论不能犯的问题,就会仅仅以属于先行行为的欺骗行为的危险性而认定承继。这样的话,接受财物之交付的收受者(后行为人)在共谋的时点即可以肯定承继,收受者的行为本身也是可以不需要的。并且,即便肯定了后行为人的承继,还必须讨论是否属于作为共同正犯的参与的问题。这属于"共同正犯的正犯性"的问题,如果采取判例的"重要作用论",还必须探讨收受行为是否发挥了"重要作用"。

总之,最高裁判所平成二十九年(2017年)12月11日决定仅仅以"欺骗行为与收受行为的整体性"为根据,对仅仅参与了收受行为的后行为人肯定整个诈骗行为的归责,这种观点与"最高裁平成二十四年决定"的"承继的共同正犯与因果共犯论之间的关联"之间是否存在整合性,也是值得探讨的问题②。

---

① 关于此问题,详见松原芳博《詐欺罪と承継的共犯》,《法曹時報》第70卷9号(2018年)第14页以下。
② 有关承继的共犯的近年来的论文的详细列表,参见松原芳博《行為主義と刑法理論》,成文堂2020年,第310页以下。

承继共同正犯的判例研究[*]

[日] 今井康介　王昭武译[**]

摘　要：关于伤害罪的承继的共犯的问题，日本的下级裁判所一直以来的态度是，如果后行为人对先行为人的行为存在认识、放任，并且在将其作为实现自己的犯罪的手段而积极地加以利用的意思之下参与进来，就应成立承继的共犯。最高裁判所平成二十四年11月6日决定是日本最高裁判所第一次就此问题表明态度。该决定似乎是以后行为人的行为与已经产生的伤害结果之间没有因果关系为理由，做出了一律否定承继的判断。然而，下级裁判所此前的判例，针对的都是无法从证据上区分伤害结果究竟是由先行为人引起还是由后行为人引起的案件，而本决定针对的则是能够区分的案件。事实上，伤害罪的承继的共同正犯，是一种由于无法明确区分先行为人造成的伤害与后行为人造成的伤害而不得已才采取的理论，在能够区分的场合，就不应采取这种理论。

关键词：承继的共同正犯　伤害罪　积极利用的意思　共同正犯　帮助犯

一、大致案情

A 与 B（下称"A 等人"）于凌晨 3 时许，对被邀约而来的 C 与 D（下称"C 等人"）实施了暴力行为之后，A 等人将 D 关进汽车后备厢，也让 C 坐上车，驶往本案现场。当时，B 因很早就知道被告人一直在寻找 C，遂于当日凌晨 3 时 50 分许，向被告人转达了此后将带 C 去本案现场的意思。A 等人到达本案现场之后，针对 C 等人，进一步实施了暴力行为。暴力行为的情况如下：针对 D，用螺丝起子的柄殴打其头部，将金属梯子与方木材砸向其上半

---

[*] 本文原载于日本《早稻田法学》第89卷2号（2014年）。
[**] 作者简介：今井康介，日本东北大学法学部助教、日本早稻田大学法学博士；王昭武，云南大学法学院教授、日本同志社大学法学博士。

身,另外,还几次拳打、脚踢;针对 C,除了用金属梯子砸之外,还几次拳打、脚踢。因这一系列的暴力行为,在被告人达到本案现场之前,已经造成 C 等人流血、受伤。

当日凌晨 4 时许,被告人到达本案现场,认识到 C 等人因遭受 A 等人的暴力,已经难以逃走、抵抗,经过与 A 等人的共谋,继续对 C 等人实施暴力行为。暴力行为的情况如下:针对 D,被告人用方木材殴打其背部等,用脚踢其头部、腹部,几次用金属梯子砸,此外,A 等人还用脚踢,B 用金属梯子敲打;针对 C,被告人几次用金属梯子、方木材、拳头殴打其头部等,还用金属梯子殴打被 A 摁住的 C 的脚,此外,A 还用方木材敲打其肩部。被告人等的暴力一直持续至当日凌晨 5 时许,被告人等共谋、参与之后实施的暴力程度,与此前的暴力相比更为激烈。

被告人共谋、参与前后的一系列暴力造成的结果是:C 遭受了大约需要静养与治疗 6 周的伤害,D 遭受了大约需要静养与治疗 3 周的伤害。

二、最高裁判所平成二十四年 11 月 6 日决定的要旨

"在 A 等人共谋对 C 等人实施暴力行为造成伤害之后,被告人在共谋、参与 A 等人的行为的基础上,使用金属梯子、方木材,殴打 D 的背部、脚部,以及 C 的头部、肩部、背部、脚部,并且实施了踢 D 的头部等强度更大的暴力行为,至少能够认定,就共谋、参与之后被施加暴力的上述部位,相当程度上加重了 C 等人的伤害程度(因此,在一审判决所认定的伤害之中,D 的面部、双耳、鼻子等部位的跌打伤与擦伤,以及 C 的右手拇指基节骨骨折被排除在外。下同)。在该场合下,对于共谋、参与之前 A 等人已经造成的伤害结果,由于被告人的共谋以及基于该共谋的行为与该伤害结果之间没有因果关系,因此被告人不承担作为伤害罪之共同正犯的责任,仅仅对由共谋、参与之后足以引起伤害的暴力行为对 C 等人的伤害结果的发生所做出的贡献,承担作为伤害罪之共同正犯的责任,这样理解是相当的。"

三、对判例态度的研究

本案的问题在于,对于共谋、参与之前由其他参与者所造成的伤害,被告人是否也应承担责任,亦即被告人是否应成立承继的共同正犯[①]。一直以来,由于不存在最高裁判所的相关判例,在下级裁判所的判例(裁判例,下同)层面就此问题尚存在争议。正是在这种情况之下,本决定是最高裁判所第一次就此问题表明态度[②]。

---

① 参见西田典之等编《注释刑法 第 1 卷》,有斐阁 2010 年,第 853 页〔岛田聪一郎〕。关于整个研究情况,详见照沼亮介《体系的共犯论と刑事不法論》,弘文堂 2005 年,第 213 页以下。

② 经常会提及大审院昭和十三年(1938 年)11 月 18 日判决(大判昭和十三年 11 月 18 日刑集第 17 卷第 839 页),但那是有关帮助犯的案件的判例,本文不予讨论。

（一）下级裁判所判例理论的展开

根据犯罪种类的不同，下级裁判所的判例呈现出不同的倾向①。本文仅探讨伤害类型的犯罪，其他类型的犯罪只在脚注中进行解释。▲（说明见文后）

东京高等裁判所昭和四十五年（1970年）3月20日判决是唯一否定承继的判例②。大致案情为，在对日本大学经济系执行临时处理（"假处分"）之际，学生团体对执行官投掷了石块，对此，该判决判定被告人仅就自己参与之后的伤害致死的结果承担罪责。不过，由于该案中成立共谋的时点变晚了，因而不过是看上去否定了承继的共同正犯。

相反，下级裁判所的多数判例则承认承继。首先，名古屋高等裁判所昭和四十七年（1972年）7月27日判决肯定成立伤害致死罪的承继的共同正犯③。该案大致案情为：在A等人对被害人施加暴力、胁迫的时点，B参与进来，此后，C也加入进来，一起实施了更为激烈的暴力、伤害，造成了被害人死亡的结果（致死原因不明，但由后行行为引起的可能性更大）。对此，名古屋高等裁判所认为，在结果加重犯的场合，对结果发生之前中途参与基本行为的后行为人，只要能认定先行为人的行为以及参与之后的后行为人的行为均对结果的发生给予了原因，就应对整个结果加重犯成立共同正犯。

其次，对于伤害罪，名古屋高等裁判所昭和五十年（1975年）7月1日判决也肯定成立承继的共同正犯④。对于被告人中途参与进来一同实施暴力行为的案件，该判决以对先行为人的行为存在认识为由，肯定成立承继的共同正犯⑤。

按照既往的判例，如果后行为人对先行为人的行为存在认识，其后共同实施了行为，就成立承继的共同正犯。但是，后行为人仅仅参与共谋的案件，则会成为问题。例如，认识到其他人正在对被害人实施暴力行为，与这些人进行共谋之后，其他人继续实施了暴力行为，但不能确定伤害结果究竟是由被告人共谋（参与）之前的行为还有由共谋（参与）之后的行为所引起，对此，札幌地方裁判所昭和五十五年（1980年）12月24日判决判定成立承继的（共谋）共同正犯⑥。

（二）下级裁判所判例理论的到达点

此后，针对承继的共同正犯，大阪高等裁判所昭和六十二年（1987年）7月10日判决做出极为详细的判决⑦。先行为人给被害人造成伤害之后，后行为人对此存在认识、放任，并对

---

① 参见大越義久《共犯論再考》，成文堂1989年，第100页；西田典之《共犯理論の展開》，成文堂2010年，第217页。
② 参见東京高判昭和四十五年3月20日判時601号第100页。
③ 参见名古屋高判昭和四十七年7月27日刑月第4卷7号第1284页。
④ 参见名古屋高判昭和五十年7月1日判時806号第108页。
⑤ 参见藤永幸治《判批》，《研修》393号（1981年），第51页以下。
⑥ 参见札幌地判昭和五十五年12月24日刑月第12卷12号第1279页。
⑦ 参见大阪高判昭和六十二年7月10日判時1261号第132页。

被害人实施了暴力行为的,该判决认为,后行为人承担责任的情形是,限于不仅对先行为人的行为以及由此造成的结果存在认识、放任,而且在将其作为实现自己的犯罪的手段积极地加以利用的意思之下,中途共谋参与了构成实体法上之一罪(不限于狭义的单纯一罪)的先行为人的犯罪的情形。在本案中,对伤害的部分未能认定存在积极利用的意思,就敲诈的部分则认定了存在积极利用的意思①。对先行为人的行为的认识、放任,一直以来被作为肯定承继的共犯的理由,但本判决限定于,进一步作为实现自己犯罪的手段、以"积极利用的意思②"参与的情形③。

此后的判例都是遵照这种标准。例如,几名共犯基于共谋对被害人实施暴力行为之际,被告人出现,经过与共犯的共谋,又相继对被害人实施了暴力行为,结果造成被害人需要治疗一周的伤害(其中,至少有一部分伤害结果是在被告人参与之前便已经造成),对此,大阪地方裁判所昭和六十三年(1988年)7月28日判决以被告人对自己参与之前的伤害存在认识、放任,却仍然参与进来,并实施了暴力为理由,判定就整个行为承担罪责④。在该判决中使用了"却仍然参与"这种表述,其内容与"积极利用的意思"是相同的。

不过,按照这种要件理论,会在证据上出现问题。也就是说,作为认定这种要件的前提,要求能够区分由先行为人引起的伤害与由被告人参与之后的行为所引起的伤害。为了避免这种问题,主要有以下两种方法:

第一种方法是,直接承认承继的共犯,将伤害结果予以一体化。例如,先行为人对被害人施加暴力,给被害人造成了相当程度的损伤,后行为人认识到这一点之后参与进来,但被告人实施的暴力在很大范围内与先行为人造成的伤害竞合,无法识别被告人究竟造成了何种伤害,对此,东京高等裁判所平成八年(1996年)8月7日判决判定,就整个伤害结果承担

---

① 参见大谷実《判批》,《法学セミナー》406号(1988年)第115页;福田平《判批》,《判例評論》354号(1988年)第213页以下;内田文昭《判批》,《判例タイムズ》702号(1989年)第68页以下;坪内利彦《判批》,《研修》491号(1989)第73页以下;上野幸彦《判批》,《日本法学》第54卷4号(1989年)第167页以下;高橋則夫《判批》,別冊《ジュリスト》142号(1997年)第164页以下;林美月子《判批》,別冊《ジュリスト》166号(2003年)第162页以下;堀内捷三《判批》,別冊《ジュリスト》189号(2008年)第168页以下。

② 这里不深入讨论具体的认定标准。有观点认为,该标准不仅是承继的共同正犯的标准,还包含着通常的共同正犯的成立标准。参见嶋矢貴之《共犯の諸問題》,《判例情報》第85卷1号(2012年)第31页以下。

③ 出现"积极利用"这种标准的背景有以下两点:其一,在有关伤害以及伤害致死罪之外的判例中,加上"积极地利用"这种限定的判例已经出现。例如,有关强奸致伤罪的冈山地方裁判所昭和四十五年(1970年)6月9日判决(参见岡山地判昭和四十五年6月9日判時611号第103页),有关敲诈勒索罪的横滨地方裁判所昭和五十六年(1981年)7月17日判决(参见横浜地判昭和五十六年7月17日判時1011号第142页)。其二,有观点从承认承继这一前提出发,主张应附加一定的限制。该观点基于行为人对被害人实施暴力行为之后产生夺取财物的意思,并且积极利用这种状态而夺取了财物,无疑是"抢劫"。这种理解,主张承继的共同正犯也是如此,在后行为人积极地利用先行为人所引起的状态的场合,后行为人应就整体行为承担责任。参见藤木英雄《刑法講義総論》,弘文堂1975年,第290页以下。

④ 参见大阪地判昭和六十三年7月28日判夕702号第269页。

罪责①②。

第二种方法是,作为同时伤害的特例,适用第207条③。例如,A、B二人在前面走,C在后面走,离开A、B大约20至30米的距离,被害人在后面给C打招呼,C突然对被害人实施暴力,察觉到情况的A与B经过共谋,又相继对被害人施加了暴力(无法判明伤害结果究竟是由A、B参与之前的行为还是参与之后的行为所引起)。对于该案,大阪地方裁判所平成九年(1997年)8月20日判决以不能认定A、B存在积极利用先行的C的暴力行为的意思为理由,否定成立承继的共同正犯,最终判定适用第207条④⑤。

(三)下级裁判所判例的理论与最高裁判所平成二十四年11月6日决定的关系

由上可见,按照下级裁判所的判例理论,如果后行为人对先行为人实施的行为存在认识、放任,且积极地加以利用,就肯定承继。相反,最高裁判所似乎以被告人的共谋以及基于此的行为与已经产生的伤害结果之间没有因果关系为理由,做出了一律否定对先行部分的承继的判断。乍看上去,两者的判断之间似乎存在矛盾,那么,对此应如何理解就成为问题。对于这一点,至少可以有以下三种解读:

第一种解读是,最高裁判所的本决定将先行为人等的暴力所引起的伤害理解为,不过是被告人实施暴力行为的动机或者契机,本案的问题在于是否能认定存在积极的利用,(不同于原审判决)最高裁判所对积极的利用做了严格的限定。

第二种解读是,上述大阪高等裁判所昭和六十二年(1987年)7月10日判决虽然作为结论否定对伤害这一"结果"的承继,但通过强调该判决肯定了对畏惧这一"状态"的承继,进而认为最高裁判所的本决定也做出了相同的理解。这种解读采取的方法是,对于尚未发展至"由先行为人引起的结果"的"状态",肯定存在承继的余地。如果这样来解读,就相对容易理解千叶胜美裁判官的补充意见了。

第三种解读是,认为最高裁判所的本决定与此前的下级裁判所判例所涉及的案件并不相同。如上所述,此前有关伤害罪的所有下级裁判所的判例,都是无法严格地从证据上区分、识别先行为人所引起的部分与后行为人所引起的部分;相反,最高裁判所的本决定则是在显示先行为人所引起的部分与后行为人所引起的部分的区分标准并加以区分的基础上,否定承继。为此,就能认定最高裁判所可能认为该案无法适用此前的要件。

在上述解读之中,就第一种解读与第二种解读而言,存在这样的疑问:第207条是否定

---

① 参见东京高判平成八年8月7日判夕1308号第45页。
② 相关评析参见门野博《刑事裁判ノート》,《判例タイムズ》1308号(2009年)第39页以下。
③ 日本《刑法》第207条[同时伤害的特例]二人以上实施暴力伤害他人的,在不能辨别各人暴力所造成的伤害的轻重或者不能辨认何人造成了伤害时,即便不是共同实行者,也依照共犯的规定处断。——译者注
④ 参见大阪地判平成九年8月20日判夕995号第286页。
⑤ 相关评析参见大山弘《判批》,《法学セミナー》536号(1999年)第100页。

成立承继的共同正犯之后的处理方式,为何最高裁判所对此没有涉及呢? 而且,在其他犯罪类型中,不承继先行为人所造成的伤害结果,这是近年来的判例的倾向,想必没有理由仅就伤害罪予以积极承认。另外,按照第三种解读,想必可以这样来解释:适用第 207 条的情形是,无法区分先行为人与后行为人所造成的伤害,并且应否定承继的共同正犯的情形,因此,像本案那样能够区分的场合,就没有适用第 207 条的余地。

（四）学说状况

那么,学界采取的是什么观点呢? 首先,全面否定说一概否定承继①。近年来,大多是从共犯的处罚根据理论来推导出全面否定说。共犯也仅仅是在与自己的行为之间存在因果性的范围之内被追究罪责,因此,后行为人的罪责也应该是仅仅判断其参与之后实施的行为,其结果自然是应该否定承继。但是,对此观点的批判是,在诈骗罪、敲诈勒索罪中,没有参与欺骗行为、暴力或胁迫行为,只是后来接受财物之交付的后行为人,就只能是无罪,这样在处罚范围上会存在问题②。

其次,全面肯定说立足的前提是,针对"一罪"作为一个整体肯定承继的共犯③、既然满足了共同正犯的要件就没有问题④。但是,"一罪"也是多种多样的,即便是单纯的一罪,像结合犯那样,也存在由数个犯罪构成的情形,为此,强调一罪性的全面肯定说属于少数说⑤,而且,还被批判在法定刑上也存在问题。

最后,中间说属于近年来的有力观点。中间说分为多种具体演变,本文总结为以下三种:第一种中间说认为,共同正犯与帮助犯的承继范围不同,仅承认承继的帮助⑥；第二种中间说虽然是从否定承继的观点出发的观点,但根据共同正犯的本质（共犯之间的相互利用、相互补充的关系）,就具体犯罪类型判断是否承继⑦；第三种中间说也是从否定承继的观点出发的观点,认为后行为人不承继由先行为人引起的"结果",但可以以由先行为人引起的"状况""效果"为前提进一步实施行为,因而对后行为人的判断,可以包括针对先行为人的效果

---

① 参见植田重正《共犯論上の諸問題》,成文堂1985年,第101页以下；町野朔《惹起説の整備・点検》,《内藤謙先生古稀祝賀・刑事法学の現代的状況》,有斐閣1994年,第131页以下。

② 主张无罪的观点,参见相内信《承継的共犯について》,《金沢法学》第25卷2号（1983年）第43页；山口厚《問題探究 刑法総論》,有斐閣1998年,第264页。也有观点主张成立侵占脱离占有物罪,参见浅田和茂《刑法総論（補正版）》,成文堂2007年,第424页。

③ 参见植松正《刑法概論Ⅰ:総論》,勁草書房1974年,第354页；平良木登規男《共犯（その4）》,《警察公論》第52卷11号（1997年）第122页。

④ 参见木村亀二《刑法総論》,有斐閣1959年,第408页。

⑤ 参见西原春夫《犯罪総論》（下卷·改訂準備版）,成文堂1993年,第386页；福田平《全訂 刑法総論（第5版）》,有斐閣2011年,第272页以下。

⑥ 参见斉藤誠二《承継的共同正犯をめぐって》,《筑波法政》8号（1985年）第1页以下；高橋則夫《刑法総論（第2版）》,成文堂2013年,第447页。

⑦ 参见阿部力也《共同正犯の因果性》,《明治大学社会科学研究所紀要》第50卷2号（2012年）第207页以下；川端博《刑法総論講義（第3版）》,成文堂2013年,第572页以下。

的评价在内①。

那么,对于最高裁判所的本决定,从学说的角度应该如何理解呢?仅仅关注本决定否定了对伤害结果的承继这一点,认为本决定采取的是否定说,这种评价就有点过头了。正如千叶胜美裁判官的补充意见所言,也不能否定最高裁判所仍然立足于中间说,在诈骗、敲诈勒索的场合仍然可以承认承继的共同正犯②。

（五）伤害结果与同时伤害

与上述学说相关联,有观点以第207条作为肯定伤害罪之承继的共犯的论据③。亦即,甚至连完全不存在共犯关系的同时伤害的场合,也要将伤害结果归属于全体参与者,那么,在（就后行行为部分）存在共犯关系的场合,更应该如此。但是,如果承认承继的共同正犯的理由在于第207条,毋宁说,反而应该是在否定承继的共同正犯的基础上,再适用第207条④⑤。

另外,在判例理论中,上述大阪高等裁判所昭和六十二年（1987年）7月10日判决虽然已经意识到这一点,但并未就此深入展开。此后,上述大阪地方裁判所平成九年（1997年）8月20日判决以及神户地方裁判所平成十五年（2003年）7月17日判决则在否定承继的共同正犯之后,再肯定可根据第207条让被告人承担责任⑥。

那么,最高裁判所究竟是如何考虑的呢?也可能是因为直至原审（二审）都没有关注该问题,最高裁判所的本决定也未就此做出判断。但是,即便不是因为这个理由,也还是应该认为,本案不是可以适用第207条的案件⑦。因为上述下级裁判所的案例都是不清楚伤害结果究竟是由先行为人所引起还是由后行为人所引起的案件,而在最高裁判所的本案中,则能够区分先行为人造成的伤害与后行为人造成的伤害。为此,就应该理解为,这种区别正是本决定不提及第207条之适用的理由。

（六）有关千叶胜美裁判官的补充意见

如上所述,在伤害罪的场合,下级裁判所的判例一直以来肯定承继的共同正犯的理由

---

① 参见平野龍一《刑法総論Ⅱ》,有斐閣1975年,第383页以下;西田典之《刑法総論（第2版）》,弘文堂2010年,第366页以下;佐伯仁志《刑法総論の考え方·楽しみ方》,有斐閣2013年,第386页以下。

② 也有观点认为,无法排除最高裁判所平成二十四年11月6日决定采取的是中间说。参见坂田正史《判批》,《警察公論》第68卷5号（2013年）第92页;早渕宏毅《判批》,《研修》777号（2013年）第30页。

③ 参见前田雅英《刑法総論（第5版）》,東京大学出版会2011年,第498页。

④ 参见林幹人《刑法総論》,東京大学出版会2008年第2版,第382页。

⑤ 也就是说,适用第207条是否定承继的共犯之后的问题解决方式。之所以需要适用第207条,是在已经否定成立承继的共犯的基础上,由于无法区分伤害结果究竟是由参与之前的行为所引起还是由参与之后的行为所引起,就需要运用第207条的逻辑来确定如何归责。——译者注

⑥ 参见神户地判平成十五年7月17日判例集未揭載（裁判所HP）。

⑦ 关于这一点,有学者指出,最高裁判所否定承继,也是否定根据第207条进行处理的旨趣。参见豊田兼彦《判批》,《法学セミナー》697号（2013年）第133页。

在于,难以确定伤害结果究竟是由先行为人还是由后行为人所引起①。这是因为对伤害的认定,是通过暴力行为的部位、需要治疗的时间长短以及行为样态等来予以特定的。按照千叶胜美裁判官的观点,即便是难以认定的情形,也可以用造成了"需要治疗的时间不确定的伤害"这种表述形式,尽可能地对伤害结果做出认定。对此,可以理解为,这是对在伤害的情形下,轻易地肯定承继的共同正犯的下级裁判所判例态度的一种警示。换言之,伤害罪的承继的共同正犯,是一种因为无法将伤害明确区分为由先行为人造成的伤害与由后行为人造成的伤害而不得已才采取的一种理论,那么,在有可能区别认定的场合,就不应该采取这种理论②。

而且,作为存在肯定承继的共同正犯之余地的犯罪类型,千叶胜美在补充意见中提到了抢劫罪、诈骗罪与敲诈勒索罪。不过,想必其旨趣不在于仅限于这三种类型。针对抢劫罪,不少下级裁判所的判例已经做出了让后行为人承继被害人的反抗压制状态的判断。问题在于诈骗罪与敲诈勒索罪。就这两种犯罪类型,尚未看到有关在被害人陷入错误或者畏惧状态之后,后行为人再参与进来的情形的下级裁判所判例。考虑到今后有可能出现此类问题,当然留有承认对畏惧状态、错误状态的承继的余地。

(七)结语

最高裁判所平成二十四年11月6日决定针对的是在伤害罪的场合否定承继的共同正犯的一个具体案件,为此,尤其是有关其他犯罪类型的处理,今后仍然可能会成为需要解决的问题。

【追补】

在本文的校对过程中,有幸看到了宫崎万寿夫的有关此问题的最新论文《承继的共犯理论的新展开》③。

说明

▲ 第一,关于抢劫罪与抢劫致死伤罪。对此,很早以来就有不少肯定成立承继的判例。①对于认识到他人出于抢劫目的实施暴力行为这一事实,试图利用该机会一同强取财物而参与进来的后行为人,札幌高等裁判所昭和二十八年(1953年)6月30日判决判定成立抢劫致伤罪的继承的共同正犯,参见札幌高判昭和二十八年6月30日高刑集第6卷7号第859页;福田平《判批》,《神户法学雑誌》第3卷4号(1954年)第818页以下;遠藤誠《人を殺さなくても強盗殺人にな

---

① 有学者从认定的视角,就本决定与其他犯罪类型进行了比较,参见丸山嘉代《判批》,《警察学論集》第66卷2号(2013年)第151页以下。
② 在司法实务中,承继的共同正犯的问题大多发生在,对起初时点的共谋的认定归于失败,因而对共谋时点的认定变晚的情形。参见白井滋夫等编《刑法判例研究Ⅲ》,大学書房1981年,第253页〔鈴木義男〕;長島敦《承继的共同正犯》,《研修》438号(1984年)第24页。
③ 参见宫崎万壽夫《承继的共犯论的新展开》,《青山法務研究論集》7号(2013年)第21页以下。

るか》，《判例タイムズ》90号（1959年）第441页以下。②对于他人出于抢劫目的实施暴力行为之后再参与的后行为人，神户地方裁判所昭和三十九年（1964年）判决甚至判定就抢劫致伤成立共同正犯（参见神户地判昭和三十九年3月10日下刑第6卷3—4号第204页）。③共犯出于抢劫的意思，被告人出于暴行的意思，共同对被害人施加了伤害之后，被告人也察觉到共犯的意图，强取了财物，但被害人是因最初的部分伤害而死，对此，大阪高等裁判所昭和四十年（1965年）10月26日判决判定成立抢劫致死（参见大阪高判昭和四十年10月26日下刑第7卷10号第1853页）。④先行为人实施暴力行为夺取财物之后，后行为人马上又进一步实施了暴力行为的，东京高等裁判所昭和五十七年（1982年）7月13日判决认为，该案属于承继的共犯的问题，判定成立抢劫伤人的共同正犯，参见東京高判昭和五十七年7月13日判時1082号第141页；馬場義宣《判批》，《搜查研究》第32卷2号（1983年）第41页以下；斉藤誠二《判批》，《判例评论》306号（1984年）第230页以下；東條伸一郎、山本和昭编《刑事新判例解説(1)》，信山社1992年，第30页以下〔宇津呂英雄〕。

然而，否定对伤害结果的承继的判例也逐渐增加。⑤先行为人实施暴力行为之后，后行为人共谋参与夺取财物的，名古屋高等裁判所昭和二十九年（1954年）10月28日判决判定只成立盗窃罪（否定存在抢劫罪的犯意）（参见名古屋高判昭和二十九年10月28日高刑集第7卷11号第1655页）。⑥先行为人实施了暴力行为之后，后行为人共谋参与了夺取财物的，福冈地方裁判所昭和四十年（1965年）2月24日判决否定成立抢劫伤害的承继的共同正犯，只成立抢劫罪（福岡地判昭和四十年2月24日下刑集第7卷2号第227页）。⑦在后行为人仅仅参与了夺取财物的案件中，东京地方裁判所平成七年（1995年）10月9日判决也判定后行为人仅成立抢劫罪（東京地判平成七年10月9日判夕922号第292页），这些案件针对先行为人的暴力行为，都没有对后行为人进行归责，参见勝丸充啓《判批》，《警察学論集》第50卷3号（1997年）第193页以下；前田雅英《判批》，《東京都立大学法学会雑誌》第38卷2号（1997年）第477页以下；斉藤誠二《判批》，《法学新報》第105卷4、5号（1999年）第321页以下。⑧对于由先行为人的行为引起伤害结果之后的参与者，东京高等裁判所平成十七年（2005年）11月1日判决否定后行为人成立抢劫致伤罪，只成立抢劫罪，参见東京高判平成十七年11月1日東高刑第56卷1—12号第75页；前田雅英《承继的共同正犯》，《警察学論集》第66卷1号（2013年）第147页以下。由此可见，针对先行为人所引起的伤害结果，判例存在否定承继的倾向。

第二，关于强奸罪。①先行为人出于强奸的意思暴力胁迫被害人，使之陷入不能抗拒的状态之后，让来家串门的后行为人先实施了奸淫，但先行为人自己后来实施奸淫时归于失败的，名古屋高等裁判所昭和三十八年（1963年）12月5日判决判定，先行为人与后行为人一同成立强奸罪既遂的共同正犯，参见名古屋高判昭和三十八年12月5日下刑第5卷11、12号第1080页。②有关强奸致伤的犯罪类型，针对无法判明究竟是先行为人的行为还是后行为人的行为导致被害人伤害的案件，东京高等裁判所昭和三十四年（1959年）12月2日判决判定，后行为人成立强奸致伤的共同正犯（参见東京高判昭和三十四年12月2日東高時報第10卷12号第435页）。

不过，对于由先行为人所造成的伤害，也有不少判例不承认承继。③先行为人压制反抗并进行奸淫之后，后行为人等按顺序实施了奸淫，但被害人究竟是因为何时的奸淫而受伤并不明确，对此，浦和地方裁判所昭和三十三年（1958年）3月28日判决判定后行为人只成立强奸罪，参见浦和地判昭和三十三年3月28日判時146号第33页；青木清相《判批》，《日本法学》第24卷4号（1958年）第102页以下。④被害人因先行为人的强奸已经丧失气力，后行为人又一个个地实施了奸淫，但不清楚何时产生了致伤结果的，同样，广岛高等裁判所昭和三十四年（1959年）2月27日判决也判定，后行为人仅成立准强奸罪，参见広島高判昭和三十四年2月27日高刑集第12卷1号第136页；諸戸玉味《判批》，《法学協会雑誌》第6卷2号（1959年）第105页以下。⑤对于先行为人给被害人造成伤害之后，后行为人等参与进来实施奸淫的案件，东京地方裁判所昭和四十年（1965年）8月10日判决判定后来的参与者仅成立强奸罪，参见東京地判昭和四十年8月10日判夕181号第192页。⑥先行为人殴打被害女性造成伤害之后，察觉到情况的后行为人奸淫了被害人的，冈山地方裁判所昭和四十五年（1970年）6月9日判决也判定后行为人仅成立强奸罪，参见岡山地判昭和四十五年6月9日判時611号第103页；大谷実《判批》，《法学セミナー》184号（1971年）第105页；大谷実、長沢正範《判批》《同志社法学》第22卷3号（1971年）第34页以下。⑦要求发生性关系，但遭到被害人拒绝，A对被害人实施了暴力，此后B也要求发生关系但也遭到拒绝，被告人A与B均止于未遂，浦和地方裁判所平成四年（1992年）3月9日判决判定B成立强奸罪未遂，参见浦和地裁平成四年3月9日判夕796号第236页；山中敬一《判批》，《法学セミナー》458号（1993年）第129页；田村章雄《ある強姦裁判》，《中央大学大学院論究》3号（1993年）第141页以下。

第三，关于监禁罪。①东京高等裁判所昭和三十四年（1959年）12月7日判决，以后行为人从中途开始已经认识到，且利用监禁状态继续实施了监禁为理由，判定就整体承担责任，肯定成立承继的共同正犯，参见東京高判昭和三十四年12月7日高刑集第12卷10号第980页；真野英一《判批》，《判例タイムズ》142号第44页（1963年）。②对于中途加入监禁的共犯，札幌地方裁判所昭和五十六年（1981年）11月9日判决认为，对先行为人所引起的结果、状态要成立承继的共同正犯，至少需要发生这种结果、状态的大致情况存在认识、放任，并且出于为了自己的犯罪行为而进一步利用这种结果、状态的意思参与进来，在本案中，由于被告人没有利用先行行为的状况的意思，因而仅就自己的参与部分成立监禁罪,参见札幌地判昭和五十六年11月9日判時1049号第168页。③共犯出于营利的目的绑架并持续监禁被害人,在正要利用这种状态勒索财物的阶段,被告人参与进来,对此,东京高等裁判所平成十四年(2002年)3月13日判决判定,如果成立监禁罪的承继的共同正犯,对于绑架罪也应成立承继的共同正犯,参见東京高判平成十四年3月13日東高刑第53卷1—12号第31页;松尾誠紀《判批》,《北大法学論集》第56卷3号(2005年)第343页以下。④对于共犯实施监禁行为之后,被告人参与进来的案件,东京高等裁判所平成十六年(2004年)6月22日判决以尽管能认定对先行为人的监禁存在认识,但不能说存在积极地利用这种监禁的意思为理由,判定仅就被告人自己参与的部分成立监禁罪(東京高判平成十六年6月22日東高刑55卷1—12号第50页。⑤对于与④同样的案件,甲府地方裁判所平成十六年(2004年)9月16日判决也以不能认定后行为人具有积极利用先行为人的行为的意思为理由,判定仅就后行为人参与之后的行为成立共同正犯,参见甲府地判平成十六年9月16日裁判所HP。由此可见,就监禁罪而言,尽管一直肯定承继的共犯,但作为结论来说,否定承继的判例也在不断增加。

第四,关于敲诈勒索罪。①先行为人对被害人实施暴力、胁迫之后,要求对方交付财物,其时已经给被害人造成了伤害,后行为人仅仅参与了财物的收取。对于该案,检察官以敲诈勒索、伤害提起了公诉,但横滨地方裁判所昭和五十六年(1981年)7月17日判决判定,能认定承继的共犯的,限于后行为人对于由先行为人所引起的结果、状态的扩大,实施了做出贡献的行为的情形,在此基础上,以后行为人缺少正犯意思为理由,判定仅就敲诈勒索这一点成立帮助犯,参见横浜地判昭和五十六年7月17日判時1011号第142页;宇津呂英雄《判批》,《警察学論集》第35卷1号(1982年)第153页以下;土屋眞一《判批》,《研修》403号(1982年)第39页以下;佐藤多喜夫《判批》,《北海道駒澤大学研究紀要》19号(1984年)第165页以下;福山道義《判批》,別冊《ジュリスト》142号(1997年)第166页以下;立石二六《判批》,別冊《ジュリスト》166号(2003年)第164页以下;只木誠《判批》,別冊《ジュリスト》189号(2008年)第170页以下。②先行为人胁迫被害人,要求其交付2 000万元,在已经勒索了1 000万元之后,后行为人参与进来,也实施了要求交付财物的行为,试图让被害人交付剩下的1 000万元,但最终归于未遂的,名古屋高等裁判所昭和五十八年(1983年)1月13日判决判定,仅成立1000万元的敲诈勒索未遂,参见名古屋高判昭和五十八年1月13日判時1084号第144页)。③先行为人对被害人实施暴力之后,后行为人加入进来,经过意思上的共谋,进一步施加暴力夺取了金钱,东京地方裁判所平成八年(1996年)4月16日判决认为,伤害罪与敲诈勒索罪属于混合的包括的一罪,并以此为理由肯定成立承继的共同正犯,参见東京地判平成八年4月16日判時1601号第157页。④先行为人以土地上残留工业废物为由头,打算勒索金钱但归于失败,此后被告人参与进来,再次试图勒索金钱,但同样归于失败的,对此,东京高等裁判所平成二十一年(2009年)3月10日判决判定,不承继先行为人的勒索未遂,其理由在于,即便对先行为人存在认识、放任,能认定具有积极利用先行为的意思,也不承继时间上、地点上存在间隔的先行为本身,参见東京高判平成二十一年3月10日東高刑第60卷1—12号第35页。

第五,关于诈骗罪。①基于正犯伪造的借条,确定支付命令、执行命令得以确定之后,被告人成为正犯的代理人,要求强制拍卖,最终由正犯取得了被交付强制拍卖的不动产的,大审院明治四十三年(1910年)2月3日判决判定,就整个行为成立诈骗罪的共同正犯,参见大判明治四十三年2月3日刑録16輯1卷第113页。②知道共犯等使用伪造的证书行骗之后,被告人参与进来,试图一同骗钱,但未能达到目的的,大审院明治四十四年(1911年)11月20日判决判定,就整个行为成立诈骗罪未遂的共同正犯,参见大判明治四十四年11月20日刑録17卷16卷第2014页。

第六,关于杀人罪。先行为人用菜刀砍向被害人之后,后行为人也决定参与进来,进一步实施了暴力,但被害人的死因是由先行为人的暴力所造成的流血过多而死,对此,大阪地方裁判所昭和四十五年(1970年)1月17日判决否定成立承继的共同正犯,判定仅成立后行为人的杀人罪未遂,参见大阪地判昭和四十五年1月17日判時597号第117页)。但是,作为本案控诉审(二审)的大阪高等裁判所昭和四十五年(1970年)10月27日判决以针对杀人罪那样的单纯一罪原则上应认定承继为理由,判定成立承继的共同正犯,参见大阪高判昭和四十五年10月27日刑月第2卷10号第1025页。东京高等裁判所平成十年(1998年)6月4日有关杀人罪预备的案件的判决,继承了大阪高等裁判所昭和四十五年(1970年)10月27日判决的这种理解,参见東京高判平成十年6月4日判時1650号第155页;山中敬一《判批》,《ジュリスト》1157号(1999年)第144页以下;安里全勝《判批》,《山梨学院大学法学論集》44号(1999年)第43页以下。

第七,关于其他类型的犯罪。①大审院明治三十四年(1901年)10月4日判决判定成立伪证罪的承继的帮助,参见大判明治三十四年10月4日刑録7輯9卷第22页。②大审院昭和八年(1933年)7月6日判决判定成立进口鸦片烟罪的承继的共同正犯,参见大判昭和八年7月6日刑集12卷第1125页;大野平吉《承继的共同正犯》,《法学セミナー》68号(1961年)第33页以下。③福冈高等裁判所昭和三十六年(1961年)2月16日判决判定成立商法上的预合罪(译者注:大致相当于我国《刑法》第一百五十九条的"虚假出資罪")的承继的共同正犯(参见福岡高判昭和三十六年2月16日判時262号第32页)。④东京高等裁判所平成六年(1994年)10月28日判决判定成立破弃封印罪的承继的共同正犯,参见東京高判平成六年10月28日東高刑第45卷1—12号第59页)。⑤东京地方裁判所平成八年(1996年)3月6日判决,参见東京地判平成八年 3 月 6 日判時 1576 号第 149 页；板倉宏《判批》，《判例評論》461 号（1997 年）第 222 页以下。以及作为其控诉审（二审）的東京高等裁判所平成八年（1996 年）11 月 19 日判决，参见東京高判平成八年 11 月 19 日東高刑第 47 卷 1—12 号第 129 页；太田茂《判批》，《警察学論集》第 50 卷 5 号（1997 年）第 177 页以下，判定成立制造医药品罪与制造麻药罪的承继的共同正犯。⑥東京高等裁判所平成十一年（1999 年）8 月 27 日判决判定成立侵夺不动产罪的承继的共同正犯,参见東京高判平成十一年 8 月 27 日判夕 1049 号第 326 页）。